번역이론

드라이든에서 데리다까지의 논선

옮긴이 이재성

뉴욕주립대학교−버팔로(State University of New York at Buffalo)에서 영문학 학사, 석사, 박사 (비평이론) 취득, 강의

현, 부산대학교 영어영문학과 교수. 항시 전 과목 영어전용강의

부산대 국제교류센터장 역임

주 관심분야와 학문적 활동분야: 포스트모더니즘, 포스트구조주의의 흐름을 바탕으로 하여 탄생한 윤리학적 비평이론.

철학, 정신분석학, 동양의 노장 사상, 불교, 유교 등을 포괄하여 윤리학적 비평이론의 발전을 도모.

대표논문: "The Ethics for the Infinity of the Other: Developing Postmodern Literary Criticism with Daoism", "Postmodern Ethics and Eastern Thought: to the Sublime Beyond the Rhythm of Difference," "Suffering to Confront the Other: Reading The Book of Job in Light of Postmodern Ethics," "Carrying the Desire for the Other: Madness and Timelessness in *Mrs. Dalloway* and *The Hours*" 외 다수

North American Levinas Society Conference, Annual American Virginia Woolf Conference, Seventeenth Annual Meeting: South Central Modern Language Association, Sixty−Third Annual Meeting: South Central Modern Language Association, International Conference on Romanticism: Romantic Metamorphoses 외 다수의 미국학회에서의 논문발표. 다수의 국내학회에서의 논문발표.

저서: 21세기 문예이론 (공저)

번역이론: 드라이든에서 데리다까지의 논선

이재성 옮김

발행일•2009년 2월 20일

발행인•이성모/발행처•도서출판 동인/등록•제1-1599호

주소•서울시 종로구 명륜동2가 아남주상복합ⓐ118호

TEL•(02)765-7145, 55/FAX•(02)765-7165/E-mail•dongin60@chol.com

Homepage•donginbook.co.kr

ISBN 978-89-5506-388-2

정가 20,000원

번역이론

드라이든에서 데리다까지의 논선

Theories of Translation:

An Anthology of Essays from Dryden to Derrida

Rainer Schulte &
John Biguenet 엮음
이재성 옮김

도서출판 ┃ 동인

* 이 번역학 총서는 2단계 두뇌한국(BK)21 사업에 의하여 지원되었음
(부산대 영상산업 번역전문인력 양성사업단 번역학 총서)

역자의 말

*Theories of Translation: An Anthology of Essays from Dryden to Derrida*의 번역
서인 본서에는 드라이든에서 데리다까지의 사상가들의 문학작품의 번역
에 대한 글들이 번역되어 있다. 물론 영어가 아닌 언어로 써진 글들은 영
어로 먼저 번역이 되었던 것들이다. 이 책에 등장하는 번역 이론가들의
생각은 우선 직역과 의역 중 어느 것이 옳은, 혹은 더 나은 번역 방법인
가에 대한 논의로 전개된다. 직역인가 의역인가 하는 문제는 가장 기초
적인 논의를 형성하기 때문이다. 가장 먼저 작성된 글들에서 중간을 거
치며 가장 후기까지 직역에 중점을 두는 번역방법에서 의역의 방법으로
옮아가고, 그리고는 그 이상의 논의가 전개되는 것이 이 글들이 만드는
본서의 큰 흐름이다.

　원문의 언어인 소재언어와 번역이 이루어지는 목표언어 사이에서 단
어 대 단어, 구 대 구로 그 뜻을 옮기는 직역은 원어를 통하여 받는 감동
과 그로 인하여 사고가 연속될 수 있는 가능성 등을 목적으로 하지만, 사
실은 그러한 목적을 달성하기에는 한계가 너무도 명확하다. 반드시 옮겨
져야 하는 의미와 느낌 등은 목표언어에서 살리면서 그 목표언어를 사용
하는 독자의 의식에 다가가는 의역이 옳은 방법이라고 본다.

그러나 번역의 문제는 직역이냐 의역이냐 정도의 간단한 문제일 수 없다. 올바른 방법의 번역은 사실 직역이라고 불리어질 수도 있고 의역이라고 볼 수도 있다. 번역의 관건은 직역이냐 의역이냐가 아니라 얼마나 정확하게 원문의 문장들의 의미와 그 이상 원문 전체의 의미, 그리고 벤야민이 지적하듯이 문자의 의미 이상으로 중요한 것을 목표언어에 실어 놓는가 하는 것이다. 즉 소재언어를 통해 받는 감동의 정도가 번역이 되는 목표언어를 통해서도 되살아나야 하는 것이다. 이때의 직역이란 결코 소재언어의 음절마다, 단어마다의 의미를 살리려 하다가 목표언어를 읽는 독자의 독서를 방해하고 어색한 번역투의 말로 독자의 집중을 흩어버리는, 그러한 직역이 아니다. 직역이냐 의역이냐가 아니라 원작이 지니는 의미와 감동을 옮기는 이상의 정치한 번역방법으로 승화되어야 함이 이 책의 후반부로 갈수록 중요하게 다루어지는 논의이다. 즉 작가들의 주장과 번역기술은 원작의 단어 하나하나, 문장 하나하나, 그리고 원문 전체에 스며들어 있는 정신을, 그리고 더 나아가 문자화할 수도 없는 그 무엇을 다른 문화에서 쓰이는 목표언어에 담는 방법에 대한 것이 된다. 각개의 글은 나름대로 그렇게 하기 위한 정교한 이론과 치밀한 방법들을 제시한다. 특히 시의 번역에서 수많은 예들이 제시되어 있다.

여기서 논의되는 번역의 이론들과 방법들이 번역학과 실제 번역에 관계하는 모든 분들에게 도움이 되기를 바란다. 끝으로 번역에 도움을 준 대학원생 류춘희, 황미옥, 이주엽 선생께 감사의 마음을 전한다.

2008년 9월
역자

C O N T E N T S  차례

서문

　번역활동과 그것이 문학연구 전반에 끼치는 영향과 유용성을 고찰하는 일은 중요한 서구문학 전통이면서도 종종 이론이 분분한 양상을 띤다. 고금의 많은 작가와 학자들이 좋은 번역을 하고자 애썼고 그러한 노력의 와중에서 제각기 번역과정에 대한 견해를 피력했다. 이들 작가들 대부분이 번역가로서 상당히 훌륭한 작품들을 남겼던 반면, 문학에서의 번역 가능성과 번역 불가능성에 대해서는 각기 다른 입장을 견지해 왔다. 그러나 실제번역에서 비롯되었든 아니면 거기에 적용되는 것이든 간에, 다양한 이론적 개념 연구는, 번역기술을 통해 서로 다른 문화 간의 소통과 이해를 가능하게끔 하기 시작했다.

　연대순으로 따져 19세기와 20세기 이전의 저술 중에서 이 선집에 수록

된 유일한 원문은 존 드라이든의 저술에서 발췌한 것이다. 당대에 이미 번역에 대해 다양한 생각을 하고 있었던 드라이든은, 후일 여러 갈래로 전개될 번역논의의 지표를 마련했다. 그가 체계화한 이론은 성공적이든 그렇지 못하든, 실제번역을 시작하려는 사람들에게는 너무나 친숙한 전부가 되었다. 그는 자신의 번역행위를 "번역병"이라고까지 불렀다. 그는 "외국어를 번역하려고 시도하는 이는 이에 앞서 자신의 모국어로 비평을 잘 할 수 있어야 한다는 것"을 알고 있었다. 드라이든은 번역가의 자질을 다음과 같이 요약한다. "읽을 만한 번역을 하기 위해서 번역가는 자신이 번역하고자 하는 양쪽 언어에 모두 숙련된 사람이어야 한다. 만약 어느 쪽이든 모자라는 부분이 용납된다면, 그것은 원문 속의 언어일 것이다. 왜냐하면 철두철미한 언어구사능력이 있는 한, 작가의 언어를 충분히 습득하기만 한다면 작가의 감각을 완전히 이해할 수 있고 그것이 자신의 감각인양 달변으로써 표현할 수 있을 것이기 때문이다."

따라서 지난 200년 간의 번역이론을 역사적 맥락 안에서 살펴볼 필요가 있다. 그 이론들은 무에서 생겨난 것이 아니다. 어찌됐든 그 이론들은 사상적 담론에서는 물론, 실제 번역의 영향과 유용성에 관련하여 활발하고 열띤 논의를 불러 일으켜 왔다. 번역의 역사에 대한 독자의 이해를 돕기 위해 이 선집은 로마시대에서부터 현재에 이르는 번역의 주된 경향에 대한 휴고 프리드리히의 개괄부터 시작하기로 한다. 프리드리히의 소론은 「번역의 기술에 관하여」라는 제목으로 1965년의 강연에서 처음 발표되었는데, 수세기에 걸친 번역관련 이론들을 체계화하는 몇 가지 주요 개념들을 명시하고 있다. 그의 논평은 과거에 번역이론을 수정해 왔던 역사적 안목으로 그 이론들에 대해 명료한 논평을 하고 있을 뿐 아니라, 이미 번역연구 분야에서 활약하는 번역가와 학자들이 주요하게 관심을 갖던 문제들을 소론 안에 요약하고 있어 많은 가치가 있다.

프리드리히는 번역이론에 대한 역사적 개괄을 로마제국에서부터 시작한다. 당대의 번역이란, 외국문화의 주요 내용을, 출처 원문의 어휘적, 문체적 특징들에 각별히 주의를 기울이지 않은 채 자국문화권의 언어로 바꾸는 것을 의미했다. 로마인들에게 있어 문학이나 철학 작품을 번역하는 일은 심미적 차원에서 로마문화를 확대할 수 있을만한 요소들을 그리스 문화로부터 약탈한다는 의미였다. 번역이 원문의 언어적, 어의적 의미를 제대로 전달하고 있느냐 하는 것은 번역가의 기본 관심사가 아니었다. 키케로는 자신이 사상과 그 형식을 번역하고 있으므로 원문에 나타나 있는 한마디 한마디에는 관심을 덜 기울이노라고 공언하기도 했다.

그리스어성경의 라틴어번역으로 유명한 성 제롬(Saint Jerome)은 키케로와 견해를 같이했다. 성 제롬이 보는 번역가는 원어가 표현한 개념어들을 반드시 바꾸지 않으면서도 타언어의 개념을 아우르는 사람이었다. 다시금 번역은 자국어를 풍부하게 하기 위해 타문화로부터 사상과 통찰력을 빼앗음을 의미했다. 성 제롬은 또한 자신을 원문과 경쟁하는 사람으로 여기고, 외국어 문헌을 자국어로 대체하는 것을 번역의 목적으로 보았다. 그에게 있어 번역가란 원문보다 더 나은 번역물을 만들 능력과 자유를 가지고 있는 사람이었기 때문이다.

내용의 전유가 로마제국 번역가들의 주 관심사였다면, 르네상스 시대의 번역가들은 외국어의 언어구조가 그들 자신의 언어를 풍요롭게 할 수 있을 방법에 대한 가능성을 탐구했다. 번역가들은 원문에 근접할 필요성을 느꼈다기보다는, 자신들의 언어에 활력을 불어넣는다는 차원에서 원문출처언어가 지닌 이질성을 검토하고 평가했다. 그리하여 로마제국과 르네상스 시대의 번역가들은 그들 언어의 언어학적이고 심미적인 차원을 진작시키기 위해 번역을 정당한 이론적 약탈로 보았다. 번역이 원문 속의 본래의미에 대한 왜곡여부는 번역가의 부차적인 관심사였다.

번역을 출처언어 원문에 대한 약탈로 보았을 뿐인 태도는 18세기 중반에 극적인 변화를 겪었다. 번역가와 작가들은 타 언어를 자신들의 언어와 비교함에 있어서 하등한 표현형식이 아닌 동등한 것으로 보기 시작했다. 그 중, 드니 디드로(Denis Diderot)와 달랑베르(D'Alembert) 같은 작가들이 이러한 변화를 일으킨 장본인들이었다. 출처언어 원문에 있는 이국적인 것에 대한 존중이 근본 방침이 되면서, 그러한 관점의 변화와 함께 이국적인 것을 조정하고 거기에 맞추고자 하는 욕구가 생겼다.

원문의 이국적인 것에 대한 이런 책임의식은 19세기와 20세기에 걸친 번역술의 이론적 관점을 주도하는 강력한 저류로 지속되었다. 이 선집은 19세기 초부터 현대 번역이론으로의 발전에 관한 몇 가지 주요한 문서를 포함하고 있다. 19세기에서 20세기로 들어서면서 번역이론에 관한 저술이 점진적으로 증가했다. 그 가운데 특히 빌헬름 본 훔볼트, 프리드리히 니체, 요한 볼프강 폰 괴테, 매튜 아놀드, 아르투르 쇼펜하우어 등은 19세기 번역예술과 기술에 대한 담론의 도를 더했고, 발터 벤야민과 호세 오르테가 이 가젯(José Ortega y Gasset)은 그들의 유산을 20세기로 가져왔다. 그들 중 일부는 완전한 논문의 형태로 자신들의 이념을 체계화했고, 다른 사람들은 자신들의 이론적 견해를 확충한 번역물을 소개하는 포럼을 택했다. 전자로는, 「다양한 번역방법론」을 쓴 프리드리히 슐라이어마허, 「번역가의 임무」를 저술한 발터 벤야민 등이 있고, 후자론 빌헬름 본 훔볼트의 「"아가멤논" 소개」, 단테 가브리엘 로세티의 『초기 이탈리아 시인들』 서문, 폴 발레리의 「목가변주」 등이 있다.

이들 작가들이 원전지향 번역이라는 기본전제를 수용했다고는 하지만,

그들의 이론적 논평은 한 언어에서 다른 언어로 원문을 옮기는 번역과정에서의 다양한 국면을 각기 구별해서 논한다.

빌헬름 본 훔볼트는 부분이나 세부사항들 보다는 원문 전반에 대한 충실성을 강조한다. 충실성은 자구에 구애받는데서 보다는, 한 언어에서 다른 언어로의 적절한 등가물 선별에서 요구된다. 아르투르 쇼펜하우어는 등가성에 관한 논평으로 훔볼트의 견해를 재확인해 주었다. "한 언어의 모든 단어들이 다른 언어에서 똑같은 대응 단어를 가지고 있지는 않다. 그렇기 때문에 한 언어의 낱말을 통해 표현되는 모든 개념들이 다른 언어의 낱말을 통해 표현되는 것들과 정확히 같지는 않다." 등가성의 문제는 시 표현영역에서는 더 예민하고 까다롭다. 여기서 쇼펜하우어에 따르면, 동의어구란 불가능하다. "시는 번역할 수 없으며 항상 완전히 부정확한 작업으로 다시 쓰일 따름이다."

그러나, 그러한 인식은 또 다른 중요한 통찰력을 이끌어 낸다. 시 원문의 전환에 정확한 동의어구가 있을 수 없기 때문에, 다각적인 번역이나 해석이 있게 되고 그로 인해 독자/번역가는 출처언어 원문에 오히려 더 가까이 다가갈 수 있다. 훔볼트는 다양한 번역개념을 환영했다. 번역가들이 다양한 관점으로 같은 원문을 다르게 번역하는 것은 독자들로 하여금 주어진 시나 산문작품의 본질에 더 깊이 들어갈 수 있게 한다. 훔볼트는, "나아가 고전을 원문으로 읽을 줄 모르는 일개 국어 사용독자들은 한 가지 번역보다는 여러 각도의 번역을 통해 고전을 더 잘 알게 될 것이다." 라고 쓰고 있다. 보고 이해하는 형식으로서 다각적 번역의 중요성은 19-20세기 번역연구 분야에서 이론적 사고의 주요 관심사가 되었다.

이러한 사고방식은 명백히, 번역가로 하여금 외국원문지향 필요성을 강조한다. 원어에서 번역어로 바꿀 때, 원문의 이질성이 가능한 한 완전하게 유지되어야 한다. 아우구스트 빌헬름 슐레겔은 이렇게 서술했다.
"나는 내가 느낀 인상에 따라 원문의 자연스러움을 재현하려고 애썼다.
매끄럽거나 아름답게 만들려고 하면 원문을 망가뜨리게 된다."

　매튜 아놀드의 논문 「호머를 번역하면서」는 그 방대한 길이 때문에
이 선집에 포함할 수 없었는데, 훔볼트와 슐레겔이 제기한 사상과 미적
관점을 계승하고 강화했음을 보여준다. 번역이론 분야에 대한 아놀드의
기여도는 상당히 중요하므로 그의 논문의 주안점에 주목할 필요가 있다.
아놀드는 번역가와 원문사이에 얽혀있는 복잡한 관계를 염두에 두고, 호
머작품의 다양한 번역들을 검토하면서 자신의 번역이론을 상세히 설명
하고 있다. 현대의 독자/번역가는 호머작품이 주는 효과를 있는 그대로
재구성할 수 없다. 고로, 현대독자가 당대의 호머청중들이 했던 식으로
호머의 작품에 반응하기를 기대하는 건 무용지물이다. 번역가들은 자신
들의 정신세계에서 호머와 상호작용을 해야만 하고, 그들의 번역관을 형
상화하는 것이 호머원문에 대한 그들의 대답이다.

　　호머가 그리스인들에게 어떤 영향을 끼쳤는지 아무도 번역가에게 말해주
　　지 않는다. 하지만 호머가 자신들에게 끼친 영향을 말해주는 사람들은 있
　　다. 그들은 그리스어에 대한 지식과 동시에, 예술적 기호와 정감을 지닌
　　학자들이다. 그들에게 있어 원문과 필적할만한 가치를 지닌 번역은 없겠
　　지만, 번역이 원문이 주는 감동과 어느 정도 비슷한 감동을 주는지는 그
　　들만이 말할 수 있다. . . . 그러니 번역가로 하여금 고대 그리스인들이 호
　　머를 어떻게 생각했으리라는 것에 대한 자신의 생각에 집착하지 않게 하
　　라, 그는 불확실 속에서 자신을 잃어버릴 것이다. 평범한 영국독자들이
　　그에 대해 생각하는 바를 믿지 않게 하라, 눈먼 사람을 길잡이로 삼는 격
　　이 될 것이다. 자신의 일에 대한 스스로의 판단을 믿지 않게 하라, 개인적

충동으로 그릇되게 나갈 수도 있다. 그리스어를 알고 시도 감상할 줄 아는 사람에게 자신의 일이 어떤 영향을 줄 것인지를 스스로에게 묻게 하라.

아놀드가 번역활동을 구성하는 주요 요소로서 학식을 포함시킨 것은 번역가와 문학자, 다시 말해 재창조예술가와 보편적 교양을 지닌 학자를 결합하고자 했던 슐레겔과 일치한다. 번역에 대해 상당한 정당성과 정확성을 보증할 수 있는 사람은 학자이므로 그리스어 원문이 학자에게 끼치는 영향과 학자가 원문을 보다 충실히 이해하기 위해 어떻게 접근하는지를 연구해야 한다. 아놀드는 다음과 같이 덧붙인다.

그를 진실로 판단할 줄 아는 사람들은 학자들뿐이므로 [번역가는] 학자들을 만족시키기 위해 노력해야 한다. 실제로 어떤 학자는 아는 체만 하는 사람일 수도 있고, 그래서 그의 판단이 그다지 쓸모없을 수도 있다. 그러나 동시에, 어떤 학자는 시적감성을 지니고 있어 번역가를 정당하게 평가할 수도 있다. 번역가가 호머를 재현하면, 재현된 사람이 과연 호머인지는 학자만이 알 수 있다. 호머는 시대와 민족과 언어를 달리하는 사람이라, 학자는 호머를 불완전하게 알고 있을 뿐이지만, [그래도] 그만이 호머를 조금이나마 알고 있는 것이다.

학자와 번역가 사이에 유대가 필요하다는 인식은 20세기 번역의 이론과 실제에 중요한 쟁점이 되었다.

아놀드는 또한 번역에 있어서의 쇼펜하우어의 등가관을 재확인한다. 아놀드는 번역과정이 각 단어의 정확한 동의어를 찾는 일 보다는 시인내지 원문의 방식과 활동을 재창조해야 한다고 생각한다. 훔볼트와 마찬가지로 아놀드도, 원문을 개별적 세부사항으로서 보다는 전체로서 인식한다. 아놀드는 다음과 같이 쓴다.

> 원문방식을 동시에 부여하지 않는 한 원문에 내용을 부여하는 것을 충실성이라고 상정하는 것, 더 나아가, 그런 방식을 부여할 수 없으면서도 내용을 조금이라도 부여할 수 있다고 상정하는 것은 우리 라파엘전파의 실수다. 라파엘전파는 자연이 지닌 고유한 효과가 전체에 있는 것이지 부분에 있는 것이 아니라는 것을 이해하지 못한다. 그리하여 시인의 남다른 영향력은 그의 방식과 흐름에 있는 것이지 개별적으로 쓰인 낱말에 있는 것이 아니다.

번역가가 출처언어 원문의 전체성을 번역어로 재현해야만 한다는 생각은 19세기에서 20세기까지 번역의 이론과 실제를 이루었다. 아마 그 실제에서 유일하게 주요 예외가 된 사람은 낱말 대 낱말의 번역처럼 자구에 따르는 번역만이 타당한 것이라고 주장한 나보코프(Nabokov)일 것이다.

훔볼트, 슐레겔, 아놀드 같은 작가들이 번역과정의 자연스러움을 설명하는데 특별하게 관심을 보임과 함께 번역방법론 문제에 대한 언급이 필요해진 것은 당연했다. 슐라이어마허는 자신의 논문제목을 「번역의 다양한 방법론」으로 붙이기까지 했다. 괴테는 『서동시집』의 말미에 서로 다른 방식의 번역에 관한 견해를 밝혔다. 괴테는 번역을 다음과 같은 세 가지 방식으로 규정했는데, 단순한 산문번역, 이국적 내용만을 전유하고자 하는 풍자적 번역, 원문과 동일화하고자 애쓰는 번역이 그것들이다.

슐라이어마허는 괴테의 식견을 번역과정에 집어넣고, 독자-번역가-작가 사이의 관계에 관한, 오늘날 유명해진 그의 논평을 덧붙였다. "번역가는, 가능한 한 작가를 그대로 두고 독자를 작가에게로 움직이든지, 가능한 한 독자를 내버려두고 작가로 하여금 독자에게 다가가도록 해야 한다." 후일 발터 벤야민과 호세 오르테가 이 가젯은 이러한 생각과 태도를 채택하였다.

번역연구 분야의 범위는 계속 확대되었다. 원문을 한 언어에서 다른 언어로 옮기는 직접적인 일에 대한 관심은 번역방법과, 짐짓 번역과정을 범주화하는 제도까지도 고찰하게 했다. 하지만 해석적 사고가 인간 소통행위의 기본이라는 것과 모든 소통행위가 실상 번역활동이라는 사실이 분명해졌다. 그러므로 언어의 본질, 그 기원과 내적 기능의 탐구가 해석적 사고의 필수부분을 이루어야 한다는 것은 당연하다. 이에 가장 가까운 계열집단이 아르투르 쇼펜하우어, 로만 야콥슨, 자끄 데리다, 미셸 리파테르(Michael Riffaterre) 들이다. 쇼펜하우어는 다음과 같이 쓰고 있다. "이것은 개인이 각자의 언어로 서로 다르게 생각하고, 우리들의 생각은 각각의 외국어를 배우면서 수정되고 새롭게 다듬어지며, 다성주의(多聲主義)가 사고의 융통성을 늘린다는 사실을 뒷받침한다. 왜냐하면 여러 언어를 배움으로써 개념은 점차 단어로부터 스스로를 분리하기 때문이다."

야콥슨은 이렇게 주장한다. "언어들은, 반드시 전달해야 하는 것에서는 본질적으로 다르며, 전달해도 되고 안 해도 되는 것에서는 그렇지 않다." 그 역시 번역을 세 가지로 구분하는 괴테와 슐라이어마허의 전통을 잇고 있다. 동일 언어 간 번역 내지 말 바꾸기, 이 언어 간 번역 내지 본연의 번역, 기호 간 번역 내지 변형이 그것들인데, 후자는 비언어체계 기호를 가지고 언어기호를 해석하는 것이다. 이를테면, 언어기술로부터 음악이나 춤, 영화 혹은 회화(繪畵)로 나아가는 것이다.

옥타비오 파스(Octavio Paz)는 대단한 통찰력이 엿보이는 그의 논문을 이런 말로 시작한다. "우리는 말을 배울 때, 이미 번역을 배운다. 아이가 엄마에게 단어의 의미를 묻는 것은 실제로 낯선 용어를 그가 이미 알고 있는 단순한 낱말로 번역해 달라고 엄마에게 요구하는 것이다. 이런 점에서, 동일언어내부에서 이루어지는 번역이 두 언어 간에 이루어지는 번역과도 본질적으로 다르지 않다." 파스는 이 개념을 일보 진전시킨다. 번역은 다른 언어 간에도 일어나고 같은 언어내부에서도 일어나지만, 번역을 가능하게 하는 바로 그 매개체 ─ 말하자면, 언어 ─ 는 본질적으로 하나의 번역이다. "언어 자체가 그 본질에 있어서 이미 번역이기 때문에, 완전히 독창적인 원문이란 없다. 비언어세계에서 먼저 번역이 이루어지고, 각각의 기호와 어구도 다른 기호와 어구의 번역이기 때문이다."

언어표현의 영역에서, 파스는 시와 산문에서의 낱말의 기능을 모두 서술한다. 산문에서는 부분낱말들이 "같은 뜻을 나타내는" 경향이 있는 반면, 보편적으로 시적 맥락에서는 그 낱말들 자체가 지닌 의미의 다양성을 유지한다. 여기서 시문에서 고유한 다의성이 다시 한 번 강조된다. 본문 안에서 각각 특별한 위치를 차지하고 있는 낱말들은 세상을 보고 해석하는 다양한 방법을 함축적으로 보여준다. 그리하여 파스는 이렇게 결론짓는다. "언어도 다양하고 사회도 다양하다. 개별언어는 하나의 세계관이며, 개별문명은 하나의 세계다."

파스의 개념은 저술과 번역의 관계에 대한 한스 에리히 노삭(Hans Erich Nossack)의 논평에서 되풀이된다. 노삭은 문학작품 저술을 이미 하나의 번역행위로 본다. "작품 활동 자체가 이미 번역활동이다." 파스는 언어를 비언어적 기호를 번역하기 위한 매개체로 본다. 나아가 번역과정을 통해 자신이 사용하는 언어를 더 깊이 이해하게 된다. 외국어 단어와의 상호작용은 모국어를 확장한다. 출처언어 속에 있는 어떤 은유에 대한 등가물을 만들어내기 위해서 번역가는 통상적으로 영어의 일상용어 이외의 단어를 찾아야 할 수도 있다. 그리하여 번역에 관여하고 있는 작가들은 자신들의 언어를 풍요롭게 한다. 노삭과 더불어, 보다 넓은 맥락에서, 다른 문화를 번역하는 것은 문학이 지나치게 민족적이고 지역적이 되는 것을 막을 수도 있다고 말할 수 있을 것이다.

원문의 번역가능성을 분명히 하고 "언어의 타자성과 타협"하려고 애썼던 발터 벤야민은, 루돌프 판비츠(Rudolf Pannwitz)의 연구 「유럽문명의 위기」에서 번역의 이론적 고찰에 대한 탄력을 얻었다. 판비츠의 두 가지 주요 관심사는 번역활동으로 자국어를 풍요롭게 할 필요성과 출처언어 원문지향적인 번역의 필요성에 관해서였다. 판비츠는 다음과 같이 썼다.

> 우리가 하는 번역은, 최상의 것이라 해도, 잘못된 전제에서 시작한다. 그들은 독일어를 힌두어화하고, 그리스어화하고, 영어화하는 대신, 힌두어, 그리스어, 영어를 독일어화하기를 원한다. 그들은 외국작품의 참뜻보다 자국어의 편협한 방식을 더 존중한다. 번역가의 근본적 오류는 [독자들이] 외국어의 충격을 겪도록 그대로 놔두기보다는 자국어의 부수적 양상을 유지한다는 것이다. 그는, 특히 자신의 언어와 크게 다른 언어를 번역하는 경우엔 언어 자체의 근원적 요소들을 꿰뚫어 봐야만 하는데, 거기서 말과 심상과 어조는 하나가 된다. 번역가는 외국어를 통해 모국어능력을 확대하고 심화해야 한다.

이브 본느프와(Yves Bonnefoy)는 자신의 에세이 「시 번역」에서 그러한 개념을 시 작업으로 바꾸었다. 시인이 번역가로서 외국작품에 몰두하는 것은 시적 감수성을 정화함과 동시에, 자신이 지닌 시적 에너지를 재창출하게 한다. ─ "작품이 우리를 압도하지 않는다면, 그것은 번역 불가능하다."고 말한 본느프와의 충고를 흘려버리지 말자.

언어 자체가 번역이듯이, 독서과정을 통해 언어를 재창조하는 행위는 번역의 다른 형태이다. 독일철학자 한스 게오르그 가다머는 독서행위의 본질을 번역과정과의 관계 속에서 간결하게 요약한다. "독서는 이미 번역이며, 번역은 두 번째의 번역이다. . . . 번역과정은 본질적으로 세계와 사회적 소통에 대한 인간이해에 관한 모든 비결을 포괄하고 있다." 또 다른 번역행위로서의 독서개념이 여전히 20세기 번역이론의 주 기류로 발전하여, 이른바 수용이론에서 절정을 이루며 모든 소통행위가 번역활동이라는 진술에 이른다.

소통은, 창작을 통한 소통, 원문의 독서와 해석을 통한 소통, 번역을 통해 한 언어를 다른 언어로 바꿈으로 이루어지는 원문의 소통 등, 여러 단계에서 일어날 수 있다. 번역에는 항상 변형시키는 행위가 따른다. 이 선집의 저자들은 여하한 번역의 전환과정에서 일어나는 민감한 변화와 요구에 초점을 맞추었다. 그들은 해석방식이 학계에 상당한 혼란과 불만을 야기하는 시대, 소통이 점점 더 파편화 되어 가는 시기에, 번역과 번역연구에 새로운 중요성을 부과했다.

두 가지 두드러진 결과를 이들 논문에서 얻을 수 있다. (1) 다른 언어의 이질적인 것을 우리 언어로 이전시킴으로써 우리는, 그렇지 않았다면 경험하지 못했을 감정과 생각들을 탐구하고 구체화할 수 있다. (2) 번역활동은 모국어의 언어적 한계를 꾸준히 넓힌다. 그런 점에서, 번역은 언어에 활력을 불어넣는 힘으로 작용한다. 번역은 수용하는 언어에 새로운 단어를 만들게끔 북돋워주고 그 언어의 문법과 의미구조에 영향을 미칠 수도 있다. 요컨대, 번역을 언어와 개념을 풍부하게 하는 하나의 표현방식으로 볼 수 있어야 한다.

또한 번역은 언어의 표현가능성에 활기를 불어넣을 뿐 아니라, 우리가 해석기술을 공부할 수 있는 연구방법을 활성화시킨다. 번역가가 사용하는 방법론은 문학 텍스트를 해석하는 보편적인 표준이 될 수 있다. 번역에 대한 생각은 언제나 그 과정의 재구성을 염두에 두어 정적인 해석보다는 역동적인 해석방식을 만들어 낸다.

그리하여 번역과 번역에 대한 연구는, 내용지향으로부터 원문과 상황을 함께 고려하는 과정지향방식으로의 원문해석에 초점을 다시 맞추는 체계화 원리로서 작용한다. 학문분야들은 그 본질에 의해 복잡하게 얽힌 주요 사안들을 분리하는 경향을 보였다. 번역과정의 재구성은 그 상호연결성을 재확인하는데, 번역의 문제 해결성이 번역가로 하여금 다양한 분야들과 상호분야들을 포괄하게 만들어 번역을 가능케 하는 원문의 특수한 요구에 부응하게 하기 때문이다. 그 점에서 번역활동은 항상 상호적인 학문이며 파편화된 단속적 세상을 융합하는 힘으로 오늘날 자리한다.

1.

번역의 기술에 관하여*

■ 휴고 프리드리히(Hugo Friedrich)

언어 사이에 존재하는 경계는 혼란스러운 양상으로 끊임없이 문학번역을 위협한다. 그래서 번역기술은 언어 간 번역의 와중에 드러나는 번역 불가능성의 현실에 언제나 대처해야 한다. 실제로 시적인 감각에서, 번역기술은 원어가 지니는 미묘한 분위기와 번역자의 상황이 요구하는 범위에 영향을 받는다고도 말할 수 있다. 번역가는 당연히 원문언어의 문학적 요구를 충분히 전달하여 자신들의 기술을 인정받고 싶어 한다. 번역가들은 그러한 언어 간 경계와 아울러, 가능한 원문에 충실해야 한다는 부담감에 지속적으로 제약을 받는다.

---

* 1965년 7월 24일 하이델베르그에서 강연으로 행해졌고, 1965년 하이델베르그 대학출판부에서 칼 빈터가 재출판한, "번역술의 문제에 관하여"에서 발췌. (원주[原註])

내 주제의 범위가 다소 제한되어 있긴 하지만, 토론할 번역기술문제의 한도 내에서 좀 더 폭넓은 틀을 그리고 싶다. 번역은 국민전체와 다른 국민간의 문화적 상호작용에 관여하는 어떤 것인가? 번역은 다른 작가에 대한 한 작가의 반작용일 뿐인가? 번역은 잊혀 진 작품을 부활시키고 소생시키는 일인가, 아니면 전통의 요구에 부합하게끔 작품을 보전하는 것인가? 번역은 옛 작품에 있는 이국적인 것을 특정 시대의 심미관에 의거하여 왜곡하는 일인가? 번역가는 언어가 지닌 고유한 특질들에 꼼꼼히 주의를 기울이는가 아니면 무시하는가? 번역은, 번역문을 더 나은 예술작품으로 만들기 위해 원문에서 드러낼 필요가 없었던 의미수준까지도 창조하는가? 번역과 해석간의 관계는 어떠한가? [번역과 해석]양자는 언제 만나며, 번역이 그 고유한 규칙들을 따라야 하는 때는 언제인가? 이러한 것들은 문학번역이 광범한 맥락에서 당면하고 있는 문제들이다.

유럽에서 문학번역이 시작된 것은 로마시대 이후로 알려져 있다. 번역은 로마의 문학과 철학이 어떻게 그리스의 원형에 기반을 두고 있는지를 보여준다. 그리스어 원전을 라틴어로 옮기고자 했던 엔니우스(Ennius)의 노력은 번역을 위해 조악한 그리스풍 어휘를 낳기까지 했던 그 당대의 여전한 복종이었다. 그러나 후일 로마인들에게 있어서 그리스어 번역은 다른 의미를 갖게 되었다. 원어문체와 언어특질에는 사실상 관심을 두지 않는 원문의 전유(專有), 즉 로마인에게 있어 번역은 이국적인 것을 그들 문화의 언어구조로 만들기 위한 변형을 뜻했다. 라틴어는 그 형태가 전혀 바뀌지 않았다. 심지어는 원문이 새로운 용법이나 관련신어, 이례적인 문체나 구문생성 등을 통하여 일상적 관용에서 벗어나 자체의 언어구조를 거스를 때에도 라틴어는 변하지 않았다. 이런 태도를 이론적으로 논증하는 예는 데모스테네스(Demosthenes) 번역에 관한 키케로(Cicero)의 저술에서 보인다.

"나는 생각과 그 형태들, 말하자면 그 형상을 번역한다. 하지만 나는 그러한 것들을 우리가 늘 상용하는 바에 어울리는 언어로 번역한다.(*verbis ad nostram consuetudinem aptis*) 그러므로 나는 낱말 대 낱말 번역을 하기보다는 일반적 문체의 특징(*genus*)과 외국어 용어의 의미(*vis*)를 살릴 수 있는 번역을 했다." [*De optimo genere oratorum*]

초기 기독교 시대, 성 제롬은 이 문장들을 거의 그대로 채택했다. 그리스어로 된 구약성서를 라틴어로 번역할 당시, 그는 팜마키우스에게 보내는 편지 형태의 논문 「해석의 조건에 대하여」('*De optimo genere interpretandi*')에서 번역기술에 대한 자신의 견해를 명시하였다. 번역규칙을 주도하는 목표언어는 역시 라틴어였다. 그것은 "외국어의 고유한 특징들을 모국어의 그러한 특징들로 재생"한다는 것이다(*proprietates alterius linguae suis proprietatibus explicaret*). 몇 줄 아래서 우리는 제롬성자가 마치 로마황제의 칙령과도 같은 말을 함을 본다. "번역가는 생각을 마치 정복자의 특권으로서 자국어로 옮겨 심는다는(*iure victoris*) 점에서 사고의 내용을 죄수로 간주하는 것이다. 이것은 번역하는 사람이 외국어를 이질적인 것으로 경시하면서 그 이국적 언어의 의미를 자신의 모국어를 통해 지배하고자 하였던 로마인의 문화, 언어적 제국주의를 매우 엄중히 드러내는 일례다.
나아가 로마인들은, 위에 언급한 개념을 확장한 것으로 볼 수도 있는, 번역의 이론과 실제에 관련한 또 다른 개념을 발전시켰다. 그것은 번역과 원문을 경쟁관계로 보는 것이다(*certamen atque aemulatio*-퀸틸리아누스). 번역의 목적은 원문을 능가하고, 원문에 나타난 일상용법을 지나치게 변형시키지는 않는 한도 내에서, 원문을 모국어의 새로운 표현을 생성하기 위한 영감의 원천으로 여기는 것이다.

원문을 능가해서 언어를 향상시킨다는 이 두 번째 형태의 번역으로부터 세 번째 접근방법이 필연적으로 뒤따른다. 이 방법은 번역의 목적이 내용을 다루는 것 이상으로 여태껏 자국어에서 단지 순수하게 가능성으로만 존재하였고 의미화 되지 않았던 언어적 미적 에너지를 방출하게끔 한다는 전제에 기반을 둔다. 이러한 전제는 일찍이 퀸틸리아누스(Quintilian)와 플리니우스(Pliny)에 기원을 두었다. 그것은 르네상스기(期) 유럽의 번역이론에서 주도적 성격을 띠게 된다. 그 가장 두드러진 특징은 "풍요롭게"(*enrichir, arricchire, aumentar*)하려는 노력이다. 이 경우도 역시 원문지향적은 아니었다. 원문은 그것과 다른 모국어에 잠재되어있는 문체적 가능성을 드러내기 위해 끌어오는 것이었다.

번역이론에 대한 이런 사고방식의 가장 두드러진 예는 아마도 17세기 전환기에 세네카의 루실리우스 문서를 프랑스어로 번역했던 말러베일 것이다. 세네카의 문체적 특징은 거의 남아 있지 않다. 이상적인 경구의 형태를 지니며 짧게 끊기는 세네카의 문장들은 그 때까지 프랑스 문학에서는 전혀 혹은 거의 알려져 있지 않았던 완전히 다른 문체로 분해, 변형되었다. 그리하여 우리는 번역을 통해서 세네카가 사용한 언어가 지닌 정신적, 문체적 특징과는 완전히 상반된 새로운 형태의 산문이 근대 불 문학에 도입되었다는 매우 놀라운 현상을 접한다. 세네카가 모호함에 가까운 짧은 문장을 쓰고 확고부동하리만치 명확한 어구들을 나란히 놓은 반면, 말러베는 연결된 문장들과 회화체로의 연관 그리고 문장들 간의 상호 연관성, 논리적 귀결과 의미묘사 따위를 새로 만들었다. 그는 중요도에 따라 개념의 순위를 결정하여 정렬하고, 같은 내용을 매번 다른 형태로 되풀이하기도 한다. 불확실하고 종종 혼란스럽긴 해도, 라블레

(Rabelais)나 보나방튀르 데 페리에(Bonaventure des Périers), 몽테뉴 같은 작가들로 대변되는 이전까지의 프랑스 산문이 지녔던 다채롭고 풍부한 특징은 사라지기 시작하고 프랑스 고전의 아름다움과 꼼꼼함, 정중함 등이 드러나기 시작한다. 이러한 저술양식은 번역가가 원문내용의 차용에서뿐만 아니라, 출처언어와는 상반된 문체를 자유롭게 만들어 낸 번역결과에 기인한다. 새로운 저술양식이 이렇게 대두되었는데, 후일의 라 브뤼에르(La Bruyère)는 이에 대하여 균형 잡힌 양식과 명징성이 자연스런 사고창출을 유도했다고 말했다.

위에서 살펴본바, 의미를 "옮기는" 역할이 중시되는 번역의 개념은, 번역이 출처언어와 목표언어가 대비되어 드러나는 두 문학과 그 문학들이 속한 개별문화들 사이에 이루어지는 상호작용이라는 이론을 뒷받침한다. 니체는 『즐거운 학문』(*Gay Science*)에서, "실로, 당시의 번역이란 정복한다는 뜻이었다"고 함으로써 그가 평소에 지녀온 변형행위로서의 번역의 개념을 다시 한 번 확언했다.

그러나, 18세기 후반의 시작 즈음, 문화적 차이에 대해 점차 너그러워짐과 병행하여 완전히 새로운 형태의 번역과 번역이론이 나왔다. 이러한 관용은 유럽언어에 존재하는 다양성을 인정하는 역사의식으로 발현했는데, 그것은 각각의 언어들이 나름의 규칙을 가지고 있으며, 예술적이든 지적이든 간에 언어 간에 존재하는 경쟁의식은 줄이고 모든 언어에 동등한 지위를 부여해야 함이 마땅하다는 것이었다. 이러한 통찰력은 언어 간의 어휘적 의미적, 구문론적 불일치에 가장 두드러지게 해당되는 것이다. 보편적으로 이런 불일치는 언어의 창조력이 발휘되는 순간에 가장 두드러진다. 사실 번역불가능의 문제는 항상 있었다. 무작위의 실례로, 원문에서 반짝이던 예술성이 번역문에선 필연적으로 유실된다는 단테의 이야기를 들 수 있다(*Convivio*)[1]. 르네상스 이론가들 역시 이 문제를 잘 알고 있었다. 하지만 그들은 그것이 번역가의 창조적 갈망과 분리될 수 없고, 당대엔 그들 자국어가 지닌 창조적 상상력에 지장을 주지 않는다는 점을 들어 크게 문제시하지 않았다. 그러나 그 문제가 체계적 형태로 논의되면서 역사적, 언어적 사고에서 보다 큰 맥락으로 자리 잡은 것은 18세기에 와서의 일인데, 프랑스의 디드로(Diderot)와 달랑베르(d'Alembert), 독일의 슐라이어마허(Schleiermacher)와 빌헬름 본 훔볼트(Wilhelm von Humboldt)에 이르러서였다.

이에 대한 즉각적 반동으로 나타난 것이 체념의식이었다. 즉 적절한 번역 같은 건 없고, 기껏해야 임시변통의 근사치를 기대할 수 있을 뿐이라는 것이었다. 출처원문의 정신을 존중한다는 의미는 번역에 대한 모든 노력을 환상에 지나지 않는 것처럼 만드는 것으로 만들었다. 그러나 이런 체념의식은 오래가지 않았다. 한 언어와 다른 언어 간의 어휘적, 의미적 차이에도 불구하고 그들 언어의 내부구조 사이에 존재하는 유사점을 깨닫게 되었다. 이 유사점은 동시적이고 일관된 논리성을 지닌 번역이나 사전 상으로 잘못된 대체용어들을 대비해 볼 때 보다 문학번역에서 더 두드러지게 나타난다. 그리하여 이국적인 것에 대한 존중은 이국 지향적 용기로 이어졌다. 그 때까지도, 정복자의 특권(*iure victoris*)에 대한 논의는 분명 아니었다.

실제로 언어들의 내부구조 간 유사성은 목표어의 언어적 미묘함이 외국어로 씌어져 있는 원문에 순응할 수 있게끔 한다. 이런 종류의 순응은

---

1) 『콘비비오』(*Convivio*)는 단테가 대략 1294년에서 1307년 사이에 쓴 책이다. 철학에 대한 저자의 세세한 관심이 담겨 있으며, 특히 키케로와 보에티우스의 작품에 관해 주석을 곁들여 언급하고 있다.

수사적 맥락에서 언어의 총체적 기술(*elocutio*), 심지어 언어의 정점과 깊이 (*genera*)로 이해되어야만 하는 문체영역에서 일어난다. 작품 속에 있는 개별적인 문체적 특징을 드러내주는 번역가의 태도는 번역가가 원문에 대하여 종속적인지 아니면 지배적인 태도를 지니는지, 또한 언어 간 차이점의 인정을 포기할 것인지, 아니면 언어 간에 가능한 문체적 화합을 지향할 것인지를 보여준다.

후자는 슐라이어마허와 훔볼트의 저작에서 번역기술용어로 정착되었다. 원문 지향적 움직임, 특히 이질성을 살리기 위한 이국 지향적 변화일 것이다.

슐라이어마허는 다음과 같이 그 개념을 표현했다. 원문이 문체적 위력을 보일 때마다, 그 언어가 지닌 고유한 가능성은 원문을 풍요롭게 할 뿐 아니라, "원어 본연의 특질만이 생성하고 설명할 수 있는 행위"로서 주어진 언어를 압도한다. 이 번역이론은 언어 간 차이를 인정한다. 그러나 보다 중요한 것은 실체로서의 언어(*Gegebenheit*)와 행동으로서의 언어(*Tat*), 즉 문체를 구분한다는 것이다. 후자는―전적으로 비고전적 의미에서―실제국어와 개인의 언어창조 간에 생기는 상이점으로 이해되어야 한다. 고로 번역가는 "독자를 평화롭게 놔둔 채 독자 지향적으로 작가를 움직이지 말고, 작가를 평화롭게 놔두고 (이를테면, 문체나 의미를 건드리지 않고) 작가를 향해 독자를 움직여야' 하는 임무를 지닌다. 번역가는 "(출처원어가 그것을 피하듯) 일상어투를 피하고 이국적 감성에 의지하는 인상을 주는" 언어로 글을 써야 한다. 다시 말해, 모든 힘은 원문이 일으키는 것이다. 이 힘은 번역행위 중에 내재하는 창조욕구가 되고, 원문에서 그러했던 것과 같은 정도로 일상용어를 탈피한다. 원문의 창조적 문장력은 번역에서도 드러나야 한다. 그것은 번역이 이루어지는 언어에서도 문체를 창조하는 힘으로 다시 태어나야 한다. 마찬가지로, 훔볼트는 원어에서부터 번역이 이루어지는 언어로의 문체이식이 반드시 일어나야 한다고 주장하면서, 문체수준을 과소평가하는 위험을 지적한다. "작품의 필수적 부분이 되는 원문의 모호함은 유지해야 한다. . . . 원문 안의 숭고하고 과장되고 이례적인 어떤 것을 번역에서 쉽게 이해할 수 있는 가벼운 것으로 바꾸어서는 안 된다."

슐라이어마허와 훔볼트의 요구는 번역기술의 어떠한 이론에서도 더 이상 배제할 수 없다. 그러나 현재, 번역을 하고 있는 사람들은 거의 이 이론을 따르지 않는다. 이런 경향은 특히 뛰어난 작가라는 사람들에게서 보인다. 작가이면서 번역가인 사람들은 종종 정반대의 실수를 범하기도 하는데, 원문의 양식을 지키지 않고 향상시키려는 것이다. 우리가 모든 힘이 원문에서 나온다는 전제를 따른다고 하면, 번역의 문체적 특징도, 원문이 평범하거나 낮은 수준의 문체로 쓰였다 할지라도, 원문의 그것들에 순응해야 한다는 생각 또한 받아들여야 한다. 18세기 중엽에 들면서, 그리스와 로마의 수사법은 번역이론의 필수 부분이 되면서, 고전적 구태가 번역이론에 적용한 적이 없었던 새로운 방법이 되었다. 이런 실행은 고전적 구태 이후에 나온 번역이론의 절정으로 가는 길이다. 우리가 번역을 함에 있어 이러한 이론들을 간과할 수 있을 것인가? . . .

---

* 루이제 라베의 네 번째 소네트를 독일어로 번역했던 라이너 마리아 릴케의 번역에 대해 프리드리히가 논평했던, 강연의 두 번째 부분은 생략한다.

2.

번역에 대하여

■존 드라이든(John Dryden)

I.[2]

   . . . 일반적인 시문번역에 대해 어느 정도 이야기하고 어떤 번역방식이 가장 적절할 지에 대해서 내 의견을 제시하려 한다.

   내 생각으론 모든 번역을 다음과 같이 세 가지 주요항목에 귀착시킬 수 있을 것 같다.

   먼저, 직역 혹은 한 언어에서 다른 언어로 낱말 대 낱말, 행 대 행으로 한 작가의 작품을 전환하는 것이다. 이 방법에 근접한 것이 벤 존슨의 호

---

2) 드라이든 번역의 『오비디우스의 서한』(1680) 서문에서 발췌. 아래에 명시된 이외는, 이 장에서의 발췌 부분은 W. P. 커 가 편집한 『드라이든 논집』 1집과 2집(뉴욕, 러셀 출판사, 1961)으로 재간되었다. (원주)

라티우스 『시학』 번역이다. 두 번째 방법은 의역, 즉 번역가가 작가의 의
도를 상실하지는 않지만 그 본래의 의도를 엄격히 따르지는 않는 번역으
로서, 이러한 번역에서는 작가의 말을 부연하는 정도는 허용되지만 작가
의 뜻한 바가 바뀌는 정도로 바뀌지는 않는다. 그러한 것이 월러(Waller)
가 번역한 버질[3]의 네 번째 『아이네이스』(*ÆEneid*)이다. 세 번째 방법은
모사번역이다. 번역가가(이 경우에도 번역가라는 이름이 성립한다면) 단
어와 의미를 다르게 할 뿐 아니라 상황에 따라서는 그 양자를 모두 버리
기도 하는 것이다. 원작으로부터 보편적인 실마리를 취하면서 자의적으
로 그 토대를 구분하는 것이다. 그러한 방법으로 번역한 것이 코울리[4]가
영역한 핀다르[5]의 송가 두 편과 호라티우스의 송가 한 편이다.

　이들 방법 중 첫 번째에 관하여 우리의 대시인 호라티우스는 이런 경
고를 했다.

　　　　Nec verbum verbo curabis reddere, fidus
　　　　Interpres . . .

　　낱말 대 낱말 식의 지나치게 충실한 번역을 하지 말라,

로스코몬(Roscommon) 백작이 여지없이 말했듯, 지나치리만큼 충실하다
는 것은 사실 현학적이라는 거다. 그것은 미신에서 비롯된 믿음 같이 맹

---

3) 가능한 한, 고유명사는 원어 발음이 기본이지만, 여러 발음이 함께 쓰이는 경우에는 특
　정 분야에서 자주 쓰는 표현으로 한다. 로마시인 베르길리우스와 그리스시인 호메로
　스는, 문학에서는 각각 버질과 호머라는 영어식 발음이 익숙하다고 생각되어 그렇게
　옮긴다.
4) Abraham Cowley(1618-1667) 영국 형이상학파 후기의 시인
5) 핀다르(Pindar 518~442 ?) 사포와 더불어 유명했던 그리스의 서정시인

목적이고 광적인 것이다.

*

리처드 팬쇼(Richard Fanshaw)경이 번역한 『양치기의 파이프』(*Pastor Fido*)에 관해서 언급한 존 데넘(John Denham)경의 표현을 보자.

> 그대가 당당히 거부한 노예의 길은,
> 낱말 대 낱말, 행 대 행을 더듬는 길:
> 그대가 나아간 새롭고도 더욱 고결한 길은,
> 번역과 또한 번역가들을 만드는 길:
> 그들은 그저 재를 모으나 그대는 불꽃을 피우니,
> 그의 느낌에 충실하되 명성에는 더욱 걸맞도다.

문자 그대로 번역하면서 동시에 잘 번역하는 일은 거의 불가능하다. 가장 엄격하고 간결한 언어인 라틴어에선 종종 한마디로 표현하는 것을, 현대어는 난잡하거나 빈약하다고 할 수 있는 성격을 지니기 때문에 더욱 충족시키지 못한다. 또한 어떤 표현에서 기지가 드러난다고 해도 영어에서 유실되는 일이 흔하다.

> Atque iidem venti vela fidemque ferent.

우리나라의 어떤 시인이 이 생각을 문자 그대로 즐겁게 영어로 표현하면서도 그 안에 있는 기지를 살리거나 내지 거의 유사한 느낌을 불러낼 수 있을까?

요컨대, 자구 모방자는 즉각 난관에 봉착하여 그 이상 풀어나갈 수가 없게 된다. 그는 작가의 말과 생각에 함께 주의하면서 다른 언어에서 각각에 상응하는 바를 찾아야 하고, 게다가 수의 범위와 운율에 제한 받고 그 노예가 되어버린다. 이것은 다리에 족쇄를 찬 채 줄 위에서 춤추는 것과도 같다고 할 수 있다. 조심하면 떨어지지는 않겠지만 우아한 율동은 기대할 수는 없는 것이다. 한껏 멋을 부려 말을 만든다고 해봐야 바보 같은 짓일 뿐인데, 제정신이 있는 사람은 이렇게 갈채를 받기 위해 목이 부러지지 않으려고 애쓰는 일에 뛰어들지는 않을 터이다. 벤 존슨은 같은 내용을 담은 아래에 보이는 행에서 보이는 것처럼, 호라티우스의 글을 문자 그대로 번역하려고 애쓸 때 말의 모호성을 피할 수 없었던 것이 사실이다. 심지어 호라티우스 본인도 그리스시인의 작품을 그렇게 번역하기는 힘들었을 것이다.

Brevis esse laboro, obscurus fio:

빈번히 명쾌함이나 우아함 모두가 결핍될 것이다. 호라티우스는 호머의 『오디세이아』 번역에서 세 줄의 첫 행들을 두 줄로 줄이면서 이 두 난관을 실상 모두 피했다.

Dic mihi musa virum captae post tempora Trojae,
Qui mores hominum multorum vidit, et urbes.

뮤즈여 말해주오, 트로이를 장악한 후,
수많은 도시와 그러한 풍습의 변화를 본 인간에게.
로스코몬 백작.

그러나 그때, 그 문장의 중요한 부분을 차지하고 있던 율리시즈의 고난은 생략되었다.

ος μάλα πολλά πλάψχθη.

맹종적인 자구번역에서 겪는 어려움에 대한 고찰로, 오래지 않아 우리의 두 이름난 지자(智者), 존 데넘경과 코울리는 저자들의 말을 우리말로 바꾸는 다른 방법을 궁리하게 되었는데, 코울리는 이 방법을 모방이라고 불렀다. 그들은 친구였으므로 이 주제에 대한 자신들의 생각을 서로 교환했을 것으로 추정한다. 이 문제에 대한 그들의 생각은, 한쪽이 훨씬 더 절제되긴 했지만, 거의 같았다. 내가 보기에 당대 시인이 선대 시인들을 똑같은 주제에 대해서 따라 쓰고자 하는 식의 저자를 모방한다할 때에 그들이 의미하는 바는, 저자의 단어들을 번역하거나 그 느낌에 사로잡힌다는 것이 아니라, 저자를 단지 패턴으로만 보고 그가 우리시대, 우리나라에 살았더라면 했을 것으로 생각되는 바대로 쓴다는 것이다. 그러나 내 생각으로는 그 두 사람 중 누구도 (코울리가 불렀던 대로) 저자를 재현하는 이 자유분방한 방법을 썼다고 말할 수는 없는데, 그것은 『핀다르의 송가』에서는 고대 그리스의 관습과 의례가 여전히 보존되어 있기 때문이다. 그런데, 충분한 자질을 지니지 못한 작가들이 그런 대담한 예를 따라 번역을 시도한다면, 장차 어떤 오해가 일어날지 모르겠다. 우리의 기호에 따라 가감하는 것은, 그 방법을 공언한 코울리 만이 가능한 일이며 특히 그의 핀다르 번역에서 그렇다고 할 수 있는 것인데, 왜냐하면 코울리 만이 작가의 생각과 충돌할 때마다 더 낫게 만들면서 핀다르를 수정할 수 있기 때문이다. 핀다르는 일반적으로, 이해를 할 때에 연상을 해야 하고, 그 뜻이 우리의 생각의 높이를 벗어나며, 독자로 하여금 어떻게 할 도리가 없게 만드는 등, 난해한 작가로 알려져 있다. 그렇게 격정적이고 다루기 힘든 시인의 글은 문자 그대로 번역할 수가 없다. 그의 글에 보이는 천재성은 삼손과도 같이 강한 힘을 지니고 있어서 그것을 억제할 수 있는 족쇄는 없다. 코울리처럼 고상하고 자유로운 천재만이 핀다르를 영어로 옮길 수 있으며 모방하는 것 외의 다른 방법으로 할 수는 없다. 버질이나 오비디우스, 또는 다른 지적인 작가의 글을 그렇게 옮기는 경우에, 생각도 말도 원문에서 가져오지 않았다면 그것은 더 이상 그들의 작품이 아니다. 그들 대신 번역가의 창작이라 할 다른 무엇이 있는 것이다. 이 방법으로 어쩌면 처음의 생각보다도 훨씬 훌륭한 것이 나타날 수도 있다. 하지만 그렇다 해도 버질 자신의 글이 이러한 방법으로 모습을 드러내는 것은 아니다. 작가의 생각을 알고 싶어하는 사람들은 기대한 만큼 실망할 것이다. 그렇게 미흡한 점을 알고 있는 사람이라도 드러난 해석으로 만족할 수밖에 없다. 공정하게 말하자면, 작가를 모방하는 일이야말로 자신을 알리고 싶은 번역가에게는 가장 수지맞는 방법이지만, 죽은 원저자의 기억과 명성에는 엄청난 누를 끼치는 일이다. 정작 자신이 누렸던 것보다도 남한테 자유를 누리라는 조언을 더욱 많이 했던 존 데넘 경은 두 번째 『아이네이스』 번역에서 훌륭한 서문을 보이는데, 거기서 그는 그러한 혁신에 대한 근거를 제시한다. "시는 너무나 섬세한 정신을 담고 있어 한 언어에서 다른 언어로 쏟아져 들어갈 때, 그 정신은 모두 증발해 버리게 된다. 옮겨 부을 때 새로운 정신이 더해지지 않는다면, 찌꺼기(*caput mortuum*) 외엔 아무것도 남지 않을 것이다." 나는 자구번역에 반대하는 이 주장에 일리가 있음을 인정한다. 허나 누가 그것을 옹호하는가? 내 생각에는 모방과 낱말 그대로의 번역은 피해야 할 극단적 경우들이다. 그러므로 내가 주장하는 바, 그 두 가지 방법의 중용의 입장에서 보면 그의 주장이 얼마나 지나친지 알게 될 것이다.

시문학에서는, 그 분야의 천재를 제외하고는 저자의 언어와 자신의 언어 모두에 통달하지 않는 한 누구도 시를 번역할 수 없다. 더욱이 시인이 사용하는 언어만 이해해서 되는 것도 아니며, 남과 구별되는 성질과 다른 모든 사람들로부터 그를 특징짓는 그의 독자적인 생각과 표현을 이해해야만 하는 것이다. 이 정도까지 진행한다면 이번에는 우리자신을 들여다보고 우리의 능력을 시인의 천재성에 맞추어 시인의 생각을 동일하게 옮길 것인지, 아니면 본질을 망치거나 변경하지 않는 범위 내에서 단지 장식만을 바꿀 것인지를 생각해야 한다. 낱말은 외부적 치장의 성격이 짙으므로, 이러한 종류의 주의가 더욱 필요하다. 말이 (드물게라도) 한 마디 한 마디 우아하게 표현되어 있을 때에는, 단어들이 바뀐다는 것은 저자에게 해가 될 것이다. 모든 언어는 나름대로는 각각의 특질이 있어, 한쪽에서 아름다운 것이 다른 쪽에서는 종종 저질스럽거나 말도 안 되는 것처럼 여겨질 수도 있기 때문에 번역가가 저자 언어의 좁은 범주 안에 묶이는 일도 현명하지 못하다. 느낌을 손상하지 않는 어떤 표현을 번역가가 선별해 낼 수 있다면 그것으로 충분하다. 나는 번역가가 그 정도까지는 속박을 벗어나도 된다고 여긴다. 하지만 혁신적이라 할 정도로 생각을 진행시키면 그 번역가는 한계를 무너뜨릴 수도 있다고 생각한다. 이런 방법으로 작가의 영혼이 옮겨질 수 있다. 고로 존 데넘 경이 내세우는 근거는 표현에 대한 것임이 분명하다. 진실하게 번역한다면, 다른 언어라고 해서 생각이 유실되지는 않을 것이기 때문이다. 그러나 우리가 이해할 수 있도록 전달하는 말, 즉 생각의 영상이자 장식이 되는 말이 잘못 선택되어 볼품없는 의상을 걸친 채 나타난다면, 생각은 본래의 광채를 잃게 될 것이다. 그러므로 표현을 위하여 허용되는 자유가 있다. 단어든 행이든, 원문기준으로 제한할 필요는 없다. 일반적으로 말해 작가의 감각은 신성불가침한 것으로 인식되어야 한다. 오비디우스의 상상력이 화려하다면, 그의 성격도 그러할 것이다. 내가 그 상상을 적당히 가감해 버린다면 그것은 더 이상 오비디우스의 글이 아니다. 여분의 가지를 잘라버림으로써 그에게 이익이 된다고 할 수 있겠지만, 번역가에게는 그럴 권리가 없다고 하는 것이 나의 굽힘 없는 생각이다. 화가가 삶 속에서의 대상을 그대로 옮겨 그릴 때에, 자신의 그림이 더 낫게 보여야 한다는 구실로, 그 대상의 특징과 인상을 멋대로 바꿀 수 있는 권리는 없다고 생각한다. 만약 눈이나 코가 바뀐다면 화가가 그린 얼굴이 그냥 보는 것보다 외려 더 정확할 것이다. 하지만, 원 모습을 닮게 만드는 것이 그의 임무다. 두 가지의 경우— 원래의 생각이 매우 평범하거나 부정직한 경우— 에만 어려움이 생길 것이다. 하지만 이 두 경우 모두 답은 같을 것이고, 그렇다면 두 경우 모두에서 번역은 되지 말아야 한다.

. . . Et quae

Desperes tractata nitescere posse, relinquas.6)

그래서 나는 과감히 두 위인들의 권위에 대항하여, 이 주제에 대한 내 의견을 제시하려고 한다. 그러나 그들의 명성에 누가 되지 않기를 바란다. 나는 그들이 살아있을 때 매우 좋아하였고 죽은 지금엔 존경하기 때문이다. 허나 내 주장 이후에 더 낫다고 판단되며 번역예찬에 새로운 미

---

6) 호라티우스의 규칙: 어떤 일이든 빛나게 할 수 없다면, 포기하라. (whatsoever business you despair of making shine, omit-he quoted and observed. ...)

덕을 더해주고 언어의 전환이 주는 손실을 재보상할 수 있는 방법이 강구된다면, 나는 기꺼이 내 주장을 철회하고 그 가르침을 받아들일 것이다. 그동안 납득할만한 번역본들이 매우 적었던 이유는, 작가의 감각을 지나치게 꼼꼼히 따라가서가 아니라, 번역에 필요한 모든 능력을 갖춘 사람이 거의 없었고, 그렇기에 배움 중에서도 중요한 부분에 관한 칭찬이나 격려가 거의 없었기 때문이었다. . . .

II.7)

나는 최근 반년동안 번역병(그렇게 부를 수 있다면)에 시달렸다. 내겐 늘 따분하기 짝이 없는 번역병의 싸늘한 산문발작이 『연맹史』에서 녹초가 되어버렸다. 그것에 이은 뜨거운 발작이 이 운문집이다. 사실 나는 발작의 변화 속에서 일종의 편안함 같은 것을 느끼고 있다고 상상했다. 이 농담은, 테오크리투스(Theocritus)의 『전원시집』 두세 편과 호라티우스의 『송가집』 몇 편에서 탈진했다는 뜻이므로 이상하게 여기지 마시길. 그러나 평범한 내 작품들에서보다 그들의 작품 안에서 더욱 즐거운 무엇인가를 발견하는 것, 적어도 내가 발견했다고 생각하는 것이, 루크레티우스와 버질에만 오래도록 익숙했던 나를 쇄신시키는 일이라고 스스로를 부추겼다. 독서하는 중에 나를 가장 매혹시켰던 부분들에 즉각적으로 정신을 집중했다. 이러한 일들은 번역에 대하여 내가 열정을 쏟게 되는 자연스러운 충동들이다. 그러나 무척 강압적이라 할까, 뜻하지 않은 동기가 있었는데, 하느님께서 그 이야기에 관련된 사람을 어여삐 여겨주시기를 바

---

7) 『삼림: 혹은 시 잡록의 두 번째 부분』(*Sylvae: Or the Second part of Poetical Miscellanies*)의 서문에서(원주)

란다. 그것은 나의 영주이신 로스코몬 백작의 『운문번역에 관한 소론』이었는데 내가 그의 규정에 따르면서 사색을 실천할 능력이 있건 없건 확인되지도 않은 상태에서 시도를 해야 한다는 부담이 느껴졌다. 많은 경우에, 시에 나오는 좋은 말들은 수학에서 드러난 증명과도 같이, 도표에서는 매우 그럴 듯하지만 기계적 작용에서는 소멸하는 것이기 때문이다. 나는 보편적으로 그의 가르침을 지켜오고 있다고 생각한다. 부언하건 데, 내 판단이 진정성이나 유용성에서 그의 가르침에 충실하다고 확신한다. 부언하자면, 최소한 몇 군데에서 그의 규칙을 따라 행하는 척하는 정도의 허영심 범했음을 고백한다. 내 임의로 덧붙이기도 했고 빼기도 했으며, 때로는 그 어떠한 주석가도 나를 용서하지 않으리만치 대담하게 내가 번역하는 작가에 대해 설명하기도 했다. 아마 나는, 그런 특별한 몇 문장에서, 그들 현학자들이 미처 발견하지 못한 어떤 아름다움, 시인이 아니고선 발견하지 못할 어떤 것을 발견했다고 생각했나보다. 내가 몇 가지 표현을 버리거나 줄였을 때는, 그리스어나 라틴어에서는 아름다울지라도 영어에서는 그렇게 빛나지 않는다고 나름대로 심사숙고한 것이다. 내용을 늘였던 경우에는, 당치않은 비평가들께선 그 생각들이 전적으로 내 것이라 여기지 말고, 시인의 생각 내부에 숨어 있었던 것이거나 시인으로부터 정당하게 유추해 나온 것이라 여겨주기를 바란다. 또는 최소한, 그런 심사숙고가 쉽지 않다면 어떻든 내 것이 작가가 생각했던 것의 일부이고, 만약 그가 살아있는 영국인이라면 썼을 법한 그대로를 쓴 것이라는 것을 알아주기 바란다.

결국 번역가는 저자를 저자자신의 성격을 지니게 하면서 가능한 한 매력적으로 만들어야 하고, 저자의 성격을 계속 보여주고 그를 그가 아닌 것처럼 만들어버려서는 안 된다. 번역이란 삶을 따라 그리는 일종의 그림 같은 것이다. 모든 사람이 수긍할만한 지점에, 좋고 나쁨의 두 가지로 해석되는 모습이 있다. 하나는 제대로 된 윤곽에 비슷한 특징을 잡아 정확한 비율로 그런 대로 제 색깔을 그려주는 것이고, 다른 하나는 이 모든 것이 품격을 지니도록 만듦에, 그런 태도와 음영, 그리고 주로 전체를 살리고자 하는 정신으로 그리는 것이다. 나는 훌륭한 원전을 구겨놓은 모사품을 볼 때 분노가 치미는 것을 참을 수가 없다. 더욱이나 내가 일생을 통해 닮고자 했던 버질이나 호머, 그리고 몇몇 저자들이 서툰 해석자에 의해 매도되는 것에는 정말 분노를 느낀다. 그리스어나 라틴어에 익숙하지 않은 영어 사용 독자들이 우리의 오글비들이 번역한 시인들의 작품을 읽었다면, 우리가 우리의 글에서 허용될 수 있는 모든 것을 그 작가들의 원서에서 끌어왔노라고 할 때 누가 이런 말을 하는 나나 다른 사람들을 신뢰할 것인가?[8] 하지만 나는 훌륭한 시인의 시라도 잘못 번역되었다면 더 이상 그는 그 시인이 아니며, 그것은 마치 시체와 살아 있는 몸의 관계와도 같다고 까지 하겠다. 그리스어나 라틴어는 이해한다 해도 자신들의 모국어에 대해 모르는 사람들이 많다. 영어가 얼마나 적절하고 섬세한지를 알고 있는 사람은 거의 없다. 훌륭한 지자(智者)조차도, 진보적인 교육의 지원과 오랜 독서, 몇 안 되는 우리 작가에 대한 이해, 인간과 풍습에 대한 지식과 자유롭게 길들여진 습관, 성별을 불문한 훌륭한 동료와의 대화 없이는, 영어의 장점을 이해하고 활용하는 일이 불가능하다. 간단히 덧붙이자면, 한 가지 학문에 젖어 있던 동안 들러붙은 찌꺼기 버릇을 벗어버리지 못한다면 더욱 그렇다. 고로 영어의 순수성을 깨닫는 일이나 좋은 작가와 그렇지 못한 작가를 올바로 식별하는 일, 변질된 것

---

8) 오글비(Ogleby): 젊은이들의 쾌활함과 세련됨에 영향을 미치는, 시대에 뒤떨어진 귀족

으로부터 알맞은 양식을 찾아내는 일뿐 아니라 한 사람의 훌륭한 저자에게서 순수한 것과 그렇지 못한 것을 구별할 줄 아는 일은 다 같이 어렵다. 이러한 요건들의 전부 내지 일부가 부족함으로 인해, 우리의 유능한 젊은이 대부분은 치켜세워진 영국시인들을 모델로 삼아 그의 작품 안에 있는 결점이나 유치함, 보잘것없음, 주제에 맞지 않은 생각이나 고려가치도 없는 표현, 또는 그 생각과 표현이 어울리지 않는다는 것도 알지 못하면서 존경하고 모방한다. 그러므로 외국어를 번역하고자 하기 이전에 훌륭한 모국어비평가가 된다는 것은 필수요건으로 보인다. 언어와 문체를 평가할 수 있는 것으론 충분하지 않고, 언어와 문체에 정통해야 한다. 저자의 언어를 완벽하게 이해하고 자국어를 완전히 자유자재로 쓸 수 있어야 한다. 철두철미한 번역가가 되기 위해선 철두철미한 시인이어야 한다. 훌륭한 영어와 시적 표현, 음악적 리듬을 저자의 감각으로 옮기는 것만으로는 충분하지 않다. 어려움을 극복하고 이 모든 것들이 매우 어렵다 하더라도, 더 힘든 일이 여전히 남아 있기 때문이다. 거의 모든 번역가들이 충분히 알지 못한 비밀인데, 나는 이미 거기에 대해 한 두 마디 암시를 해왔다. 그것은 다른 모든 사람들과 구별되는 작가의 특징을 보존하면서, 번역하려는 작가를 그 만의 개성을 지닌 사람으로 보이게 해야 한다는 것이다. 이를테면, 버질과 오비디우스는 생각뿐만이 아니라, 문체, 작시법에서도 매우 다르다. 그럼에도 나는, 버질과 오비디우스의 작품일부를 번역했던 우리나라의 가장 훌륭한 시인들조차 그들의 재능을 뒤섞어 버린 것을 발견한다. 단지 운율의 조화와 감미로움에만 진력함으로써 그 두 사람을 너무나 비슷하게 만들어 버리고 만 것이다. 내가 만약 원전을 알지 못했더라면, 사본만을 가지곤 나는 어느 쪽이 버질이고 어느 쪽이 오비디우스인지 판단할 수 없었을 것이다. 그것은 훌륭한 그림을 많이 그렸어도 같은 것은 거의 없었던 저명한 작고화가의 작품과는 반대되는 경우이다. 이 경우는 주위 사람보다 그가 늘 더 많이 노력했기 때문에 가능했던 것이다. 위에 말한 번역가들의 작업에서, 누가 그 일을 했는지는 쉽게 구별할 수 있지만 그들이 번역한 시인들은 누가 누구인지 구별이 안 된다. 두 저자가 똑같이 감미롭다고 해도, 설탕의 달콤함과 꿀의 달콤함이 다르듯, 그 감미로움 속에서 만들어지는 것은 뚜렷이 다르기 마련이다.

III.9)

. . .나는 시야말로 문자 그대로 번역하지 않는 것이 가장 좋다고 줄곧 생각해 왔고, 버질은 더더욱 그렇다. 버질의 특별한 매력은 단어선택에 있는데, 우리 영웅시의 좁은 한계로는 단음절어만을 활용하지 않는 한 그렇게 쓸 수 없으며, 자음이 너무 많이 있는 단어들은 우리나라 말에 너무 많은 부담을 주기 때문이다. 단음절어 시도 드물긴 하지만 조화롭게 들릴 수도 있는데, 이런 예를 몇 번 본 적이 있다. 내가 번역한 『아이네이스』의 첫 행은 그렇게까지 거슬리지는 않는다.

> Arms, and the Man I sing, who forc'd by Fate, &c.
> (무기, 그리고 내가 기리는 사람, 그는 운명에 의해 떠밀린다.)

그러나 우리의 박식한 현자 크리치(Creech)가 영어로 만든 마닐리우스(Manilius)의 마지막 행이 더 좋은 예가 될 수 있다.

---

9) 『아이네이스』(*Aeneis*)에 부친 헌정사 (1697)에서 (원주)

Nor could the World have borne so fierce a Flame-
(세상은 그토록 광포한 불꽃을 견디지도 못하리-)

모두 한 음절임에도 불구하고 여러 유음들이 참으로 기교적으로 놓여 기분 좋게 들리는 발음을 내고 있다.

　나는 이 작품의 다른 부분에도 때때로 단어를 갖다 붙일 수밖에 없었지만, 신중을 기하지 않은 적은 없었다. 내가 서둘렀거나 버질의 어휘가 가다듬어서 될 것이 아닌 것들도 있었는데, 그것은 단음절어행이 시를 산문으로 바꾸는 일은 좀처럼 없는 경우 등이고, 산문이 조야하고 부자연스러워도 마찬가지다. 내 기억에는 필라르쿠스(Philarchus)는 스무 개의 단음절어를 그 사이에 단 한 번의 두 음절어도 없이 잇달아 배열한 것으로 발자크(Balzac)[10]를 책망한다. 내 방법은 직역처럼 엄격하지도 않고, 의역처럼 자유롭지도 않다. 생략한 것들도 있고 때론 자의로 덧붙이기도 했다. 그러나 생략은 상황에 따라서 했는데, 영어로 말뜻을 그대로 옮기면 세련되지 못하다고 믿어질 때에만 그렇게 했다. 덧붙이는 일도 버질의 감각에 의거해 쉽게 추론할 수 있는 것이었다. 그렇게 해서 된 번역은 (자만심에서 하는 말일지 모르지만) 버질의 틀에 박혀있지 않고 그 이상으로 높아지는 수준에 있을 것이다. 버질은 어떤 시인보다도 간결하고자 한다. 그러나 그는 많은 뜻을 내포하면서 짧은 말을 사용할 줄 안다. 영어와 모든 현대어에는 관사와 대명사가 많고, 시제와 격을 나타내는 기호 외에도 조상들이 잘못 만들어놓은 생경한 문체들이 우리말(영어)에는 더러 있다. 로마인들은 그리스인이 마련한 토대 위에 자신들의 문화를

──────────

10) 드라이든보다 거의 한 세기나 후대 사람인 프랑스의 사실주의 작가, 발자크(1799-1850)와 혼동하지 말 것.

세웠고, 그리스인들은 알다시피, 그리스어를 완전하게 만드는데 수백 년 동안 힘들게 노력했다. 그들은 우리가 부득이 두 단어로 표현하는 것을 그들은 한 단어에 포괄할 정도로 모든 기호를 거부했고 될 수 있는 한 많은 관사를 잘라냈다. 그것이야말로 우리가 그들이 한 것처럼 간결하게 쓸 수 없는 이유 중 하나이기도 하다. 예를 들어 아버지*pater*라는 단어는 단지 일반적 의미에서의 어느 한사람의 아버지라는 의미뿐만 아니라, 너의 아버지, 우리 아버지, 그의 혹은 그녀의 아버지라는 뜻으로, 모든 것이 한 단어에 담겨있다.

이런 불편은 모든 현대어에 공통적인데, 이런 이유만으로도 우리는 고대인들보다 더 많은 단어가 필요하다. 짧으면서도 고상하게 만들고자 했던 버질의 노력을 보기 이전만 해도 나는 탁월함을 추구하고 간결함은 포기한다. 거기에서 그는 마치 용연향11)이나 진한 향수와도 같이 너무나 친밀하고 끈끈한 정취를 지니고 있기에, 사향노루나 사향고양이의 열등한 향기를 가지고라도 그를 펼쳐야만 한다. 그렇지 않으면, 그 감미로움을 끌어내어 다른 언어로 옮길 수 없을 것이다.

나는 제반 문제에서 가능한 한 저자와 가까운 거리를 유지하려면 저자의 모든 미덕들을 잃지 않고 의역과 자구번역이라는 두 극단 사이에서 방향을 잡는 것이 적당하다고 생각했다. 그 훌륭한 점들 가운데서 가장 뛰어난 것은 저자가 사용하는 언어의 아름다움인데, 특이한 점은 그 단어들이 늘 비유적이란 것이다. 원어에서 격조가 있는 것들은 우리말에서도 마찬가지이어야 하므로 그러한 것을 나타내려고 애썼다. 그러나 원어 아닌 어떤 언어로도 빛이 나지 않을 것들은 그 대부분을 버려야 했다. 버

---

11) 향유고래의 창자에서 생성되는 방향물질

질은 가끔 한 행에 재기 발랄한 단어를 두개나 쓰기도 하지만 옹색한 우리 영웅시는 한 개밖에 수용하지 못한다. 또한 그런 단어가 없는 경우 마땅한 것으로 보충해줘야 한다. 그런 것이 언어차이이거나 아니면 나의 단어선택기술이 부족하기 때문이라 생각한다. 그러나 나 자신이 확신하건대, 그리고 프랑스 번역가만큼의 분별력을 지닌다고 생각하며 희망하건대, 신성한 작가의 모든 소재를 취하여, 버질이 영국에서 현재시대에 태어났더라면 사용했으리라 여겨지는 영어를 쓰고자 노력했다고 하겠다.

IV.[12)]

. . . 현재의 내 일에 관련된 몇 가지 이의에 대답했을 당시에 나는 초서에 대한 연구를 거의 마친 상태였다. 초서(Chaucer)의 『캔터베리이야기』를 현재의 영어로 옮기는 데 부정적인 사람들도 있었다. 이러한 생각은 초서를 한물 간 지루한 지자(智者)로 보아 부활시킬 가치가 없다고 여겨, 고생해서 그런 일을 하는 것을 하찮게 보는 생각이다. 작고한 레스터 백작은 코울리도 같은 의견이라고 종종 이야기했다. 코울리는 우리 영주님이 읽으라고 하여 초서를 읽고서는 별 재미가 없다고 말했던 것이다. 이 매우 위대한 작가의 판단에 대항해 감히 내 의견을 개진시킬 마음은 없지만 사실 옳고 그름의 판별은 많은 사람들에게 공개하는 것이 옳다고 본다. 코울리는 매우 겸손하여 권위자 측에 끼이지는 않았다. 그는 아마 초서 글의 낡은 방식에 너무 놀라 초서식의 지혜를 깊이 검토한 적이 없었을 것이다. 내가 생각하기로는, 초서의 글은 다듬지 않은 다이아몬드라, 빛을 내려면 먼저 문질러 광을 내야 한다. 우리 시의 초기시대를 살았던

---

12) 『우화집』(*Fables*) 서문에서 (원주)

그가 늘 훌륭한 작품을 만든 건 아니었다는 사실도 부정하지 않겠다. 그러나 가끔은 사소한 것들이 한층 위대한 것들이 드러나는 순간과 섞이기도 하고, 자주는 아닐지언정, 초서는 때로 오비디우스처럼 격정적이어서 자신이 원하는 것을 충분히 말했어도 그걸 알지 못할 때도 있다. 초서말고도 위대한 지자(智者)들이 더 있지만, 그들의 결점은 과도한 자만심인데, 이 자만심은 제대로 분류되어 여겨지지도 않았다. 작가는 쓸 수 있는 것을 모두 다 쓰는 것이 아니라 써야만 하는 만큼을 쓸 뿐이다. 초서에게서 말이 쓸데없이 반복되는 현상을 보면서 (평범한 사람이 위인의 결점을 쉽게 찾기도 하는 것처럼) 나는 문자 그대로의 번역에 매이지는 않았다. 그러나 불필요하거나 더 나은 생각과 조화시킬 만큼 고상하지는 않다고 판단되는 것들은 종종 생략을 했다. 어떤 지점에서는 추측을 함으로써 초서가 한 말에서 더 나아가 보탰고, 우리말의 매우 기초적인 단어의 부족으로 작가자신의 생각에 그 진정한 광채를 부여하지 못했다고 생각한 부분에서는 나 자신의 생각을 더하기도 했다. 나는 대담하게 이렇게 했다. (나 스스로 이런 말을 해도 된다면) 내가 초서와 정신적으로 통하며 같은 학문에 정통하다는 사실을 발견했기 때문이다. 만일 내가 쓴 글들이 수정받을 자격을 지닐 만큼 오래 살아남아 읽힌다면, 그 다른 시대에 다른 시인이 내 저술도 이런 식으로 다루어줄 수 있을 것이다. 유실됐거나 인쇄실수로 뒤섞인 초서의 감각을 되살리는 일도 이따금 필요했다. 다음은 그런 예가 되기에 족할 것이다. 『팔라몬과 아르시트』(*Palamon and Arcite*) 이야기 중, 디아나 여신의 신전이 묘사되어 있는 부분인데, 저자의 글의 모든 인쇄본에서 다음과 같은 시를 볼 수 있다.

거기서 나는 나무로 변하는 다네를 보았네,

디아나 여신을 말하는 것이 아니라,
다네라고 불리어진 비너스같은 딸이네.13)

나는 생각을 조금만 한 후에는 페네우스의 딸 다프네가 나무로 변했다는
생각으로 재구성되리라는 걸 알게 되었다. 그리고 이와 관련해서, 미구에
밀번(Milbourne)에 대해서 언급해야 하고 저자를 이해하지 못한 탓에 나
의 번역이 그의 처음 뜻과 달라졌다고 하는 소리를 듣지 않기 위해서14)
나는 감히 오비디우스에 대해서 무례하게 말하려고는 생각할 수 없었다.
  그러나 달리 판단하는 사람들도 있는데, 그들은 상반된 개념에 기초하
며 내가 초서를 영역하지 말아야 한다고 생각한다. 초서의 고어가 그 자
체로서 존경받을 점이 있다고 생각하는 그 사람들은 초서의 글을 바꾸는
것은 거의 그에 대한 모독과 같은 것이라고 생각한다. 그들은 초서의 글
이 지닌 미덕의 일부는 옮기는 과정에서 훼손될 것이고, 옛 습관의 관점
에서 보면 훨씬 고상하게 여겨질 초서의 사상적 미덕을 잃게 되는 것이
약간은 피할 수 없는 것이라는 한 발 더 나아간 견해를 갖고 있다. 이런
견해를 가진 사람들 중 하나가 내가 언급했던 훌륭한 인물인 고 레스터
백작인데, 코울리가 초서를 경시했던 만큼 레스터백작은 초서를 중요시
했다. 내 영주께서는 이 일을 그만두라고 나를 설득했고, (그가 죽기 몇
년 전에는 그만둘까 생각도 했다) 백작은 나에게는 대단히 권위 있는 사

---

13) 로마신화의 디아네 여신은 처녀들의 수호신이며, 그리스신화에서 아르테미스라고 불
   린다. 너무나 아름다운 님프였던 다프네는 강의 신 페네이우스의 딸로서, 아폴론의
   구애를 받았으나 그를 거부하고 월계수로 변했다. 실은 아폴론에게 화가 나 있던 사
   랑의 신 에로스가 아폴론에게는 구애의 화살을, 다프네에게는 사랑을 뿌리치는 화살
   을 쏘았기 때문이다.
14) 루크 밀번(Luke Milbourne), *Notes on Dryden's Virgil*(1698)을 썼음.

람이어서, 그가 살아있을 때에는 그의 의견을 존중하여 일을 미루기도 했다. 그가 왜 이 일에 반대했는지 나는 아직도 납득할 수 없다. 작가의 첫째 목적이 이해 받는 데에 있다면, 작가의 언어가 시대에 뒤떨어져 갈수록 그의 생각도 점점 더 모호해질 수밖에 없다.

Multa renascentur, quae nunc cecidere; cadentque
Quae nunc sunt in honore vocabula, si volet usus,
Quem penes arbitrium est et jus et norma loquendi.

고어에서의 발음과 의미가 부활될 만한 것이라면, 옛것에 대한 존경심도 되살리는 것이 마땅하다. 고어에 대한 이 이상의 어떤 것도 미신이다. 말이란 너무 성스러워서 옮길 수 없을 정도로 중요성을 지닌, 그런 같은 것이 아니다. 관습은 변하는 것이고, 법령마저도 제정 당시의 이유가 사라지면, 소리 없이 효력을 잃어버리고 만다. 다른 관점의 논란은, 단어가 쇄신됨으로 인하여 초서 사상이 지닌 본래의 미덕이 사라지리라는 것이다. 먼저 아름다움이 사라지고 존재마저 상실되면 더 이상 이해할 수 없게 되는데, 이것이 바로 우리가 이야기하는 경우이다. 모든 옮겨 붓기, 다시 말해 모든 번역에서 잃어버리는 무언가가 있다는 것을 인정한다. 잃어버리는 것이 있는 대신 느낌은 남을 것인데, 매우 알아보기 힘들 것이지만 알아볼 사람들이 조금은 있을 것이다. 초서를 완전히 이해하면서 읽을 수 있는 사람이 몇이나 되겠는가? 불완전하게 읽는 만큼 적게 얻을 것이고 즐거움도 없을 것이다. 초서를 번역하는 이 수고는 색슨(Saxon) 친구들의 요구에 따른 것이 아니다. 그들에겐 필요도 없을 테니 그들이 내 번역을 무시해도 상관없다. 나는 알기 쉬운 언어로 시적 감각을 옮겼을 때 이미 받아들인 시적 감각과 같이 이해할 사람들을 위해 이 일을 한 것이다. 좀 더 나아가, 글의 어떠한 아름다움이 유실되었고 대신 원래의 글에 나 자신의 것을 덧붙였는가를 알려줄 것이다. 이에 내 기호에 따라 다소 치우치는 점이 있을지는 모르겠다. 독자로 하여금 판단하게 하고 나는 그 판단을 감수할 것이다. 그런데 초서를 이해하는 몇몇 사람들에 대해 불만스러울 때가 있다. 보다 많은 동포들이 그들과 같이 초서의 글을 이용해야 하는데도 그들은 마치 구두쇠가 금화를 혼자 숨겨두듯 초서를 매점해서 자기들끼리만 보면서 다른 사람들이 이용하는 것을 방해한다. 진지하게 말하건대, 나보다 더 초서를 숭배하는 사람도, 그럴 수 있는 사람도 없을 것이다. 나는 초서의 정신적 유산을 길이 남게 하고 싶어서, 최소한 동포들이 초서를 새롭게 기억할 수 있었으면 하는 마음에서, 그의 작품 몇몇을 번역했다. 좀 더 낫게 하려고 내가 몇 군데 고쳤다 해도, 동시에, 초서 없이는 아무 것도 할 수 없었으리라는 것도 인정해야 한다. 바로 이 경우에 있어서 *Facile est inventis addere*(이미 발명된 것을 더 좋게 만들기는 쉽다)는 말은 초서에 대한 과한 칭찬은 아니다. 나는 내가 더 위대하다는 말을 듣고자 하는 허영심은 없다. 초서에 대한 이 한마디 언급을 겸허하게 덧붙이면서 끝을 맺을까 한다. 내가 알고 있는 한 부인이 자신과 교류하는 프랑스의 몇몇 여성작가들에 대해 말해 주었다. 동년배인 스쿠더리 양[15]과 시빌(Sibyl)은 동일한 시신(詩神)에게서 영감을 얻어, 지금 초서를 현대불어로 번역하고 있다는 것이다. 그것으로 봐서 초서가 이미 프로방스어로 번역되어 있으리라 짐작한다. 잘은 모르겠지만, 그녀가 고대영어를 이해할 턱이 없지 않은가. 어쨌거나 그 안엔 뭔가

---

15) Mademoiselle de Scudery(1607-1701) 프랑스의 여류 소설가. 작품으로는 "speak Worthily of Trifling Things and Simply of Grand Things"가 있다.

숙명 같은 것이 있다는 생각이 드는 게 사실이다. 세월이 흐르면, 프랑스와 영국에서 초서가 그렇듯, 위대한 지자(智者)들의 명성과 유산은 새로워져야한다. 이것이 전적으로 기회라면, 특별한 기회이다. 미신으로 간주될까 두려워 더 이상은 말하지 않으련다. . .

V.16)

. . . 이로써 나는 번역에 대해 한 두 마디 일반적인 이야기를 하게 되었다. 현재 상황으로 우리가 프랑스인들에 비해서는 뒤떨어져 있지만, 영국인을 능가하는 국민은 없을 것이다.17) 실제로 매우 그럴 듯한 이유가 있다. 여기선 서적상들이 이 분야의 기획자들이고, 그들은 공적명예가 되는 것보다는 자신들의 이익을 추구하는 사람들이다. 자신들이 고용한 삼류 문인들에게 매우 인색한 보수를 주고, 일이 얼마나 잘 되었는가가 아니라 그저 일을 끝냈느냐만 관심이 있다. 그들은 책이 아니라 제목을 팔면서 산다. 관심을 얻기만 하면 목적을 달성한 것이며 그들과 그들에게 고용된 작가가 마주하는 건 평가가 아니라 거품튀기는 호객장사꾼들의 독설이다. 이런 식으로 번역이 책장수들의 손에 넘겨져 있는 동안은 일에 대해 나은 평가나 보답을 해줄 사람은 없으며, 호기심 많은 사람들을

---

16) 「루키아누스의 생애」("The Life of Lucian")(1711)에서. 조지 왓슨이 편집한 존 드라이든전집 2권에서 재 간행된, 『극시와 기타 비평에 대하여』(1962) 주석은 왓슨의 것이다. (원주)

17) 드라이든은 1697년 자신의 버질번역이 시작된 영국번역사의 두 번째 위대한 시기의 출발에 즈음하여 이 주장을 하였다. 뒤이어 포프의 호머(1715-26), 로우의 루키아누스(1718), 길버트 웨스트의 핀다르(1749), 엘리자베스 카터의 에픽테투스(1758), 아리스토텔레스 『시학』의 토마스 트와이닝 판본(1789)이 나왔고, 드라이든의 지침과 선례에 고무된 다른 번역들도 뒤따랐다. (원주)

충족시킬 예술적 진보를 하는 것도 불가능할뿐더러, 굴종에 대항해 지식의 진보와 확산을 지속할 방부제와 같은 것도 없다.

한번은 플루타르크의 『영웅전』 다음번엔 루키아누스 하는 식으로, 서적상들이 극소수 작가들의 돈벌이 전망보다는 재능 있고 자질을 갖춘 신사들에게 관심을 둔다면, 독자들은 작품 속에서 저자의 정신과 영혼을 흡족하게 느낄 수 있을 것이다. 이들 신사들은, 혹자가 그랬듯이, 비굴한 태도로 그들 저자의 말을 슬금슬금 따라 올라가는 식으로 대해서는 안 된다는 것을 잘 알고 있다. 틀림없이 그들은 우리가 전혀 알지 못한 새로운 방식의 어법과 문체를 도입해야 할 필요를 느낄 것이며, 도셋(Dorset) 남작이 예전에 스펜스(Spence)에게 한 것 같은 비난을 자초할지도 모른다. 도셋은 소위, 스펜스가 '너무 교활한 번역가여서, 그의 번역을 이해하려면 원본을 참고해야만 한다.'고 비난했다. 모든 언어에는 다른 언어로 전달될 때 끊임없이 불합리함을 느끼게 하는, 나름의 특유한 타당성과 관용어법이 있다.

읽어 볼만한 가치가 있는 번역을 하기 위해 번역가는, 번역되어야 하는 언어와 번역을 해야 하는 언어 모두에 능통해야 한다. 둘 중에 조금 모자라는 점이 눈에 뜨인다면 그것은 원어에서이다. 저자의 감각을 알기 위해 일단 저자의 언어를 익혀 철저한 언어구사능력을 지니게 되면, 그는 그 감각을 자신의 것인 마냥 웅변적으로 표현할 수 있을 것이다. 그러나 모국어능력 없이는 실질적이고 즐거운 수준에 결코 도달할 수 없다. 모국어능력이 뒤따르지 않는 번역서를 읽는 일은 고행이고 고역이 될 것이다.

어법에 따르는 모든 언어에는 나름의 아름다움이 많이 있고 원저자의 언어에 능란하지 않은 사람의 번역에선 그런 것들이 빠질 수 있음이 사실이다. 그러나 달리 생각해 보면, 우선 다른 두 언어에서 말투가 지닌 그런 세심한 장식들을 모두 펼쳐낸다는 것은 불가능하다. 번역가가 저자의 감각과 정신에 정통하고, 모국어의 문체와 표현을 적절하게 쓸 수 있다면, 그는 자신의 결점으로 인해 잃은 모든 것을 쉽게 보충할 수 있을 것이다.

원문이 지닌 힘과 정신으로 글을 써야 하는 번역가는 저자의 글 앞에서 꾸물거려서는 안 된다. 그는 원저자의 재능과 감각, 논제의 성격, 다루어야 할 학문과 주제의 용어들을 전적으로, 완전하게 파악하여 자신의 것으로 만들어야 한다. 그런 다음 떳떳하고 생동감 있게, 마치 스스로 원문을 쓰듯 자신을 표현해야 한다. 반면 낱말 대 낱말로 옮기는 사람은 지루한 옮겨 붓기 식의 번역을 하느라 모든 정신을 놓쳐버릴 것이다.

스펜스가 몇 군데서 그랬던 것처럼 자유롭게 바꾸어버린다면 내가 하는 이야기가 이해될 수 없을 것이다. 루키아누스의 날카로운 조롱과 아테네식(式) 기지가 있는 부분에서 우리는 빌링스게이트(Billingsgate)나 무어필즈(Moorefields), 바톨로뮤에서 열리는 시장(Bartholomew Fair)[18]에서 쓰이는 거친 표현들을 본다. 나는 그런 번역가들이 아니라 원저자의 영혼과 재능을 포용할 수 있는 사람들에게 글을 쓰고 있다. 그런 사람들이 만일 그러한 마땅히 가지고 있어야 할 자질이 결핍돼 있다면 그들의 모든 노력은 수포로 돌아가고 망신을 당할 것이며, 자신들의 도살장에 떨어지는 작가에게 상처만 입힐 것이다.

나는 독자에게 역서를 읽는 것 이상의 다른 규칙을 내밀 필요는 없다고 믿는다. 가르침보다는 좋은 예를 보이는 것이 더 효력 있는 법이기에

---

18) Billingsgate: 런던 어시장, Moorfields와 Bartholomew Fair도 마찬가지로 거친 서민들이 모였던 곳

이제부터는 그렇게 하려 한다. 번역가로서 제대로 자격을 갖춘 사람은 그 안에서 번역의 목적에 대단히 유용한 법칙을 많이 발견할 것이다. 그러나 번역의 일을 하기에 필요한 이 요건들을 구비하지 못한 사람은 모든 배울만한 것들이 단지 그를 더욱 멋쟁이로 만들어주는 정도 밖에는 아무짝에도 쓸모가 없는 것이다.

3.

언어와 단어에 관하여

■아르투르 쇼펜하우어(Arthur Schopenhouer)

　말이란 인류가 지닌 가장 영속적인 자산이다. 시인의 번뜩이는 감정이 제일 어울리는 말로 적절히 표현되고 나면, 그 감정은 수천 년 동안 이 말들을 통해 계속 살아가면서 감수성 있는 독자를 만날 때마다 새롭게 번성한다. . .

　한 언어의 단어 모두가 다른 언어에서 그 정확한 등가의미를 지니는 것은 아니다. 따라서 한 언어의 말로 표현되는 모든 개념들이 다른 언어에서 표현되는 개념들과 정확히 똑같지는 않다. . .

　가끔 어떤 언어에는, 대다수 언어에 있는, 어쩌면 거의 모든 나라 언어에 존재하는 개념어가 있을 수도 있다. 다소 불명예스러운 예로, "to stand"에 해당하는 단어가 프랑스어에는 없다. 반면, 어떤 특정한 개념을 나타내는 낱말이 오직 한 언어에만 있는 경우엔 다른 언어들에 의해 차용되기도 한다. . . . 때로 외국어가 개념적인 미묘함을 보일 때 그에 상응하는 낱말이 우리말에 없을 때도 있다. 그리되면 자기 생각을 정확하게 표현하고 싶은 사람은 누구든 그 외국어 낱말을 사용할 것이고, 잘난 체하는 언어순수주의자들이 지껄이는 소리를 무시해 버릴 것이다. 어떤 낱말이 다른 언어에서 정확히 같은 개념을 표현하지 못하는 모든 경우에, 사전은 다양한 동의어들을 가르쳐준다. 동의어들은 모두 그 개념의 의미를 묘사하지만, 그 중심은 다른 것들일 수 있다. 그 동의어들은 개념의 적용범주 안에서 설명하는 의미사용법을 알려준다. . . . 이것이야말로 번역이 불완전함을 피할 수 없는 원인이 된다. 특징적이고 간결하며 의미심장한 문장이, 새로운 언어에서 정확히 같은 효과를 내면서 한 언어에서 다른 언어로 옮겨지는 일은 드물다. 산문분야에서조차, 가장 완벽에 가까운 번역이라 해도, 키를 바꾸어 악곡을 전환하는 것과 같은 방식으로 원문과 연결시킬 뿐이다. 음악가들은 그것이 무슨 뜻인지를 안다. 모든 번역이 억지스럽고 딱딱하고 부자연스럽기 짝이 없는 죽은 문체가 되어 버리든지, 아니면 언어를 고수하는 제약에서 벗어남으로써 거짓말처럼 들리는 à peu près (그 부근, 혹은 그 정도)의 개념으로 만족하게 되는 것이다. 번역된 서적들을 모아 도서관을 만든다면 모조품 그림(模畵)의 전시장을 방불케 할 것이다. 고전작가에 대한 번역을 한 번 보자. 고전번역은 커피를 대신한 치커리마냥 명백한 대용품이다. 이런 경우에 시는 번역할 수도 없다. 시는 단지 바꿔 말할 수 있을 뿐이기에 항상 어색해진다.

따라서 우리가 언어를 배울 때의 주된 어려움은 외국어 낱말이 가진 각각의 개념을 이해하는데 있지만, 거기에 정확히 들어맞는 우리말이 없는 경우가 종종 있다. 그래서 외국어를 배울 때 사람들은 각자의 심중에 이제까지 없었던 새로운 개념범주들을 그려야 한다. 결과적으로, 낱말을 배울 뿐 아니라 개념도 습득하는 것이다. 이것은 특히 고전어를 배울 때 그런 현상이 심한데, 고대인들의 표현방식과 우리들의 표현방식은 상당히 다르며, 현대어가 서로 다른 것보다 더 차이가 난다. 이는 라틴어로 번역을 할 때 가장 뚜렷이 드러난다. 원문과 전혀 다른 표현들이 사용되기도 하는 것이다. 실제로, 라틴어로 옮겨야 하는 관념들은 전적으로 재구성되고 개조되어야한다. 관념이 가장 기본적인 구성요소로 분해된 연후에 새로운 언어로 재조직되어야하는 것이다. 정확히 이러한 과정을 통해서 우리는 고대어 연구로부터 많은 이익을 얻게 되는 것이다. 한 고대어가 개별낱말들을 통해 나타내고자하는 개념을 정확히 파악한 후에, 그리고 각 낱말에 일치하는 외국어를 즉각적으로 연관시킬 수 있게 된 후에야 비로소 배우게 되는 언어의 정신을 추리할 수 있게 된다. 각 낱말을 모국어로 먼저 번역하고 난 다음에 그 출처언어의 개념과 항상 일치하지도 않는 유사한 개념을 지닌 낱말과 연관시킨다면, 우리는 외국어의 정신을 결코 이해할 수 없을 것이며, 이것은 문장전체에서도 마찬가지이다. 외국어의 정신을 제대로 이해했다면 그 언어를 사용하는 국민을 이해하는데도 진일보한 것일진대, 이는 문체가 개개인의 정신과 결부되어 있듯, 언어는 국민정신과 결부되어 있기 때문이다. 다른 언어에 정통하게 되는 순간은 책을 번역함으로써가 아니라, 자신을 그 언어로 번역할 수 있을 때이며, 그리하여 자신만의 개성을 잃지 않고 그 언어로 즉각적 소통을 할 수 있고, 자신의 동포와 외국인을 같은 방식으로 즐겁게 만들 수 있을 때이다.

지적능력이 제한되어 있는 사람들은 외국어를 쉽게 익힐 수 없을 것이다. 실상 단어들을 배운다고는 하지만 그들은 항상 모국어에 근접한 등가적인 단어의 감각으로만 그 (외국어의) 단어들을 사용하고 모국어에서 사용하는 특별한 표현과 문장들을 늘 고수한다. 그들에게는 외국어의 "정신"을 습득할 능력이 없다. 이러한 현상을 설명하자면, 사실상 그들의 사고는 그 본질에서 나오지 않고 대부분 모국어로부터 빌려온 것이어서 그들이 현재 사용하는 (외국어의) 말투와 표현들은 다만 자신들의 생각을 대체할 뿐이다. 그리하여 그들은 자신의 모국어에서 쓰이는 닳아빠진 방식(낡아빠진 어구, 진부한 어구)만을 사용하는데, 너무나 어설프게 구성함으로써 그들 자신들이 말하고 있는 것의 의미를 얼마나 불완전하게 이해하고 있으며, 그들의 모든 생각이 단순단어사용에서 거의 벗어나지 못하고 있다. 결과적으로 무심한 앵무새놀음밖에 안 되는 것이다. 그와는 반대로, 독창성 있는 표현을 알 줄 아는 사람이 사용하는 적절하고 명확한 어구는 뛰어난 정신을 여실히 보여준다.

이러한 사실들을 통하여 알 수 있는 것은, 우리가 외국어를 배우는 과정을 통하여 새로운 기호에 의미를 주는 신 개념들이 만들어진다는 사실이다. 더욱이, 개념들이 모여서 보다 광범위하고 모호한 것을 만들게 되는데, 이렇게 의미의 차이로 하나의 개념이 만들어지므로, 이러한 관계는 외국어로 그 언어에 고유한 수사법이나 은유를 통해 개념을 표현할 때에 이르러서야 발견이 된다. 그로 인해 사물들 간의 무수히 많은 함축성, 유사점, 차이점, 대상들 간의 관계들이 새로운 언어를 배우는 결과로 나타나며 그 결과는 의식의 수준을 올리고, 그리하여 우리는 모든 현상의 다각적 관점을 인지하게 된다. 이것은 우리가 각각 다른 언어를 사용할 때 그 사용하는 언어로 생각하며, 우리의 생각이 그 각각의 언어를 배우면서 수정되고 새롭게 채색된다는 것을 증명하며, 또한 우리는 여러 언어를 배운다는 것이 즉각적인 여러 이점들 외에도, 다양성과 개념의 순화를 통해서 우리의 지각을 교정하고 완성함으로써 정신을 교육하는 직접적 수단임을 알 수 있다. 동시에 이 다언어주의는 사고의 융통성을 높이는데, 그것은 여러 언어를 배우는 와중에 개념이 점차 낱말로부터 분리되는 과정의 효과이다. 고전어들은 근대어보다도 우리가 쓰는 현대어로부터 더 멀기 때문에 훨씬 더 많이 이런 일을 초래한다. 이런 차이는 낱말 대 낱말의 번역의 여지를 남기지 않고, 우리의 생각을 완전히 녹여 다른 형태로 개조할 것을 요구한다. 또한 (화학으로 비유해 본다면), 현대어를 또 다른 현대어로 번역하는 일은 단지, 명백한 구성요소로 번역되어야 하는 문장을 분해하고 난 후 그것들을 재조립할 것을 요구하는 반면, 라틴어로 번역을 하자면 종종, 거기서부터 문장이 완전히 다른 형태로 재생되는 가장 정제된 기본구성요소(순수한 생각내용)로의 문장파괴를 해야만 한다. 그러므로 한 언어텍스트의 명사가 다른 언어에서는 동사로 옮겨지는 일이 자주 발생하고, 그 반대의 경우도 생기며, 여타의 많은 예들이 있다. 우리가 고전어를 현대어로 번역할 때도 같은 과정이 일어난다. 그리하여 그런 번역을 거치면서 우리는 고전작가와는 거리감이 있는 관계가 형성되는 것이다.

4.

번역의 다양한 방법에 관하여

■프리드리히 슐라이어마허(Fredrich Schleiermacher)

하나의 언어에서 다른 언어로의 번역은 어디서든 일어나며 다양한 형
태로 나타난다. 번역은 한편으로 드넓은 지구상에 서로 떨어져 태어나
살던 사람들을 만날 수 있게 하고, 어쩌면 수세기 동안 사라져 있던 다른
언어 작품들을 한 언어 속으로 융합할 수 있게 해준다. 반면 비슷한 현상
을 찾기 위해서 한 언어의 영역 밖으로 나갈 필요조차 없기도 하다. 왜냐
하면 한 나라 안에 있는 여러 부족의 방언이라든지, 수세기에 걸쳐 다양
하게 발전한 동일한 언어 내지 방언은, 엄격한 의미로 보면, 번역이 종종
철저할 정도로 필요한 다른 언어가 되기도 한다. 심지어 같은 방언을 쓰
는 동시대인들조차, 상호교류가 없는 사회계층출신이거나 교육수준의 차
이가 나는 경우엔 번역과 유사한 절차를 거쳐야 서로 이야기가 통하기도

한다. 결국 우리는 우리 자신과 비슷하지만 다른 성격과 정신을 가진 사람의 말을 번역하지 않을 수 없지 않는가? 자신의 입에서 나온 같은 말이 전적으로 다른 의미로 느껴진다거나, 내 말의 비중이 그의 말에 비해 여기서는 더 강력하고 저기서는 더 미약하다고 여겨질 때, 혹은 그의 말을 자기식대로 표현하고자 전혀 다른 단어와 어구를 사용해야 한다고 느낄 때, 이런 느낌을 자신과 더욱 밀접하게 설명하면서 그것을 마음속 생각으로 만들 때면, 마치 우리가 그것을 번역하는 것처럼 보인다. 이따금 우리가 자신의 이야기를 확실하게 하고 싶을 땐 스스로의 말조차 번역해야 할 때도 있다. 이런 기술은, 학식과 수사기교의 토대 위에서 언어가 만든 것을 외국의 토양에 옮겨 심고 그로 인해 정신력의 지평을 넓히기 위해 배울 뿐 아니라, 개별국민들 간의 사업거래나 독립국가간의 외교교류에도 활용되고, 그런 분야에서 흔히 쓰이는 죽어버린 듯 무감각한 표현을 배제하면서도 엄격한 평등성을 지키기 위해 자기 언어로 타인에게 익숙하게 이야기하게 된다.

*

물론, 이 커다란 주제의 범주 안에 드는 모든 것을 지금 이야기하자는 것은 아니다. 자신의 언어와 방언도 번역해야만 하는 필요성이란 다소 동시대적이고 정서적인 필요한 그야말로 당대에 영향을 끼치는 일이기 때문에 심정적으로 이끌릴 수밖에 없다. 그 효과에 있어서 단지 너무 일시적이기 때문에 감정을 사용하는 방법 외에는 다른 어떠한 기준도 있을 수 없다. 이에 관한 규칙을 만든다면, 밀접한 관련이 없는 것들에도 마음을 터놓을 수 있도록, 순수하게 인도적인 태도를 불러일으키는 규칙이 될 수밖에 없다. 이런 것을 제쳐 두고 외국어의 번역에 임한다면, 예의 그 다른 두 영역을 구별할 수도 있을 것이다. 이는 드문 경우이기 때문에 전적으로 별개라기보다는 겹쳐지는 경계로 분리되는 영역인데, 사실 번역의 궁극적인 목표를 염두에 둔다하더라도 그 두 영역은 분명히 다르게 보일 것이다. 통역가의 일은 사업세계에 있고 진정한 번역가의 일은 학문과 예술분야에 있다. 내가 이렇게 정의를 내리는 것을 통역이란 대개 구술적인 전환이며 번역은 저작품의 이식으로 이해하는 것이 자의적인 의미에 지나지 않는다고 생각하는 사람들은 이해하시기를 바란다. 그 두 정의는 당면한 요구와 맞아떨어지고, 피차 특별히 유리된 것도 아니기 때문이다. 글쓰기는 작품에 영속성을 부여하므로 학문과 예술 분야에 적당하다. 학문이나 예술작품들을 구어로 옮기는 것은 불가능할 뿐더러 소용없는 짓이다. 한편, 사업거래를 위한 글쓰기는 단지 기계적인 장치에 불과하다. 이런 경우엔 대화를 주고받는 일이 가장 적절하며 서술된 해석은 기본적으로 구두해석의 사본으로만 간주된다.

*

번역활동은 단순한 해석과는 전적으로 다르다. 단어가 확실한 대상이나 드러난 (단지 표현하고자 하는) 사실과 완전히 일치하지 않거나 화자가 다소 독자적인 생각을 드러내려 할 때마다 그의 언어는 모호해지며, 이 언어관계를 명확히 파악하지 않으면 그의 이야기를 올바로 이해할 수 없다. 한편으로, 모든 사람은 자신이 사용하는 언어의 영향을 받는다. 모든 인간은 그가 말하는 언어의 영향력 하에 있다. 그와 그의 생각 전체가 그 언어의 산물이다. 명확히 말하자면 그는 언어의 한계들 바깥에 놓여 있는 그 어떤 것도 생각할 수 없다. 마음속에 있는 것들을 연결시키는 방법이자 수단인 개념의 양식은 자신이 태어나 교육받은 언어를 통해서 형성된다. 지성과 상상력 역시 언어의 제약을 받는다. 반면에, 자유롭게 생각하고 자연스레 분출되는 지성을 가진 사람들 모두가 스스로 언어를 구성하기도 한다. 이런 작용이 없었다면, 원초적 무지상태에서 어떻게 학문과 예술이 생겨나서 점차 완전한 형태로 자랄 수 있었을 것인가? 이런 점에서, 처음엔 그때 그때의 인지사실을 전하는 임시변통 수단에 불과했었을 언어의 연금성에서 새로운 양식을 만들어 내는 것은 개개인의 생명력이다. 이들 양식은 가감 없이 언어에 남아 타인들에 의해 선택되어 계속 퍼져 나간다. 한 인간이 인접한 환경너머로 알려지는 것은 그가 언어에 끼치는 영향력 만큼이라고까지 말할 수도 있을 것이다.

모든 발화는 어쩔 수 없이 이내 사라지며, 수많은 목소리를 통해서 항상 동일한 방식으로 재생 언제나 같은 방식으로 재생될 수 있다면, 언어 자체의 생명에 새로운 자극을 주는 발화만이 오래 지속될 수 있다. 이런 이유로 높은 수준의 자유로운 담론이라는 것은 두 가지 방식으로 이해될 수 있다. 한편으로 언어는 그 구성요소인 언어정신에서 만들어져, 정신이 구속하고 정의하는 언어가 화자에게 인식된다. 다른 편으로 언어는, 화자의 감정에서 나와 그의 천성이 만들고 설명하는 행동으로서 인식된다. 이런 종류의 모든 담론은 실로, 양쪽의 관점이 그들 상호간의 진정한 관계를 함께 인지할 때 고도의 언어감각 안에서 이해되며, 그 결과 둘 중 어느 쪽이 전체적으로 혹은 부분적으로 우위를 차지한다는 것을 알게 된다. 구어는 화자의 행위로서 이해되고, 동시에, 언어의 힘이 어디서 어떻게 그를 지배하고, 생각의 피뢰침은 어디에 박히는지, 상상의 나래가 어디서 어떤 형태를 갖추는지를 느낄 수 있어야 이해할 수 있다. 또한 언어의 산물이자 그 정신의 발화인 말은, 말하자면 독자가 책을 읽으면서 다음과 같은 식의 느낌을 받을 수 있을 때 이해 가능하다. 예컨대, 그리스인만이 이런 식으로 생각하고 말할 수 있다, 이 특수한 언어는 인간정신에서 이런 식으로 작용한다, 이 사람만이 이런 식으로 생각하고 그리스어로 말할 수 있다, 그 만이 언어를 이런 식으로 이해하고 표현할 수 있다, 이 방법만이 그가 지닌 언어의 풍부함을 드러낼 수 있다, 하는 따위를 느낄 수 있을 때, 독자는 비로소 책 속의 말을 이해한 것이다. 또한 운율과 음운 변화에 대한 민감성, 그 만이 지닌 사고력과 창조력을 느낄수 있을 때인 것이다. 이해를 한다는 것은 일찍이 같은 언어 내에서도 어려우며, 작가에 대한 이해가 작가의 언어정신과 특성에 대한 정확하고 심오한 통찰력을 전제로 한다면, 유사성이 적은 외국어작품을 다룰 때의 언어란 얼마나 더 고도로 발전된 기술일 것인가!

물론, 언어를 한껏 공들여 사용하고 국민의 삶을 역사적 바탕 위에서 정확히 앎으로써, 또한 개별 작품과 작가들─그 누구도 아닌 그 사람이 ─을 꼼꼼히 해석을 함으로써 이루어지는 이런 이해기술을 지닌 사람은 모두, 자신의 동포와 동시대인들이 예술적, 학문적 업적을 자신과 마찬가지로 이해하게 만들 수 있다. 그러나 정작 그런 일을 하려고 할 때, 자신의 목적을 보다 분명히 정의하고 그 방법을 평가하고자 할 때는 의구심이 들 수밖에 없다. 그는 서로 완전히 별개인 두 사람─저자의 언어를 전혀 모르는 자기나라 사람과 독자의 언어에 무지한 저자─을 작가와 독자라는 직접적인 관계와 같이 묶으려고 애써야 하는가? 또는 그가 자신이 누렸던 바와 똑같은 감정적 유대와 즐거움을, 스스로의 고된 작업의 흔적이자 이국적 감각이 스며있는 그것을, 독자들에게 털어놓고 싶다면, 그는 어떻게 이 목적을 뜻대로 성취할 수 있을까? 독자들은 그것을 이해하기 위해 작가의 고유한 언어정신을 파악해야 하고, 작가의 독특한 사고방식과 감정을 알 수 있어야 한다. 이 두 가지 목표를 달성하기 위해서 번역가가 그들에게 제공할 수 있는 것이라곤 그의 언어, 저자의 언어와 어울리는 구석이라고는 없는 그것과 그 자신, 즉 그 정확도가 때에 따라 오락가락하는 저자에 대한 그의 해석적 이해와 동일하게 오락가락하는 저자에 대한 그의 감상과 찬사이다. 이렇게 볼 때 번역이란 정말 어리석은 과업처럼 보이지 않는가?

*

그리하여 목표에 결코 이르지 못할 것 같은 절망에서, 그보다는 좌절을 자각하는 지점에 이르기 전에, 외국어작품과 친숙해지기 위한 (실제적인 예술 감각이나 언어감각을 위해서라기보다는, 한편으론 지적 필요성, 다른 편으론 지적 예술을 위해서) 두 가지 다른 방법이 고안되었다. 그로써 이들 어려움 가운데 일부는 강제로 해결되고 나머지는 현명하게 우회하게 되었지만, 번역을 한다는 생각은, 상술한 것처럼 완전히 버려야 했다. 이 두 가지 방법이란 다름 아닌 다시쓰기(의역)와 모방이다.

다시쓰기는 언어의 불합리를 극복하기 위한 것이지만 그저 기계적인 방법이다. 부언하자면, "원어와 일치하는 낱말을 우리말에서 찾지 못한다고 할지라도, 한정하거나 확대한 정의를 덧붙여 그 값을 여전히 유지하기 원한다"는 것이다. 그리하여, 다루기 어려운 "과도함"과 난처한 "부족함" 사이에서 주춤거리며, 다시쓰기는 대강 정의된 산재된 항목들로 근근이 행해진다. 이 방법으로 정확성에 한계를 느끼면서 내용을 묘사할 수는 있겠지만, 원문이 만들어 낸 인상은 완전히 버리게 된다. 생생한 이야기는 지나고 나면 되살릴 수 없기 때문에, 애당초 인간의 감정에서 이런 식으로 나오지 않았음을 다들 안다. 다시 쓰는 사람은 양쪽 언어의 구성요소를 마치 증가나 감소를 통해 같은 값으로 축소할 수 있는 수학적 상징인양 다루지만, 바꾼 언어의 정신도, 원어의 정신도 그런 과정으론 드러날 수 없다. 더욱이 다시 쓰기에 있어서 연결되는 생각의 흔적을 심리적으로 나타내고자 할 때 종속절을 쓰게 되면 — 희미한 흔적들이 사라지려고 하는 지점에 — 특히 어려운 작업에서, 다시쓰기는 동시에 주석의 자리까지 차지하게 되어 번역개념과는 더욱 멀어지는 것이다.

반면, 모방은 언어의 불합리성을 감수해야 한다. 모방은, 원문과 정확히 일치하는 언어작품의 사본을 개별부분들에서까지 다른 언어로 만들어 낼 수는 없음을 인정한다. 고로 언어들의 차이 (그렇게 많은 차이들이 본질적으로 연관된) 탓에, 부분들에 있어서는 원문과 현저하게 달라진 채 전체를 구성하는 모방을 해야 할 도리밖에 없다. 그럼에도 불구하고 전체적인 효과에서는 실질적으로 허용된 한도 내에서 원문에 근접하게 된다. 그런 개작은 더 이상 그 작품자체가 아니며, 원어의 정신을 효과적으로 설명하거나 나타내는 것도 전혀 아니다. 오히려 원문에서 창조된 이질성이 본질적으로 변하는 것이다. 이런 종류의 작품은, 언어와 도덕과 교육의 차이를 고려하면서, 가능한 한 독자들에게, 원문이 가졌던 것과 같은 효과를 지녀야 할 것이다. 독자의 반응을 원문과 똑같이 얻으려함으로써, 작품의 정체성을 희생시키는 것이다. 따라서 모방자는, 원저자와 모사품의 독자 사이에 직접적인 관계가 가능하다고 믿지 않으므로 그들 양자를 함께 묶으려는 최소한의 시도도 하지 않는다. 그는 단지 자신의 독자들에게, 원전의 동시대인들이 작품으로부터 받았던 것과 유사한 인상을 주고자 한다.

다시쓰기는 학문적 영역에 있어서 더 많이 적용되고, 모방은 예술의 영역에 있어서 더욱 그러하다. 작품의 분위기와 화려함, 예술적인 모든 내용이 다시쓰기로 인해 유실된다는 것을 누구나 알듯이, 내용을 자유롭게 다루는 학문적 걸작을 모방하려 할 만큼 어리석은 사람은 없을 것이다. 그러나 두 방법 모두, 외국걸작의 진가를 알고 감동한 나머지 모국어 사용자들에게 그 감동을 전하고 싶은 사람과 번역에 대해 내심 엄격한 관념을 지닌 사람을 만족시킬 수는 없다. 다시쓰기와 모방은 이들 생각과는 어긋나기 때문에, 여기서 더 세밀히 취급할 수는 없다. 단지 우리 관심분야의 범주에 대한 개요를 말하려고 그것들을 언급할 뿐이다.

*

그러나 진정한 번역가는 이제 완전히 별개의 존재인 저자와 독자, 두 사람을 실제로 결합시키고, 독자를 모국어의 테두리 밖으로 내몰지 않으면서도 저자를 가장 정확하고 완벽하게 이해하고 즐길 수 있게 도와주려고 한다. 그 목적을 달성하고 싶은 번역가에게 어떤 길이 열려 있을까? 내가 보기에는 두 가지 뿐이다. 번역가가 가능한 한 작가를 내버려두고 작가에게로 독자를 움직이거나, 독자를 가능한 그냥 놔둔 채 작가를 독자에게로 데려가는 것이다. 두 가지가 서로 완전히 다른 길이어서 그 중 확실하게 하나를 선택해 최대한 엄격히 지켜야 한다. 두 가지가 뒤섞이면 정말로 신뢰할 수 없는 결과를 낳기 때문에, 저자와 독자는 전혀 어울리지 못하기 십상이다. 그러므로 두 방법 간의 차이와 그것들이 지닌 관계가 분명히 드러나야만 한다. 첫 번째 경우, 번역가는, 원어를 이해하지 못하는 독자의 부족함을 메워야하는 일로 고심하게 된다. 그는 작품에서 자신이 받았던 것과 같은 이미지나 인상을－자신의 원어지식을 통해-독자에게 전하고자 함으로써 실제로 독자들에게는 낯선, 자신의 관점으로 독자를 움직인다. 하지만 예컨대 번역이 로마인저자가 독일인이 되어 독일인들에게 말하고 쓴 것처럼 하려 한다면, 그것은 번역가의 지점으로 저자를 옮기는 것이 아닌데, 저자가 독일어가 아닌 라틴어를 쓰기 때문이다. 오히려 그것은 저자를 직접 독일독자의 세상으로 옮겨 그들 중 하나가 되게 하는 것이다.－그것은 정말이지 다른 경우다. 번역가가 라틴어를 배운 만큼 저자가 독일어를 배웠다고 말할 수 있다면, 첫 번째 번역은 나름대로 완벽할 것이다. 저자는 원래 라틴어로 쓴 작품을 번역가의 것과 비교해서 거의 똑같이 번역할 수도 있다. 그러나 두 번째 번역은 애당초 독일인으로서 독일어를 쓴 방법 이외엔 저자가 어떻게 번역되었는지 보여주지 않으므로, 모든 독일 독자가 저자에 대한 전문가이자 저자와 동시대인이 된다면 원작과 번역이 정확히 같을 것이라는 믿음이외엔, 완벽을 가늠하는 기준이 없다. 왜냐면 저자가 독일인으로 바뀌었기 때문이다.

명백히, 이 방법은 저자가 마치 직접 독일어로 쓴 것처럼 번역해야 한다는 공식을 염두에 둔 사람들이 생각하는 방법이다. 이런 병치로부터 각각의 세부사항에서 절차가 어떻게 달라져야 하는지, 한 사람이 동일한 작업을 하면서 방법을 바꿀 경우 모든 것이 어떻게 애매하고 마땅찮게 드러날 것인지가 즉각 명백해져야 한다. 나아가서 나는, 이 두 방법이외엔, 내심 확실한 목표달성을 할 제3의 방법은 없다고 단언하고 싶다. 실제로도 여타 방법들은 가능하지 않다. 번역가가 항상 있는 지점이든 한쪽이 다른 쪽과 완전히 연결되는 지점이든, 어느 쪽이 됐든 간에, 개별적인 두 입장은 적정지점의 가운데서 만나야만 한다. 두 가능성 가운데 하나만이 번역의 영역에 배당된다. 나머지는, 우리의 경우엔 독일독자들이 라틴어를 완전히 이해하게 되거나, 아니면 언어가 독자들을 실제로 변화시키는 지점을 완전히 장악할 수 있다면 가능할 것이다. 그러므로 충실하고 자유로운 번역(다른 어떤 표현들이 나오든)에 대해 어떤 이야기들이 있었든, 심지어 그들이 다른 방법들을 주장한다고 할지라도, 문자지향번역과 의미지향번역은 앞서 언급한 두 방법에 늘 귀속되어야 할 것이다. 이 맥락에서 오류나 장점이 거론된다면, 충실히 의미를 재생하는 번역이든, 한 방법에 따라 지나치게 자구적이거나 지나치게 자유로운 번역이든 간에, 다른 것과 달라야 한다. 고로, 두 방법 모두의 가장 일반적인 특징들만을 검토하는 것이 내 의도이며ㅡ이 주제에 대해 전문가들이 이미 다루었던 모든 개별문제들을 배제하고ㅡ 각 방법으로 잃는 것(그것들을 적용하는데 있어서의 한계는 물론)은 무엇이고 각각이 어느 정도까지 번역의 목적을 달성할 수 있는지 보여주기 위해 나는 이렇게 하는 것이다. 이러한 일반적 개론에서, 이 논의는 그저 서문에 불과한 만큼, 두 가지 해야 할 일이 남는다. 다른 유형의 이야기를 고려해서 두 방법 각각에 대한 규칙을 만들 수 있고, 각 방법과 관련하여 시도했던 최상의 노력들을 비교하고 평가하는 것이다. 이런 식으로 진행하며 번역의 문제를 더 명확히 논의할 수 있다. 그러나 나는 이 두 가지 작업 모두를 다른 사람들이 논의할 수 있도록, 아니면 최소한 다른 곳에서의 논의를 위해 남겨두기로 한다.

*

독일인이 원어로 쓰인 작품을 읽음으로써 얻을 수 있는 동일한 인상을 번역으로써 독자에게 주려는 방법에 있어서 우리는 당연히, 모사하고자 하는 원어를 어떤 식으로 이해해야 할지를 먼저 결정해야 한다. 왜냐하면 모방해서는 안 되고 모방할 수도 없는 방법으로 이해되어야만 할 경우가 있기 때문이다.

전자는 어린 학생 같은 이해인데, 분명하고 확고한 맥락 파악을 위해, 고생하면서도 짜증스러울 만큼 내내 오락가락하며 세세한 것들을 서투르게 망치고, 그러면서도 도저히 전체를 보는 명확한 시각을 갖지 못하는 태도이다. 대체로, 국가의 식자층이 외국어에 관해 보다 깊은 통찰을 한 적이 없는 한, 그들의 양식 있는 판단은 이 수준 밖의 사람들이 이런 종류의 번역을 수행하는 일을 방해할 수밖에 없다. 자신들의 이해를 판단의 척도로 취한다면, 그들이 한 번역은 거의 이해할 수 없을 것이며 얻는 것도 없을 것이다. 그들의 번역이 그저 평범한 이해를 대변한다면, 그 서투른 작업은 재빨리 무대에서 사라질 것이다. 그러한 시간동안 자유로운 모방은 이국적 즐거움을 새롭게 일깨우고 민감하게 만들어야 하며, 다시쓰기(말 바꾸기)는 미래의 번역을 준비하고자 더 보편적인 이해를 마련할 것이다.

*

그러므로 번역은 원저자와 독자, 이 양자 가운데에 놓인 상황을 다루는 것이고, 따라서 번역가의 목표는 교육받은 사람들, 좀 더 나은 의미에서는 흔히 아마추어 내지 애호가라고 하는 사람들이 원어작품을 읽을 때 느끼는 바와 같은 이미지와 즐거움을 주는 것이어야 한다. 번역가에게 외국어는 익숙하다고는 해도 여전히 이질적인 것이다. 학생들이 하는 것과 같이 전체를 파악하기까지의 과정에서 원어로 된 모든 세부 사항을 생각지는 않아도 되지만, 작품의 아름다움에 흠뻑 빠져 있는 순간에조차도 자신의 모국어와 그 언어가 다르다는 것은 항상 의식하고 있다. 확실히, 이런 식의 번역활동과 그에 대한 정의는 우리가 이런 점들을 확인한 이후에도 여전히 골치 아프기만 한 것이다. 사회지식인들 사이에 상당한 외국어능력이 보급되어 있을 때 번역을 하고자 하는 경향이 생겨날 수 있듯이, 예술도 같은 방식으로 발전하며 그 기대치도 점점 더 높아지게 된다. 그러나 이런 일은, 언어지식을 실무에 사용하기 위해서가 아니라 귀로 들으며 교양을 쌓은 국민들 간에 외국의 지적 저작물에 대한 지식욕구가 널리 퍼지고 증대되어 있을 때에만 가능하다. 하지만 동시에, 우리는 그런 번역을 받아들일 수 있는 독자들이 많을수록 번역모험의 어려움 역시 증대된다는 사실도 감출 수 없다. 특히 한 나라의 예술과 학문에서 두드러진 작품들이야말로 번역가의 가장 중요한 대상이 된다. 다시 말하자면, 언어가 역사적 실제인 만큼, 언어의 역사에 대한 이해와 감각 없이는 합당한 언어감각도 없는 것이다. 언어라고 하는 것들은 갑자기 발명되는 것이 아니고 서서히 발견되는 것이며, 언어에 대해서, 혹은 언어의 사용 자체를 제멋대로 하는 일들은 모두 어리석은 짓이다. 학문과 예술은 이러한 발견을 촉진시키고 성취한 힘이다.

민족의식을 지니고 자기언어로 활동하는 뛰어난 모든 지성인들의 이 두 방법 중 하나를 통해 학문이나 예술로써 특별한 모양새를 갖추게 되는데, 이러한 작품은 그 역사의 일부를 포함하기도 한다. 이런 사실은, 학술작품을 번역하는 사람에겐 커다란, 실제로 왕왕 극복할 수 없는 어려움을 유발하기도 하는데, 왜냐하면 이런 종류의 작품을 원어로 읽을 만한 능력을 가진 사람이라면 누구든 언어에 깃든 그 영향을 놓치지 않기 때문이다. 그는 어떤 말들이, 어떤 결합들이 새롭고 화려한 경험으로 처음 자신에게 다가오는지를 감지한다. 그는 그러한 것들이 저자의 특별한 내적 욕구와 표현력을 통해 어떻게 언어에 스며들었는지를 본다. 이런 관찰은 근본적으로 그가 받는 인상을 결정한다. 독자에게 바로 이런 인상을 전달하는 것이 번역가의 임무 중 일부다. 그렇지 못하면, 독자에게 전달해야 하는 극히 의미심장한 부분이 자주 유실되기도 한다.

그러나 이런 일을 어떻게 성취할 수 있을까? 구체적으로 말하자면, 우리말의 낡고 진부한 단어가 어떻게 종종 원어의 새로운 단어와 일치하는 것이 될 수 있을까? 그래서 번역가가 언어구성요소로서의 작품성을 보여주려면 그 자리에 이국적 내용을 넣게 되고, 그로써 모방의 영역 안으로 도피하는 것인가! 그가 새로운 무엇으로 뭔가 참신한 것을 나타낼 수 있을 때조차 어원상 가장 가까운 단어와 그 파생어들이 의미를 완전히 재생하지 못하고, 표면적 흐름을 방해하고 싶지 않은 마음에서 다른 연상 단어를 만들어내야만 할 것인가! 그는 저자가 잘 알려진 진부한 단어를 사용했던 여타의 부분들에서 저자의 부족함을 메움으로써, 개개의 상황에서 얻을 수 없었던 것을 작품전체에서 이루리라는 사실에 자위해야 할 것이다. 하지만 대가라고 할 수 있는 사람의 낱말구성을 전체성 안에서 보면, 다양한 상호관련저술에서 관련단어와 어원을 사용하고 있음을 알 수 있는데, 번역가가 이런 것들을 어떻게 성공적으로 옮길 수 있을까. 왜냐하면 번역가의 언어가 지닌 개념체계와 기호들은 원어에서와는 전적으로 다르고, 어원은 공시적으로 일치하는 대신 이상하기 짝이 없는 방향으로 서로 영향을 끼치기 때문이다. 고로 번역가의 언어사용이 저자의 언어사용처럼 일관성을 유지하는 일은 불가능하다. 이에 그는 전체적인 작업에서는 성취할 수 없는 것들을 개개의 부분들에서 얻는 것으로 만족해야 할 것이다. 그는 독자들에게, 그들이 원전을 읽는 독자들만큼 꼼꼼하게 다른 저술들까지 고려할 수는 없으며 외려 그것으로 각각을 생각해야 한다는 것을 이해해 달라고 부탁할 것이다. 번역가가 특별한 저술의 더욱 중요한 목적에 대해서 동질성을 유지할 수 있다면(또는 그 개별부분들에서만 일지라도), 그래서 완전히 다르게 재배열해 복잡해진 단어가 하나도 없거나, 원작의 표현이 뚜렷한 연속성을 보이는 지점에서 다채롭게 번역하는 일이 없는 것만으로도 번역을 읽는 독자들은 기꺼이 번역가를 칭찬하게 되어야 한다.

*

번역가가 글을 쓰거나 다른 작품을 번역함에 있어, 자신과 언어의 관계를 생각할 때 또 다른 어려움들이 여전히 드러난다. 여러 언어를 마치 하나인 듯 느끼거나, 배운 언어를 모국어보다도 더 자연스럽게 사용하는 놀라운 대가들을 제외한다면(이전에 말했듯 그를 위해선 단순히 번역할 수 없다), 다른 모든 사람들은 유창하게 외국어를 읽으면서도 어쨌든 이질적인 인상을 받는다. 번역가가 어떻게 이런 이질적인 느낌을 독자들의 모국어로 번역해서 그들에게 전달해야 할까?

물론, 이 난제의 대답은 오래 전에 나왔고, 그 난제는 적절 이상으로 해결되어 왔노라고 말할지 모른다. 왜냐하면 원문의 어구를 보다 가깝게 따르는 번역일수록 이국적인 것을 더 많이 갖고 독자를 매혹시킬 것이기 때문이다. 어쩌면 맞는 말이며 들으면 웃음이 날만큼 쉬운 말이다. 그러나 이런 기쁨을 싸구려로 얻고자 하지 않는다면, 다시 말해 가장 솜씨 좋은 번역과 최악의 유치한 번역을 같은 욕조의 물 속에 버리려고 하지 않는다면, 우리는 이 번역방법에 필수적인 것은 언어에 대한 태도라는 것을 수긍하지 않을 수 없다. 그 태도는 사소하지도 않고 멋대로 생긴 것도 아님을 알게 하며, 오히려 이국적인 모양새에 고개 숙이게 한다. 자국어와 자신에 손해를 끼치지 않으면서 능란하고 절제 있게 이 일을 하는 것이야말로 번역가가 극복해야 할 난관임을 인정하자. 그 노력은, 형편없는 글쟁이가 아닌 작가가 감수해야 하는 대단한 모욕인지도 모르겠다. 자신의 모국어가 모든 문학 장르에서, 누릴 수 있는 최상의 매력으로 도처에 등장하는 것을 좋아하지 않을 사람이 어디 있겠는가? 사생아보다 부모의 모습을 닮은 자식을 더 원하지 않는 이가 어디에 있겠는가? 때로 스스로를 되새겨봐야 할 만큼 조잡하고 딱딱하게 되어 독자를 놀라게 할망정, 능력이하의 매력과 덜 우아한 몸가짐으로 자신을 드러내고 싶은 사람이 어디 있겠는가? 모국어만큼 외국어에 익숙하고자 무지 노력하는데도 서툴다고 치부되거나, 자국어의 체육관에서 모국어를 기교적으로 펼치는 대신 곡예사의 손에 애들을 맡긴 부모마냥 이국적이고 부자연스럽게 왜곡해버렸다고 비난받는 일에 기꺼이 만족할 사람이 어디 있겠는가? 마지막으로, 위대한 명인과 대가들이 자신들의 그리스어와 라틴어 지식이 받쳐주지 않는 한, 그의 장황하고 경솔한 독일어를 이해하지 못하겠다고 말하면서 연민의 미소를 보낸다면, 누가 좋아하겠는가!

이러한 것들은 모든 번역가들이 감수해야만 하는 희생이다. 이는 번역가가 완전히 빠져나올 수 없는 위험에 자신을 노출하는 일이다. 외국어의 음조를 지키려고 노력하면서 가장 멋진 행을 보존하지 않는다면, 모든 사람들이 이 행을 매번 약간씩 다른 방법으로 끌어갈 것이기 때문이다. 게다가 피할 수 없는 습관의 영향을 감안하면, 번역행위를 통해 그의 자유롭고 독창적인 작품 안으로 무언가 새로운 것이 살금살금 들어오게 되고, 언어의 자연적 번성에 대한 자신의 포용력이 다소 둔해질 수도 있음에 주의해야 한다. 또한 그는 대중문학작품에서 설쳐대는 무능하고 열등한 모방자들의 거대한 세력을 생각해야만 하며, 언어가 그토록 엉성하고 무법적이며, 그처럼 단순하게 어색하고 딱딱하며, 심하게 오염된 현실에 책임져야 함을 알고 충격을 받게 될 것이다. 대체로 최상의 번역 작품과 최악의 것만이 그릇된 이익을 얻으려는 번역을 주장하는 그룹에서 빠져있다.

그러한 번역이 언어의 순수성과 원활한 내적 성장을 필연적으로 해치게 된다는 불평을 종종 듣는다. 이익이란 그따위 손해들과 나란히 놓일 수 없다고 자위하면서 우리가 한동안 그런 불평을 무시하고자 할지라도, 좋은 것들은 모두 나쁜 어떤 것들도 함께 갖고 있기 때문에, 지혜롭게 좋은 것은 가능한 많이 얻고 나쁜 것은 가능한 적게 지워서 모국어로 이국적인 것을 드러내는 어려운 일로부터 이만큼이나마 확실히 신뢰받을 수 있는 것이다.

*

이런 일들은 이 번역방법의 도상에 있는 어려움이며 그 안에 본질적으로 내재한 불완전함이다. 그러나 그런 어려움들의 존재를 받아들이면서, 우리는 그 모험적인 시도자체를 인정해야 하며, 그 가치를 부정할 수는 없다. 그것은 번역을 필요로 하는 유명한 외국작품을 이해하는 것과, 모국어에 어느 정도의 융통성을 부여해야 하는 두 가지 조건에 함께 달려있다. 이들 조건이 충족되는 지점에서는 이런 유형의 번역이 자연스런 현상이 된다. 왜냐하면 그것은 전반적인 지적 진화에 영향을 미침과 아울러 상당한 가치를 지니므로 확실한 즐거움을 또한 만들어 내기 때문이다.

*

그러나 독자로부터 아무런 수고와 노력을 요구하지 않고 외국작가를 직접 존재하게끔 불러내어, 작가 자신이 처음부터 독자의 언어로 쓴 것 같은 작품을 보여주고자 하는 반대의 방법에 대해서는 어떻게 말해야 할까? 이런 요구는 진정한 번역가가 충족시켜야 하는 것으로서, 그리고 이전의 것과 비교해서 훨씬 고상하고 더욱 완벽에 가까운 것으로서, 표현된 적이 전혀 없지는 않다. 개별적인 시도들 역시 행해져왔고, 아마도 걸작들은 모두 이 목표를 달성하고자 했을 것이다. 이제 이 문제를 가늠해보고, 분명 지금까지 적게 사용되었을 이 방법이 좀 더 자주 사용되고, 불분명한 속성의 여러모로 비효과적인 다른 것을 대체할 수 있었다면, 그것이 적당하지 않았을 것인지를 알아보자.

*

우리는, 번역가의 언어가 이 방법을 두려워할 필요가 결코 없음을 곧 알게 된다. 모국어와 장르가 같은 원작에서 허용되지 않는 것은 아무것도ㅡ원어와 자신의 작품사이에 놓인 관계에 관해서는ㅡ 자신에게 허용하지 않는 것이 그의 우선적인 규칙이어야 한다. 정말 누구 못지않게, 저자가 원어에서 칭송 받은 것과 같이 고상하고 자연스러운 문체를 만들기 위해, 그는 언어의 순수성과 완벽성에 적어도 저자와 마찬가지의 꼼꼼한 주의를 기울일 책임이 있다. 우리 동포들에게 작가가 그의 언어로 의미했던 바를 살아있는 그대로 설명하고자 한다면, 그가 우리 언어로 말했으리라고 생각되는 방법으로 말하면서 그를 소개하는 것 보다 더 나은 정석이 없다는 사실 또한 분명하다. 이 접근 방법은 작가의 언어가 보여주는 발달수준이 현재 우리 언어가 도달해 있는 수준과 어느 정도 비슷하다면 더욱 적당하다. 우리는 타키투스가 독일인이었다면 어떻게 말했을지, 좀 더 정확히 표현하자면, 타키투스가 그의 언어로 말한 것을 우리 독일인들이 독일어로 어떻게 말할 것인지 어느 정도 상상할 수 있다. 그가 정말로 타키투스가 할 수 있음직한 말을 그렇게 생생하게 상상할 수 있다면 얼마나 행복하겠는가! 그러나 이 독일인 타키투스로 하여금 로마인 타키투스가 라틴어로 말한 것과 같은 말을 하게 하는 이런 일이 지금 생길 수 있느냐 하는 것은 긍정적으로 쉽게 대답할 수 없는 별개의 문제다. 왜냐하면, 한 인간이 자신의 언어에 행사하는 영향력을 정확히 파악하고 어떻게든 그것을 드러내는 것은 전적으로 다른 문제이며, 그가 애초부터 다른 나라말로 생각하고 표현하는데 익숙하다고 한다면, 그의 생각과 표현들이 어떻게 드러났을지 추측하는 것은 다시금 아주 다른 문제가 아닌가!

생각과 그 표현들이 동일한 내적, 본질적 가치를 지닌다고 확신하는 사람이라면―무엇보다도 모든 담론이해기술(고로 번역도 전부)이 그 확신에 근거하는데―누구나 자신의 모국어에서 떨어져 나와 그 자신이, 혹은 그의 생각의 연결고리만이라도, 두 언어에서 하나이고 같을 수 있는 그런 사람이 될 수 있을까? 만약 생각이 어떤 방식으로 다르다면, 언어 자체가 기여하는 부분을 배제하기 위해, 화학적 작용으로써, 말하자면 다른 언어의 본질과 힘으로 생각의 가장 깊은 부분을 결합하기 위해, 이 사람이 담론을 철저히 해체한다고 여길 수 있을까? 분명, 이 문제를 풀기 위해선 한 사람의 저작에서 저자가 어린 시절부터, 가장 간접적인 방법으로라도, 모국어로 말하고 들은 것의 영향으로 비롯된 모든 것을 완전히 지우는 일이 필요할 것이다. 그 후에, 아무 것도 입혀있지 않은 이 사람 특유의 사고방식에—어떤 주제에 이끌리는 대로—그가 그 안에서 독창적인 생각과 글쓰기를 할 수 있을 때까지, 그의 인생의 초반부터, 혹은 그 외국어를 처음 알았던 때부터 말하고 들었던 모든 것의 영향인 전부를 집어넣어야 할 것이다. 이것은 유기적 생산물이 인공적 화학작용에 의해 성공적으로 결합될 수 있는 날에나 가능할 것이다. 실로 저자가 처음부터 번역어로 글을 쓰는 것 같은 번역의 목표는 달성할 수 없을 뿐더러 그 자체로 또한 무익하고 공허하다. 언어의 생산력을 인정하는 사람이라면 누구든, 언어가 국민성의 일부이기도 하듯, 모든 위대한 작가들에겐 그들의 전 지식이 그 표현가능성과 더불어, 언어 안에서 그리고 언어를 통해서 형성되므로, 그들은 아무도 언어가 표면적으로 자신에게 들러붙어 있는 무엇인 것처럼 자기 언어에 기계적으로만 집착하지 않는다는 것을 알아야 한다. 사람이 한 떼의 말무리를 쉽게 교환할 수 있는 것처럼, 누구나 자신의 생각에 다른 언어의 말안장을 채울 수도 있을 것이다. 하지만 모든 작가는 모국어로만 원작을 만들 수 있다. 따라서 그가 작품을 다른 언어로는 어떻게 썼을까 하는 물음은 제기될 수 없는 문제이다.

*

어느 정도로 이 방법의 적응성이 제한되어 있는가 하는 것은—번역분야에서 실제 그것은 정말로 거의 제로에 가깝다― 우리가 예술과 학문의 개별부문에서 맞닥뜨려야 하는 극복할 수 없는 어려움을 고려할 때 가장 잘 알 수 있다. 타 언어의 단어와 완전히 일치하는 단어는 일상용어에서조차 몇 개밖에 없고, 그래서 그 단어는 다른 것이 사용되는 모든 경우에 사용될 수 있으며 같은 문맥 안에서 언제나 동일한 효과를 만들어 낸다고 해야 할 것이다. 이것은 모든 개념들에 대해선 더욱 그러하며(그 개념들에 철학적 내용이 스며들수록), 철학의 전 영역에서 가장 그러하다. 다른 어떤 곳에서보다 여기서 더욱, 모든 언어는― 다양한 관점들이 동시적, 연속적으로 드러남에도 불구하고― 여전히 그 자체 안에 개념체계를 포함하고, 그것들은 동일한 언어로 서로 접촉하고 연관되고 보완되기 때문에, 하나의 전체다. 그러나 개별부분들은 다른 언어들 체계의 어떤 것과도 일치하지 않으며, 아마 가장 기본적인 명사와 동사인 "신"과 "존재"를 제외하곤, [아무것도] 대등하지 않을 것이다. 구체적인 특징범위 밖에 자리 잡은 보편적이라는 것조차, 여전히 언어에 의해 조명되고 윤색된다.

모든 사람의 지혜는 이 언어체계 안에서 구현되어야 한다. 누구나 거기에 있는 것에서 끌어낼 수 있다. 누구나, 아직은 거기 없지만 잠재해 있는 것을 드러나도록 할 수 있다. 오직 이 방법만이 개인의 지혜를 살리며 자신의 존재를 진실로 통제할 수 있는데, 그것은 실제 그가 자신의 언어 안으로 완전히 합치는 것이다. 따라서 철학적인 저자의 작품을 번역하는 사람이 그 안에서 전개되는 개념체계를 설명하고자 가능한 한 원어를 지향하는 번역어 수정을 꺼리거나, 저자가 생각과 이야기를 애초부터 다른 언어로 구성한 것처럼 보이게 하려면, 양쪽 언어 성분들이 서로 다르다는 것을 아는 그로서는 말 바꾸기 말고 무엇을 할 수 있을까? 말 바꾸기는 저자 언어가 애초에 만든 것을 하나도 보여주지 않으며 볼 수도 없기 때문에 그는 목적을 달성하지 못한다. 아니면, 저자의 지혜와 학문 전부를 번역가 언어의 개념체계로 바꾸기 위해 그 방법으로 모든 개별부분들을 수정할 수 있을까? 그렇게 되면 번역가는 무분별한 임의성을 어떻게 규제할 수 있을지 설명할 방법이 없다. 진정 우리는 철학적 노력과 발전을 존중하는 마음이 거의 없는 사람은 그렇게 자유로운 일에 종사하면 안 된다는 것을 숙지해야 한다.

철학자에 대한 말에서 희극작가에 대한 내용으로 옮겨가는 나를 플라톤이 너그럽게 여겨주기 바란다. 언어가 관여하는 한, 이 장르는 사회적 담화의 영역에 가장 가깝다. 모든 표현은 시대와 시대인의 도덕 속에 살아 있으며 그 도덕은 차례로 생생하고 온전하게 언어에 반영된다. 고상함과 자연스러움은 최상의 덕목이고, 위에서 말한 방법을 따르는 번역이 왜 그토록 어려운가를 여실히 보여준다. 외국어에 여하한 가까이 다가간다고 해도 그러한 표현들의 미덕을 손상시키기 때문이다. 여기서 극작가가 마치 번역어로 처음 글을 쓴 것처럼 번역하고 싶다면, 옮길 수 없는 것들이 너무나 많은데, 그것들은 관객들에게는 자기나라 것이 아니어서 그에 일치하는 상징이 없기 때문이다. 이 경우, 번역가는 몇 부분을 완전히 잘라냄으로써 전체의 형태와 효과를 망가뜨리거나, 그렇지 않으면 그 자리에 다른 것을 넣어야 한다. 이 분야에서 충실한 추종방식이란 명백히 단순모방이 되거나, 번역과 모방이 혼란하게 마구 뒤섞인 혼합물이 되어 그보다 훨씬 더 거부감을 일으키게 된다. 독자세상과 이국적 세상 사이에서, 저자와 번역가의 창작적 기지 사이에서, 마치 공이라도 되는 양 인정사정없이 휘둘린 독자는 아무런 즐거움도 느끼지 못한 채 결국엔 분명 혼동과 좌절에 빠져버릴 것이다. 반면, 다른 방법을 고수하는 번역가는, 저자가 다른 세상에서 살았고 다른 언어로 글을 썼다는 것을 그의 독자가 항상 유념하고 있기 때문에, 그러한 임의적 변화를 보충할 이유가 전혀 없다. 그는 이 같은 이국적 세상을 가장 빠르고 적절한 방법으로 알게 해야 하고 원작의 광채가 더 쉽고 자연스럽게 곳곳을 투과하게끔 해야 하는, 여지없이 어려운 기술에만 제약을 받는다.

예술과 학문의 상반된 목적에서 비롯된 이 두 가지 예는, 번역 작품 안에 이질적인 언어정신의 전부를 불어넣으려고 하는 방법으로써는 모든 번역의 실제 목적이─가능한 한 뒤섞이지 않은 외국작품을 즐기는 일─얼마나 달성되기 힘든가를 명확히 보여준다. 더욱이 시는 물론 산문에서도, 모든 언어는 독특한 운율을 가지고 있어 저자가 번역가언어로 글을 쓸 수 있었다는 가정을 하게 되면, 우리는 그 언어의 리듬에서도 저자를 드러내야 한다. 허나 그런 방법으로 그의 작품은 훨씬 더 왜곡되고, 그의 특징적 문체에 관해 번역이 줄 수 있는 통찰력은 훨씬 더 제한될 것이다.

*

사실, 여기서 논의된 번역가이론에 근거한 이 이야기는 이 기획의 목적을 지나쳐 버렸다. 처음의 관점에서 본다면, 번역을 한다는 것은 국민적 필요성의 문제인데, 좁게는 외국어 지식을 충분히 얻을 수 있다는 것이고, 보다 넓게는 원작을 즐기고자 하는 성향을 지닌다는 것이다. 후자가 전자를 완전히 융합할 수 있다면, 이런 번역방식은 불필요할 것이고 이런 달갑잖은 번역작업을 하는 사람도 거의 없을 것이다.

두 번째 관점은 다른데, 필요성을 위해서라기보다는 오히려 탐욕과 전횡에 가까운 작업이다. 외국어지식은 가능한 만큼 널리 보급할 수 있고 수준 높은 작품들을 가까이 하는 일은 능력 있는 누구나 할 수 있으며,

번역은 여전히 흥미로운 사업이어서 누군가 키케로와 플라톤의 작품을 이들이 오늘날 독일어로 직접 글을 쓴 것처럼 우리에게 말해 주겠다고 약속한다면, 점점 더 열성적인 청자들을 주위로 끌어 모을 것이다. 또한 모국어 뿐 아니라 제 3의 외국어로도 이 일을 해낼 수 있는 사람이 있다면, 그는 언어들의 정신을 다른 언어로 녹아들게 만드는 이 어렵고도 거의 불가능한 예술에서 최고의 대가로 보일 것이다. 엄격히 말해 이는 번역이 아닐 것이며, 거기서 얻는 것도 작품들 자체에서 가장 순수하게 얻을 수 있는 즐거움이 아닐 것이다. 점점 더 모방이 되어 다른 어떤 곳에서 이미 이들 작가들을 알고 있었던 사람만이 실제로 그런 가공품이나 예술작품을 즐길 수 있을 것이다. 그 실제 목표는 특히, 어떠한 표현들과 결합사이의 유사한 관계와, 다른 언어들에 있는 구체적 특징들을 설명하고, 일반적으로, 자국어와 완전히 별개로 분리된 외국 대가의 개성이 담긴 언어를 조명하는 것일 수도 있다....

*

우리는 이제 어떻게 해야 하는가? 이 견해에 동참하여 이 조언을 따라야 하는가? 고대인들은 분명, 그런 생각에서 거의 번역을 하지 않았고, 대다수 현대인들은 진정한 번역의 어려움에 의기소침하여 모방과 말 바꾸기에 만족한다. 어떤 것이 고전어나 게르만 어에서 불어로 *번역된* 적이 있다고 누가 주장할 것인가? 그러나 우리 독일인들이 이 조언에 귀 기울이는 만큼은, 그래도 아직 여지가 있다. 우리 국민의 특별한 사명이 그 안에 확연히 드러나 있는 내적인 필요성은 우리로 하여금 대단위로 번역을 하게 한다. 우리는 되돌아갈 수는 없고 계속 나아가야만 한다. 외국나

무를 많이 옮겨 심고 난 후 우리 토양이 점점 더 기름지고 비옥해지며 우리기후가 더 기분 좋고 온화해지는 것처럼, 북 게르만적 둔감 탓에 우리가 덜 활용하는 우리말이 이국적인 것과 한껏 다양하게 접촉함으로써 풍성해질 뿐 아니라 완전한 영향력을 창출할 수 있음을 느낄 것이다. 동시에, 우리민족은 이국적인 것을 존중함과 아울러 사색적 기질을 지녔기 때문에, 외국의 예술과 학문의 보물들을 그 언어, 그 자체로 함께 가져와 위대한 역사적 전체 안으로 통합할, 말하자면, 유럽의 심장 한 가운데에 안전하게 보존시켜야 할 운명인 것처럼 보인다. 그러므로 이제 우리말의 도움으로 누구나, 여러 시대가 낳은 것들을 외국인에게 가능했던 만큼 순수하고 완벽하게 즐길 수 있을 것이다. 이것이야말로 대규모 번역의 진정한 역사적 목표인 듯하다. 마치 그것이 이제 우리가 타고난 일인 듯이....

*

5.

그의 『아가멤논』 번역 서문에서

■빌헬름 폰 훔볼트(Wilhelm Von Humbolt)

아이스킬루스의 『아가멤논』과 같은 작품은 그 독특한 특성으로 인해 번역을 할 수 없다. 그러나 그 작품은 여타의 뛰어난 창작품들과는 매우 다른 점에서 번역이 불가능하다. 순수하게 물리적 대상들을 지칭하는 표현들을 제외한다면, 한 언어에서 다른 언어로 완전히 일치하는 낱말은 없다는 것이 경험과 연구를 통해 재삼재사 관찰되고 입증되었다. 이 점에서는 모든 언어가 비슷하다. 각각의 언어는 인식이라는 사다리에서 인식의 단계가 한 걸음씩 더 높거나 낮아질 때마다 미묘한 차이를 부여하면서 어느 정도 다른 개념으로 그것을 표현한다. (특별히 인상적인 경우인) 그리스어, 라틴어, 독일어의 경우만 보더라도, 주요 언어들의 동의어 연구는 많은 작가들이 작품에서 단편적으로 그런 시도를 하긴 했지만 본격적으로 착수된 적은 없다. 지식이 받쳐준다면 그런 일은 의심할 여지 없이 가장 매력적이고 훌륭한 연구가 될 것이다.

개념이란 낱말 없이는 이해는 고사하고 존재할 수도 없는 것이기 때문에, 낱말은 개념표시기호 이상의 가치를 지닌다. 맑은 창공에서 연한 구름이 생기듯, 생각이 지닌 막연한 힘은 낱말로 그 모양새를 갖춘다. 낱말은 그 자체의 독특한 성질과 형태로 그만의 힘을 정신에 미치면서 나름의 개별성을 유지하며 이는 낱말에 자체 재현 능력이 있기 때문임은 중요한 사실이다. 인간의 용어를 통해 생각해보자면, 낱말의 기원은 예술가의 상상 안에 있는 이상적 형상의 기원과 유사할 것이다. (그러나 그런 개념작용은, 낱말을 발음하는 일이 이해되리라는 확신을 이미 전제로 하기 때문에 불가능하다. 말을 한다는 것 자체는 보조적 위치가 아니라, 각 개인이 그 일에 대한 자신의 몫뿐 아니라 타인의 몫까지도 자신 안에서 수행해야하는 동시적 상호작용의 산물로서 여겨질 수 있다.) 이런 식으로 보자면 이 이상형은 물질세계에 있는 무엇으로부터는 나올 수 없다. 그것은 정신의 순수한 힘, 좀 더 명확하게 말하자면 무(無)에서 나오는 것이다. 하지만 이 순간부터, 그것은 삶의 영역에 들어가 실체가 되어 지속하는 형태를 이룬다. 주로 어린 시절의 이야기가 되겠지만 자신만의 환영을 ─ 영감 어린 예술 창작의 영역은 아니더라도 ─ 만들고, 그 후 현실적 형상보다 자신의 상상력이 만들어낸 그 환영과 더 가깝게 지내지 않은 사람이 있겠는가?

그러면, 감각을 통해서 직접적으로 의미가 전달되지 않은 낱말이 어떻게 다른 언어 낱말의 완벽한 등가물이 될 수 있을까? 차이가 존재하는 것은 당연한 일이고 가장 신중하고 신뢰할 만한 최상의 번역의 정확한 범례가 만들어져 있다면 번역가가 원문의 개체성과 통일성을 보존하려고 애쓴 곳에서만도 드러나는 차이만 해도 놀랄 정도이다. 더 충실하게 번역하려고 애쓸수록 종국에는 원문에서 더 벗어난다고까지 말할 수도 있는데, 세련된 뉘앙스를 흉내 내고 단순한 일반성을 피하기 위해 실상으로는 또 다른 뉘앙스를 만들어내기 때문이다. 그러나 이런 일이 있다고 우리가 번역을 단념할 정도는 아니다. 오히려 번역, 특히 시 번역은 어느 문학에서든 가장 필요한 일인데, 부분적으로 그것은 다른 언어를 모르는 사람들을 번역이 없었더라면 전혀 몰랐을 예술형태와 인간적 경험으로 이끌기 때문이고, 또한 무엇보다도 자기 언어의 표현력과 의미의 심도를 더해주는 일이기 때문이다. 언어의 가장 놀라운 특징은 무엇보다도 일상생활의 제반 요구를 수용한다는 것이다. 그러면서 언어를 만들고 구성하는 국민정신을 통해서 언어는 끝없이 풍부해질 수 있다. 가장 고귀한 것에서 가장 심오한 것까지 가장 강력한 것에서 가장 미약한 것에 이르기까지 모든 각각의 언어로, 우리가 잘 알지 못하는 원시문화의 방언에서까지도 모든 것을 표현할 수 있다는 사실은 너무나도 당연한 것이다. (한 언어가 원래 다른 언어보다 애초부터 더 나을 수도 있고 어떤 언어는 도저히 이해할 수가 없을 수도 있다.) 그럼에도 불구하고 연주되지 않고 놓아둔 악기의 소리가 그런 것처럼, 언어의 이런 잠재요소들은 그 언어를 사용하는 국가가 그것들을 끌어내는 방법을 배울 때까지는 잠자고 있다.

모든 언어형태는 상징들이며, 대상 자체도, 미리 준비된 기호도 아닌 소리들이다. 언어는 그것이 표현하는 대상과 이념과 공존하며 그것이 비롯된 정신을 통해 다시 스며들어 실제적이거나 어쩌면 신비하다고 할 수도 있는 관계를 계속 만들어 낸다. 이러한 실체적 대상은 그 개념이 부분적으로 흐려진 상태에서 가능한 모든 한계를 넘기 위해, 정의하고 분리할 수 있으며 다른 것과 다시 결합할 수 있는 이념으로서 떠돌고 있다.

더 고상하고, 심오하고, 예민한 감각은 우리가 이런 방법으로 상상하고 표현하고 받아들이며, 반복이 되는 한 이런 상징들로 읽힐 것이다. 그러므로 눈에 띄는 변형 없이도 언어는 더 높은 표현수준으로 끌어올려지고 복잡성을 지니게 된다.

언어가 풍부해짐에 따라 국가도 부유해진다. 일례로, 독일어가 그리스어 운율을 흉내 내기 시작한 이후 얼마나 도움을 받았는지 생각해 보라. 또한 그리스인들이 왜곡되지 않은 모습으로 우리나라 독자들에게 다가올 수 있었던 이래로, 우리들 중 교양 있는 사람들뿐만 아니라 일반대중들-여자와 어린이들에 이르기까지 – 우리나라가 얼마나 진보했는지 생각해보라. 클롭슈톡(Klopstock)[19]이 고대운율을 다루는 일에 최초로 성공함으로써 독일국민에게 기여한 공로나, 고전작품을 독일어로 소개했다고 말할 수 있는 포스(Voss)[20]의 한층 위대한 공헌은 아무리 칭찬해도 과하지 않다. 이미 고도로 장려된 민족문화에 끼칠 더 강력하고 유익한 효과는 상상조차 하기 어려울 정도로 크며, 그것은 전적으로 그의 덕분으로 돌려져야 할 것이다.

그는 재능과 능력을 겸비했었던 품성을 지녔었던 덕분에 그가 그 방식을 찾아내기까지 문제점에 대해 연구를 계속하였으며, 물론 그 방식은 여전히 개선될 여지가 있지만 독일어가 사용되는 한 앞으로도 우리 언어로 고대인들을 재현할 것이다. 그런 참된 방식을 만드는 사람이라면 누구나 자신의 노력이 지속될 것임을 믿을 것이다. 천부적인 재능에서 나

---

19) Klopstock, Friedrich Gottlieb(1724~1803) 독일의 시인. 독일 서정시를 발전시키는 데에 공헌하였으며, 근대시의 선구자가 되었다. 작품에 종교 장편 서사시 <구세주>가 있다.
20) Voss, Johann Heinrich(1751~1826) 독일의 시인. 괴팅겐 파에 속하며, 호메로스를 번역한 것으로 유명하며, 작품엔 전원시 <70세의 생일> 따위가 있다.

온 작품이라고 해도 그런 참된 방식이 결여된 채 단편적으로 생겨난 것이라면 언어 발전에 어떠한 귀추도 내지 못한 채로 남을 것이다. 그런데 번역이 언어와 민족혼에 일찍이 없었던 다른 어떤 것을 주려 한다면 언제나 가장 먼저 필요한 일은 충실성이다. 일반적으로 잘 된 번역은 원문에 대한 순수하고도 당연한 사랑에서 시작되며 이러한 사랑을 내포한 연구에 충실성이 필요하고, 이것이야말로 번역이 항상 돌아가야 하는 지점이다. 마찬가지로 충실성이란 원문의 진정한 성격에 곧바로 다가가야 하며 부수적인 것들에 의존하지 말아야 한다.

이러한 견해에 필연적으로 따르는 추론은 번역이 실제 지녀야 하는 이국적인 향취는 어느 정도까지만 이라는 것이다. 넘어서면 분명하게 오류가 될 한계는 쉽게 알 수 있다. 우리가 이국풍(*Fremdheit*)을 느끼지 않고 여전히 이질적임(*Fremde*)을 느낄 때, 번역은 최상의 목표에 도달한다. 그러나 이질적인 것을 희미하게 하는 것 이상으로 이질적임이 드러난다면, 거기서 번역가는 자신의 불완전함을 내보이는 것이다. 편견 없는 독자는 본능적으로 이 분명한 분리의 선을 놓치지 않을 것이다. 번역가가, 이례적인 것에 대한 극도의 혐오감에서, 더 나아가 이질적인 것을 모두 피하려고 애쓴다면(우리는 종종 번역에 있어서 번역가가 원저자가 번역가의 언어로 글을 썼을 것 같은 방식으로 글을 써야 한다는 식의 이야기를 듣는다.), 모든 번역과 번역으로 인해 언어와 국가가 입을 혜택들은 파괴되어 버린다. (이런 생각은, 학문과 실제의 사건들에 관한 논의 외에는 다른 언어를 가지고 동일한 방식으로 동일한 것을 쓸 작가는 없다는 것은 고려하지 않았다.) 그렇지 않았더라면, 프랑스인이 국민으로서 동화시켜 버린 고대의 지성이 하나도 없다는 일이 어떻게 발생했겠는가? 그리스와 로마의 모든 주요 작품들이 프랑스어로 번역되었고, 몇몇은 프랑스식으로 아주 잘 번역되었지만, 고대정신은 물론 그 정신에 대한 이해도 프랑스국민에게 스며들지 않았다. (여기서 개별 철학자들을 이야기하고 있는 것이 아니다.)

내 작품에서, 나는 방금 기술한 단순성과 성실성에 가까워지려고 노력했다. 각각을 새롭게 수정하여, 원문에서 명백하게 진술하지 않은 것은 다소 제거하려고 했다. 원문의 독특한 아름다움을 살릴 능력이 없음으로 인해, 대체로 잘못된 채색과 다른 어조를 무턱대고 만들어 내는 이국적 장식으로 그것을 윤색하고 싶은 유혹을 받는다. 나는 독일답지 않음과 모호함을 경계하기 위해 노력했지만, 우리는 다르면서도 후자의 관점에서, 더 귀한 이점을 얻지 못하게 하는 부당한 조건들을 만들지 않아야 한다. 번역은 평론일 수 없고, 평론이 되어서도 안 된다. 번역은 언어에 대한 불충분한 이해와 어색한 체계화로 야기된 애매함을 담고 있어서는 안 된다. 그러나 원문이 명확히 표현하지 않고 그저 암시만 한 부분이나 그 자체로 상관관계를 파악하기 힘든 은유가 있는 부분 또는 어중간한 개념을 남겨 놓은 부분에서, 번역가가 본문의 특성을 잘못 전하는 명료함을 제멋대로 끌어들인다면 그는 부당한 일을 하는 것이다. 고대작품에서 종종 보이는 애매함은─『아가멤논』이 이런 예로 두드러지는데─열정적인 영혼 속에 있는 생각, 심상, 감정, 기억, 보상 같은 것들이 연결점이 없이 함께 간결하고 대담하게 어우러진 결과이다. 우리가 시인의 정서 안으로, 그의 시대 속으로, 그가 무대에 등장시킨 인물들 안으로 파고들수록, 애매함은 점차 사라지고 명료성이 강해진다. 이러한 조심스러운 주의는 부분적으로 반드시 번역에 기울여야 한다. 원문의 숭고하고, 거대하고, 특별한 것이 번역에서 즉각적으로 쉽게 이해되리라 기대하지 말라. 편안함과 명료함은 번역가가 극심한 난관을 헤치는 힘든 작업과 수정을 통하지 않고서는 얻을 수 없는 가치들로 언제나 남아있다. 그러한 것들은 대부분 운 좋은 영감에 의지하기 때문에, 나는 내 번역이 스스로 만들고자 한 것에 어느 정도로 모자라는지 확실히 알고 있다.

6.

번역

■요한 볼프강 폰 괴테(Johann Wolfgang Von Goethe)

번역에는 세 가지 형태가 있다. 첫 번째는 우리가 평소 쓰는 용어로 우리에게 외국을 알려주는 것인데, 평이한 산문번역이 이 취지에 가장 부합되는 경우이다. 산문 그 자체가 이 이야기를 시작하기에 가장 좋은 예이다. 산문은 여하한 종류의 시작품이 지닌 형식적 특징도 완전하게 중화시키고 시적 열정이 한껏 넘치는 파도조차도 잔잔한 물결로 만든다. 평이한 산문번역은 우리 민족이 지닌 내적 감수성 한가운데서 이국적 장관들로 우리를 놀라게 한다. 일상생활에서 우리에게 어떤 일들이 일어나고 있는지 인지하지 못하는 사이에, 삶에서 더 고귀한 분위기를 내게 해주면서 우리를 진실로 고양시킨다. 루터의 성경번역이 읽을 때마다 이런 효과를 줄 것이다.

예컨대, 『니벨룽겐의 노래』(*Nibelungen*)21)가 시작부터 멋지고 충실한 산문으로 만들어져 대중문학으로 불리었다면 더 많은 것을 얻었을 것이다. 그래서 무자비하고 음침하고 엄숙하고 기이한 기사도 정신은 아직도 그 힘을 한껏 발휘하면서 우리에게 이야기되었을 것이다. 이제 이것이 여전히 그럴듯할 것인지 아니면 더욱 권할만한 것이지 하는 것이야말로 이런 내용의 고전연구에 보다 충실히 헌신하고자 하는 사람들이 결정해야 하는 일이 되었다.

번역가가 이국적인 상황에 빠져들고자 노력하면서도 실제론 외국사상을 단순히 전유하여 자기 것으로 표현하는 가운데 두 번째 시기가 온다. 그런 시기를 가장 꾸밈없는 뜻을 지닌 단어로 풍자적(*parodistic*)이라고 부르고 싶다. 기지가 있는 사람들은 흔히들 풍자적인 것에 이끌린다. 프랑스인들이 모든 시작품 번역에서 이런 방식을 사용했다. 델리유(Delille)[22]의 번역이 그런 예들을 비일비재하게 보여준다. 프랑스인들은 외국 낱말들을 프랑스어 발음에 적응시키는 것과 동일한 방식으로 느낌과 생각과 대상까지도 적응시킨다. 모든 외국 산물에 대해 그들의 토양에서 자란 대체물이 있어야 한다.

빌란트(Wieland)의 번역도 이런 종류다.[23] 그 역시 나름 편리한 정도로만 옛것과 외국 것에 적응하는 독특한 이해와 취향을 가지고 있었다. 이

---

21) 니벨룽의 노래 [Das Nibelungenlied] 독일 기사문학(騎士文學)의 최대걸작일 뿐만 아니라, 독일문학 고전(古典)의 최고봉의 하나로 꼽히는 작품이다. 정확한 작품성립 연대와 작자는 미상이나, 12세기 후반에 도나우강(江)의 지리에 밝은 오스트리아의 기사이거나 음유시인(吟遊詩人)에 의해 쓰인 것이라고 추측되고 있으며, 1200～1205년경에 씌어졌다고도 한다.
22) Abbé Jacques Delille, 괴테와 동시대 사람으로서 많은 고전작품을 프랑스어로 옮겼다. (원주)
23) Christoph Martin Wieland는 1762년에서 1766년 사이에 22편의 셰익스피어 희곡을 독일어로 번역했다. (원주)

걸출한 사람이 당대를 대표하는 것으로 보일 수도 있겠다. 무엇이 그를 매혹시켰든, 그가 그것을 어떻게 흡수해 동시대인들에게 넘겨버렸든 간에 빌란트는 그 안에서 막대한 영향력을 행사했고 그것이 동시대인들에게는 유쾌하고 즐겁게 받아들여질 정도였던 것이다.

완전한 상태든 미비한 상태든 오래 꾸물거릴 수 없으며 어떻게든 지속적으로 변화해야하므로, 우리는 셋 중에 제일 나중이자 절정을 이루는 번역의 세 번째 시기를 맞았다. 그런 시대에서 번역의 목표는 원문과 완전한 동일성을 성취하고자 하며, 그리하여 원문을 대신하여 존재하는 것이 아니라 그 원문의 공간에 존재한다.

이 방법은 초기 단계에 굉장한 저항과 맞닥뜨렸는데, 그것은 대중의 기호를 진작시키기 위해 이 세 번째 방식의 텍스트를 만들면서 번역가가 너무 강력하게 원문과 동일화하여 자기민족의 개발해내어야 할 독특성을 어느 정도 포기하기 때문이다.

대중은 처음에는 포스(Voss)[24](그에게 아무리 감사해도 모자란다)를 전혀 달가워하지 않았지만, 점차 그들의 귀는 이 새로운 번역방식에 익숙해져 편안해졌다. 이제 무슨 일이 일어났는지, 독일인들에게 어떤 융통성이 생겼고, 용기 있고 유능한 초보자가 가락과 운율의 어떤 혜택을 누릴 수 있게 됐으며, 어떻게 아리오스토(Ariosto)[25]와 타소(Tasso)[26]와 셰익스피어와 칼데론(Calderon)을 독일화한 외국인으로서 두세 번이 넘게

---

24) Johann Heinrich Voss, 호메로스를 6보격으로 번역한 독일 번역가. (원주)
25) Ludovico Ariosto(1474~1533) 이탈리아의 시인. 르네상스 후기의 대표적 서사 시인으로 서사시 <광란의 오를란도>로 유명하다.
26) Torquato Tasso(1544-1595), 이탈리아의 시인. 르네상스에서 바로크 시대에 걸쳐서 활약하였다. 작품에 <아민다(Aminda)> · <리날도(Rinaldo)>, 종교적 서사시 <해방된 예루살렘> 따위가 있다.

우리에게 데려왔는지를 평가할 줄 아는 사람이라면, 그토록 잡다한 장애물들에도 불구하고 이 길을 처음 택했던 사람이 누구인지 문학의 역사가 공인하기를 바랄 것이다.

대부분, 폰 하머(von Hammer)의 작품들은 동양의 걸작들을 유사한 방식으로 다루고 있음을 보여준다.[27] 그는 번역이, 원작이 드러내는 형태에 최대한 근접해야 한다고 말한다. 피르두시(Firdusi)[28]의 번역 절(節)들은, 우리 친구가 만들고 그 자신이 『보고(寶庫)』(Fundgruben)[29]에서 실례를 읽어볼 수 있는 번안자 개작의 작품들과 비교했을 때, 얼마나 더 설득력 있음을 증명하는가. 이런 식으로 시인의 가치를 손상시키는 것은, 우리 견해로는, 근면하고 아주 능력 있는 번역가가 저지를 수 있는 가장 서글픈 실수이다.

그러나 모든 문학에서 이 세 시기가 모두 동시에 공존할 뿐만 아니라 서로들 반복되거나 역행하기도 하기에, 샤나마(Shahnama)[30]의 산문번역과 니자미(Nizami)의 작품들은 여전히 번역의 가치가 있다. 작품의 본질적 의미를 드러내면 속독을 할 수도 있었다. 우리는 역사적, 전설적, 나아가 민족적 소산을 만끽할 수 있었고 그 사고방식과 태도에 점점 익숙해져 마침내 그들과 친밀감을 느낄 수 있었다.

우리 독일인들이 그런 『사쿤탈라』(Sakuntala)[31] 번역에 보내는 논의의

---

27) Joseph von hammer-Purgstall, 비엔나의 동양학자 (원주)
28) Firdusi(935경~1020 또는 1026경). Firdousi 라고도 불림. 본명은 Ab ol-Qasem Manr. 페르시아 민족 최대의 서사시인 <왕들의 책 Shh-nmeh>의 저자. 현재의 이란 투스 근처에서 출생한 것으로 알려짐.
29) 『동양의 보고(寶庫)들』(Fundgruben des Orients), 폰 하머가 편집한 동양학연구 평론지 (원주)
30) 『왕들의 책』(The Book of Kings), 페르시아 시인 피르두시가 지은 장시 (원주)
31) 『사쿤탈라』는 인도의 드라마작가 칼리다사(Kalidasa)가 썼다. (원주)

여지가 없는 갈채만을 생각해보면, 그 번역의 성공은 시가 용해되어 들어간 평이한 산문 덕분이라고 확신할 수 있지 않은가. 지금이야말로, 원문의 갖가지 방언들, 가락들, 운율들, 산문체구들에 들어맞을 뿐 아니라, 우리에게 뚜렷이 구별되는 모든 차이 안에서 즐겁고 친숙한 방식으로 시를 새롭게 만드는 세 번째 유형의 신번역이 적절한 시기가 아니겠는가. 이 불후의 명작의 원고를 파리에서 대할 수 있으므로, 거기 사는 독일인은 그런 일을 하는데 대해 끊임없는 감사를 받을 수 있으리라.

마찬가지로, 『구름의 사자(使者)』(*Messenger of the Clouds*)[32]를 옮긴 영국 번역가는, 이런 종류의 작품을 처음 대하는 일이 우리 삶에서 언제나 소중한 기회가 된다는 이유만으로도, 무수한 영예를 받을만하다. 하지만 사실 그의 번역은 두 번째 시기에 속한다. 말 바꾸기와 보충어를 사용하면서, 그 번역은 약강오보격의 운율로 북구인의 귀와 감각을 즐겁게 한다. 나는 원문출처언어 몇 줄을 직접 번역하느라 우리 코제가르텐(Kosegarten)[33]의 도움을 받았는데, 정말 완전히 다른 인상을 주었다. 영국인들은 또한 주제 변경도 상당히 자유롭게 했는데, 정통한 심미안들은 그것을 즉각 밝혀내어 비난하기도 한다.

우리가 세 번째 시기를 최종적인 것이라고도 부르는 이유는 몇 마디로 설명할 수 있다. 원문과 동일화하고자 하는 번역은 궁극적으로 행간 번역서에 가까워지며 원문이해를 굉장히 편리하게 해준다. 우리가 원서로 회귀하면서, 굳이 말하자면 떠밀리면서, 이질적인 것과 친숙한 것, 아는 것과 모르는 것에 꾸준히 다가가는 가운데, 순환은 마침내 완성된다.

---

32) 호레이스 윌슨(Horace H. Wilson)이 번역한 칼리다사의 *Meghaduta* (원주)
33) Ludwig Gotthard Kosegarten, 괴테시대의 학자이자 작가. (원주)

7.

『초기 이탈리아 시인들』 서문*

■단테 가브리엘 로세티(Dante Gabriel Rossetti)

내가 여기서 제 1기 이탈리아 시의 특징을 자세히 설명할 필요는 없다. 내가 번역한 선집의 양으로도 그것을 총괄하기에는 충분하기 때문이다. 여기서 행한 번역에서도 종종 시의 뛰어난 아름다움에 접근하지 못하고 말았지만, 동시에 그 불완전함이 모두 번역가의 책임은 아니다. 이 가운데 나는 압운사용이나 빈번한 유사음의 대체에서 오는 단조로움은 물론, 주제범위가 제한되어있음과 모호함이 반복된다는 점을 말해야겠다. 허나 이 시들은 그 나름대로 재현되기 힘들만큼의 예술적 아름다움과 아울러 보배로운 기품과 다양한 운율형식을 가지고 있어 그것들이 지닌 불완전함과 미숙함을 상당부분 메우고 있다. 우선 그 시적 가치가, 다음으론 몇

---

* 이 에세이는 1861년에 처음 출판되었다.

몇 시인들의 삶과 관련된 전기적 관심이 (그런 것들은 주로 두 번째 부분에 있다) 오롯이 강렬한 인상으로 나를 끌어당겨 이 선집을 내는 시간과 수고를 감수하게 만들었다.

많은 점에서 운율번역의 가치에 대한 논란들이 당연히 있었다. 그러나 나는 초기 이탈리아 시들과 같은 방식으로 전래되는 시들의 경우에는 도움이 될 기술이 불합리하게 사용되지 않을 것임을 인정해야 한다고 생각한다. 애초부터 와전된 방언과 불완전한 표현으로 씨름하면서 수세기에 걸쳐 무시당하는 동안 거의 살아남지 못했던 그 시들은 서투른 베끼기와 학자연하는 상부구조가 온정의 일격을 가할 뻔했던 최후이자 최악의 상태에 이르렀던 것이다. 이 시점에서 그 시들에 대해 어떤 말로든 간에 더 많은 언급을 하는 일은 거의 없고, 번역은 (여지없이 많은 점들을 해결할 필요가 뒤따르는) 어쩌면 가장 직접적인 논평의 형태로 남아있다.

압운번역의 활력은 좋은 시가 나쁜 시로 바뀌지 않으리라는 것에 있다. 시를 참신한 언어로 만들기 위한 단 하나의 참된 동기는 참신한 국민에게 미덕을 하나 더 갖도록 해주는 것이어야 한다. 엄격한 학문으로서가 아닌 시나 문자그대로의 재현은 모두 이 주목적에 부차적이다. 나는 충실성이 아니라 문자적 해석(*literality*)이라고 말했으며, 그 둘은 전혀 다르다. 문자적 해석이 성공의 기본조건들과 결합될 수 있다면 번역가는 운이 좋은 것이며 그것들을 통합하기 위해 최선을 다해야 한다. 그런 목적을 말 바꾸기(의역)로 달성할 수만 있다면, 그것이 그가 나아갈 수 있는 유일한 길이다.

이런 번역들이 지닌 장점은 이 원리에 따르려는 노력에서 나온다. 그리고 어느 정도는 내용을 배치하고 제목을 묘사하는데 기울이는 공들이기─옛 시와 특히 "기회(임시)"시[34]에 종종 필수적인─가 이들 시인들에게 여기서 처음으로 부여되었다는 사실로부터도 나온다.

이러한 번역에 많은 결점이 있다거나 위의 장점이 그들의 결점이라든지 장점 없이 결점밖에 없다고 하는 등등은 필요하다면 (여하튼 아마도 여기저기에서) 반드시 알아내야 하는 것들이기에 나는 그 일을 다른 사람들에게 신중히 남겨 놓을 것이다. 선집은 아마 몇몇 독자들이 찾는 것보다는 더 넓은 범위를 담을 것이며 가끔은 (아주 드문 경우라고 믿지만) 보편적으로 인정받지 못할 수 있는 내용도 포함한다. 이 서문은 내 작업의 문학적 목적을 설명하기 위한 것이긴 하지만, 괜찮은 책 만들기 원리와는 모순됨을 스스로 알고 있다. 내 소망은 초기 이탈리아 시에 대한 넉넉하고 진솔한 관점을 보여주고자 하는 것이었지, 거기에 동시에 속한 다른 것들을 배제하게끔 하는 요소들만으로 구성되어 있음을 보이고자 하는 것이 아니었다.

독자들은 내가 부딪혔던 난관들―변명의 여지가 없던 불완전 요인들―에 대해서는 몰라도 될 특권이 있다. 하지만 이 가운데서 내가 그러한 것을 번역의 긴박한 필요성에 대한 관심으로서 짧게 언급하는 정도는 아마 용서받을 것이다. 번역가의 임무는 (최대한 겸손하게 말한다면) 모종의 자기부정이다. 그는 뜻대로 할 수만 있다면 자신만의 표현형식과 신기원의 어떤 특별한 아름다움이든 자주 이용할 것이다. 저자의 구조가 없다면 어떤 운율흐름(cadence)[35]은 종종 그에게 도움이 되고 저자의 운

---

34) 기회시(occasional poem)는 괴테가 사용한 용어로서, 생일, 장례 결혼, 송별 등, 특별한 경우에 쓰이는 행사시의 일종을 지칭한다. 사람에 따라서는 예시(禮詩)라고 부르기도 하는데, 스펜서의 「축혼가」, 밀턴의 「뤼시다스」, 예이츠의 「부활절」 같은 작품이 이 범주에 든다.

35) cadence:일반적으로 이탈리아어인 카덴차(cadenza)로 그냥 부르는데, 원래는 음악용어로 마침꼴 혹은 종지형(終止形)이라고도 불리며, 악곡·악구(樂句) 등의 마침이나 단락

율흐름이 없다면 어떤 구조가 종종 그에게 도움이 된다. 멋지게 연을 바꾸는 일은 일치하는 압운을 채택하기 위해 자주 위축될 수밖에 없고, 시인이 언어를 풍성하게 구사하는 곳에서 그 자신은 [표현이] 옹색해짐을 느끼기도 한다. 어느 땐 음조를 위해 내용을 무시하고 또 어느 땐 내용을 위해 음조를 무시하기도 한다. 하지만 그것은 안 될 일이다, 각각을 똑같이 취급해야 한다. 때로 작품의 결함이 그를 안타깝게 할 때면 기꺼이 그것을 지우기도 하는데, 시인을 대신해 자신의 시대가 인정하지 않는 일을 하는 것이다. 하지만 그것은 해야 할 일이 아니다. 번역가의 길은 마법의 동굴을 지나는 알라딘의 길과 같다. 진귀한 과일과 꽃들이 널려 있어도 오직 램프만을 찾아서 무시하고 지나가야 한다. 마침내 드러났을 때 행복해도, 그것이 그의 낡은 램프가 새 것과 바뀌었음을 보여주지는 않는다. 눈에는 참으로 반짝거리지만 주문에 같은 능력을 보이지도 않고 같은 값어치도 거의 없다.

이 일을 그만두면서 (이 일이 고대 이탈리아에 대한 우리 영국인들의 지식을 넓히는데 비록 적은 부분일지라도 도움이 되기만을 바란다.) 나는, 말하자면 어린 시절로부터 분리된 느낌이 든다. 내가 우리 부친께서 연구하시던 학문에 처음 관계했던 것은 나의 부친의 관점으로 단테 저술에 대해 전반적 연구를 많이 한 것이었다. 따라서 젊은 시절 내 주위는 온통 그 위대한 피렌체인의 영향 하에 있었다. 나는 그것을 자연스런 요소로 연구하며 자랐고 나이가 들면서 문학 서클에 들었다. 이것으로 독

에서 그 과정을 형성하는 음 진행의 정형(定型)을 지칭한다. 16세기경부터 단순한 음악용어에서 악곡이나 악장의 마침 직전에 삽입하는 즉흥적인 기교적 솔로 패시지(solo passage: 독주 부분)의 의미로 확대되었고, 시에서는 운율의 흐름을 좌우하는 기교를 뜻한다.

자는 내가 더 바쁜 다른 일들에 쫓기면서 여분의 시간에 하긴 했을 망정 이 일을 경망스럽게 한 것은 아님을 좀 더 신뢰하리라 믿는다. 어쩌면 몇 년이 아닌 여가시간만 전념했다는 이야기를 들을 수도 있겠다. 맞는 말이긴 하지만, 그렇게 종종 오래 뜸을 들일 때마다 매 순간을 심사숙고하고 수정하면서 보냈다. 이 일에 마음을 쏜 정도로 말하자면 적어도 독자가 불신할 필요는 없을 것이다.

그럼에도 불구하고 새로운 교역으로 분주한 높은 파도 위에서 오랫동안 추월당했던 배가 기이하게 올라온 국기를 달고 새롭게 출항함으로써 생김직한 대단한 흥분이 없음을 느낀다. 이런 시도의 와중에 떨쳐버릴 수 없는 자기불신의 감정은 살아 있는 위대한 시인에 의해 홀륭히 표현되었는데, 비록 그 말들이 그의 입장에서 그 자신의 일과 관련된 것이긴 하지만 변변찮은 내 입장에도 정확히 들어맞는다.

> 조용히 그 엄숙한 곳에 다가간다면 어떠랴.
> 이제 오직 한 이름으로만 부르노니,—풀어라
> 그 잔잔한 은빛 물결아래
> 당당한 군중 속 광포한 친구로부터
> 유리와 뒤엉켜 해양처럼 퍼지는 불길이
> 세례요한의 초월적 안광에 있노라—다시 한 번
> 그 광채를 발하는가? 단테, 해변을 걷는 이여,
> 탐욕스런 지옥이 추한 어둠을 토하는 곳에서
> 쉭쉭거리는 유황의 거품에 사로잡히지 않으며
> 음울하고 희미한 호수로부터 미끄러져
> 희망에 의해 잠재워진 어둠으로 향하며—
> 하늘 아래서 자라난 아마란스를 뜯는 이여
> 그의 선택은 고귀한 여명 속에 있어

나는 이 일을 하노라! 망설여야 할지라도!. . .

　　　　　　(『소르델로』(*Sordello*), 로버트 브라우닝, 제1권)

8.

번역의 문제점에 관하여

■프리드리히 니체(Friedrich Nietzsche)

I.36)

한 시대가 지니는 역사적 감각의 수준은 그 시대에 번역이 어떻게 이루어지는지, 그리고 과거와 과거의 책들을 어떻게 그 시대의 것으로 융합하고자 하는지를 보면 가늠할 수 있다. 코르네이유(Corneille) 시대의 프랑스인들은 물론 혁명기의 프랑스인들까지도 보다 세련되어진 우리의 역사 감각덕택에 더 이상 그럴 용기를 낼 수 없을 방식으로 고대 로마를

---

36) 『즐거운 학문』(*Die fröbliche Wissenschaft*)에서 발췌. 재판된 *Werke in drei Bänden*, vol.2, section 83 (Munich: Hanser, 1962), p.91f. 중에서 (원주)

손 안에 넣었다. 고대 로마도 역시 그랬다. 로마는 더 오래된 시대인 고대 그리스의 훌륭하고 고귀한 모든 것을 얼마나 난폭하고 고지식한 방식으로 내리눌러버렸던가! 로마인들은 그리스의 문화요소들을 자신들의 시대에 맞추기 위해 어떤 번역을 했으며, 나비의 날개에서 순간의 가루들을 얼마나 조심성 없이 의도적으로 닦아 버렸던가! 호라티우스는 알카이오스와 아르킬로코스를 단속적으로 번역했고, 프로페르티우스 역시 그렇게 칼리마코스와 필레타스(우리가 평가해도 된다면 테오크리토스와 같은 급의 시인)를 번역했다. 이들 번역가들은 원래 작가가 상징화하여 자신의 시에 불어넣었던 이런저런 체험에 대해선 거의 관심이 없었지 않은가! 시인으로서 그들은, 역사적 감각에 선행하는 골동품 애호적 호기심에 반감을 갖고 있었다. 시인이었던 그들은 순수한 개인적 이미지들과 민족적 의상이나 도시, 해안지역, 세기의 가면들 역할을 하는 어떤 이름들의 존재를 인정하지 않았고, 그리하여 이 모든 것을 현재의 실체들과 로마적인 것으로 즉시 대체해 버렸다. 그들은 우리에게 이렇게 묻는 듯이 보인다. "과거의 것을 우리 목적에 맞게 만들어 그 안에서 우리를 편안하게 하면 안 되는 것인가? 이 죽은 육체에 우리의 영혼을 불어넣을 수 없다는 것인가? 그 육체는 확실히 죽었고, 죽은 모든 것들은 얼마나 흉한가!" 이 시인번역가들은 역사적 감각이 주는 즐거움을 몰랐다. 과거의 것, 즉 낯선 것은 이들에게 성가신 것이었고 로마인으로서 그들은 그것을 단지 또 다른 정복욕을 불러일으키는 것으로 여겼다. 실제로 당시, 번역을 한다는 것은 정복을 한다는 뜻이었다. 역사적 국면을 빼버린다는 의미에서 뿐만이 아니라 번역되는 소재에 당대적인 암시를 첨가한다는 의미에서, 심지어 원작자의 이름을 지워버리고 그 자리에 번역가의 이름을 써넣는다는 의미에서였다. 이러한 모든 것은 그런 행위가 도둑질이라는 자각 없이 로마제국의 일원으로서 최선의 양심을 가지고 한 일이었다.

II. 37)

한 언어를 다른 언어로 번역하는데 가장 어려운 것은 그 문체의 속도이다. 문체의 속도라는 것은 종족의 성격, 생리학적으로 말하자면 그 종족의 "신진대사"의 평균 속도에 근거한다. 다소 의미전달이 잘된 번역도 본의 아니게 원전을 보편화시킴으로써 거의 위작으로 보이는 수도 있다. 이는 사물과 언어 속에 있는 모든 위험요소, 즉 묵과할 수 없다면 납득하게끔 도와주는 힘이 되는 원전의 대담하고 경쾌한 속도도 함께 번역하는데 실패했기 때문이다. 독일어 사용자는 이 빠른 템포(*presto*) 속성을 자국어로 거의 표현할 수 없으며, 당연히 추론할 수 있듯, 구속받지 않는 자유사고적인 사상이 지닌 가장 유쾌하고 대담한 많은 뉘앙스도 낼 수 없다. 독일인의 육체적, 구술(口述)적 감각에 부포(buffo)와 사티로스가 낯선 것처럼, 아리스토파네스와 페트로니우스는 그가 번역하기 힘들 것이다. 독일적인 것에서는 당당하고 끈끈하거나 엄숙하게 육중한 모든 것, 즉 그렇게 따분하고 지루한 문체변화가 엄청나게 풍부하고 다양하게 발달했다. 딱딱함과 섬세함이 혼합되어 있는 괴테의 산문마저도 예외가 아니라고 말함을 용서받을 수 있기를 바란다. 그것이 속했던 "왕년의 좋은 시절"을 반영하는 괴테의 산문은 "독일적인 취향"이 여전히 존재했던 시기의 독일적 취향의 표현이다. 취향이라곤 해도, 양식과 기교면에서 볼 때

---

37) 『선악을 넘어서』(*Jenseits von Gut und Böse*)에서 발췌. (Leipzig: C.G. Naumann, 1886), 재판된 *Werke in drei Bänden*, vol.2, section 28 (Munich: Hanser, 1962), p.593f. 중에서 (원주)

로코코 취미였다고 해야겠다. 허나 많은 것을 이해하고 행할 줄 아는 배우적인 기질을 지니고 있었던 레싱(Lessing)[38]은 예외였다. 그는 양식(良識) 없이 베일(Bayle)[39]을 번역한 것이 아니었으며 기꺼이 디드로(Diderot)와 볼테르의 지적 동반자가 되려했고 나아가 로마의 희극작가들과도 공감대를 누렸다. 레싱은 자유사고의 속도를 사랑했고 독일적 한계를 벗어나고자 했다. 그러나 독일어가 레싱의 산문으로 이야기를 하게 된다더라도, 어떻게 마키아벨리의 속도를 모방할 수 있었을까. 『군주론』(*The Prince*)에서 마키아벨리는 우리에게 피렌체의 건조하고 맑은 공기를 마시게끔 해주면서 가장 진지한 내용을 다루기 힘든 '아주 빠르게(*allegrissimo*)'의 속도로 어김없이 나타내고 있지 않은가. 아마도 레싱은 자신이 과감히 드러내고자 하는 대비에 대하여 심술궂은 예술가적 직감을 갖고서야 일을 할 것이다. 그의 생각이란 지루하고 난해하며 딱딱하고 위험하지 않은가! 그의 속도는 바로 그 최적 최상의 짓궂은 분위기를 동반한 질주하는 말의 속도가 아닌가! 결국 누가, 창의력과 사상과 언어에서 지금까지의 어느 위대한 음악가보다도 더 "매우 빠른(*presto*)" 속도의 진정한 장인(maestro)이었던 페트로니우스의 작품을 독일어로 감히 번역할 수 있었겠는가. 페트로니우스가 그랬던 것처럼, 모든 것을 흘러나가게 함으로써 만사를 치유하는 바람의 발걸음, 바람이 흡인하는 힘과 숨결, 바람의 거

---

38) 레싱(Gotthold Ephraim Lessing, 1729~1781). 독일의 극작가 겸 평론가이자 계몽사상가. 프랑스 고전극의 모방을 배격하고 최초의 독일 시민극 <미스 사라 삼프손>을 발표하고, 평론 <라오콘(Laokoon)>에서 시와 회화의 구별을 논하였으며, 연극의 본질을 밝히려고 한 <함부르크 희곡론> 따위에서 근대 독일 문학의 토대를 닦았다. 주로 계몽주의의 입장에서 종교상의 자유와 관용을 주장하였다.
39) 베일(Pierre Bayle, 1647~1706). 프랑스의 철학자. 데카르트의 회의 정신을 역사 영역에 도입하였다. 저서에 ≪역사 비평 사전≫이 있다.

리낌 없는 조롱을 우리가 지닌다면, 병들고 사악한 세상의 모든 수렁이나 심지어 "고대세계"의 수렁이 무슨 문제가 되겠는가! 그리고 아리스토파네스를 생각해 보라, 그 계몽하고 서로 보완하는 정신은 조금이라도 존재하는 고대 그리스의 모든 것을 너그럽게 봐줄 수 있는 사람에게 가슴 깊은 곳에서 바로 그 용서와 변용이 필요함을 알게 해 준다. 나는 내가 운 좋게 받아들일 수 있었던 *petit fait*(작은 일)보다 플라톤의 애매함과 그의 수수께끼 같은(Sphinx-like) 본성에 대한 꿈을 더 꾸게 했던 것은 아무것도 모른다. 내가 아는 것은 임종 침상의 베개 밑에서 『성서』도 이집트의 무엇도 피타고라스나 플라톤의 무엇도 아닌 아리스토파네스의 저서만을 발견할 거라는 사실이다. 아리스토파네스가 없었다면, 플라톤이 어떻게 자신이 부정했던 그리스적 본질의 그 삶을 영위할 수 있었을 것인가?

9.

번역가의 과업*

■발터 벤야민(Walter Benjamin)

　예술작품이나 예술형식을 평가할 때 그것의 수용자들을 고려하는 것
은 유익한 일이 아니다. 어떤 특정 관객이나 그들을 대표하는 사람들에
대한 언급은 판단을 그르칠 뿐만 아니라 "이상적인" 수용자라는 개념조
차도 예술을 이론적으로 고찰하는 데는 이롭지 않다. 왜냐하면 예술이
전제로 하는 것은 인간 그 자체의 실체와 본성이기 때문이다. 따라서 예
술은 인간의 신체적, 정신적 실체를 전제로 하지만 어떠한 예술작품에서
도 인간의 반응은 관심사가 아니다. 시는 독자를 의중에 두고 쓴 것이 아

* 이 글은 『정경』(*Illuminations*)에 실린, 1923년의 에세이 "Die Aufgabe des Übersetzers" 이
　다. (원주)

니고, 그림은 감상자를 위한 것이 아니며, 교향곡도 청중을 위한 것이 아니다.

번역이란 원작을 이해하지 못하는 독자들을 위한 것인가? 이 질문은 예술영역에서 일탈된 독자들의 입장을 적절히 설명해줄 듯하며, 더욱이 "똑같은 것"을 되풀이하여 이야기하는 것에 대해 유일하게 납득할 만한 이유가 될 것 같다. 문학작품은 무엇을 "이야기"하는가? 문학작품은 무엇을 전달하는가? 문학작품이란 그것을 이해하는 사람들에겐 "이야기하는" 것이 거의 없다. 문학작품의 본질적인 속성은 진술도 정보전달도 아니다. 그러나 전달 기능을 수행하고자 하는 번역은 정보 이외에는 아무것도 전달 할 수 없다. 결과적으로 비본질적인 것을 전달하는 것이다. 이것이야말로 서툰 번역을 증명하는 일이다. 그러나 우리는 일반적으로 정보에 곁들여져 있는 것, 즉 번역가가 시인이기도 해야만 재현할 수 있는 불가해하고 불가사의하고 "시적인" 어떤 것을 문학작품의 본질적 내용으로 여기지 않는가? 이는 서툰 번역가마저도 인정할 것이다. 실제로 이러한 것이 저급한 번역을 야기하는 또 다른 특징이며, 우리는 그래서 저급한 번역을 비본질적인 내용을 부정확하게 전달하는 것으로 정의할 수 있을 것이다. 이것은 번역이 독자를 위하려고 할 때마다 더욱 그럴 것이다. 하지만 번역이 독자를 위한 것이었다면, 원작 역시 독자를 위한 것이었어야 한다. 원작이 독자를 위해 존재하지 않는데 어떻게 번역을 이런 전제 위에서 이해할 수 있겠는가?

번역은 일종의 양식이다. 번역을 양식으로 이해하기 위해서 우리는 원작으로 거슬러 올라가야 한다. 왜냐하면 원작은 번역을 지배하는 법칙, 즉 번역 가능성을 지니고 있기 때문이다. 한 작품이 번역가능한가 하는 질문은 이중의 의미를 지닌다. 즉 그 작품의 전체 독자들 가운데 적당한 번역자가 있을 것인가 하는 것과, 더 적절히 말해 그 작품의 성격이 번역하기에 적합하고 따라서 양식의 의의를 고려할 때 번역할 필요가 있는가 하는 것이다. 근본적으로 첫 번째 질문은 그저 우연히 결정되겠지만 두 번째는 필연적이다. 단지 피상적으로 생각한다면, 후자의 독자적인 의미는 부정되고 두 질문 모두 동등한 의미를 지닌 것으로 천명될 것이다. . . . 어떤 상관개념들은 그것들이 전적으로 인간과 관계가 있을 때 그 의미를 보존하며, 어쩌면 그 최상의 의미를 보존할 수 있다는 점을 지적해야만 한다. 예를 들어 모든 사람들이 다 잊어버렸다고 할지라도 누군가는 그것을 잊을 수 없는 어떤 생애나 순간으로 이야기할 수도 있다. 만일 그 같은 생애나 순간의 속성이 망각되지 않아야 한다면 그 속성은 허위성을 내포하는 것이 아니라 단지 인간에 의해 충족되지 않는 요구를 내포하는 것이며 또한 어쩌면 그것이 충족되는 영역, 즉 신의 기억에 대한 언급이 될 수도 있다. 이와 비슷하게 언어창작물들도 비록 인간이 번역할 수 없다고 할지라도 그 번역 가능성은 고려되어야 한다. 엄격한 번역개념으로 본다면, 언어창작물들은 정말로 어느 정도 번역불가능하지 않은가? 어떤 언어창작물들을 번역해야 할 필요가 있는지 없는지에 관한 질문은 이러한 의미에서 제기되어야 한다. 왜냐하면 이런 생각은, 만일 번역이 하나의 양식이라면 번역가능성은 그런 작품들의 본질적 특성이 되어야 한다는 점에서 타당하기 때문이다.

번역 가능성은 그런 작품들의 본질적 속성이지만, 그 작품들이 반드시 번역되어야 한다는 말은 아니다. 그 보다는 원작 특유의 의미가 그 번역 가능성 속에 분명하게 드러나 있음을 뜻한다. 아무리 훌륭한 번역이라 할지라도 원작만큼의 의미를 지닌 번역은 없는 것 같다. 그래도 그 번역 가능성이 지닌 가치로 인해 원작은 번역과 밀접한 관계에 있다. 사실 이런 관계는 번역이 원작 이상의 중요성을 지니지 못하기 때문에 더욱 밀접한 것이다. 우리는 이러한 관계를 타고난 관계, 혹은 더 구체적으로 필수 불가결한 관계라 부를 수 있다. 삶의 표현이 삶의 현상에 중요한 것은 아니지만 그 삶의 현상과 밀접하게 연결되어 있는 것과 마찬가지로, 번역은 원작으로부터, 그 일생에서보다는 그 후생(後生)으로부터 나온다. 번역이란 원작보다 늦게 나오는 것이고, 또한 주요 세계문학 작품들도 처음 만들어진 시대에는 엄선된 번역자들을 만나는 일이 없으므로, 작품의 번역이란 원작의 영속되는 삶의 단계를 나타낸다. 예술작품에 있어서 일생과 후생의 개념은 전적으로 비 은유적인 객관성을 가지고 보아야 한다. 편협한 선입견을 가졌던 시대에도 생명이 유기적 육체에 한정되지 않았다는 것을 어렴풋이 알 수 있다. 그러나 그것이 페크너(Fechner)가 시도했듯 영혼이라는 미약한 왕권이 주도하는 영역확장문제일 수는 없으며, 역으로 감각과 같이 생명을 단지 간헐적으로 특징짓는 동물성이라는 훨씬 덜 결정적인 요소에 의거하여 그 정의를 내리는 문제도 아니다. 생명개념은 단순히 역사를 위한 장치가 아니라 자체적인 역사를 지닌 모든 것에 생명이 있다고 믿을 때만 정당하게 평가된다. 결국 생명의 범위는 자연에 의해서라기보다는 역사에 의해서, 적어도 감각이나 영혼과 같은 지속적인 요소들에 의해서 결정되어야만 한다는 것이다. 철학자의 임무는 보다 총체적인 역사적 삶을 통해 모든 자연적인 삶을 파악하는 데 있다. 그렇다면 예술작품의 영속적인 삶은 동물종(種)들의 연속적인 삶보다도 훨씬 쉽게 인식되는 것이 아닌가? 위대한 예술작품들의 역사는 우리에게 그 내력과 그 예술가가 살던 시대상황, 그리고 후대에 있어서 작품이 지니는 잠재적 영생을 이야기해 준다. 이 마지막 것이 뚜렷이 나타날 때 우리는 그것을 명성이라 부른다. 주제내용의 전달을 넘어서는 번역들은 한 작품이 살아남는 과정에서 명성을 얻는 시기에 이르렀을 때 나온다. 고로 서툰 번역자들의 주장과는 반대로 이런 번역들은 원작에 기여한다기보다는 원작이 그것들이 존재하는데 도움이 된다. 원작의 생명이 그러한 번역들 속에서 항상 새로운 최신의 것으로, 가장 풍성한 꽃을 피우게 된다.

특별하고 지고한 생명의 형태이기에, 이 꽃은 특별하고 지고한 목적성에 지배된다. 생명과 합목적성간의 관계는 언뜻 명백해 보이지만 지성(知性)의 힘으로 거의 포착할 수 없는 것으로, 모든 개별 작용이 지향하는 궁극적인 목적이 그 자체의 영역에서가 아니라 보다 높은 영역에서 추구될 때에만 제 모습을 드러낸다. 삶에 관한 모든 의도적인 표현은 바로 그 의도 자체를 포함하면서 결국은 그 삶 자체에 목적이 있는 것이 아니라 삶의 본질을 표현하는 데에, 즉 생명의 중요성을 나타내는 데에 그 목적이 있다. 그러므로 번역은 궁극적으로 언어들 간의 주요 상호관계를 표현하는 목적에 이바지한다. 번역이 감추어진 이 관계자체를 드러내거나 수립할 수는 없지만, 그 관계를 배태[胚胎]적인 혹은 집약적인 형태로 현실화함으로써 나타낼 수는 있다. 배태적인 시도를 통해 이 숨겨진 의미를 명확히 하려는 일은 비언어적인 삶의 영역에서는 좀처럼 경험하지 못하는 너무도 독특한 성격을 지니고 있다. 이것은 그 유추와 상징 속에서 집약적인─말하자면 예견한다든가 암시한다든가 하는─현실화와는 다른 방법들로 의미를 끌어 낼 수 있다. 언어들 간에 전제된 주요 친족관계에 대해 언급하자면, 그것은 특이한 집중현상에 의해 표시된다고 하겠다. 언어들은 서로 생소한 것이 아니라 모든 역사적 관계와는 별도로, 선천적으로 그것들이 표현하려는 것 속에서 상호 연결되어 있는 것이다.

이런 설명을 함으로써 우리의 연구는 소모적인 우회 끝에 비로소 번역의 전통이론으로 다시 돌아가는 듯하다. 언어 간의 친족관계가 번역으로 입증되어야 한다면, 원작의 형식과 의미를 가능한 한 정확하게 옮기는 이외에 달리 어떻게 하겠는가? 확실히 그런 번역이론은 이 정확성의 성격을 규정하기엔 어려울 것이며, 따라서 번역에서 무엇이 중요한지를 밝히지는 못할 것이다. 그러나 실제로 언어 간의 친족관계는 두 문학작품의 피상적이고 막연한 유사성에서보다는 번역에 의해서 훨씬 더 심오하고 분명하게 드러난다. 원작과 번역 사이의 참된 관계를 파악하는 데에는 인식에 대한 비판이 심상이론의 불가능성을 증명해야만 하는 논법과 유사한 연구가 필요하다. 이러한 논법은 만일 인식이 실체의 심상을 다룬다면 인식 속에는 아무런 객관성도 없으며 객관성에 대한 요구조차 없다는 것을 보여준다. 만일 번역이 그 궁극적인 본질에 있어서 원작과 닮으려고 노력한다면 어떤 번역도 가능하지 않으리라는 것을 여기서 증명할 수 있다. 왜냐하면 원작은 그 후생에서—만일 원작이 살아 있는 어떤 것의 변형이나 쇄신이 아니라면 그렇게 부를 수 없겠지만—변화를 겪기 때문이다. 고정된 의미를 지닌 단어들조차도 의미의 성숙 과정을 겪을 수 있다. 한 작가의 문학 스타일에 두드러진 성향이 조만간 희미해져서 단지 그 문학작품 속에 내재해 있는 성향들을 낳을 수도 있다. 한때는 참신하게 들리던 것이 나중에는 진부하게 들릴 수도 있으며 한때는 유행하던 것이 어느 날엔 이상하게 들릴지도 모른다. 의미가 공평하고 일정하게 변하는 것과 마찬가지로 동시에 언어와 그 작품들의 바로 그 일생에서보다 후세의 주관성에서 그러한 변화의 본질을 추구하는 것은, 가장 조야한 심리학설을 참작한다고 해도 사물의 근거와 본질을 혼동한다는 뜻일 것이다. 보다 적절히 말하자면 그것은 사고의 무능함에 의해 가장 강력하고 유익한 역사적 과정 중 하나를 부정한다는 의미일 것이다. 그리고 누군가가 한 작가의 마지막 필치를 그의 작품의 최후의 일격으로 바꾸려고 한대도, 이것은 죽은 번역이론을 여전히 구하지 못할 것이다. 왜냐하면 위대한 문학작품들의 취지나 의미가 수세기에 걸쳐 완전한 변형을 겪는 것과 마찬가지로 번역자의 모국어 또한 바뀌기 때문이다. 시인의 말이 그 시인의 언어 속에서 지속되는 동안 아무리 훌륭한 번역이라 해도 번역은 그 자신의 언어 성장의 일부가 될 수밖에 없으며, 결국은 새로운 것에 흡수되어 버린다. 번역은 두 사어(死語) 간의 허망한 등식과는 거리가 먼 것이어서 모든 문학양식들 가운데서 번역은 원작 언어의 성숙 과정과 그 자신의 탄생의 고통을 지켜보는 특수한 사명을 부여받은 것이다.

언어 간의 친족관계가 번역 속에 분명히 드러나는 일은 번안물과 원작 사이의 막연한 유사성을 통해 이루어지는 것이 아니다. 당연히 친족관계가 반드시 유사성을 포함하지는 않는다. 여기에 사용된 친족관계의 개념은 보다 제한된 의미의 관용법과 일치한다. 양자의 경우 보다 제한된 용법을 규정하는 데 기원의 개념이 불가결하기는 하지만, 친족관계의 개념은 기원의 동일성에 의해서는 적절히 규정될 수 없다. 역사적 고찰을 떠나서 두 언어 간의 관련성은 어디에 있는 것인가? 분명 문학작품들이나 말 사이의 유사성 속에는 없다. 오히려 모든 선사시대 언어들 간의 친족관계는 각 언어를 전체로서 받쳐주려는 목적성 안에 놓여 있는 것이다. 그러나 그 목적성은 개별 언어 자체로는 달성할 수 없고 단지 서로를 보완하는 언어들의 목적성 전체에 의해서만 실현될 수 있는 이른바 순수언어인 것이다. 외국어들의 모든 개별요소들, 즉 단어, 문장, 구조 등은 상호배타적이지만 그들 언어들은 각자의 목적성 안에서 서로를 보완한다. 목적의 양식으로부터 목적의 대상을 구분하지 않고는 언어철학의 이 기본 법칙을 확실히 파악할 수 없다. Brot(빵; 독어)와 Pain(빵; 불어)이란 단어는 동일한 대상을 "목적하고" 있지만 이 목적성의 양식들은 동일하지 않다. 독일 사람들에게 Brot란 단어가 의미하는 것이 Pain이란 단어가 프랑스 사람들에게 의미하는 것과 뭔가 다른 것은 이러한 양식들 때문이며, 이 단어들이 서로 자리바꿈할 수 없고 실제 서로를 배척하고자 하는 것도 같은 이유에서이다. 그러나 목적된 대상에 대해서는 두 단어가 바로 같은 것을 의미한다. 이 두 단어 속에 있는 목적성의 양식들이 서로 충돌하는 반면, 목적성과 목적의 대상은 그 단어들이 유래된 두 언어를 각각 보완한다. 거기서 대상이 목적성을 보완한다 하겠다. 보완하지 않는 개별적인 언어들에서 의미는 개별 단어나 문장에서와 같이 상호 독립적인 상태로 있는 것이 아니라 오히려 끊임없이 변화하는 상태로 있다. 그리하여 그것은 모든 다양한 목적성 양식들의 조화로부터 순수언어로서 떠오를 수 있게 되며 그때까지 의미는 언어들 속에 숨겨진 채로 남아있다. 그러나 이 언어들이 끝까지 이러한 방식으로 계속 성장한다면, 번역이야말로 작품의 영생과 언어의 끊임없는 쇄신에 불을 붙이는 것이라 하겠다. 번역은 신성한 언어의 성장을 늘 시험에 들게 한다. 그 언어들의 감춰진 의미가 계시의 날로부터 얼마나 멀리 떨어져 있는 것이며, 또 이 거리감을 앎으로 해서 그것이 얼마만큼 가까워질 수 있는가?

이는 확실히 모든 번역이 언어의 이질성을 화합함으로써 용어들에 다가가는 다소 잠정적인 접근방식일 뿐이라는 점을 인정하는 일이다. 임시변통이나 잠정적인 것이 아닌 즉각적이고 최종적인 해결방안은 인간의 능력 밖에 있다. 어쨌든 그것은 어떠한 직접적인 시도도 회피한다. 다만 간접적으로 여러 종교의 성장이 감춰진 씨앗을 보다 높은 언어발전 속으로 무르익게 한다. 비록 번역이 예술과는 달리 그 작품의 영원성을 주장할 수는 없지만, 그 목표는 부정할 수 없이 모든 언어 창작의 최종적이고 종국적이며 결정적인 단계인 것이다. 번역에서 원작은 말하자면 보다 숭고하고 순수한 언어의 상공으로 날아오르지만 거기서 확실히 영생할 수는 없으며 그 완전성에 반드시 이르지도 못한다. 그럼에도 그것은 두드러지게 인상적인 방법으로 적어도 이 영역, 즉 예정되어 있고 언어의 타협과 완성이 불가능한 지역에 이르는 길을 가리킨다. 옮기는 작업이 결코 완전할 수는 없지만 이러한 영역에 다다르는 것이야말로 주제내용전달을 넘어서는 번역의 요소인 것이다. 이 핵심적인 요소는 그 자체로는 번역될 수 없는 요소로 정의하는 것이 가장 좋을 것이다. 모든 표면적인 내용이 추출되어 옮겨졌다 해도 진정한 번역자의 주요 관심거리는 파악하기 어려운 채로 남아있다. 원작의 말들과는 달리 내용과 언어 간의 관계는 원작에 있어서와 번역물에 있어서 아주 다르기 때문에 그것은 번역 불가능하다. 원작에 있어서의 내용과 언어는 과일과 그 껍질처럼 어떤 일체감을 이루고 있는 반면, 번역물의 언어는 잔뜩 주름이 잡힌 왕의 옷처럼 그 내용을 감싸고 있다. 왜냐하면 번역물의 언어는 그 자체의 언어보다 훨씬 고양된 언어를 나타내고 따라서 그 내용에 어울리지 않고 과격하며 이질적인 채로 남아 있기 때문이다. 이러한 이접(離接, disjunction)은 번역 작업을 방해하고 동시에 번역을 쓸데없는 것으로 만든다. 왜냐하면 언어사의 어떤 특정 단계에서 만들어지는 작품번역은 어떤 것이든 그 특유한 내용 면에서는 다른 모든 언어로의 번역을 대표하기 때문이다. 따라서 번역은 부차적인 재현으로 더 이상 대체될 수 없으므로 반어적으로 원작을 보다 결정적인 언어영역으로 이식시킨다. 원작은 그곳에서 단지 새롭게 자라날 수 있고 다른 시점에 존재할 수 있는 것이다. 여기서 "반어적"이란 말이 낭만주의자들을 상기시키는 것도 단순한 우연의 일치는 아니다. 그들은 다른 누구보다도 번역 속에서 가장 고귀하게 증언하고 있는 문학작품의 생명을 꿰뚫어보는 통찰력을 타고났던 것이다. 확실히 그들은 이러한 의미에서 번역을 거의 인식하지는 않았지만, 문학작품의 영속적인 삶에서 다소 덜 중요할지는 몰라도 또 하나의 요소인 비평에 자신들의 모든 주의를 쏟았다. 그러나 낭만주의자들이 실제 그들의 이론서에서는 번역을 무시하였다고 해도 그들 자신의 훌륭한 번역물들은 이 문학양식의 본질과 존엄성에 대한 그들의 의식을 입증해 준다. 이 같은 의식이 반드시 시인에게만 가장 두드러진 것이 아니라는 증거는 많다. 사실 시인은 그런 의식이 가장 적었을 수도 있다. 문학사를 보아도 위대한 시인이 탁월한 번역가였고 덜 훌륭한 시인은 평범한 번역가였다는 인습적 관념은 전혀 나타나 있지 않다. 루터(Luther), 포스(Voss), 쉴레겔(Schlegel)과 같은 다수의 가장 걸출한 사람들은 비할 바 없이 창작자로서보다는 번역가로서 더 중요한 사람들이다. 그 가운데서 횔더린(Hölderlin), 스테판 게오르게(Stefan George)와 같은 몇몇 위인들은 단순히 시인의 범주에만 포함시킬 수 없고, 또 우리가 그들을 번역가로 여기지 않는다는 건 아주 힘들다. 번역은 그 자체로서 하나의 양식이므로 번역가의 과업역시 시인의 과업과는 뚜렷하고 명확하게 구별하여 생각할 수 있다.

번역가의 과업은 자신이 번역하고 있는 언어가 목적하는 효과[목적성]를 발견하는 데 있고 목적성은 그 안에서 원작의 반향을 만들어낸다. 이 점이 기본적으로 시인의 작품과는 구분되는 번역의 한 특징이다. 왜냐하면 시인의 노력은 언어 자체나 그 총체를 지향하는 것이 아니라 독자적이고 즉각적으로 특정 언어문맥상의 여러 양상을 향하기 때문이다. 문학작품과는 달리 번역은 언어의 숲 한가운데 존재하는 것이 아니라 숲이 우거진 능선을 향한 그 바깥에 존재한다. 그리고 번역은 자신의 언어로 여운을 일으킬 수 있는 하나의 지점을 겨냥하며 그 속에 들어가지 않은 채 이국적인 언어로 된 작품의 반향을 그 안으로 불러들인다. 번역의 목표는 문학작품의 목표와는 다를 뿐 아니라— 그것은 외국어로 된 개별 작품을 출발점으로 간주하면서 언어를 전체로 간주한다— 전적으로 다른 노력이기도 하다. 시인의 의도는 자발적이고 근본적이며 사실적이지만 번역가의 의도는 파생적이고 궁극적이며 관념적이다. 그 이유는 많은 언어들을 하나의 진정한 언어로 통합시키려는 탁월한 모티브(motif)가 작용하고 있기 때문이다. 이 언어는 그 안에서 결코 독립된 문장이나 문학작품, 비평적인 판단들을 소통시키지 않을 것이다. 왜냐하면 그것들은 여전히 번역에 의존하고 있기 때문이다. 그러나 그들 의미의 양식 속에서 보완되고 조정된 언어들은 그 언어들 자체에서 조화를 이룬다. 진리의 언어, 즉 모든 사고가 추구하는 궁극의 진리를 담고 있는 안온하고도 잠잠한 보고와 같은 것이 있다면, 이 진리의 언어가 바로 진정한 언어인 것이다. 그리고 바로 이 언어가 번역 안에 집약된 형식으로 감추어져 있으며 그 언어의 예측과 묘사는 철학자가 소망할 수 있는 유일한 전형이다. 거기에는 철학의 여신도 번역의 여신도 존재하지 않지만 감상적인 예술가들의 주장과는 달리 이 둘은 통속적이지는 않다. 왜냐하면 거기에는 번역 속에 드러나는 언어에 대한 동경으로 점철된 철학적 재능이 있기 때문이다.

여러 언어의 불완전성은 그들이 복수로 존재하는 데 있고, 최상의 언어란 없다. 사고는 불멸의 언어가 여전히 침묵을 지킨 채 아무런 부대설명도, 조그만 속삭임조차도 없이 저술하는 것이다. 이 세상에 존재하는 가지각색의 고유어들은 그 말들을 모든 사람이 쓰지는 못하게 한다. 그렇지 않다면 그 말들은 단번에 진리로 실현될 것이다.

만일 말라르메(Mallarmé)가 여기서 환기시킨 것을 철학자도 충분히 이해한다면 그 같은 언어의 기본 원리를 지닌 번역은 시와 이론의 중간에 위치한다. 번역 작품들은 그리 선명하지 않게 규정되어 있지만 번역은 역사에 적지 않은 자취를 남긴다.

번역가의 과업을 이렇게 보면 해결점에 이르는 길은 더욱더 모호하고 불가해한 것 같다. 참으로 순수언어의 씨앗을 번역 안에서 자라게 하는 문제는 풀 수 없는 듯하며 그 어떤 방법으로도 해결할 수 있는 것이 아닌 듯하다. 왜냐하면 감각이 재생되는 것이 결정되지 않는다면 그러한 해결책은 애당초 쓸모가 없는 것 아닌가? 부정적으로 볼 때, 앞서 말한 모든 것이 의미하는 바도 사실 이것이다. 어떠한 번역논의에서도 그 전통적인 개념은 충실성과 파격성이다. 즉 성실한 재현의 자유와 그 자유를 누림에 있어 단어에 대한 충실성을 말하는 것이다. 이런 관념들은 번역에서 의미재현 이외의 다른 것을 찾는 이론에는 더 이상 도움이 되지 못하는 것 같다. 확신하건대, 전통적인 용법은 이런 용어들이 상호간의 끊임없는 반목 속에 있는 것처럼 보이게 한다. 충실성은 의미를 재현하는 데 진정 어떤 일을 할 수 있는가? 개별단어들을 번역하는 데 있어 충실성이 그 단어들이 원작에서 갖고 있었던 의미를 완전히 재현시키는 일은 거의 불가능하다. 왜냐하면 그 시적 의의에 들어있는 감각은 의미에 국한되지 않고 그것을 표현하기 위해 선택된 단어가 전달하는 언외의 의미로부터 나오는 것이기 때문이다. 우리는 단어들이 감성적으로 함축성을 지닌다고 말한다. 구문의 자구적인 재현(직역)은 의미의 재현이론을 완전히 파괴하며 포괄성에 대한 직접적인 위협이 된다. 19세기에는 횔더린이 소포클레스를 번역한 것을 그 같은 직역의 기괴한 예로 여겼다. 결국 형식을 재현하는 데 있어서 충실성이 얼마나 감각의 번역을 방해하는지 확실해진다.

그러므로 직역은 어떠한 경우에도 그 의미를 유지하려는 욕구를 기반으로 할 수 없다. 서툰 번역자들의 무절제하게 파격적인 직역은 의미는 훨씬 잘 채우겠지만 문학과 언어는 더 나빠진다. 직역은 그 정당성은 명백하나 합법적 근거는 상당히 불분명하므로 직역에 대한 요구는 보다 중요한 것들의 맥락에서 이해되어야만 한다. 함께 접합될 그릇조각들은 서로 그 모양이 같을 필요는 없지만 가장 세밀한 부분까지 서로 맞아야 한다. 마찬가지로 번역은 원작의 의미를 담으려고 할 것이 아니라 애정을 기울여 상세하게 원작이 지니고 있는 의미의 양식을 담아야 한다. 그로써 여러 조각들이 한 그릇을 이루는 부분인 것처럼 원작과 번역 모두 보다 더 큰 언어의 조각들로서 인식될 수 있게 하는 것이다. 바로 이러한 이유로 번역은 무언가를 전달하려는 욕구나 감각의 번역을 상당히 삼가야 한다. 그리고 이러한 가운데 번역가와 그의 번역물로부터 전달되어야 할 것을 표현하고 조립하는 노력을 원작이 덜어주는 한에 있어서만 원작은 번역에 대해 중요한 의미를 갖는다. 번역의 영역에서도 역시 ἐν ἀρχῆ ἦν ὁ λογος [태초에 말씀이 있었다.]라는 말이 적용된다. 다른 한편으로 그 의미에 관해서 번역어는 재현이 아닌 조화로서, 원작의 목적성이 드러난 언어에 대한 보완으로서, 또 자기 고유의 목적성(*intentio*)을 지닌 모습으로, 원작의 목적성(*intentio*)에 목소리를 부여하기 위해 스스로를 내놓을 수 있고, 사실 그래야만 한다. 그러므로 번역이 원래 그 언어로 쓰인 것처럼 읽는다고 말하는 것은 번역에 대한 극찬이 아니며, 특히 그 원작이 나온 시대에는 더욱 그렇다. 오히려 직역에 의해 확실해진 충실성의 의의가 그 작품이 언어적인 보충을 크게 열망함을 반영한다는 것이다. 진정한 번역은 투명한 것이다. 그것은 원작을 가리지 않고 그 빛을 차단하지 않으며, 마치 자체적인 매개체에 의해 강화되듯이 순수언어로 하여금 원작에 더욱더 충만한 빛을 밝히게끔 한다. 이것은 무엇보다도 번역자에게 문장보다는 단어가 가장 기본적인 요소라는 사실을 입증해 주는 구문적 역에 의해 성취될 것이다. 왜냐하면 문장이 원어 앞에 놓인 벽이라면 직역은 아치가 되기 때문이다.

번역에 있어서 충실성과 자유는 전통적으로 서로 반목하는 성향으로 여겨져 왔다. 이처럼 한 가지에 치중한 보다 깊이 있는 해석은 분명 둘을 조화시키는 데는 도움이 되지 않는다. 사실 그것은 상대편의 모든 정당성을 부인하는 것같이 보인다. 감각의 번역이 더 이상 지극히 중요한 것으로 간주되지 않는다면 자유는 무엇을 의미하겠는가? 한 언어 창작물의 감각이 그것이 전하는 정보와 동일시될 때에만 다소 궁극적이고 결정적인 요소는 모든 소통을 넘어 잔존한다. 즉 그것은 매우 가까우면서도 무한히 먼 곳에 감춰지거나 분간할 수 있게, 또 단편적이거나 강력하게 남는 것이다. 언어와 언어로 된 모든 작품들 속에는 전달될 수 있는 것 외에 전할 수 없는 무엇인가가 남아있다. 드러나는 문맥에 따라서 그것은 상징하는 것이 될 수도 있고 상징된 것이 될 수도 있다. 한정된 언어 산물 속에 있을 때 그것은 전자가 되고 언어 자체의 진화과정 속에서는 후자가 된다. 그리고 언어의 진화과정 속에서 스스로를 표현하고 산출하려는 것이 바로 순수언어의 핵인 것이다. 비록 그것이 감추어진 단편적인 것이라 해도 상징된 사물자체로서 삶에서 능동적인 힘이 되고 그러므로 상징화된 형식 속에서만 언어 창작물에 깃든다. 다양한 언어들 속에 있는 궁극적인 본질인 순수언어가 여러 언어적인 요소와 그 변화에만 묶여 있는 한, 그것은 언어 창작물 속에서 힘겹고 이질적인 의미를 지니게 된다. 그것으로부터 이 같은 짐을 덜어 주는 것, 즉 상징하는 것들을 상징된 것들로 바꾸고 언어의 흐름 속에서 충만하게 형성된 순수언어를 되찾는 일이 번역의 거대하고도 유일한 능력이다. 이 순수언어─더 이상 무엇을 의미하거나 표현하는 것이 아니라 무표정하고 창조적인 말씀으로서 모든 언어에서 의미를 갖는─속에서 모든 정보, 모든 감각, 그리고 모든 목적성은 마침내 그들이 소멸되어질 층에 맞닥뜨리게 된다. 바로 이 층이 새롭고 보다 숭고한 정당성을 자유로운 번역에 제공해 준다. 하지만 이러한 정당성은 전달되어야 할 감각으로부터 나온 것이 아니다. 왜냐하면 이러한 감각으로부터의 해방이 곧 충실성의 임무이기 때문이다. 오히려 순수언어를 위해 자유로운 번역은 자신의 언어에 시금석을 둔다. 다른 언어의 마력에 걸려 있는 순수언어를 자신의 언어 속에서 해방시키는 것, 즉 자신이 한 작품을 재창조하는 가운데 그 작품 속에 갇혀 있는 언어를 자유롭게 하는 것이 곧 번역가의 임무다. 순수언어를 위해 번역가는 그 자신의 쇠락한 언어장벽을 부순다. 루터, 포스, 횔더린 그리고 게오르게는 독일어의 영역을 확장시켰다. 그러면 번역과 원전 사이의 관계에서 감각은 어떠한 중요성을 갖는가? 여기 한 가지 직유가 도움이 될 것이다. 한 접선이 가볍게 단 한 점에서 원에 접하여 점으로보다는 이런 접촉으로 법칙을 세우고 그 법칙에 따라 무한대로 곧게 나가는 자신의 행로를 계속하듯이, 번역은 무한히 작은 감각점에서만 살짝 원작에 접하여 곧이어 자유로운 언어의 흐름 속에서 충실성의 법칙을 따라 그 자신의 행로를 추구한다. 루돌프 판비츠(Rudolf Pannwitz)는 이러한 자유의 진정한 의미를 명시적으로 이름짓거나 구체화하지 않은 채 그 특징을 묘사했다. 그의 관찰은 『유럽 문명의 위기』(*Die Krisis der europaischen Kultur*)에 수록된 것으로, 『서동 시집』(*Westostlicher Divan*)에 붙인 괴테의 주석과 함께 이제까지 독일에서 출판된 번역이론에 대한 비평 가운데 가장 훌륭한 것으로 평가되고 있다. 판비츠는 다음과 같이 쓰고 있다.

우리들의 번역은 가장 뛰어난 것이라 해도 그릇된 전제로부터 생긴 것이다. 우리의 번역은 독일어를 힌두어, 희랍어, 영어로 번역하는 대신에 힌두어, 희랍어, 영어를 독일어로 번역하려 한다. 우리 번역가들은 외국 작품의 정신보다는 자신들의 언어사용법에 더 큰 경의를 표한다……번역가의 근본적인 오류는 그가 자신의 언어가 외국어의 강력한 영향을 받게끔 놔두지 않고 자기 언어가 발생한 상태를 보존하는 것이다. 특히 자신의 언어와 상당히 동떨어진 언어를 번역할 때 번역가는 언어 자체의 근본적인 요소로 거슬러 올라가 작용, 이미지 그리고 어조가 한데 모이는 지점을 꿰뚫어보지 않으면 안 된다. 번역가는 외국어로써 자신의 언어를 확장하고 심화해야 한다. 이러한 작업이 어느 정도까지 가능하고, 언어가 어느 정도까지 변형될 수 있으며, 방언이 서로 다른 것과 같이 언어는 어떻게 서로 다른가 하는 것을 보편적으로 깨닫게 되는 것은 아니다. 그러나 이 마지막 것은 언어를 충분히 진지하게 다룰 때에만 해당되는 것이고 언어를 가볍게 다룬다면 해당되지 않는다.

번역이 이러한 양식의 속성과 어울릴 수 있는 범위는 객관적으로 원작의 번역 가능성에 의해 결정된다. 원어의 자질과 우수성이 낮을수록 원작은 정보(information)가 될 소지가 많아지고 번역을 하기엔 덜 비옥한 영역이 된다. 그리하여 원작은 뚜렷한 양식을 지닌 번역을 위한 지렛대가 되기는커녕 내용이 전적으로 압도적이어서 번역이 불가능할 수도 있다. 작품의 수준이 높을수록 그 의미가 단지 스쳐 지나가듯 접촉된다 해도 그것의 번역 가능성은 더 높아지게 된다. 물론 이것은 원작에만 적용되는 얘기다. 이와 반대로 번역물은 본래부터 지니고 있는 의미의 어려움 때문이 아니라 의미가 느슨하게 거기 부여되어 있기 때문에 번역할 수 없는 것이다. 다른 모든 중요한 측면에 대해서뿐만 아니라 이 점에 대해서 확증을 주는 것이 횔더린의 번역물, 특히 두 편의 소포클레스 비극

번역물이다. 그 안에서 언어들의 조화는 너무도 심오하여 바람이 풍명금(風鳴琴, aeolian harp)을 스치는 식으로만 언어는 감각을 스친다. 횔더린의 번역물들은 그런 종류의 원형들이다. 즉 하나의 모델에는 하나의 원형이 있듯이 그의 번역물들은 원문의 가장 완벽한 번역에까지 이르러 있다. 이것은 핀다르(Pindar)의 「제3의 아폴로에 붙이는 송시」("Third Pythian Ode")를 번역한 횔더린의 번역물과 루돌프 보르하르트(Rudolf Borchardt)의 번역물을 비교해 보면 명확히 드러날 것이다. 바로 이러한 이유로, 특히 횔더린의 번역물들은 모든 번역물들에 내재해 있는 엄청난 위험에 빠지기 쉽다. 그렇게 확대되고 수정된 언어의 문이 쾅 닫히고 번역가를 침묵 속에 가둬 버릴지도 모른다. 횔더린의 소포클레스 번역은 그의 마지막 작품이었다. 그리하여 그 속에서 의미는 끝없는 언어의 심연 속에서 소멸될 위협을 받을 때까지 심연에서 심연으로 곤두박질친다. 하지만 거기에는 한 번의 정지가 있다. 그 정지는 성서에만 허용된 것이며 그 속에선 의미가 더 이상 언어의 흐름과 계시의 흐름을 가르는 분수령이 되지 못한다. 하나의 원문이 진리나 교리와 일치될 때, 즉 그것이 의미의 중재 없이 그 모든 직역에서 "진정한 언어"가 될 때 그 원문은 무조건 번역 가능하다. 그런 경우에는 언어의 다양성 때문에만 번역이 요구된다. 원작에서 언어와 계시가 무난하게 하나가 되는 것과 마찬가지로 번역은 행간 번역의 형태로 원작과 하나가 되어야 하며 그 속에서 자구성과 자유가 결합되는 것이다. 사실 모든 탁월한 원문들은 어느 정도 행간에 잠재적인 번역을 포함하고 있고 이것은 성서에서 최고도에 이른다. 성서의 행간 번역이 모든 번역의 원형이고 이상이다.

10.

귀도와 관련된 것들

■에즈라 파운드(Ezra Pound)

비평가라는, 보통 따분하고도 성가신 존재로 여겨지는 사람은 하나 이상의 작고도 부차적인 방식들을 통해 자신의 가치를 증명할 수 있다. 그는 주목받지 못하고 지나가 버렸을 수도 있었을 관심의 대상을 발굴하고 그것에 주의를 기울일 수 있고, 그리고 그가 진정 전반적인 지식이나 "관련된 것들에 대한 인식"을 가지고 있는 드문 경우엔 그가 찾아낸 것들을 다른 문학작품들과 연계시킬 수도 있을 것이다. 그리고 세 번째로, 말하자면 그의 활동의 일부분 또는 첨가물로서, 그는 일종의 하수도를 지어다가 폐물이 되어 버린 것들을 떠내려 보낼 수도 있다. 진정한 작품 주위로 고여 있는 것들, 즉 학술단체들, 비대한 출판사들, 또는 그 둘의 복합체격이라고 할 수 있는 옥스퍼드대학 출판사 같은 곳들에서 끝없이 쌓인 채로 정체되어있는 것들을 떠내려 버릴 하수구 같은 곳들이었다(우린 최근 폴 그레이브의 작품이 재출간된 사례에서 그러한 단체들의 불명예를 목도할 수 있다).

단테의 공용어에 대한 미완성 소책자가 알려진 이후로 이탈리아에서는 일반적인 의미의 문학비평이 이루어지지 않았다고 할 수 있는데, 그 소책자는 다소간 "특별"한 면이 있었으며 또한 주로 글쓰기의 기술을 연마하는 이들에게 흥미로운 측면을 가지고 있었다. 로렌조 발라(Lorenzo Valla)는 라틴어법에 대한 그의 면밀한 분석을 통해 역사의 흐름을 약간 바꾸어놓았다. 그의 서문들 여기저기에서 장엄함이 분출하고, 그의 『라틴어의 우아함에 대하여』(Elegantiae)가 나타내는 활기란 어떤 작가의 숨통이라도 트이게 했을 것이다. 그가 고대의 어떤 표현에 대해서 썼을 때 이탈리아와 영국의 작가들, 최소한 그의 이름이라도 접했던 이들은 매한가지로 그의 글이 어떤 '메시지'도 담고 있지 않다고 여겼으며, 특히 영국인들의 경우엔 짐작컨대 피코에 대한 페이터의 언급들과 같은 것으로 퇴행해버렸다고 할 수 있다. (피코 작품의 다른 부분들을 정독하느라 지쳐버린 이들이 그것을 피코의 한 괄목할만한 대목이라며 신경질적으로 통보하고 넘어가려는 현상에 근거하여.)

"비교문학"이라는 학문분야가 독일에서 시작되었지만 그것이 진정 "문학의 비교 가치"를 연구하는 학문이 되고자 했던 적은 거의 없었다.

지중해 근방 민족들의 문학은 르네상스주의의 완만한 퇴락곡선을 따라 이어져갔다. 그 와중엔 소규모의 상향 움직임들도 있었다. 이탈리아 시의 전성기는 1321년에 끝이 난다. 내가 알고 있는 한, 훌륭한 어떤 이탈리아 테니스 선수나 저명한 작가 그 누구도 그 지역의 문학을 다른 세

계와의 관계 속에서 사유하는 것에 대해 생각하지 않았다.[40)

레오파르도는 셰익스피어를 읽고 그를 모방했다. 몬테 네보소 공이 오늘날 자신의 유일무이한 지위를 정립할 수 있었던 것은, 의식적인 노력이었는지는 모르지만, 야만인들과의 접촉들 때문에, 그리고 출판된 책들에서 나타난 시각적 자극을 통해서, 또는 이를테면 단지 그가 바그녀와 브라우닝의 존재를 알고 있었기 때문이다. 이탈리아인 속에 무언가 새로운 것을 시작했던 노스트로 가브리엘레, 야만주의와 독일주의를 혐오하고 근원적인 영국인들의 존재에 대해 결코 언급한 적이 없으며 어떤 종류의 사회나 환경에 의해서도 둘러싸이지 않았던 그는 외적인 기이함을 지닌 고독한 인간으로서 그의 일생을 마감했으나 또한 놀라울 만큼이나 분별 있는 가치들의 기준을 남겨놓았으니, 즉 그 가치들이란 어떤 대단한 허장성세나 "행위"와 대조되는 바의, 몇 줄의 완벽한 글쓰기가 가지는 상대적인 가치에 대한 것이다.

도시 하나를 점령하고 또한 기관총 총부리를 겨눈 채 외교적 방탕을 제지시켜버린 유일한 현존 작가인 그는 일군의 신경쇠약에 걸린 무능력자들, 그들의 일에서부터 벗어난 적이 없는 작가들, 즉 과학자들이나 대중으로부터 어떤 행동을 수행하는데 무능력하다고 간주된 자들보다도 큰 권위를 지니고 말할 수 있는 위치에 있다. 인생을 살고 또한 살아가는 법을 배우기 위해 70년을 소비했던 다른 진지한 인물들처럼 그 역시도, "덜 유능"해서가 아니라 그다지 인상적인 직접적 결과물 없이 글을 쓰며

---

40) 에즈라 파운드의 *The Literary Essays of Ezra Pound*에 수록된 에세이 '카발칸티'에 나오는 내용. Copyright 1935 by Ezra Pound. Reprinted by Permission of New Directions Publishing Company.

　귀도 카발칸티(ca. 1255-1300)는 많은 소네트 작품들을 남긴 작가로서 그의 친구이자 팬이었던 단테 이전의 가장 중요한 피렌체 출신 시인으로 꼽힌다. ─ 편집자 주.

살아야 했던 시간들이 있었다.

이 '중도(nel mezzo)'의 시기, 이 '어두운 숲(selva oscura)'의 통과는 사람을 각기 다른 방식으로 사로잡는데, 그 방식들이란 서로 너무 달라서 우린 대부분 억지스러운 방식으로 나타나는 그것들 사이의 비슷한 점들에 초점을 맞추기보다 차라리 그것들을 비교하려는 이들을— 이따금 너무 많이— 비웃게끔 된다.

다양한 경우들에서, 완벽한 인간은 처음엔 '매우 전도유망한 출발'을 보이지만, 그 후 10년, 또는 그가 살아남는다면 20년이나 30년의 세월(헨리 제임스 일생의 중엽처럼)이 지나기까지 어려움에 버둥거리거나 그러는 것처럼 보이는 시기를 보내며, 그런 역경의 세월의 끝에서라야 비로소 어떤 종류의 증거나 발견 또는 그 (겉으로 보이기에) 방황했던 시기에 대한 스스로의 정당화를 제시할 수 있게 된다.

18년 전에 귀도를 번역했을 때 난 귀도를 전혀 이해하지 못했다. 난 로세티가 『신생』(*Vita Nuova*)을 멋지게 번역했다는 것을 알고 있었는데, 그것은 몇몇 부분들에서 원작을 발전시키거나 더욱 풍요롭게 만든 측면이 있었다. 그는 의심할 나위 없이 그 특정한 일을 위해 "타고난" 인물이었지만, 어쨌든 그가 번역한 귀도에는 무언가 결여된 것이 있었으니, 그것은 바로 *robustezza*, 즉 남성성이었다. 내게는 더할 나위 없이 바람직한 크나큰 열정이 있었지만 나는 외부적 경계를 분명하게 인식하지 못했다. 마치 데카르트 축에 대한 그 어떤 전조도 접하지 못한 채 스스로의 정육면체 속에 갇혀있는 유클리드처럼.

이해에 혼란을 가져왔던 것은 당시로서는 내게 어려웠던 귀도의 이탈리아어가 아니었다. 나를 혼란스럽게 했던 것은 빅토리아풍의 언어였다. 만약 혼란스러움을 느끼지 않았더라면 나는 아마 그 일을 결코 해내지 못했을 것이다. 당시 나는 내 앞에 닥친 하나의 문제 속에 담겨진 엄청나게 다양한 문제들을 목도할 수밖에 없었다.

그 소네트들 속에 지루한 부분들이 없었다는 말은 아니다. 나는 로세티가 아무나 그의 번역에다 단순히 빠진 부분들을 채움으로써 귀도의 작품전집을 만들어낼 수는 없는, 귀도의 소네트에서 가장 훌륭하다고 할 수 있는 대부분을 번역하였음을 알아차렸다. 그것은 너무나도 따분한 작업이었을 것이다. 내가 원작의 방향에 의도적으로 더욱 충실하게 임하여 지어낼 것 같아 보이는 것보다 로세티가 더 나은 영어 시들을 지었음을 보기는 했지만 나는 그렇게 생각한다. 나는 우선 이탈리아어를 모르는 독자가 선율을 지닌 원문의 의미를 이해할 수 있도록 하기 위해 산문 식의 번역을 시도했다. 하지만 30만 명 중의 단 한 명이라도 그 훌륭한 곡조를 익히기 위해, 즉 자신에게는 부족한 것을 발견해내기 위해 외국어 자체를 소리 내어 읽어보거나 또는 그 외국 곡조의 명작이라고 알려진 것들을 읽어낼 수 있는 인내심이나 이해력을 소유하고 있다고 생각하는 것은 허상에 불과했다.

날 당황스럽게 만들었던 것은 이탈리아어가 아니라 죽은 영어의 부스러기들로서, 내가 사용하는 용어들 속에 남아있는 그 침전물들이었다. 소망컨대 나 스스로 몇 년 뒤에 완전히 제거시켜 버렸던 그것들 말이다. 이런 것들을 피해갈 방도는 없다. 어떤 방식으로 길들여지는 데는 6년에서 8년가량이 걸리고, 또한 그것으로부터 자유하기 위해서는 10년이 소요되는 법이니까.

또한 누구도 결코 영어 자체를 배우는 것이 아니라, 일련의 영어들을 배워나가는 것일 뿐이다. 로세티는 그 자신만의 언어를 창조했지만, 1910년에 나는 그러지 못했다. 활용하는 언어로서가 아니라, 그것으로서 생각도 하는, 그런 언어를.

옛 작가들의 언어적 발명품들을 간과하는 것은 어리석은 일로서, 심지어 그들이 바보들이거나 허튼 소리를 일삼는 이들, 혹은 테니슨주의자들이라고 하더라도 그러하다. 때때로 이들의 언어들과 발명품들을 따로 떼어내어 그 정체와 존재이유를 알아보는 것은 권할 만하다.

엘리자베스 문인들로부터 키츠를 따로 떼어내고, 더 큰 일단의 엘리자베스 문인들과 그리스인들이나 여타 혼합된 무리들로부터 스윈번을 떼어내고, 쉬츠, 켈리, 그들의 동료들에 덧붙여 (문서와 그림 속의) 초기 이탈리아인들로부터 로세티를 떼어내 보는 것, 그리고 기타 모든 것들『벤체슬라스 왕』(*King Wenceslas*)을 포함한 민요들과 캐럴들을 모두를 망라해서 그 정체와 존재이유를 알아볼 만한 것이다.

귀도에 대한 나의 초기 번역물들이 단테 가브리엘과 앨저넌의 수준에 머무른 채 벗어나지 못했다고 말함으로써 미래의 독자나 다른 누군가의 순진한 즐거움을 좌절시키지 않도록 하겠다. 물론 사실이지만, 그냥 그 문제는 조용히 넘어가도록 하자. 로세티와 내가 탈선했던 부분은 이탈리아어로 된 소네트를 영어 소네트의 등가물로서 간주한 점이다. 압운 형식의 가벼운 차이점을 간과했다는 애기가 아니다. 그러한 실수는 '지극히 당연한' 것이지만, 몇 안 되는 실수들은 '도를 벗어난' 것이다. 압운은 무척 중요한 것으로 보인다. 훌륭한 소네트 한 편에서 압운들을 한번 떼어내 보라. 그러면 그 자리에 남는 것은 공허함뿐이다. 게다가 몇몇 이탈리아 소네트들의 전개방식은 영어 소네트들과 매우 유사하다. 여성형 압운은 무시된다... 또다시 어떤 명백한 이유들 때문에. 프로방스에서 그것은 꽤 자주 무시되어왔으며, 프랑스인들은 그것을 50대 50으로 사용하는 중세적 법칙을 만들었다.

한 나쁜 비유로서 지오토나 시몬 마르티니의 프레스코 벽화가 '조슈아 경', 즉 프레데릭 레이튼 경에 의해 유화로 '변형'되었다고 상상해보라. 무언가가 사라져버린, 무언가가 다소 변질되어버린 감이 있지 않은가.

하지만 우리에게는 홀바인이 아니라 치마부에만큼 잘 그릴 수 없는 홀바인의 동시대인이 유화로 그린 치마부에가 있다고 상상하라.

왜 그 비유가 부정확한지에 대해서는 약 일곱 개의 근거들이 있고, 그 비유가 전도된 것이라고 생각하는 데에는 여섯 개의 근거들이 있겠지만, 이는 '엘리자베스 여왕의 영어와 명금들이 지저귀는 그녀의 영국식 정원에 대해 독자들이 갖고 있는 선입견을 없애는 역할을 할 수도 있고, 또한 언어를 표현의 수단으로서 볼 수 있도록 해줄 수도 있다.

(브르통은 구스타프 신부가 단지 "노란색의 느낌(l'mpression de la couleur jaune)"을 주려고 했을 뿐이었다는 사실을 듣고 플로베르를 용서한다(Nadja, p. 12).)

셸링 박사는 셰익스피어 시대에 이탈리아화된 영국인에 대해 강의했다. 1596년 인쇄된 잊혀진 볼로냐의 역사 속에서 나는 각기 10 페이지가 넘지 않는 분량의 줄거리 두 편을 발견했다. 우리는 이탈리아의 순회 극단들, 즉흥가면희곡(commedia dell' arte) 등이 미친 영향에 대해 들어왔다. 우리가 빅토리아 시대 풍에 의해 방해받지 않고 소네트에 대한 집착으로부터 벗어나서, 그 따분한 부분들, 이해하기 힘든 부분들을 그대로 내버려둔 채 단순히 그것을 읊어대기 위해 초기 이탈리아어를 영어로 번역하고자 시도한다면 과연 어떻게 되겠는가?

이제 "그다지 중요하지 않은" 시작품 하나를 제시하겠다. 이것은 코덱스 바르베리니아노 라틴어본 3953페이지에 귀도의 작품으로 나오는 것으로, 알라치는 그것을 귀도의 것으로 출판했다. 한편 시몬 오치는 1740

년에 알라치를 멍청이 또는 그에 버금가는 표현과 함께 그를 원칙 없는 부주의한 인물로 칭하며 그 시를 치노 피스토이아의 것들과 함께 출판한다. 누가 그것을 썼던 간에 그것은 명백히 최고의 작품(capo lavoro)은 아니다.

Madonna la vostra belta enfolio
Si li mei ochi che menan lo core
A la bataglia ove l'ancise amore
Che del vostro placer armato uscio;

Si che nel primo asalto che asalio
Passo dentro la mente e fa signore,
E prese l'alma che fuzia di fore
Planzendo di dolor che vi sentio.

Però vedete che vostra beltate
Mosse la folia und e il cor morto
Et a me ne convien clamar pietate,

Non per campar, ma per aver conforto
Ne la morte crudel che far min fate
Et o rason sel non vinzesse il torto.

편집자가 모호한 작가의 정체와 씨름할 정도의 가치가 이 시에서 느껴지는가? 이 시는 그다지 매력적이지 않다. 누군가 그것의 가장 단순한 영어 등가물을 만지작거리기 시작할 때까지는 틀림없이 그렇다.

Lady thy beauty doth so mad mine eyes,

Driving my heart to strife wherein he dies.

(여인이여 그대의 아름다움은 내 눈을 미치게 해

죽을 것 같은 고뇌로 내 마음 이끌어가네.)

물론 이것을 읊되, 말하려고 해선 안 된다. 이것은 이탈리아어의 전개
를 전적으로 곡해시켜버리긴 하지만, 그 자체로는 헤릭과 캠피언의 작품
에 비견할만한 꽤 괜찮은 서두라고 할 수 있다. 또한 그것은 우리가 오늘
날에도 헤릭, 캠피언, 아마도 던을 읽고 있는 이유를 설명해줄 것이다.

다음 행은 좀 더 진부한 표현이고, 그 다음 행도 다소 흥미가 떨어진
다. 그렇다면 이 부분을 보기로 하자.

Whereby thou seest how fair thy beauty is

To compass doom.

(이에 그대는 그대의 눈부신 아름다움을 보고

내 운명을 둘러싸네.)

멋지긴 하지만 번역이라고 보기는 힘들다.

이러한 시의 단편들, 그리고 프로방스 운율의 상투어로 된 거의 얼토
당토않은 종결 부분으로 시를 완성시켜 보라. 그러면 당신은 스트라빈스
키의 작곡양식에 대해 M. 드 슐뢰저가 가한 몇 가지 언급을 이해할 수
있게 될 것이다. 그리고 당신은 엘리자베스 조 최고의 서정 시인들이 하
지 못했던 것과 해냈던 것이 무엇인지도 보게 될 것이다.

내가 번역한 2행은 이탈리아어 원문의 서두와 2행 반인데, 영어 쪽이
훨씬 간결하며, 전반부 8행(octave)은 후반부 6행(sestet)에 비해 너무 가벼

워지고 있다. 뒤를 좀 더 가볍게 바꿔보자.

> So unto Pity must I cry
> Not for safety, but to die.
> Cruel Death is now mine case
> If that he thine envoy is.
> (그래서 나 그대의 자비에 호소하노니
> 그것은 살기 위함이 아니라 곧 죽기 위함이라.
> 잔혹한 죽음에 이제 속한 몸이니
> 곧 그것이 그대가 보낸 사절이라면 그렇게 될 것이라.)

우리는 여기서 초기 이탈리아 시작품이 가지는 가치들 중 하나인 칸타빌레 형식을 보존하면서, 다른 것을 잃고 있는데 그것은 이탈리아 시가 갖고 있는 특유의 무게감이다. 그리고 만약 그것을 알아차린다면 우리는 "볼로냐로부터 나온 철학 풍"의 초기 이탈리아어와 엘리자베스 조 서정시 사이의 근본적인 차이점을 만난 것이다. 그것은 내가 상기 두 개의 2행 연구(連句)에서, 그리고 이 소네트의 번역에 착수하면서, 지나간 20년 간의 작품에서 내가 다소 맹목적으로 유지했어야 했던 모든 것이라 할 수 있는 열정과 맹렬함을 포기했기 때문이었다.

또한 나는 만약 지금 누군가가 감정에 대한 구체적인 진술을 무시하거나 혹은 그 당시 대부분의 사람들이 그것을 무시했었다고 가정한다면 가상의 연구자는 엘리자베스 조의 양식들이 존재하게 된 방식을 어느 정도 이해하게 될 것이라고 생각해 본다. 그 진술이란 인간이 영혼을 하나는 머리 하나는 가슴 하나는 복부 아니면 폐, 혹은 플라톤(Plato)이나 갈렌 (Galen)이 영혼이 있다고 주장한 곳, 이렇게 세 군데에 갖고 있는지를 진지한 것으로 만들었던 그러한 것이며, 만약 정신(anima)이 여전히 숨을 쉰다면, 만약 멈춰버린 심장은 죽은 심장이라면, 그리고 이러한 생각이 헤릭이 생각했을 거라고 여겨지는 것보다 훨씬 더 중요한, 무엇보다 가장 중요한 것이라면 하고 생각했던 그러한 독단적인 진술을 말한다.

그 연구자 스스로 당대의 모든 토스카나 작가들에 대해서 그것을 적용해보도록 하라. 단어들을 가지고, 그것들의 의미에 대해서는 그다지 크게 생각하지 않고, 상투적인 어구들에 실망하지 않고, 단지 곡조 자체, 그 하나의 연속된 음절들의 흐름에 최대한 집중하면서. 비록 말로 표현하면 그다지 흥미롭지도 않고 심지어 그 어떤 장문이나 보격도 만들어내지 못하지만, 그것 자체로 아름답게 읊어질 수 있도록.

그렇게 하면 그것의 통달은, 조그마한 통달은 그 행을 손상시키지 않고, 마치 종이 위에 표현된 가장 최근의 미로의 데생작품 중 하나에서 표현된 선과 같이 시의 소리에 있어서 손상됨 없이 유지하는 것에, 그리고 그와 함께 그 어떤 단절도, 부적절하게 튀어나오는 어떤 조각들도, 절구 각각이 가진 그 어떤 힘도 상실하지 않은 채 그것에 완전한 균형을 만들어주는 것에 좌우될 것이다.

> Whereby thou seest how fair thy beauty is
> To compass doom.
> (이에 그대는 그대의 눈부신 아름다움을 보고
> 내 운명을 둘러싸네.)

너무 규칙적인 "약강격"을 갖추고 있어서 아무리 해도 완성된 시에 들어맞지 않는다.

M. 드 슐뢰저(M. de Schloezer)가 구분하는 음악적인 서정성과 시적인 서정성 사이뿐 아니라, 글쓰기 자체에서도 구어적 전개의 감정적인 힘이라 할 수 있는 시적인 서정성과 음악적 흐름 속으로 단어들이 흘러가게 하는 음악시적(melopoeic) 서정성 사이에는, 만약 그 행을 다른 높이의 음들의 연속으로서 읊어야 하는 것이라면, 그것이 실현되었던 그렇지 않든, 실현될 수 있는 것이든 그렇지 않건 간에 대립적인 구분이 존재한다.

하지만 영어 소네트와는 운율적으로 상이한 이탈리아 소네트를 그것의 타당성이나 합리성을 단념하거나 상실해 버리고, 혹은 단순히 그것을 느끼거나 이해하지 않은 채 가져와서, 단지 보이는 대로 쉽게 재빨리 얻을 수 있는 것과는 거리가 먼 완벽한 멜로디, 있는 그대로의 사유의 정확성, 즉 지금 말하고 있는, 아마 절구 상으로는 충분히 정확하겠지만, 심오하고 본질적인 사상에 관해 있는 그대로를 추구하며, 겉보기에 기능을 하지 않고 있는 구절을 베어냄으로써, 우리는 영어로 된 세이첸토[41] 노래집을 만들고 있는 것이다.

Death has become melodious; sorrow is as serious as the nightingale's, tombstones are shelves for the reception of rose leaves(죽음은 하나의 선율이 되었고, 슬픔은 나이팅게일의 슬픔처럼 무겁게 짓누르네. 비석들은 장밋꽃잎이 떨어지는 단이 되었네). 이런 유의 번역물에는 종종 곡조의 모차르트적인 완벽함, 거의 궁극적인 지혜에 필적하는 그것이 나타나지만, 그것은 개탄스러울 정도로 어떤 활력을 결여하고 있다. 다른 한편 내가 번역해놓은 절구는 말하자면 진부하다고 할 수 있는데, 그것은 바로 정확성이 부족하기 때문이다. 활력(guts)이란 단어는 의학에서 매우 한정

---

41) Seicento: 17세기 이탈리아 예술 및 문학 양식

된 범위에 걸쳐 있는 내부 장기들을 가리키는 말이다. 부족한 바로 그 부분을 가장 잘 보여주는 정확한 장기를 찾으려 할 때 13세기의 정확성이 있었더라면 난 그러한 무모한 도박으로부터 벗어날 수 있었을 것이다. 우린 라틴 사람들로 다시 되돌아가야만 한다. T. 루즈벨트가 정글로부터 돌아오는 길에 파리에서 인터뷰를 가졌을 때, 그는 한 번역구절을 사용했다(그 인터뷰의 출판은 그의 심기를 약간 건드렸다). 내가 언급한 그 프랑스어 구절은 이렇다. "Ils ont voulu me briser les *reins* mais je les ai solides(그들은 내 허리가 부러지기를 원했지만, 내 허리는 꼿꼿했어)."

그리고 이제 독자는 원한다면 'eyes that lead the heart to battle where him love kills(사랑으로 인한 죽음이 기다리는 전장으로 내 마음 이끌어 가는 두 눈)'의 구절의 문제로 돌아갈 수 있다. 그것은 당시 어떤 특정한 도치구문으로 여겨지지 않았다. 그때는 1280년이었고, 당시 이탈리아어는 오늘날의 독일어와 같은 처지에 있었다. 가정부가 당신의 방으로 들어와서는 "Schön ist das Hemd!(셔츠가 멋지군요!)"라고 외치는 나라에서 당신이 어떻게 "산문"을 사용할 수 있단 말인가?

계속하자. Who is armed with thy delight, is come forth so that at the first assault he assails, he passes inward to the mind, and lords it there, and catches the breath (soul) that was fleeing, lamenting the grief I feel(그 누가 과연 그대의 기쁨으로 갑옷 입은 채 내게 다가와 단번의 습격으로 내 마음 사로잡고 사라지는 생기(영혼) 붙잡아 이 슬픔 달래 줄 것인가).

"Whereby thou seest how thy beauty moves the madness, whence is the heart dead (stopped) and I must cry on Pity, not to be saved but to have ease of the cruel death thou puttest on me. And I am right (?) save the wrong him conquereth(이에 그대는 내 열병 일으키는 그대의 아름다움을 본다. 그렇게 이 심장 멈춰버렸고 나 그대의 자비에 호소하노니 살기 위함이 아니라 그대가 선고한 이 잔혹한 죽음을 감해달라는 것이라. 내가 지은 죄라곤(?) 날 사로잡은 그 열병뿐이라)."

독자가 음악시(melopoeia)에 있어서의 이 작은 문제를 낱말 맞추기 놀이의 대체물 정도로 받아들일 수 있을지 나로선 알 방도가 없다. 난 이 문제를 철학자는 한 번에 최대한 많은 것들을 시도해보아야 한다는 가정 위에 남겨두고자 한다.

두 번째 연습으로서 우린 카발칸티의 『한 여자가 내게 물어보네』(*Donna mi Prega*)의 내용을 따온 것이라고 여겨지는 귀도 올랜도의 소네트 하나를 다루어보고자 한다.

Say what is Love, whence doth he start   ?
Through what be his course bent   ?
Memory, substance, accident   ?
A chance of eye or will of heart   ?

(사랑이 무엇이기에 그는 스스로 재촉하여
그 운명의 굴곡을 따라 길을 떠나나
기억, 본질, 그리고 우연
눈길 하나의 우연 혹은 마음이 주는 명령)

Whence he state or madness leadeth   ?
Burns he with consuming pain   ?
Tell me, friend, on what he feedeth   ?
How, where, and o'er whom doth he reign   ?

(그 말은 그의 것이거나 혹 열병이 이끄는 것이라
그는 불같은 고통 속으로 타들어가네
말해보게 친구, 그는 무엇을 먹고살며
어디서 어떻게 누구를 다스리며 살아가는지)

Say what is Love, hath he a face   ?
True form or vain similitude   ?
Is the Love life, or is he death   ?

(사랑이 무엇이기에 그의 얼굴은
사람 얼굴 같으면서도 허황된 껍데기 같은가
사랑이 그의 생기가 되었거나 아니면 그는 이미 죽은 몸.)

Thou shouldst know for rumour saith:
Servant should know his master's mood-
Oft art thou ta'en in his dwelling-place.

(그대는 소문을 들어 알고 있겠지.
종은 주인의 기분은 아는 법이라
그대 종종 그의 거처에 있지 않았는가.)

　　내가 속이는 것이 아니란 것을 보여주기 위해 이태리어 원문을 첨부하
는데, 결단코 난 어떤 것도 지어내지 않았다. 나는 원문의 구어적 무게감
에 필적하는 어떤 것을 제공했고, 행마다 한 두어 개의 음절들을 잘라냄
으로서 이런 동등함을 성취해냈다. 마치 지난날의 그 위대한 모방의 전
문가가 이런 방식을 이미 사용했던 것처럼 보인다. 이 시 속 한 두어 개
행들과 로렌조 메디치의 작품들로부터 따온 몇몇 행들을 가지고 그는 우

리 언어로 된 화려하기 이를 데 없는 최고의 보석을 엮어냈던 것이다.

> Onde si move e donde nasce Amore
> qual è suo proprio luogo, ov' ei dimora
> Sustanza, o accidente, o ei memora?
> E cagion d'occhi, o è voler di cuore?
>
> Da che procede suo stato o furore?
> Come fuoco si sente che divora?
> Di che si nutre domand' io ancora,
> Come, e quando, e di cui si fa signore?
>
> Che cosa è, dico, amor? ae figura?
> A per se forma o pur somiglia altrui?
> E vita questo amore ovvero e morte?
>
> Ch'l serve dee saver di sua natura:
> Io ne domando voi, Guido, di lui:
> Odo che molto usate in la sua corte.
>   - 카발칸티, 『한 여자가 내게 물어보네』(*Donna mi Prega*)

우리는 증거와 검토의 영역에 속해있는 것이 아니다. 나는 단순히 초기 이탈리아 시들이 영국에서 이용된 방식을 보여줄 뿐이다. 페트라르카나 그를 계승한 사람들이 사용했던 이탈리아어는 작가나 언어의 비교 역학을 공부하는 학생의 관심거리가 아니며, 골동품 수집자들은 우리 분야가 아니다.

귀도가 살았던 시대의 영어로 귀도를 재현해야 한다는 것에는 이론의 여지가 없다. 당시 영국인들은 바지는 입고 있지도 않았고 그들은 대청에서 뽑은 청색 염료로 그려져 있으며, 플랜태저넷 왕조의 오크어(Langue d'Oc)나 이탈리아어(Lingua di Si)보다도 훨씬 통달하기 어려운 언어로 투덜거리고 있었을 것이다.

하지만 만약 우리가 엘리자베스 시대 이전의 영어, 즉 작가들이 과장된 문체나 우레와 같은 웅장한 구절보다도 명료함과 명쾌함을 선호하고 추구했던 그 시기로 돌아간다면 우리의 노력, 적어도 나의 노력의 결과는 다음과 같이 나타날 것이다.

> Who is she that comes, makying turn every man's eye
> And makying the air to tremble with a bright clearenesse
> That leadeth with her Love, in such nearness
> No man may proffer of speech more than a sigh?

> (저기 다가오는 그녀는 누구기에 뭇 남자의 눈길 사로잡고
> 눈부신 활기로 미풍을 일으켜
> 닿을 듯 말듯 미끄러지는 사랑스러움으로
> 말 한마디 건네지 못하는 그들을 한숨짓게 하는가?)

> Ah God, what she is like when her owne eye turneth, is
> Fit for Amor to speake, for I cannot at all;
> Such is her modesty, I would call
> Every woman else but an useless uneasiness.

> (오 하느님이여, 그녀가 눈길을 돌릴 때의 그 모습
> 나는 표현할 수 없네. 오직 아모르만이 할 수 있으리.
> 그 지극한 사랑스러움에 대해 나는 말하기를

그녀 외에 모든 여자들은 단지 헛된 골칫거리라 하겠네.)

No one could ever tell all of her pleasauntness
In that every high noble vertu leaneth to herward,
So Beauty sheweth her forth as her Godhede;

(그 누구도 감히 그녀가 주는 쾌활함을 전하지 못하리.
그 모든 존귀한 이들도 그녀를 향해 몸을 돌렸으니
그녀의 아름다움이 그녀를 신과같이 빛나게 했다네.)

Never before so high was our mind led,
Nor have we so much of heal as will afford
That our mind may take her immediate in its embrace.

(언제 우리 마음이 이렇게 설레었던 적이 있었나,
그리고 우리 마음이 이렇게 가벼워질 수 있을까,
지나가는 그녀를 보고 첫눈에 반해버린 우리의 마음이.)
  - 카발칸티, 『이 여인은 누구인가』(*Chi e questa*)

　이러한 방식에 대한 반대의견들은 다음과 같으니, 우선 개인이 중요한
시 한편을 가져다가 그것을 예스런 흥취를 연습하는 도구로 사용할 수
있느냐에 대한 의혹이 있을 수 있고, 또한 그 시의 예스러움 자체가 아니
라 그 예스러움의 상대적인 느낌을 부정확하게 전달하는 것에 대한 문제
가 있을 수 있는데, 즉 20세기의 이탈리아어로 느끼는 13세기 귀도의 언
어가 현재의 우리가 14세기, 15세기, 혹은 16세기 초반의 영어에 대해 느
끼는 것보다 그 예스러움이 덜하다는 것이다. 심지어 20년 전의 내 서툰
번역본이 그것이 원문의 느낌을 유지하려고 했다는 점에서 더욱 "충실"

했는지 아닌지도 전혀 확실치가 않다. 14, 15, 16세기의 영국 시 자체는 그런 원문의 느낌을 지니지 않았으니, 그것의 객관성을 채색해줄 어떤 기존의 언어적 안료도 존재하지 않는 셈이 된다.

결국 번역가가 그 모든 가능성에 있어서 언어적으로 태만한 독자를 위해 필요한 모든 작업을 수행하기란 불가능하다. 그는 단지 보물이 놓여 있는 곳을 보여줄 뿐이며, 독자가 어떤 언어를 공부해야 할지를 지도해주고, 하나의 언어에 대한 수박 겉핥기식의 지식과 함께 원문을 대충 읽어나갈 수 있는 에너지밖에는 없는 바쁜 학생들을 물질적으로 도와줄 수 있을 뿐이다.

이것은 "해석적 번역"을 말하는 것으로, "다른 종류"이다. 즉, "번역가"가 명백히 새로운 시를 지어내는 경우는 간단히 말해 창작적 글쓰기의 영역에 속하게 되는 것이고, 만약 번역이 창작적 글쓰기에 속하는 것이 아니라면, 동일한 기준들에 의해 비판당하거나 일종의 공정한 논리적 추론에 의해 칭찬 받아야 하며, 특정한 경우에만 평가할 수 있어야 한다.

11.

번역의 비참과 영광

(엘리자베스 겜블 밀러 번역)

■호세 오르테가 이 가세트(José Ortega Y Gasset)

1. 비참

콜레주 드 프랑스 및 여타 학문 서클들로부터 온 교수들과 학생들이 모인 세미나 자리에서 누군가가 특정한 독일 철학자들을 번역하는 일이 불가능하다고 주장했다. 그는 그 주장을 전개해나가면서 번역 가능한 철학자와 그렇지 않은 이들을 구별할 수 있는 특정한 학문분야를 만들 것을 제안했다.

"지나친 확신일 수도 있을 것 같습니다만," 내가 넌지시 말했다. "실제로 번역될 수 있는 철학자, 더 일반적으로는 작가들이 있다는 주장 말입니다. 그것은 착각이 아닐까요? 번역이라는 작업 자체가 필연적으로 이상적인 작업 아닙니까? 사실 나는 날이 갈수록 인간이 하는 모든 일들이 이상적이라는 것을 확신하게 됩니다. 인간은 무언가를 알고자 하지만 결코 그것을 만족스럽게 성취하지 못합니다. 무엇이 공정한지를 결정하는 데 있어서도 그는 불가피하게 교활함에 빠져버리죠. 그는 자신이 사랑한다고 생각하지만 나중에 단지 그것을 기약했을 뿐임을 깨닫습니다. 제가 지금 도덕을 비꼬고 있다고 생각하지는 마시기 바랍니다. 마치 동료들이 스스로가 약속한 것을 지키지 않는다는 이유로 제가 그들을 비난하고 있다는 듯이 말이죠. 제 의도는 정확히 그 반대입니다. 그들의 실패로 인해 그들을 비난하기보다, 오히려 저는 그러한 일들이 결코 성취될 수 없다고 말하겠습니다. 왜냐하면 그것들은 그 본질상 성취 불가능하고, 언제까지나 단순한 의향들로, 헛된 열망과 마음뿐인 무력함으로 남아있을 것이기 때문입니다. 자연은 각각의 피조물 스스로가 만족스럽게 수행할 수 있는 행위들의 특정한 프로그램을 입력해놓았을 뿐입니다. 그래서 동물이 슬퍼할 수 있다는 사실이 우리에게 매우 부자연스럽게 다가오는 것이죠. 단지 이따금씩 슬픔에 필적할만한 어떤 것이 개나 말 같은 몇몇 고등동물들 가운데서 나타날 뿐입니다. 그때마다 그것들은 우리와 가장 가깝게, 즉 인간답게 보입니다. 그 신비로운 정글의 심연으로부터 자연 스스로가 연출하는 가장 놀라운 광경은 바로 우울한 오랑우탄의 모습인데, 사람인지 동물인지 분간하기 어려운 그 애매함은 우리를 놀라게 합니다. 동물은 전반적으로 행복한 것처럼 보이나, 우리는 그 반대의 본성을 부여받았습니다. 언제나 우울하고, 미쳐 날뛰고, 오락가락하는 인간들은 히포크라테스가 성스럽다고 불렀던 그 모든 질병들에 의해 왜곡되어 버렸습니다. 그것은 인간의 모든 행위들이 실현불가능하기 때문입니다. 인간의 운명은, 인간의 특권이자 명예는 인간이 자신이 성취하겠다고 말한 것을 결코 성취할 수 없으며, 단지 그것을 의도로만, 살아 있는 비현실로만 남아 있게 하는 것입니다. 언제나 실패를 향해 전진하고 있는 격이고, 미처 전투에 참가하기도 전에 관자놀이에 부상을 입고 있는 격이지요."

"이것은 우리가 번역이라고 부르는 그 대단치 않은 작업을 수행할 때도 마찬가지로 나타납니다. 수많은 지적 작업들 중에서 그처럼 소박한 일도 없지만 그것은 많은 노력을 요구하는 작업입니다."

"글을 잘 쓴다는 것은 문법, 확립된 용법, 언어적 규준들에 대해 지속적인 침해를 가한다는 것을 의미합니다. 그것은 사회적 정황들에 대항하는 영원한 반란의 행위이자 전복입니다. 글을 잘 쓴다는 것은 어떤 급진적인 용기를 필요로 하는 일입니다. 글쎄요, 하지만 보통 번역가들은 내성적인 성격을 가지고 있습니다. 그런 겸손함 때문에 그런 별 볼일 없는 직업을 선택하게 된 것이죠. 번역가는 자신의 눈앞에 엄청난 조작기구가 놓여있는 것을 발견하는데, 그것은 바로 문법과 일반적 용법으로 이루어진 조작기구입니다. 그 반항적인 텍스트를 가지고 그는 무엇을 할까요? 그 또한 반항적으로 되기를 바라는 것은 지나친 요구 아닐까요? 엄연히 그 텍스트는 다른 작가의 것인데 말입니다. 그는 두려움에 사로잡히게 되고, 그래서 문법적 한계들에 대항하여 반란을 일으키기보다는 정확히 그 반대의 일을 합니다. 그는 그가 번역하는 작가를 정상적인 표현의 감옥 속으로 가두고자 시도합니다. 즉 그를 배신하게 되는 것이죠. 번역자란 곧 반역자이니까 말이죠(Traduttore, traditore)."

"그렇다고 해도, 정밀과학이나 자연과학에 대한 책들은 번역 가능하지요." 한 동료가 답했다.

"그런 서적들에 있어서 그 어려움이 덜하다는 것을 부인하지 않겠습니다. 하지만 그렇다고 해서 어려움이 아예 없는 것은 아니죠. 지난 사반세기 동안 가장 유행했던 수학의 분과는 집합이론이었습니다. 그래요, 하지만 그것의 창시자였던 칸토르는 우리의 언어로 번역하기 불가능한 한 용어를 그 세례명으로 삼았습니다. 우리가 "집합"이라고 불렀던 것을 그는 실제로 "양(Menge)"이라고 불렀는데, 분명 그것의 의미는 "집합"이라는 의미 속에 포함되어 있지 않지요. 그러므로 우린 수학과 물리학의 번역 가능성에 대해 과장하지 말아야 할 것입니다. 하지만 그런 조건이 참작된다면, 나는 그것들의 번역이 다른 학문분야에서의 번역보다 정확할 수 있다고 인정합니다."

"그렇다면 번역될 수 있는 것과 번역될 수 없는 것의 두 가지 종류의 글이 존재한다고 보시는 겁니까?"

"전체적으로(gross mondo) 우리는 그러한 구분을 받아들여야 하지만, 그것은 모든 번역작업이 제기하는 현실적인 문제를 배제해버리는 결과를 낳습니다. 왜냐하면 특정한 과학 서적들의 번역이 더욱 용이한 이유를 살펴볼 때, 우리는 그것들이 저자 스스로가 그 속에서 '살고 행동하고 존재하는' 진정한 언어를 기술적 용어들로 형성된 유사언어, 스스로를 정의해야 하는 언어적으로 인공적인 용어들로 번역해놓은 산물들임을 발견하게 되기 때문이죠. 간단하게 말해서 스스로를 이미 하나의 언어로부터 다른 용어로 번역해놓은 것입니다."

"그러나 용어란 다른 어떤 언어와도 같이 하나의 언어입니다! 더욱이 콩디야크에 따르면 최고의 언어, "잘 구조화된" 언어가 과학입니다."

"당신과 당신들의 지적 선구자와는 크게 다른 생각을 갖고 있음을 용서하시기 바랍니다. 언어란 구어적 기호들의 체계로서 개인들은 어떤 사전적 합의 없이도 그것들을 통해 서로를 이해할 수 있습니다. 반면에 용어는 화자와 청자, 작가와 독자 사이에 그리고 개별적으로 그 기호들의 의미에 대한 합의를 이루어놓았을 경우에만 비로소 이해 가능해 집니다. 그래서 제가 그것을 유사언어라고 부르는 것이고, 과학자가 자신의 생각을 그 속으로 이미 번역해 놓았다고 말하는 것입니다. 그것은 일종의 볼라퓌크어(*Volapuk*), 그 분야를 개발하는 이들 사이에서 숙고를 거친 협약을 통해 제정된 일종의 에스페란토어라고 할 수 있습니다. 그것이 바로 그러한 서적들을 한 언어에서 다른 언어로 번역하기가 더 용이한 이유입니다. 실제로 그것들은 모든 나라들에서 거의 전적으로 같은 언어로 쓰여진다고 볼 수 있습니다. 그래서 자신들을 분명하게 나타내는 진짜 언어를 말하는 사람들에게 이러한 책들은 종종 신비하며 이해할 수 없는 것으로, 혹은 최소한 이해하기가 매우 어려운 것으로 느껴지게 되는 것입니다."

"공평하게 말하자면, 나는 당신이 옳다는 것을 인정해야만 하겠으며, 내가 이전에 인지하지 못했던 개인들 사이의 구어적 관계가 갖는 어떤 신비를 인식하게 되었음을 말씀드리지 않을 수 없겠습니다."

"저 또한 당신이, 말하자면 최후의 아벤세라헤스(Abencerrajes) 같은, 오늘날에는 사라져버리고 없는 종족의 유일한 생존자임을 알아보겠습니다. 왜냐하면 다른 누군가의 신념을 접했을 때, 당신은 당신보다 그의 신념이 옳다고 생각할 수 있는 여유를 지니고 있으니까요. 번역에 대한 토론은 우리가 그것을 어디까지 전개시키느냐와 상관없이, 우리가 말이라고 부르는 믿기 어려운 현상 속의 가장 심오한 비밀로까지 우리를 이끌게 될 것입니다. 현재로서는 우리의 주제가 분명히 드러내는 문제점들만 검토해 봐도 충분할 것 같군요. 지금까지의 언급을 통해서 난 책을 써내는 사람은 그것이 수학이든, 물리학이든, 혹은 심지어 생물학에 관한 것이든 간에 단어의 실질적인 의미에서 작가라는 사실을 번역의 이상주의의 논거로 삼았습니다. 이것은 그가 그의 모국어를 놀라운 솜씨로 활용하면서 양립하기 어려운 듯 보이는 두 가지를 성취해냈다는 것을 의미하는데, 그것은 단지 이해 가능하도록 만드는 것과 동시에 언어의 일상적인 용법을 바꾸는 것입니다. 이 이중적인 작업은 곡예사의 줄타기보다 더 힘든 일입니다. 우리가 어떻게 범상한 번역가에게 그것을 요구할 수 있겠습니까? 더욱이, 작가 개인의 스타일이 번역가에게 제기하는 이러한 첫 번째 딜레마를 넘어서는, 난관들의 새로운 층들이 있음을 우리는 깨닫게 됩니다. 예를 들어, 한 작가의 개인적인 스타일이란 그 스스로가 단어의 습관적인 의미로부터 작은 일탈을 수행함으로써 만들어집니다. 그는 단어의 비정상적 활용을 억지로 강행함으로써, 그 단어가 가리키는 대상들의 범위가 그 동일한 단어가 습관적인 사용 속에서 관습적으로 의미하는 대상들의 범위와 일치하지 않도록 만들게 됩니다. 한 작가에게서 나타나는 이러한 일탈들의 전반적인 경향을 우리는 그의 스타일이라고 부릅니다. 하지만 실제로 각각의 언어 또한 다른 언어들과는 다른 그것만의 언어적 스타일을 가지는데, 폰 훔볼트는 그것을 언어의 '내적 형식'이라고 불렀습니다. 그러므로 각각 다른 언어에 속하는 두 단어, 사전이 서로의 번역으로서 제시하는 두 단어가 정확히 서로 같은 대상을 가리키고 있다고 믿는 것은 비현실적인 것입니다. 언어들은 상이한 지표 위에서, 그리고 상이한 경험들을 통해서 형성되는 것이기 때문에, 그것들의 불일치야말로 자연스러운 일이지요. 한 예로 스페인어에서 *bosque*(숲)라고 불리는 것을 독일어의 *Wald*(숲)라고 간주하는 것은 잘못된 것입니다. 비록 사전에 Wald는 bosque라고 나온다고 하더라도 말이죠. 분위기가 허락

된다면, 지금이 스페인 숲과는 대조적인 독일어로 된 숲을 묘사하는 기교적 아리아(*aria di bravura*)를 불러보기에 딱 좋은 시간일 것입니다. 제가 노래 부르는 것으로 농담을 하고는 있지만, 그 결과는 직관적으로 이해할 수 있을 정도로 명확하다는 것을 저는 단언합니다. 즉, 두 개의 실체 사이에는 엄청난 차이가 존재하고 있다는 것입니다. 그 차이는 너무나 큰 것이어서 그것들은 너무나 어울리지 않을 뿐만 아니라 그것들의 거의 모든 반향들, 감정적이고 지적인 반향 모두 똑같이 서로 모순됩니다."

"두 언어의 의미의 모양들은 마치 이중노출 사진 속의 사람의 형상들처럼 서로 맞지 않습니다. 사정이 그러하니, 우리의 인식은 양쪽 형태들과 어떤 실질적인 일치를 만들어 내거나 혹은 제 3의 형태를 만들어내지 않은 채 바뀌거나 흔들리게 됩니다. 이와 같이 영향을 받은 수천 개의 단어들을 읽을 때 우리가 경험하는 그 괴로운 불확실성을 한번 상상해 보십시오. 게다가 이것들은 시각적 이미지와 언어적 표현 속에서 *flou*(흐릿함, 어지러움)의 현상을 만들어내는 동일한 원인입니다. 번역이란 영원한 문학적 flou이며, 우리가 일반적으로 무의미라고 부르는 것은 그 반면에 생각들의 flou에 지나지 않는 것이기에, 우리는 번역된 저자가 언제나 다소 어리석게 보이는 것에 대해 놀라지 말아야 할 것입니다."

2. 두 개의 이상주의

"대화란 것이 단지 그 속에서 사람들이 마치 축음기처럼 행동하는 구어적 기제들의 교환이 아니라 진정한 소통으로 이루어질 때, 흥미로운 현상이 하나 발생합니다. 대화가 진전됨에 따라, 화자들 각각의 성격이 점진적으로 나누어지게 되죠. 한쪽은 상대방이 말하는 것을 기분 좋게 경청하고 있는 반면, 상대방은 마치 새가 뱀에게 홀하듯 자신이 말하는 주제에 매혹되어 점차적으로 대화의 상황 자체로부터 벗어나 그 소재 자체를 생각하기 시작합니다. 우리는 대화할 때 하나의 사회 속에 참여합니다. 즉, 생각을 할 때는 우리는 혼자입니다. 하지만 지금과 같은 경우, 이러한 종류의 대화에서 우린 그 두 가지를 동시에 수행합니다. 토론이 계속되면 우리는 더욱 열심히 이 두 가지를 수행합니다. 우리는 대화의 내용에 대해 거의 멜로드라마를 볼 때의 감정으로 화제에 주의를 기울임과 동시에 우리의 사유를 담고 있는 혼자만의 우물 속에 점점 더 빠져들게 됩니다. 하지만 고조되는 이러한 분리 상태는 조화롭게 영원히 지속될 수는 없습니다. 이 때문에 그러한 대화가 마비되거나 무거운 침묵 속으로 빠지는 특이한 순간을 맞이하는 것입니다. 화자들 각각은 자신들의 생각 속에 몰두해 있습니다. 단순히 생각하고 있기 때문에 그는 말할 수가 없는 것입니다. 대화가 침묵을 낳은 것이고, 사회적 접촉의 시작은 고독의 상태에 빠지게 된 것입니다."

"그러한 현상은 이 자리에서도 일어났습니다. 제가 마지막으로 말하고 난 뒤에 말이죠. 왜 그런 걸까요? 그 답은 명백합니다. 이런 종류의 갑작스런 침묵의 물결이 대화 위로 부풀어 오르는 것은 그 주제가 한쪽 방향으로 극단적으로 발전되었고, 따라서 이제 대화가 전환되어 다른 사분원을 향해 그 기수를 돌릴 수밖에 없는 시점이라는 것을 의미합니다."

"우리 사이에서 일어난 이 침묵은 말이죠," 누군가 입을 열었다. "침울하다는 특징을 갖고 있군요. 당신이 막 번역을 살해해 버렸으니, 우리로선 음울하게 그 장례 행렬을 따라가고 있을 뿐입니다."

"무슨 말씀을!" 내가 답했다. "전혀 그렇지 않습니다! 내가 번역의 비참함을 피력한 부분은 가장 중요한 대목이었습니다. 그 어려움과 불가능성을 정의한 것은 특히 중요했지요. 하지만 그것에 그치고자 한 것은 아닙니다. 정반대로, 번역의 어려움과 불가능성은 탄도적인 반동의 구실을 하여 우리를 번역예술의 광휘 속으로 이끌 수도 있기 때문에 중요했던 것입니다. 바로 '번역은 죽었다! 번역 만세!'라고 외칠 수 있는 기회이지요. 이제 우리는 정반대의 입장을 옹호해야 하고, 유사한 상황에서 소크라테스가 그랬듯이, 기존의 입장을 철회해야 합니다."

"당신으로서는 그것이 다소 어려울 텐데요,"라고 X씨가 말했다. "애초에 당신은 번역의 과업을 이상주의적 작업이자 불가능한 계획이라고 진술하지 않았습니까?"

"그렇게 말했던 것은 사실이고, 또한 그것이 다가 아닙니다. 인간이 수행하는 모든 구체적인 행위들은 유사합니다. 이제 제가 그렇게 생각하는 이유를 밝힐 테니 겁먹지 마십시오. 프랑스적인 대화에서는, 누구라도 요점은 피해야 하고, 중간 문제들의 중용 지대에 머물러있는 편이 바람직하다는 것을 나는 알고 있습니다. 여러분이 저를 참아준 것은 호의적인 것 이상이었습니다. 독백이라는 것이 파리에서 저지를 수 있는 가장 통탄할만한 범죄라는 사실에도 불구하고 나로 하여금 이런 가식적인 독백을 하지 않을 수 없도록 하기까지 했으니 말입니다. 그것 때문에 전 무엇인가를 침해당한 기분이 들고 제가 지금 겁탈과도 같은 어떤 것을 자행하고 있다는 생각에 양심이 저려오는 것을 느낍니다. 유일하게 절 위로해주는 것은 제 프랑스어가 서툴다는 것과 그래서 어떤 본격적인 대화도 가능하지 않을 것이라는 믿음입니다. 하지만 이쯤에서 다시 우리의 주제, 인간적인 모든 것에 있어서 본질적으로 이상주의적인 조건으로 돌아가도록 하죠. 나는 단지 여러분들이 지극히 견고한 추론을 통해 이 믿음을 확인하는 대신, 지적 실험의 순수한 기쁨을 위해서 그것을 기본 원리로 받아들이고 그러한 견지에서 인간의 노력에 대해 사유해 볼 것을 권하고 자 합니다."

"하지만," 내가 경애하는 친구 장 바루치가 말했다. "이상주의와의 싸움은 당신의 저작 속에서 빈번하게 나타납니다."

"빈번하고도 실질적이지요! 가짜 이상주의라고 하는 것이 있습니다. 그것은 내가 지금 설명하려고 하는 이상주의에 정확히 반대되는 것으로서, 인간이 욕망하고, 기획하고, 제안하는 것이 명백히 실현가능한 것이라는 믿음을 견지하는 이상주의입니다. 나에게는 이러한 믿음만큼 불쾌한 것도 없습니다. 왜냐하면 나는 그 가짜 이상주의를 이 지구상에 일어나는 모든 불행들의 주요한 원인으로 보기 때문입니다. 우리가 지금 논의하고 있는 이 소박한 주제 속에서 우리는 그 두 이상주의의 대립적인 의미들을 식별할 수 있습니다. 좋은 이상주의자와 나쁜 이상주의자 모두 인간들을 다양한 언어들의 한계 속에 묶어놓은 채 그들 사이의 소통을 방해하는 자연적 현실을 교정하는 것이 바람직하다고 봅니다. 나쁜 이상주의자는 그것이 바람직하기 때문에 그것이 가능하다고 생각하지요. 그것이 쉬운 일이라고 믿는 것은 앞으로 한 발자국만 더 움직이면 되는 일입니다. 그런 생각으로, 그는 어떻게 번역해야만 하는가에 대한 질문에 대해서는 깊이 생각하지 않은 채, 큰 고심 없이 그 작업을 시작할 것입니다. 오늘날까지 이루어진 거의 모든 번역들이 나쁜 번역이 되는 이유가 그것입니다. 한편, 좋은 이상주의자는 언어를 통해 야기된 분열로부터 인간을 자유롭게 하는 일은 바람직하다는 바로 그 이유 때문에 그것이 성취될 가능성은 지극히 희박하다고 생각합니다. 그러므로 그것은 근사치 정도로만 성취될 수 있을 뿐입니다. 하지만 이 근사치는 무한한 정도로 커지거나 작아질 수 있으며 그것을 수행하는 노력에는 한계가 없습니다.

왜냐하면 개선과 세련, 완성을 위한 가능성, 즉 '진보'의 여지는 언제나 존재하기 때문입니다. 모든 인간 존재가 이러한 유형의 활동들로 이루어 집니다. 반대의 경우를 상상해 보십시오. 당신이 성취 가능한 것으로 여겨지는 활동들, 자체적으로 가능한 활동들만을 수행하도록 운명 지워 졌다고 말입니다. 그 끝이 보이지 않을 고통이란 끔찍한 것입니다! 당신은 마치 당신의 삶 속에 어떤 실체도 남아 있지 않은 것처럼 느끼게 될 것입니다. 당신의 활동으로 성취하게 되어 있는 것을 성취했다는 바로 그 이유로 당신은 마치 한 일이 아무것도 없는 것처럼 느끼게 될 것입니다. 인간존재에는 모험적인 특성이 있는데, 그것은 결과가 아니라 노력 그 자체에 내재하는 기쁨입니다. 세계 역사를 보면 우리는 실현 불가능한 목표들을 고안해내는 인간의 지속적이고 지치지 않는 능력을 인정하지 않을 수 없게 됩니다. 그것들을 실현시키고자하는 노력 속에서 인간은 많은 것들을 성취하고, 인간은 소위 자연이 그 스스로는 만들어낼 수 없는 수많은 현실을 창조해냅니다. 인간이 유일하게 성취하지 못하는 것은 바로 자기가 성취하겠다고 계획하는 그것입니다. 기특한 일이 아닐 수 없습니다. 현실과 불가능이라는 악의 화신 사이의 결혼이야말로 이 세상이 이룰 수 있는 유일한 발전을 가져다줍니다. 이런 이유로, 모든 것들 즉, 가치 있는 모든 것들, 진실로 인간적인 모든 것들이 어렵고도 매우 어렵다는 점을 강조하는 일은 매우 중요합니다. 말하자면, 정말 어렵기 때문에 불가능한 것입니다."

"보시다시피, 번역이 불가능하다고 단언하는 것은 번역가의 작업이 도달할 수 있는 영광에 대한 반박이 아닙니다. 반대로, 이렇게 특징지음으로써 번역가의 작업은 최고의 지위를 인정받게 되며 우리는 그것이 의미 있는 일이라고 추론하게 되는 것입니다."

한 예술 사학자가 끼어들었다. "따라서, 당신도 나와 마찬가지로 인간의 진정한 임무는, 인간의 행위에 의미를 부여하게 되는 그 임무는 자연에 맞서는 것이라고 생각하고자 하는군요."

"우리가 좋은 이상주의와 나쁜 이상주의에 대한 구분을 잊지 않는다면 실제로 나는 그러한 견해에 매우 가까운 편입니다. 그 구분은 제가 보기에는 근원적인 구분으로 보입니다. 내가 이렇게 말하는 이유는 자연에 급진적으로 맞서는 좋은 이상주의의 본질적 특성은 자연의 존재를 깨닫기 위한 것이지 자연의 존재에 현혹당하기 위한 것은 아니기 때문입니다. 좋은 이상주의자는 무엇보다도 굽힐 줄 모르는 현실주의자가 될 것을 스스로에게 약속합니다. 오직 그가 조금치의 환상에도 동의하지 않았고, 그 결과 완전히 발가벗겨진 현실에 대한 전체적인 조망을 얻었음을 확신할 때라야만, 그는 대열을 완전히 갖추고 그 현실로부터 돌아서서 그것을 변화시키고자 분투할 수 있지만, 그러한 행위의 불가능성을 인정한 상태에서입니다. 그것이야말로 현명하다고 볼 수 있는 유일한 접근법이지요."

"정반대의 태도, 즉 전통적인 태도는 바람직한 것이 현실의 자생적인 산물로서 이미 존재하고 있다고 믿는 태도입니다. 이것은 인간의 행위를 이해하는 데 있어서 우리의 눈을 근원적으로(a limine) 멀게 만들었습니다. 예를 들어, 모두가 인간이 선하기를 바라지만, 여러분들의 루소, 이세상의 우리 모두를 고통 받게 만들었던 루소는 그 욕망이 이미 오래 전에 실현되었다고 생각했습니다. 즉 인간은 그 본성에 있어서 선하다고 말이지요. 바로 그 생각이 위대한 시기로 기억될 수도 있었던 150년 간의 유럽 역사를 망쳐버렸습니다. 우린 그 이전의 거의 모든 시기들을 통해 알려져 왔던 그 단순한 진리, 즉 인간은 본질적으로 악한 짐승에 지나지 않는다는 진리를 단지 재확인하기 위해서 무한한 고통과 엄청난 재앙들,

심지어 앞으로 닥쳐올 것들까지도 필요했던 것입니다."

"즉, 최종적으로 우리의 주제로 돌아오자면, 번역작업의 불가능성을 강조하는 것은 그것의 의미를 박탈하는 것과는 매우 거리가 먼 얘기라는 것입니다. 왜냐하면 우리가 모국어를 통해 서로 대화하는 것을 부조리하다고 생각해 볼 사람은 아무도 없을 테지만 그럼에도 불구하고 그것 역시 이상주의적인 행위이기 때문입니다."

이 말에 뒤이어 날카로운 비판과 항의들이 쏟아졌다. "그것은 과장된 것이거나 혹은 오려 문법가들이 "오용(abuse)"이라고 부르는 것에 해당합니다," 잠자코 있던 한 문헌학자가 입을 열었고, 한 사회학자는 "그 주장에는 가정과 역설이 너무 많습니다."라고 목소리를 높였다.

"이 갑작스러운 폭풍우에 제 겁 없는 신조의 작은 범선이 좌초할 위기에 처한 듯하군요. 프랑스인들에게, 심지어 여러분과 같이 가장 자비로운 이들에게도 "말하기"가 비현실적인 행위라는 진술은 용납하기 어려운 것이라는 사실을 이해하겠습니다. 하지만 그것이 부인할 수 없는 진리라면 내가 무엇을 할 수 있겠습니까?"

3. 말하기와 침묵하기에 대하여

내 마지막 발언이 야기한 폭풍우가 가라앉자 나는 말을 이어갔다. "여러분들이 화내는 것을 이해합니다. 말하기가 실체가 없는 활동이자 이상주의적인 행위라는 진술은 모든 역설의 총화와도 같은 것일 것이고, 역설이란 언제나 짜증스러운 것이니까요. 특히 프랑스인들에게 있어서 그러합니다. 이 논의의 진행에 따라 이제 우리는 왜 프랑스적 정신이 역설에 대해 그토록 적대적인지에 대한 이유를 밝혀야만 하는 지점에 이르렀나 봅니다. 다만 여러분이 알다시피 역설을 언제나 피할 수 있는 것은 아닙니다. 우리가 지극히 잘못된 것으로 보이는 어떤 근본적인 견해를 바로잡고자 할 때면, 우리의 말은 거의 언제나 어떤 역설적인 오만함을 띠게 되는 것이죠. 스스로의 욕망이나 의지까지도 거스르는 존재로 엄연히 규정되어 온 지식인이 세상에서 역설을 단언하도록 위임받지 않았다고는 아무도 말할 수 없는 일 아니겠습니까! 만약 누군가가 우리를 위해서 단 한번이라도 제대로 왜 지식인이 존재하는지, 왜 지금껏 존재하고 있는지를 밝히는 수고를 했더라도, 혹은 가장 오래된 지식인들, 예를 들어 고대 그리스 철학자들이나 이스라엘의 최초의 선지자들이 어떻게 그들의 임무를 인식했었는지에 대한 단순한 몇몇 자료들만 우리에게 제시해 주었더라도 나의 이러한 의혹들은 명백할 뿐 아니라 새삼스럽기까지 한 사실로서 드러났을 겁니다. 결국 doxa란 공공의 의견을 가리키는 것이고, 그 당시에 그들의 의견이 공공의 의견에 잘 부합하는지에 대한 의견을 제공하는 직업을 가진 특정 부류의 사람들이 존재했었던 것 같지는 않으니까요. 과잉 아닌가요? 즉 우리 스페인어에 있듯이, 궁내 장관이 아니라 노새몰이꾼들에 의해 사용되던 격언인 안장 위에 안장을 없는 격이 아니겠습니까? 지식인들이 공공의 의견인 *doxa*에 대항하기 위해 존재했다는 것이 더욱 그럴듯하지 않나요? 진정한 견해라 할 수 있는 *paradoxa*(역설)를 가지고 틀에 박힌 것을 드러내고 대적함으로써 말입니다. 지식인들의 임무라는 것이 근본적으로 좋은 소리를 듣기는 힘드니까요.”

“이러한 주장들은 단지 여러분의 불쾌함에 대한 저의 변호라고만 생각해 주십시오. 다만 창피스럽게도 아직 다루어지지 않고 있는 제일 중요한 문제들을 내가 언급하고 있다고 믿는다는 점을 말하고자 합니다. 게다가 이렇게 논의상의 새로운 탈선이 발생한 것은 저를 자극한 여러분의 책임임을 분명히 해두어야겠습니다."

"그리고 사실 나의 진술은 그 역설적인 특징에도 불구하고 오히려 명백하고 단순합니다. 우린 보통 "말하기"라는 용어를 우리의 생각을 같은 인간에게 알릴 수 있도록 해주는 어떤 행위로 이해합니다. 물론 말하기는 이것 이외의 다른 많은 것들이 될 수도 있겠지만, 그 다른 것들도 모두 이것을 말하기의 첫째 기능으로 간주하거나 함축하고 있습니다. 예를 들면, 말하기를 통해서 우리는 타인을 설득하거나, 감화시키거나, 혹은 때때로 속이려고도 합니다. 거짓말은 우리의 진정한 생각을 숨기는 일종의 말하기입니다. 하지만 정상적인 말하기가 본래부터 진실하지 않다면 거짓말도 불가능할 것입니다. 위조화폐는 정상적인 화폐의 유통에 힘입어 돌아다니는 법이니까요. 종국에는, 기만은 도덕적 결백의 비천한 기생충이라는 것이 드러납니다."

"이번에는, 인간이 말을 시작할 때 그가 자신이 생각하는 것을 말할 수 있을 것이라고 생각하기 때문에 말을 한다고 생각해봅시다. 글쎄요, 이것은 환상입니다. 언어는 그렇게 많은 것을 제공하지 않습니다. 언어는 우리가 생각하는 것의 어느 정도에 해당하는 일부를 전달하는 한편, 극복 불가능한 장애물을 설치함으로써 생각의 나머지에 대해서는 전달을 차단해버립니다. 언어는 수학적인 진술이나 증명들에는 어느 정도 유용합니다만 이러한 물리학의 언어는 이미 모호하거나 불충분한 것으로 나타나기 시작했지요. 대화가 물리학보다 더 중요하고, 더 인간적이며, 더 '현실적인' 주제에 초점을 맞추기 시작하면 대화는 늘 점점 애매해지고 어색해지며 뒤엉키게 됩니다. 우리는 말하기를 통해 서로를 이해한다는 견고한 편견에 감염되었기 때문에, 그러한 굳건한 믿음 속에서 말하고 듣게 됨으로써, 침묵하거나 추측했을 때보다 더욱 더 서로를 오해할 수밖에 없게 되는 것입니다. 더욱이, 우리의 사유는 모국어의 영향을 상당히 많이 받으므로, 그 영향이라는 것이 일반적으로 주장되는 것만큼 절대적이라는 것에 대해서는 의문을 갖지 않을 수 없지만, 결국 그것은 생각이 그 스스로에게 말하는 격이 되어 결과적으로 완전한 오해 가운데서 엉망진창이 되어버릴 위험에 처해있다고도 볼 수 있는 것이지요"

"좀 과장하고 있는 게 아닌가 합니다만." Z씨가 비웃었다.

"그럴 수 있겠지요 아마도...하지만 어찌됐든 그것은 어떤 치유의 효과를 가지는, 보상적인 과장의 문제가 될 것입니다. 1922년에 파리철학협회에서 언어의 진보에 대한 문제를 논의하기 위해서 세미나를 열었습니다. 센 강변에서 온 철학자들을 포함하여 참석한 이들 모두가 프랑스 언어학 학파의 쟁쟁한 교수들이었지요. 하나의 학파로 따진다면 분명 세계에서 가장 저명하다고 볼 수 있을 집단이었습니다. 그런데 그 토론에 대한 요약본을 읽다가 우연히 마주친 메이예의 글귀 때문에 나는 어안이 벙벙해졌습니다. 현대 언어학의 완성된 대가라고 볼 수 있는 메이예의 구절들에서 말입니다. 그 내용은 '모든 언어는 사회가 필요로 하는 것은 무엇이든지 표현하는, 일종의 사회의 도구이다. . . . 모든 음성 체계와 문법을 이용하여 인간은 무엇이든 표현할 수 있다'라는 것이었지요 메이예에 대한 그 모든 정당한 존경심에도 불구하고 그가 했던 이 말들에서도 어떤 과장의 흔적이 있다고 생각지 않습니까? 메이예는 어떻게 그렇게 절대적인 단언과도 같은 그 진리에 정통하게 되었을까요? 언어학자로서는 결코 그럴 수 없는 일입니다. 언어학자로서 그가 아는 것이라곤 여러 민족들의 언어들일 뿐 그들의 생각들은 아니므로, 그의 주장은 생각이 언어와 일치한다는 것을 전제로 하고 있습니다. 그것이 혹 사실이라고 할지라도 모든 언어가 모든 생각을 형성할 수 있다고 말하는 것으로는 충분치 않습니다. 모든 언어가 모든 생각을 동일한 방식으로 쉽고 즉각적으로 형성할 수 있다고 말해야 하죠. 바스크어는 메이예가 바라는 완벽한 언어일지는 모르겠으나, 바스크어의 어휘 속에는 신을 지칭하는 단어가 결여되어 있었습니다. 그리하여 '하늘 위에 계신 군주'를 의미하는 어구인 *Jaungoikua*를 고를 수밖에 없었습니다. 몇 세기 전부터 신적인 권위라는 것이 사라져버렸기 때문에 오늘날 Jaungoikua는 신을 바로 의미하는 낱말이 되었지만, 우리는 신을 한 나라의 통치자나 그와 유사한 존재로 생각하기 위해서는 신을 정치적이고 세속적인 권위자로 생각할 수밖에 없었던 시대를 생각해 보아야만 합니다. 이 사례가 정확히 우리에게 보여주는 것은 신을 지칭하는 낱말을 결여하고 있는 바스크 인들이 신에 대해 생각한다는 것이 매우 어려운 일이었다는 겁니다. 그런 이유로 그들이 기독교로 개종하기까지는 매우 오랜 시간이 걸렸습니다. *Jaungoikua*라는 단어가 또한 함축하고 있는 것은 단순히 신성이라는 개념을 그들의 머릿속에 주입하기 위해 경찰력의 개입이 필요했다는 사실입니다. 이렇듯 언어는 단순히 어떤 생각들을 표현하는 것을 어렵게 만들 뿐 아니라, 그것들이 타인들을 통해 이해되는 것을 막기도 합니다. 그것은 어떤 특정한 방향으로 우리의 지성을 마비시킵니다."

"지금 이 시점에서 언어라고 하는 이 별난 현상이 제기하는 진실로 근원적인 질문들, 즉 가장 도발적인 질문들에 관해 토론하지는 않을 것입니다. 제 생각에 우린 지금껏 그러한 질문들에 대한 최소한의 암시조차도 생각하지 못했는데, 그것은 바로 말하기의 기능이 우리의 생각들을 나타내는 것이라는 개념 속에 은폐된 끈덕진 모호성이 우리로 하여금 그러한 문제들에 눈감게 만들었기 때문입니다."

"어떤 모호성을 말씀하시는 건지요? 도통 알 수가 없군요." 예술사학자가 물었다.

"그 말은 근본적으로 다른 두 가지를 의미할 수 있겠습니다만, 하나는 우리가 말할 때 우리는 우리의 생각들이나 내적 상태들을 표현하고 싶어 하지만 단지 부분적으로만 그것을 표현한다는 것이고, 다른 하나는 말하기가 그러한 의도를 온전히 달성한다는 것입니다. 여러분이 보시는 것처럼 번역과 관련하여 앞서 우리가 마주쳤던 두 개의 이상주의의 문제가 다시 출현합니다. 또한 같은 방식으로 그것은 모든 인간의 행위 속에서 나타날 것입니다. 제가 여러분을 설득시키고자했던 그 일반적 테제, '인간이 수행하는 모든 것들은 이상주의적이다'라는 테제에 따라서 말입니다. 언어와 관련된 근원적인 질문들에 대해 우리의 시각을 열어줄 수 있는 것은 이 원리밖에 없습니다. 왜냐하면, 사실 말하기가 우리의 모든 생각을 표현한다는 믿음을 우리가 극복한다면, 우리에게 노상 일어나고 있는 것을 우리는 분명하게 인식할 수 있게 되고, 말하거나 글을 쓸 때, 우리는 많은 것들에 관해 말하는 것을 늘 자제하게 됩니다. 언어로서는 그러한 것들이 표현될 수가 없기 때문이지요. 말하기의 효과란 말하기나 진술을 해내는 것에만 있는 것이 아니라, 그와 동시에, 필요에 의해 말을 삼가고, 잠자코 있거나 침묵하는 것에도 있는 것입니다! 그러한 현상은 아주 빈번하고도 명백한 것입니다. 당신이 외국어로 얘기해야만 하는 상황에서 일어나는 일을 생각해 보십시오. 정말 괴로운 일이지요! 프랑스어로 말하는 지금 제가 느끼는 기분이 바로 그러합니다. 그것은 내 마음속에서 일어나는 것들의 4/5를 침묵시켜야만 하는 고통으로서, 스페인어로 된 제 사유의 4/5는 프랑스어로 잘 표현될 수 없기 때문이지요. 두 언어는 서로 밀접하게 연관되어 있는데도 불구하고 말입니다. 그런데 우리가 모국어로 얘기할 때는, 물론 대단할 정도는 아니지만 사정은 다를 것이라고 생각해선 안 됩니다. 다만 우리의 선입견이 그것을 인식하지 못하도록 막고 있을 뿐입니다. 이런 말로 인해 앞선 것보다 더욱 격렬한 두 번째 폭풍우를 맞아야 할 끔찍한 상황에 처한 것 같군요. 사실, 말로 표현되는 모든 것은 필연적으로 역설의 오만한 근력을 숨김없이 과시하는 하나의 공식으로 요약될 수밖에 없습니다. 언어라고 하는 엄청난 현실은 말하기가 무엇보다도 침묵들로 이루어져 있다는 것을 인식하는 데에서 출발하지 않으면 그 근본까지 이해할 수 없는 것이 사실입니다. 많은 것들에 대해 침묵할 줄 모르는 사람은 말하기도 힘든 법이지요. 그리고 각각의 언어는 진술과 침묵에 있어서 각기 상이한 등식을 이룹니다. 모든 민족들은 어떤 것들에 대해서는 침묵하는데, 그것은 다른 것들에 대해 얘기할 수 있기 위해서입니다. 그렇게 하지 않으면 모든 것이 표현 불가능하게 되고 말 것입니다. 이것으로부터 우리는 번역이 갖는 엄청난 어려움을 추론하게 됩니다. 번역에서 우리는 한 언어에서 침묵하고자 하는 바로 그것을 그 언어로 말하려고 애씁니다. 그러나 동시에 우리는 번역이라는 작업이 가지는 놀라운 측면을 어렴풋이 감지하게 되는데, 그것은 바로 각 민족들과 시대들이 독점함으로써, 그들 사이의 분열과 반목에 크나큰 원인이 되는 그 비밀들을 밝히는 것입니다. 즉, 인류의 대담한 통합을 감행하는 것이죠. 괴테가 말했듯이, "인간적인 것은 모든 인간들의 틈바구니 속에서만 충만하게 영위될 수 있는 것"이기 때문입니다."

4. 우리는 진지하게 말하지 않는다.

내 예상은 빗나갔다. 내가 예상하고 있었던 폭풍우는 일어나지 않았다. 그 역설적인 진술은 청중들의 마음을 꿰뚫었지만 어떤 소란이나 발작도 일으키지 않았다. 마치 다행스럽게도 피하주사가 신경을 비껴간 것과 같았다. 따라서 그때야말로 퇴각을 감행할 절호의 기회였다.

"여러분들의 격렬한 반론을 예상하고 있었습니다만, 오히려 침묵이 절 둘러싸고 있군요. 이렇게 된 김에 본의 아니게 저 홀로 독점하고 있었던 무대를 다른 이에게 넘겨주려고 하더라도 놀라지 않으시겠지요. 여러분 대부분은 이런 문제들에 대해 저보다 더 잘 알고 계시는 분들입니다. 우리 가운데 새로운 세대에 속하는 매우 저명한 언어학자 한 분이 앉아 계신데요, 우리 모두 지금껏 토론하고 있던 주제들에 대해 그의 생각을 들어보는 것은 매우 흥미로우리라 생각합니다."

"전 저명한 학자가 아닙니다." 그 언어학자가 입을 열었다. "단지 제 분야에 대해 열성적인 사람일뿐이지요. 제가 생각하기로 지금 언어학은 그 역사상 최초라고 볼 수 있는 성숙의 시기, 최대 수확의 시기로 다가서고 있는 중입니다. 그리고 이렇게 주장할 수 있어서 기쁩니다만, 당신이 한 말들과 또한 그것들 속에 함축된 듯 보이는 것들은 대체로 저의 생각과 일치하고, 또한 판단해 보건 데, 언어과학의 임박한 미래를 좌우하게 될 것과도 일치합니다. 물론 저 같으면 바스크어에서 신을 지칭하는 문제와 같은 예들은 언급하지 않았을 것입니다만. 매우 논쟁적인 문제니까요. 하지만 전반적으로 당신의 의견에 동의합니다. 모든 언어에 있어서 그 주요한 기능이 무엇인지 신중히 살펴보도록 하죠."

"현대인은 스스로가 창조한 과학 분야들에 대해 지나치게 자부심을 가지고 있습니다. 물론 과학을 통해 이 세상은 새로운 형태로 발전합니다. 단 상대적으로 볼 때 이 혁신이라는 것이 그렇게 심오한 것은 아니라는 거지요. 그것의 실체란 인류의 이전 시기들을 통해 발전되어온 다른 형태들 위로 잡아 늘여진 얇은 막 같은 것이고, 그것을 우리가 이룩한 혁신이라고 우리는 정의하는 것입니다. 우리는 기회가 있을 때마다 이 혁신의 엄청난 풍요로움을 이용하지만 정작 그것을 실감하지는 못합니다. 그것은 우리가 그것을 창조한 것이 아니기 때문입니다. 차라리 물려받은 것이지요. 대부분의 선량한 상속자들처럼 우리도 대개는 우둔하기 짝이 없습니다. 전화, 내연기관, 굴착기와 같은 것들은 그것들 자체로 엄청난 발명품들이지만, 만약 2만 년 전에 인류의 천재성이 불과 도끼, 망치, 바퀴를 만드는 법을 발명하지 않았더라면 그것들은 존재할 수 없었을 겁니다. 유사한 방식으로 이 세상에 대한 과학적인 해석이란 이전의 선구자들에 의해 지탱되고 양육되어온 것으로서, 특별히 그 중에서 가장 오래되고도 본원적인 것은 바로 언어입니다. 오늘날의 과학은 언어가 없었더라면 불가능했을 텐데, 그것은 과학을 한다는 것은 말로 표명하는 것이라는 상투적인 이유 때문이 아니라, 반대로 언어 자체가 본유의 과학이기 때문이지요. 정확히 바로 이런 사실로 인해 현대과학은 언어라는 영원한 문제 속에 살고 있는 것입니다."

"만약 언어가 그 자체로 이미 과학이 아니라면, 즉 불충분해 보이기 때문에 향상시켜야 할 지식이 아니라면 이와 같은 말들이 이치에 닿을까요? 자명한 사실인 이것을 우리가 분명히 보지 못하는 이유는 오랫동안 인류가, 적어도 서구인들은 이야기하는데 있어서 진지하지 못했기 때문입니다. 언어학자들이 어째서 이런 의외의 현상에 대해 주목하지 않았는지 저로선 이해할 수가 없습니다. 오늘날 우리가 말할 때 우리는 그 언어 속에서 우리가 진정 말하고자 하는 바를 말하는 것이 아니라 그 말들이 그것들 스스로 지칭하는 것들을 마치 농담처럼 관습적으로 사용하면서 우리가 하고 싶은 말을 우리의 언어 방식에 따라 말합니다. 제 말이 굉장히 꼬여버린 것 같군요. 그러면 이제 설명을 시작하죠. 제가 el sol(태양,

남성) sale(나온다 혹은 떠오른다) por Oriente(동쪽으로부터)라고 말할 때, 제 말과 제 말을 표현하고 있는 언어는 사실 자발적인 행동이 가능한 이른바 태양이라는 남성성을 띤 한 실체가 "나오는" 동작 즉 탄생을 수행하고, 그 일을 수행하는 장소는 모든 탄생의 발원지인 동쪽이라는 것입니다. 한번 보세요. 그것들 중 어떤 것도 제가 진정으로 말하려던 게 아닙니다. 전 태양이 젊은 남자라거나, 자발적인 행동이 가능한 어떤 주체라고 생각지 않을 뿐더러, 그 "나온다"라는 행위도 태양 스스로가 행하는 어떤 것이라거나 탄생이란 것이 꼭 그 장소에서 특별히 이루어진다고 믿지도 않습니다. 제가 모국어로 그런 표현을 사용한다면, 제가 모순적으로 행동하고 있는 거지요. 저는 제가 말하는 것을 믿지 않으며 제 말을 농담으로 간주합니다. 오늘날의 언어는 단순한 농담에 불과합니다. 하지만 인도-유럽어족 사람들이 실제로 태양이 남성이고, 자연현상들은 의도를 지닌 실체의 자발적 행위들이며, 그 자애로운 별이 탄생했으며 매일 아침 한 특정한 공간에서 재탄생한다고 믿었던 시기가 있었다는 것은 자명한 사실입니다. 그것을 믿었기에 그들은 그것을 표현하기 위한 상징들을 고안해낸 것이고, 또한 그런 방식으로 언어를 창조한 것이죠. 그 당시 무엇인가를 말한다는 것은 오늘날과는 매우 다른 의미를 지니는 것이었습니다. 그것은 진정한 말하기였죠. 형태론이나 통사론적인 측면에서 단어들은 완전한 의미를 가지고 있었습니다. 그 표현들은 이 세상의 진리로 보이는 것에 대해 말하고 있었고, 새로운 지식을 나타내고 있었죠. 학식 말입니다. 그것들은 농담과는 정확히 반대였습니다. 실제로 산스크리트어의 기원이 되는 고대어와 그리스어에서 각각 "말" 또는 "말하다"를 지칭하는 단어들인 brahman과 logos는 성스러운 가치를 지니고 있지요."

"인도-유럽어 구문의 구조는 현실에 대한 어떤 특정한 해석을 반영하고 있는데요, 그 속에서 이 세상의 모든 일들은 항상 특정한 성별을 지닌 행위자의 행위로 나타납니다. 그러므로 그 구조는 필연적으로 남성 또는 여성주체와 능동사로서 이루어지게 되죠. 하지만 구문의 구조가 다른 언어들이 있는데, 그러한 구문은 인도-유럽어와는 매우 다른 해석을 나타내게 됩니다."

"인간을 둘러싼 세계는 명쾌한 표현으로 정의될 수 있는 것이 결코 아닙니다. 또는 더 명확하게 말하자면, 이 세상은 우리가 생각하듯이 서로 명확히 구분되고 선명한 차이를 가지는 요소들로 구성되어 있지 않습니다. 우리는 그 속에서 무한한 차이들을 발견하게 되며, 그 차이들 하나하나조차도 결코 절대적이지 않습니다. 엄밀히 말하자면 모든 것들은 다른 모든 것들과 다르지만, 또한 모든 것들은 어느 정도 다른 모든 것들과 유사해 보이기도 합니다. 현실이란 다양성의 무한한 연속체입니다. 그 속에서 길을 잃지 않기 위해선 그것을 자르고, 분배하고, 부분들을 분리해야만 하는 것입니다. 즉 실제는 상대적일 뿐인 차이들에 절대성을 할당해야 하는 것입니다. 그래서 괴테는 사물들이란 우리가 제정하는 차이들이라고 말했던 것이지요. 세상사에서 지력을 발휘해야 할 때 인간이 취했던 첫 번째 행동은 현상들을 분류하는 것, 그가 발견한 것들을 종류별로 나누려는 것입니다.

인간의 음성 표현은 이러한 분류들의 각각의 성질을 지닌 것으로서, 이것이 언어입니다. 하지만 세상은 우리에게 셀 수 없이 많은 분류들을 제공하면서도 정작 그것들 중 아무것도 강요하지 않습니다. 그래서 이 지구상의 각 민족들은 덧없는 세상의 일부를 상이한 방식으로 분배해야 하고, 상이한 형태의 절단을 이루어야 하므로, 상이한 문법과 어휘 및 의미를 지닌 그토록 다양한 언어들이 존재하게 된 것입니다. 이 근원적인 분류는 세상의 진실은 무엇인가에 대한 최초의 가정입니다. 즉 최초의 지식인 셈이지요. 이것이 본질적으로 말하는 것이 곧 아는 것인 이유입니다."

"인도-유럽인은 "사물들" 사이에 존재하는 가장 중요한 차이는 성별이라고 믿었기에, 그리 옳다고는 할 수 없을지 몰라도 모든 것들을 성적으로 구분했습니다. 뒤이어 인간이 세상을 나누었던 또 따른 큰 구분은 존재하는 모든 것들이 행위 아니면 작인, 결론적으로 동사 아니면 명사로 이루어져 있다는 가정에서 비롯된 것이었습니다."

"명사를 남성과 여성 및 중성으로 나누는 우리의 어설픈 분류법과 비교할 때 반투(Bantu)어족을 사용하는 아프리카 민족들은 훨씬 더 풍요로운 구분들을 보여주고 있습니다. 일부 반투어에는 24개의 분류 기호가 존재합니다. 즉, 우리가 사용하고 있는 세 가지 성별과 비교해 본다면 24개의 성별이나 마찬가지인 셈이죠. 예를 들면, 움직이는 것들을 움직이지 않는 것들과 구분하고, 동물과 식물을 구분하는 등의 방식으로 말입니다. 한 언어가 구분 같은 것을 거의 수립하지 않는 반면에 다른 언어는 무성한 차이를 거침없이 드러내고 있습니다. 아이제(Eise)어에서는 '가다'라는 인간 행동의 각기 다른 형태를 표현하는 33개의 단어들이 있습니다. 아랍어에는 낙타를 부르는 5,714개의 단어가 있지요. 의심할 바 없이, 아라비아 사막의 유목민과 글래스고에서 온 제조업자가 그 등이 돌출된 동물에 대해 합의를 보기란 쉽지 않습니다. 언어는 우리를 분리시키고 의사소통을 불가능하게 만드는데, 그것은 단지 그 언어들이 서로 다르기 때문만이 아니라 그것들이 상이한 내적 인상들과 이종의 지적 체계들, 그리고 궁극적으로는 다른 철학들로부터 나왔기 때문입니다. 우리는 특정한 언어로 말할 뿐 아니라 사유도 하며, 우리의 구어적 운명의 지시에 의해 이미 축조된 철로를 따라 지적으로 움직여 가는 것입니다."

그 언어학자는 말을 멈추더니 날카로운 코끝을 허공의 사분원을 향했다. 미소 같은 것이 그의 입 가장자리에 묻어나는 듯 했다. 난 그 총명한 학자가 논의의 한 쪽에 타격을 가하고 그 다음 다른 쪽을 공격하는 변증적인 방법을 택했다는 것을 즉시 깨달았다. 나도 그와 같은 족속이었으므로, 그의 말이 우리에게 제시했던 수수께끼 같은 말을 폭로하는 것을 즐겼다.

"은밀하고도 날카로운 전개 방식이군요." 내가 말했다. "선생님은 그런 방식으로 우리를 어떤 모순의 낭떠러지로 끌고 왔습니다. 그것은 의심의 여지없이 우리로 하여금 선생님이 언급하는 사실을 인식하도록 하기 위해서였지요. 실제로 선생님은 두 개의 대립하는 논제들을 이끌어 왔습니다. 하나는 각 언어가 구분들, 정신적 항로의 제한된 목록을 설정한다는 것이었고, 다른 하나는 각 언어에 의해 고안된 본래적 목록들이 더 이상 유효하지 않기에 우리는 오늘날 단지 그것들을 관습적으로 농담처럼 사용하고 있을 뿐이며, 우리의 말들은 더 이상 우리의 생각들을 표현하는 것들이 아닌 단지 말하기의 한 가지 방식에 불과하다는 것이었습니다. 두 가지 논제 모두 납득할 만하므로, 이들의 대립으로 인해 우리는 이제껏 언어학자들에 의해 연구되지 않았던 하나의 문제를 들고 나오게 되었습니다. 그것은 바로 우리의 언어에서 어떤 것은 살아 있고 어떤 것은 사멸해 버렸나 하는 것입니다. 즉 우리의 사고를 계속 살찌우는 문법적 범주는 무엇이며 그 유효성을 상실한 것은 무엇인가에 대한 문제입니다. 왜냐하면 당신이 우리에게 했던 모든 말 중에서 가장 분명한 한 가지는, 다음과 같은 비방적 어조의 주장일 것인데, 이것은 메이예와 방드리예의 머리카락을 쭈뼛 서게 할 만한 것으로, 우리의 언어가 모두 시대착

오적이라는 것입니다."

"바로 그겁니다." 그 언어학자가 소리쳤다. "그것이 제가 제기하려고 했던 주장이고, 그게 바로 제 생각입니다. 우리의 언어들은 모두 시대착오적인 도구들입니다. 말을 할 때, 우리는 과거에 묶인 보잘 것 없는 인질들인 것입니다."

5. 영광

"시간은 흐르고 있고, 이제 이 회합도 마칠 때가 되었습니다." 라고 내가 그 언어학자에게 말했다. "하지만 떠나기 전에 번역 작업에 대한 당신의 생각은 어떤지 듣고 싶군요."

"당신 생각과 같습니다." 그가 대답했다. "번역이라는 것은 매우 어렵고 성취하기 힘든 일이지만, 바로 그런 이유 때문에 매우 의미 있는 일이기도 합니다. 더욱이 처음으로 나는 우리가 번역을 심도 있으면서 광범위하게 할 수 있으리라 생각해 봅니다. 어찌됐든 우리는 번역의 본질이 이미 약 1세기 전에 저명한 신학자 슐라이어마허에 의해 그의 에세이 「번역의 다양한 방식들에 관하여」(*On the Different Methods of Translating*)에서 논의되었다는 사실에 주목해야 합니다. 그에 따르면, 번역은 다음 두 가지의 방향 중 하나를 취할 수 있습니다. 저자를 독자의 언어로 옮겨오거나, 독자를 저자의 언어로 이해시키는 것입니다. 첫 번째 경우는 엄밀히 따지자면 번역을 한다고 할 수 없습니다. 사실은 원천 텍스트의 모방 혹은 의역을 행하는 것이지요. 우리가 독자를 그의 언어습관들로부터 끄집어내어 저자의 언어영역 속으로 밀어 넣을 때라야 실제로 번역작업을 수행했다고 말할 수 있는 것입니다. 지금껏 존재해왔던 것들은 거의가 유사번역물들뿐이었지요."

"거기서부터 출발하여 저는 번역 기획을 새로이 정의할 수 있는 몇몇 원리들을 구성해보고자 합니다. 차후 시간이 되면, 우리가 왜 다른 어떤 시기보다도 오늘날 이 과업에 매진해야 하는가에 대해서도 설명하겠습니다."

"우선 우리는 번역이 할 수 있는 것과 번역이 해야만 하는 것에 대한 생각을 처음부터 바로잡고 논의를 시작해야 합니다. 우리가 번역을 하나의 언어로 된 글이 갑자기 다른 언어로 된 글로 튀어나오게 되는 어떤 마술과 같은 조작으로 이해해야 할까요? 그렇다면 우리는 길을 잃었다고 봐야 합니다. 왜냐하면 이와 같은 변질은 일어날 수 없기 때문입니다. 번역은 원본을 복제하는 작업이 아닙니다. 즉 번역은 상이한 어휘로 구성된 작품 자체가 아니며, 또한 그렇게 되어서도 안 됩니다. 심지어 저는 번역물이 번역 대상 텍스트와 같은 문학적 장르에 속하는 것도 아니라고 봅니다. 이러한 말을 반복하는 것, 또한 번역이 번역만의 기준과 자체적인 목적을 지닌, 여타 문학 장르와는 다른 문학 장르라는 것을 주장하는 것은 적절하다 할 것입니다. 분명한 것은 번역은 작품이 아니라, 단지 그 작품으로 향하는 통로라는 사실입니다. 만약 그것이 시 작품일 경우에는, 번역은 그것을 결코 반복하거나 대체하는 일 없이 우리로 하여금 그 시 작품에 더 가까이 다가가도록 해주는 도구, 즉 기술적 장치와 같은 것이 되는 것입니다."

"혼란을 피하는 차원에서, 가장 시급한 것이라고 판단되는, 그리고 우리에게 가장 중요하다 할 수 있는 번역의 종류, 즉 그리스인과 로마인들의 번역의 종류를 한번 생각해 보겠습니다. 우리에게 그것들은 원형으로서의 성격을 상실해버렸습니다. 우리 시대의 가장 기이하고도 심각한 증상들 중 하나는 아마 우리가 원형들 없이도 살아간다는 것이고, 원형이 될 만한 것들을 인식하는 우리의 능력이 퇴화되어버렸다는 사실일 것입니다. 그리스인들과 로마인들의 경우에, 오늘날 우리의 그러한 무신경함은 유익하다 할 것입니다. 왜냐하면 그들이 어떤 기준이나 지침으로서의 기능을 정지한다면, 그들은 우리 것과는 근본적으로 다른 유일한 문명으로 우리를 위해 다시 태어날 수 있기 때문입니다. 그리고 우리는 지금껏 보존되어 있는 작품들 덕분에 그 문명 속을 깊이 탐구해 볼 수 있게 됩니다. 우리가 할 수 있는 시간 항해의 결정판은 그리스와 로마 시대로 돌아가는 것입니다. 또한 이러한 항해는 오늘날 서구인의 교육을 위해 취해질 수 있는 가장 중요한 방법입니다. 지난 두 세기 동안의 수학적, 물리학적, 생물학적 교육의 결과는 그것들이 인간을 인간화시키는데 있어 충분하지 못했다는 것을 증명했습니다. 우리는 수학과 물리교육을 진정한 역사교육을 통해 하나로 통합시켜야 할 것인데, 여기서 말하는 진정한 역사교육이란 시대를 달리 하는 왕들의 연대기와 전쟁에 대한 묘사, 혹은 물가나 임금의 수치통계와 같은 것들의 지식으로 구성되어 있는 것이 아니라 이국으로의 여행을 하도록 만드는 것으로서, 그 곳은 또 하나의 아주 먼 시대와 또 하나의 아주 판이한 문명으로 이루어진 완전한 이국인 것입니다."

"오늘날의 자연과학분야와 대결하려면, 인문학은 새로 태어나야만 합니다. 비록 기존의 것과는 다른 기호를 통해서이지만 말입니다. 우리는 그리스와 로마 시대의 기호에 다시 다가가야 할 것인데, 그것은 그것들을 원형적인 대상으로서가 아니라 그 반대인 실수의 예로서 입니다. 왜냐하면 인간은 하나의 역사적 실체이면서, 다른 모든 역사적 현실들과 마찬가지로 결코 확실하지 않은 채 잠시 동안 존재할 뿐이기 때문입니다.

즉, 인간은 하나의 오류인 것입니다. 스스로를 역사적으로 인식한다는 것과 스스로를 어떤 오류로서 인식하는 것을 배운다는 것은 같은 말입니다. 게다가 잠시 동안 아니 어쩌면 상대적으로 말해서 인간이 항상 오류라는 것이 인간의 진실인 까닭에, 오직 그러한 역사적인 인식만이 그로 하여금 스스로의 진실을 자각하게 해주고 또한 그를 구원해 줄 수 있습니다. 하지만 오늘날의 인간이 단지 스스로를 바라봄으로써 자신이 하나의 오류임을 알게 되기를 희망하는 것은 헛된 일입니다. 우리는 다른 사람들이 오류라는 것, 특히 위인들도 오류라는 사실을 면밀하고도 충분히 바라봄으로써 인간의 진실, 즉 진정한 인본주의에 대한 우리의 시각을 교정할 수 있을 뿐이지요. 그것이 바로 제가 아주 오랜 시간동안 그리스로마 시대의 모든 고문서들을 읽을 수 있게끔 만들어야한다는 생각에 사로잡혀있었던 이유이며, 그렇게 하기 위해서는 엄청난 규모의 새로운 번역 작업이 필수불가결한 것임은 두말 할 나위 없습니다. 왜냐하면 지금은 가치 있는 문학 장르의 모델로 간주되었던 문학 작품들만을 오늘날의 언어로 번역하는 것보다 오히려 모든 문헌들을 차별 없이 다루는 것이 중요한 문제일 것이기 때문입니다. 우리는 그러한 작품들에 흥미를 가지고, 그것들은 우리에게 있어 중요하나, 되풀이해서 말하지만 그것은 어떤 모범들로서가 아니라 오류들로서 그러합니다. 우린 그리스인과 로마인이 말하고, 생각하고, 노래했던 것들 때문에 그들로부터 배워야하는 것이 아니라 단지 그들이 있었고, 그들이 존재했고, 그들도 우리처럼 삶이라는 영속적인 재앙의 파도를 거슬러 필사적으로 헤엄쳐갔던 불쌍한 존재들이었기에 그들에게서 배워야 하는 것입니다."

"그것을 감안할 때, 고전을 번역하는 작업에 대한 방향성을 설정하는 것은 중요합니다. 조금 전 제가 한 작품을 반복한다는 것은 불가능하며 번역은 단지 우리를 그 작품으로 이끄는 장치일 뿐이라고 얘기했으므로, 다양한 번역들이 동일한 한 텍스트에 적합하다고 판단하는 것은 유효하게 됩니다. 단 한 번에 원문이 가지고 있는 모든 차원들에 접근한다는 것은 거의 불가능합니다. 만약 우리가 원전의 미적 특질을 표현하고자 한다면, 그것이 가지는 형식적인 풍미를 표현하기 위해 원본의 거의 모든 실질적인 내용들을 포기해야 할 것입니다. 그렇기 때문에 작업들을 세분화하여 우리가 정확히 전달하고자하는 원문의 성격에 따라 동일한 작품에 대하여 다양한 번역물을 산출해 내는 것이 필요한 것입니다. 하지만 전반적으로, 그러한 텍스트들에 대한 관심은 그것들이 고대적 삶과 관련한 의미 같은 것에 한정되어있기 때문에 그 이외의 다른 측면들을 조명하지 않는다고 해서 우리에게 크게 해가 되는 것은 아닙니다."

"플라톤의 번역은 원문과 비교될 때마다, 가장 최근의 번역마저도, 의외의 효과를 내면서 신경에 거슬리고 말 것인데, 그것은 플라톤의 스타일이 갖고 있는 그 관능미가 번역을 통해 상실되었기 때문이 아니라, 칭찬해 마지않는 그의 구절들, 자신의 엄밀한 사유를 통해 찾아낸 것으로서 그의 마음속 깊이 있다가 도중에 넌지시 내비쳐지는 그러한 구절들 속에 담긴 그의 생각의 진수 중 3/4 가량이 상실되었기 때문입니다. 이와 같은 연유로 그것이 오늘날의 독자의 흥미를 조금도 끌지 못하게 된 것이지요. 그것은 일반적으로 알려져 있는 것처럼 그 스타일상의 아름다움이 상실되었기 때문이 아닙니다. 텍스트를 지레 옮겨버린다면, 그래서 남은 거라곤 어떤 밀도도 자극도 없는 희미한 윤곽뿐이라면 그러한 텍스트가 어떻게 흥미를 끌 수 있겠습니까? 지금 제가 드리는 말씀은 단순한 가정이 아님을 분명히 해야겠습니다. 플라톤에 대한 단 하나의 번역물만이 진정으로 유익했다는 것은 주지의 사실입니다. 그것은 의심의 여지없이 슐라이어마허의 번역으로서, 그 이유는 정확히 슐라이마허가 아름다운 번역물을 만드는 것을 고의적으로 거부한 채 제가 지금까지 말씀드려오고 있는 바로 그것을 제일의 접근법으로 시도했기 때문입니다. 이 유명한 번역본은 심지어 문헌학자들에게도 큰 도움이 되었습니다. 이런 종류의 작업이 그리스어나 라틴어를 알지 못하는 이들에게만 도움이 될 거라고 믿는 것은 잘못된 생각이지요."

"그 다음, 저는 과학서적들이 항상 그렇듯이 매끈하지 않은 번역물의 형태를 상상합니다. 그것은 어떤 문학적인 외관을 갖추고자 하지 않습니다. 그러한 번역물은 읽기는 쉽지 않지만 참으로 매우 명확합니다(비록 그 명확성을 위해 막대한 각주들이 요구되겠지만). 독자는 그 번역물을 읽을 때 그가 문학적으로 아름다운 글을 읽는 것이 아니라 하나의 성가신 기구와 씨름하게 될 것이라는 사실을 사전에 알아야만 합니다. 하지만 그 번역은 그 독자가 약 24세기 전에 삶의 표면 위에서 가라앉지 않으려고 나름대로 분투했던 가엾은 플라톤의 진면목을 체험하는 데는 정말 도움이 될 것입니다."

"이전 시대의 사람들은 실용적인 의미에서 고대인들이 필요했습니다. 그들이 고대인들로부터 많은 것을 배워야 했던 것은 그것들을 일상생활에 적용하고자 했기 때문이죠. 따라서 번역에서 고대의 문헌을 현대화시키려 하고, 번역을 현재의 환경에 순응시키는 것은 이해할 수 있는 일이었습니다. 하지만 이제는 달라져야 합니다. 우리는 바로 우리와 다른 고대인이 필요하며, 번역에서는 고대인들의 이질적이면서 시대적으로 먼 특성이 강조됨으로써 그와 같은 것들을 인지할 수 있어야 합니다."

"전 어떻게 문헌학자들이 이러한 형식으로 고대의 작품들을 번역해야 하는 그들의 사명을 망각할 수 있는 것인지 이해가 가질 않습니다. 일반적으로, 작가라면 그 누구도 번역이라는 작업을 모욕해서는 안 되며, 작가는 자신의 저술행위를 고대, 중세, 또는 현대적인 번역 같은 것으로서 보완해야 하는 것입니다. 그러므로 번역의 위세를 회복시키고 이 작업을 가장 으뜸가는 지적 작업으로서 평가하는 것은 마땅한 일입니다. 이런 과정을 통해 번역은 독자적인(sui generis) 학문의 분야로 전환될 것이고, 그렇게 지속적으로 개발된 번역은 자체적인 기교들이 만들어짐으로써 우리가 지적으로 접근할 수 있는 망을 상당히 확대시켜줄 것입니다. 제가 그리스어와 라틴어의 번역물에 특히 관심을 두었다면, 그것은 단지 일반적인 문제가 그들의 경우에서 가장 두드러진다는 것 때문이었습니다. 하지만 어떤 방식으로든, 시대와 민족을 불문하고 결론은 동일합니다. 번역에서 피할 수 없는 사실은 우리가 모국어는 그대로 두고 외국어 쪽으로 이동해야 한다는 것이고, 통상 행해지고 있듯이 그 반대가 아니라는 것입니다. 가끔은 특히 현대 작가를 다룰 때, 번역이 번역으로서의 덕목과 함께 어떤 미적 가치를 지니는 것이 가능할 수도 있을 것입니다. 그것은 케이크 위를 장식한 설탕가루, 혹은 우리 스페인 사람들이, 아마 호후엘라가 무엇인지도 모르고 말하는, 호후엘라(팬케이크) 위에 바른 꿀격이 될 것입니다."

"아주 기쁘게 경청했습니다." 토론을 종결짓고자 내가 말을 꺼냈다. "한 나라의 독서대중이 자신들의 모국어 스타일로 옮겨진 번역물의 진가를 알아보지 못한다는 것은 분명합니다. 그들에게는 이미 충분히 많은 국내작가들이 있으니까요. 진가를 인정받아야 하는 것은 그 반대입니다. 즉, 그들 자신의 언어를 이해 가능한 어떤 한계로까지 밀어붙임으로써 번역된 저자의 고유한 담화 방식이 그들의 방식과 교차하는 것처럼 보이게 하는 것이죠. 제가 쓴 책들의 독일어 번역판이 그 좋은 예입니다. 불과 몇 년 사이에 15번 넘게 판본들이 나왔습니다. 만약 그 공적의 4/5를 차지하는 성공적인 번역의 도움이 없다면, 이러한 것은 상상할 수도 없을 것입니다. 제 작품의 성공은 번역가가 독일어의 문법적 한계를 끝까지 밀고 가서 바로 독일어가 아닌 나의 말을 옮겼기 때문입니다. 이에 의해 독자는 큰 어려움 없이 스페인적인 방식으로 생각하게 되는 것이죠. 독자는 다소 긴장을 풀고 잠시 동안 다른 어떤 존재가 된다는 사실을 즐기게 됩니다."

"하지만 프랑스어에 있어서 이것은 매우 어려운 일입니다. 이 모임의 마지막 말이 본의 아니게 무례한 것이 되어서 유감스럽습니다만, 논의의 주제 상 말씀드리지 않을 수 없군요. 그것은 모든 유럽어 중에서 번역작업을 가장 용이하지 못한 것으로 만드는 언어가 바로 프랑스어라는 사실입니다."

12.

『목가시』(*Eclogues*)의 변종(變種)

■폴 발레리(Paul Valéry)

한 친구가 훌륭한 책을 하나 출판하고 싶어 하는 사람들을 대신하여 나에게 『목가시』를 내 방식대로 번역해달라고 부탁하였다. 더욱이 그들은 고상하고 짜임새가 있는 데다 균형이 잡힌 책을 만들고자 하는 그들의 계획이 드러날 수 있는 조화를 원했던 나머지 라틴어와 프랑스어가 행마다 상응한다면 좋을 것이라 판단하였다. 그 결과 시의 형식과 운율을 맞추는 이러한 숙제가 나에게 떨어지게 된 것이다.

*

라틴어는 일반적으로 우리 프랑스어보다 더 간결한 언어이다. 라틴어에는 관사가 없다. 라틴어에서는 조동사의 사용이 자제되며 (최소한 고대 그리스, 로마 시대에는) 전치사를 아낀다. 동일한 사물이라도 라틴어로는 더 소량의 단어로 표현할 수 있으며, 더욱이 라틴어에서는 그 단어들을 부러우리만치 자유롭게 배열시킬 수 있는데, 이것은 프랑스어에는 주어지지 않은 것이다. 이러한 자유는 시에 가장 적합하다 할 것인데, 시는 적어도 시가 정신을 유인하는 만큼 귀를 직접적으로 유인하기 위해 지속적으로 언어에 제약을 가하는 예술인 까닭이다(그리고 소리 나는 모든 것은 귀를 통해 스스로를 환기시키지 않는가). 행이란 음절들의 연속이자 단어들의 조합이다. 그리고 단어들의 조합으로 개연성 있는 의미가 형성되어야 하는 것처럼 음절들의 연속은 귀를 향해 일종의 청각적 형상을 형성해야 하고, 그 청각적 형상은 특별한, 이를테면 기이한 강제를 통해 형상 자체를 음성과 기억에 동시에 인식시켜야 한다. 그러므로 시인은 두 가지 별개의 요구를 지속적으로 만족시켜야 하는데, 그것은 화가가 단순한 시각에는 조화를 드러내어야 하지만 추상적 상상력에 작용하기 위해서는 사물 혹은 사람들의 유사점을 드러내어야 하는 것과 마찬가지인 것이다. 한 문장의 단어들을 배열하는 데 있어서의 자유, 프랑스어가 몹시 적대적인 모습을 보이는 그 자유가 시 짓기에 있어서 본질적이라는 점은 명백하다. 프랑스 시인은 프랑스어 통사법의 극히 좁은 테두리 안에서 그가 할 수 있는 것을 하는데 반해 라틴 시인은 훨씬 넓은 테두리 속에서 그가 하고자 하는 것은 거의 무엇이든 해낸다.

*

그리하여 나는 버질(Virgil)의 저명한 텍스트를 프랑스어로, 그것도 행 대 행 방식으로 번역해야 했으며 또한 나는 다른 사람들뿐만 아니라 나 자신에게도 언어의 차이점들이 허용하는 범위 내에서의 가장 충실한 번 역만을 용인해 왔던 까닭에, 나의 본능적인 반응은 그 제안을 거절하는 것이었다. 그 일은 전혀 내가 맡을 일이 아니었던 것이다. 유년의 학창 시절에 습득했던 얼마 안 되는 라틴어 지식은 쉰다섯 해가 지난 지금 기 억 속의 기억으로 희미해져 버린 데다 정말 많은 사람들, 그 중에서도 가 장 학자적이고 박학한 이들(다른 이들은 제쳐두고라도)이 삼사백년의 세 월에 걸쳐 이 시들을 애써 번역해내었으므로, 내가 할 수 있는 일이라곤 그들이 그렇게나 훌륭하게 이룩했던 것을 망쳐버리는 일 뿐이었다. 더욱 이, 고백컨대 목가적인 주제들이 내 흥미를 주체할 수 없을 정도로 돋우 는 것도 아니었다. 시골에서의 삶은 내게 많이 낯설었으며 또한 몹시 따 분하게 생각되었다. 농사일이 요구하는 덕목들은 정확히 내가 결여하고 있는 것들이다. 논밭의 고랑들은 날 우울하게 만든다─ 내 펜이 만들어내 는 행간의 고랑도 마찬가지이다. 계절과 계절이 주는 인상의 반복은 만 물과 삶의 어리석음을 예시하는 것이라 할 수 있을 것인데, 삶이란 오직 되풀이에 의해 지속되는 것인 까닭이다. 또한 육중한 토양 위에 쟁기로 고랑을 내기 위해 요구되는 그 단조로운 노동을 생각해 보면, '이마에 땀 을 흘려야 먹을 것을 얻게 되는' 인간의 신세를 가혹하고 치욕적인 형벌 로 여겨야 하는 것이 놀라운 일이 아니다. 이 법칙은 내겐 늘 무익한 것 처럼 보였다. 만약 내가 이 때문에 비난받는다면, 이러한 감정은 내가 털 어놓고는 있지만 변명하고 싶은 마음은 추호도 없는 것으로서, 내가 태 어난 곳은 항구라는 사실을 말해줄 것이다. 주위에 들판이라곤 찾아볼 수 없고 단지 모래와 짠 바닷물뿐이며, 멀리서부터 담수를 길어 와야 했던, 그런 곳이다. 가축이라곤 짐칸에 실린 녀석들밖엔 볼 수 없었는데, 그럴 때 거의 죽었다고 해야 어울릴 그 불쌍한 것들은 사지를 허공에 늘어뜨린 채 순식간에 끌어올려져서는 갈피를 못 잡은 상태로 더러운 부두 지구에 내려졌다. 그러고 나면 그것들은 아름다운 피리곡조가 아니라 막대기로 몰아대는 가축 소유주에 의해 떼를 지어 기찻길 위로 타닥거리며 달려가거나 비척거리며 넘어지거나 하면서 죽음의 열차로 내몰렸다.

하지만 지금껏 내가 언급했던 그런 어려움들은 일종의 해볼 만하다는 의욕을 일으켰고, 비교에 대한 바로 그 두려움과 함께 마침내 어떤 동기 부여로 작용하게 됨으로써 나는 그 일을 승낙하게 되었다. 나는 '타인들'이라고 알려진 운명의 대행자들에게 곧잘 굴복하고 만다. 나는 고집이라곤 없는 사람으로, 두세 가지 정도의 절대적이고 뿌리 깊은 문제들을 제외하고는 전반적으로 그러하다. 나머지 것들에 대해서는 유약하거나 명청하다고 간주될 정도의 유순함을 보이는 편인데 그것은 나의 신념에 근거한 기이한 무관심의 소산으로, 그 신념이란 사람은 누구나 자신이 무엇을 하는지 그리고 자신이 무엇이 될 것인지 알지 못하며, 한 가지를 바란다는 것은 곧 바로 때가 되면 등장하게 될 무한히 많은 것들을 바라게 되는 것이라고 믿는 데서 비롯된 것이다. 비록 표면적으로는 나 자신의 행위이지만, 내 삶에 있어서 모든 사건들은 다른 무언가의 소관인, 각 행위가 그 이름에 의해 서명되는 그런 일이었다. 누구든지 하고 싶은 일을 하는 것에는 좋은 점이 거의 없다는 것을 나는 간파했고, 그 결과 나는 될 수 있는 한 적게 부탁하고 적게 거절하게 되었다. 사물들이 가진 복잡성과 혼란의 관점에서 보면, 가장 합리적인 결정이라 할지라도 동전 던지기와 별반 다를 바가 없는 것이다. 누구라도 오늘 그것을 깨닫지 못한다면, 한 달 뒤에는 깨닫게 된다.

그래서 나는 학창시절의 버질을 다시 꺼내들었다. 거기에는 으레 그러하듯이 교수의 대단한 박식함을 드러내는 수많은 주석들이 달려 있었지만 그 박식함이란 단지 그에게만 해당되는 것이었는데, 왜냐하면 전반적으로 그 주석들은 순진한 학생들로 하여금 단어의 의미로 인해 혼란을 겪게 하면서 그 주석들을 참조해야 하는지 의구심을 갖게 하는 한편, 되도록 그러고 싶지 않게 만드는 더할 나위 없는 장치였기 때문이다.

오 학창시절의 버질이여, 내가 다시 한 번 그대의 작품 속에서 허우적거리게 될 줄 그 누가 알았겠는가!

이 어린 시절의 버질에 손을 얹고 열아홉 세기 동안의 명성으로 인해 유서 깊을 뿐 아니라 거의 성스럽기까지 한 그 특별한 시절의 작품들에 대해 최대한 충실하겠다고 약속을 한데다 버질의 버질과 나의 버질 사이의 행 대 행이 상응하는 번역을 하겠다고 언급한 점을 감안하여, 나는 각 6보격 행에 상응하는 알렉산드르격의 시에 맞는 행을 써 내려가기로 결심했다. 하지만 나는 알렉산드르격에 운을 만들어 넣는 것은 생각조차 하지 않았는데, 그렇게 하게 되면 틀림없이 텍스트에서 너무 벗어나게 될 것이었기 때문이었다. 그에 반해 나는 한두 개의 세부내용을 제외하고는 거의 빠뜨리지 않았다. 다시금 이리저리 시를 지음으로써 일정한 조화의 추구가 좀 더 수월해졌고, 사실 더욱 자연스러워졌는데, 조화가 있어야 하는 시를 조화 없이 의미에만 충실하게 짓는다면 그것은 일종의 시를 저버리는 행위가 될 것이다. 얼마나 많은 시작품들이 산문으로, 즉 그것들의 단순한 의미로 축소된 채 그 문학적인 의미를 상실해버리는지! 그것들은 해부학적 표본들이요, 죽어버린 새들이다! 때때로 족쇄 풀린 부조리가 그 개탄할만한 시체들 위로 우글거리고, 그것들의 숫자는 교수라는 직업에 의해 배가되는데, 그는 그것들이 "커리큘럼"이라고 알려진 것을 위한 자양분이 된다고 주장한다. 시가 산문으로 옮겨진다는 것은 마치 관 속으로 들어가는 것과는 같은 일이다.

그것은 세상에서 가장 훌륭한 시들이라도 일단 조화로운 흐름이 깨지거나, 격조 높은 본질이 율동적인 박자 특유의 시간의 한계 내에서 전개됨에 따라 변해버리면, 그리고 고유의 음악적 필연성과 반향을 결여한 표현에 의해 대체되어 버리고 나면 하잘 것 없거나 무의미해지기 때문이다. 나는 심지어 명백한 시 작품이 산문으로 옮겨진 후에도 확실한 가치를 유지한 채 살아남을수록 그것이 시인의 작품일 경우는 희박하다고까지 말하겠다. 비록 소리와 의미라는 언어의 그 두 구성요소들 사이에는 어떠한 합리적인 관계도 존재하지 않지만, 시는 현대적인 의미에서 (즉, 말하기 기능들의 기나긴 진화와 분화의 과정 뒤에 나타났다는 의미에서) 그 두 요소의 영속적인 복합체라는 환상을 창조해야 한다. 소리와 의미란 우리 기억 속에서 그야 말로 우연히, 다른 우연의 결과에 의해 필요할 때 호출되는 것일 뿐인데도

*

이제 나는 번역가로서 내가 느낀 인상에 대해 매우 간략하게 이야기하겠지만, 유별난 나의 습성 상 먼저 몇 가지 원리들을 규정하고 난 후라야

그것을 즐기기 위한 몇 가지 개념들로 넘어갈 수가 있겠다. . . . Πρός Χάριν(with joy).

*

글쓰기 행위가 일정한 양의 사유를 요구하는 데다 자발적인 내적 언술을 기계적이며 연속적으로 적는 것이 아님을 감안한다면 무엇인가를 쓴다는 것은 일종의 번역작업으로서 하나의 텍스트를 한 언어에서 다른 언어로 변형시키는 작업과 아주 유사하다. 왜냐하면 이것은 시간적이며 상황적인 조건을 만족시키기 위해 우리가 사용하는 모든 개개 언어의 범주 안에서는 대화자를 비롯하여 대화에서의 단순하거나 복잡한 의도 혹은 여유로움이나 성급함 등 이 모든 것이 우리의 담화를 변화시키기 때문이다. 우리에게는 사용하는 하나의 언어가 있으며, 천차만별인 모든 말하기 방식은 그 언어와는 조금씩 차이가 있다. 친구들과 말할 때 사용하는 언어, 일상적인 대화를 위한 언어, 설교를 위한 언어가 있다. 사랑의 언어, 분노의 언어, 명령의 언어, 기도를 위한 언어 또한 있다. 비록 많지는 않지만 시를 위한 언어와 산문을 위한 언어가 각각 있고, 이들은 모두 동일한 어휘로 되어 있으며 (경우에 따라 다소간 제한되거나 혹은 확장되기도 하지만) 동일한 통사법에 의해 지배받는다.

*

만일 그 담화가 깊이 생각한 후의 담화라면 그것은 수많은 휴지(休止)로 구성되어 있는 것처럼 보인다. 즉, 그 담화는 점에서 점으로 옮아가는 것이다. 어떤 자극의 즉각적인 결과로 갑자기 떠오르는 말을 포착하여 내뱉기보다 정신은 아직은 언어가 아닌, 표현하고자 하는 대상에 대해 생각하고 다시 생각을 거듭하게 되며(마치 귓속말과 같이), 이 모든 것은 정신이 스스로 설정해 놓은 한결같은 한계 안에서 일어난다.

　이상적인 아름다움과 자신의 하찮음 사이에 위치한 시인은 일종의 활발하고 알고 싶어 하는 기대의 상태에 있다. 이것이 그로 하여금 형식과 단어들에 독특하고도 훌륭한 태도로 반응하게 만드는데, 이러한 형식과 단어들은 무한히 재개되고 되살펴지는 그의 욕망의 형상이 미지의 것으로부터, 즉 화자로서의 그의 기질이 갖고 있는 잠재적인 자원으로부터 요구하는 것들이다. 한편 시인은 시를 읊고자 하는 막연한 힘에 의해, 꾸밈없는 생각이 계속적인 시험을 거친 다수의 조합들을 통해서만 얻을 수 있는 것을 강요받는다. 시인은 그것들 중에서 선택을 하게 되는데, 그 선택은 그의 사유를 가장 정확히 표현하게 되는 (즉 산문의 역할) 것, 그래서 그가 이미 알고 있는 사실을 반복하는 조합이 아니라, 사유가 그 스스로 만들어낼 수 없는 것, 그리하여 시인 자신에게 낯설고도 이방인처럼 나타나는 것, 즉 그것이 해결될 때라야 비로소 체계적으로 말해질 수 있는 문제에 대한 소중하고도 유일무이한 해답으로 여겨지는 조합이다. 이 행복한 정식화에 의해 갑작스러운 정식화를 발생시킨 동일한 감정 상태가 시인에게 전달된다. 그것은 고안된 표현이 아니라 일종의 전달이자 반향의 문제인 것이다. 여기서 언어란 이해하고 나면 즉, 한번 그것의 임무가 성취되고 나면 소멸되어버리는 그런 매개물이 더 이상 아니다. 언어는 언어의 형식을 통해서 기능을 다하며, 형식의 효과는 언어로서 즉시 재생되고 재인되는 것이다.

　시인은 특이한 유형의 번역가라고 할 수 있는데, 그는 일상적인 발화,

감정에 의해 변형된 발화를 "신들의 언어"로 번역하며, 그의 정신적 노동은 그의 생각에 어울리는 말을 찾는 데 있다기보다 그의 말과 탁월한 운율들에 맞는 생각을 찾는 데에 있다.

*

비록 내가 확신이라고는 거의 없는 라틴어학자이지만, 내가 여전히 유지하고 있는 로마어에 대한 얼마 안 되는 평범한 지식은 내게 매우 소중하다. 누구나 라틴어를 모르더라도 글은 잘 쓸 수 있지만 만약 라틴어를 모른다면, 자신이 기본적인 라틴어에 대해 어떤 확신을 갖고 있는 사람과 마찬가지로 글을 써나간다고는 느끼지 못할 것이다. 누구든지 해부학에 대해 최소한의 지식만 있어도 인체를 상당히 잘 묘사할 수 있겠지만, 이러한 지식을 갖고 있는 사람은 그 지식으로 어느 정도 얻는 바가 있게 되어 있다. 그것을 남용하여 자신의 작품에서 형상들을 더욱 대담하고 성공적으로 왜곡시키기만 해도 그렇다. 라틴어는 단순히 프랑스어의 아버지 격이기만 한 것은 아니다. 그것은 그 웅장한 스타일에 있어서도 프랑스어의 가정교사 역할을 한다. 우리가 막연하고도 부정확하게 인문학이라고 부르는 것을 비호하기 위해 제창된 모든 우둔함과 별스런 추론은 우리 프랑스어의 전형 속에서 가장 견고하고도 기품 있는 요소를 가능케한 라틴어의 진면목의 흔적을 흐리게 할 뿐이다. 라틴어는 두 가지 방식으로 프랑스어와 연관되어있는데, 연관되어 있는 그 자체가 주목할 만하면서 보기 드문 사실이다. 먼저 라틴어는 알아차릴 수 없을 정도의 계속적인 자체 수정을 통해 프랑스어를 낳았는데, 그러한 진화의 과정에서 상당히 많은 다른 요인들과 차용어들이 세월을 거쳐 오면서 불규칙한 방

식으로 부가되고 또한 통합되었다. 나중에, 우리 프랑스어가 제대로 확립
되고 그 모체로부터 구분되었을 때, 학식 있는 사람들과 가장 저명한 작
가들은 그 유구한 라틴어 문학의 역사 가운데서 한 시기를, 다소간 짧았
지만 최상급의 작품들로 넘쳐났던 한 시기를 꼽았으니, 그들은 그 시기
를 말하기와 글쓰기의 기술에 있어서의 완성을 이루었던 시기로 칭송했
다. 이것은 어떤 증명을 요하는 영역의 문제가 아니므로 그들이 옳다는
것을 증명할 수는 없겠지만, 키케로와 리비우스, 또는 타키투스의 저작들
을 연구하고 동화시키는 일이 17세기 전반기, 즉 프랑스에서 문자로 이
루어진 가장 정교하고도 중요한 작품들이 만들어진 시기의 추상적인 산
문기술에 있어 본질적인 역할을 했다는 것을 보여주는 일은 쉬울 것이다.
비록 훌륭하지 못한 라틴어 학자지만 이상은 내가 느끼는 바이다.

그러나 난 지금 시를, 그것도 버질을 다루고 있어야 한다.

*

얼마간의 시간이 흐른 후, 내가 여기저기 시행을 만들고, 지우고, 다시
만들고, 또 버리기도 하고, 처음에 퇴짜 놓았던 것을 최대한 살려가면서
번역 작업을 계속해 나감에 따라, 미미한 성공과 후회 그리고 정복 및 체
념의 감정과 함께 근사치를 찾는 노동은 나의 내면에 어떤 흥미로운 느
낌을 일으켰는데, 그 느낌을 나는 즉각적으로 깨닫지 못했으며, 또한 그
느낌은 그것을 이해할 수 있을 정도로 충분히 사려 깊은 독자들이 아닌
다른 독자들을 염두에 둔다면 털어놓지 않는 편이 더 나을 지도 모르겠
다.

버질과 직면하면서, 난 시를 지을 때 시인이 갖는 감각(내게는 익숙한)

을 지니게 되었다. 때때로 천년의 고명 속에 자리 잡은 이 저명한 책에 대해 나는 넋을 잃고 나 자신과 논쟁을 벌였는데, 그것이 마치 내 책상 위에 놓여있는 나 자신의 작품이기라도 한 듯 매우 자유로운 마음이 들었다. 이따금 내 번역물을 가지고 이랬다저랬다 해보고 있을 때는 그 유서 깊은 작품 속의 무엇인가를 바꿔보고 싶어지기도 했다. 그것은 가상적인 아우구스투스 시대 작가의 정신 상태를 나의 것으로 취급하는 순진하고도 무의식적인 동일시였다. 이러한 상태는 실제로 약 1~2초간 지속되었으며 그것에 난 무척 재미를 느꼈다. "그러지 못할 이유가 무언가?" 그 짧은 방심상태로부터 다시 돌아오며 난 스스로 뇌까렸다. 왜 그래선 안 된단 말인가? 기저엔 언제나 같은 문제들, 같은 마음가짐이 자리 잡고 있는 것이다. 가능성, 즉 "저절로" 중얼거리게 될 어떤 것에 대해 경계하는 내 '내면의' 귀는, 중얼거리는 즉시 다시 욕망의 상태로 회귀하게 된다. 주관적 어휘들이 공통적으로 지향하는 감수성을 향해서 그러한 것이, 마치 동일한 미결정 상태와 동일한 언어적 결정들의 상태이자 마치 기억 속의 모든 단어들이 발화될 수 있는 기회를 잡고자 호시탐탐 노리고 있는 듯하다. 나는 주저 없이 여기에 쓰인 형용구를 거부하거나 저기에 쓰인 단어를 마음에 들어 하지 않았다. 안 될 것 없지 않은가?

*

　서로 부합하는 두 가지 소견이 이런 무심결의 노닥거림을 정당화하는 데 도움이 될 지도 모르겠다. 비평가는 우회적인 방법으로 자신에게 자기 입장을 해명할 수도 있는 법이니까.
　무엇보다 『목가시』는 젊은 시절에 만들어진 작품이라는 것이다. 그 다음엔, 그 시들이 만들어질 당시 라틴 시의 사정이다. 그 시인은 젊었던 반면, 로마의 시작(詩作) 기술은 시를 짓는 수단을 너무나 의식했던 나머지 그 수단들을 시의 즐거움을 위해 사용함으로써 그 수단을 한계까지 개발하고자 하는 유혹이 진실하면서 원초적이며 단순하기도 한 자기표현의 필요를 능가해버린 지점에 도달해 있었던 것이다. 무엇보다도 효과를 창출하고자 하는 취향이 그 원인이었고, 그것은 아이의 손에 무기를 쥐어주고 그에게서 도망치는 격이었다. 그것은 스스로의 재능에 대한 인식이 그것을 사용할 것을 재촉하거나, 그러한 힘을 소유하고 있다는 사실이 불가피하게 그것을 남용하도록 부추기기 때문이다. 그리하여 예술이라는 분야에서, 다루거나 해석해야만 하는 주제를 탁월한 무관심으로 대하는 대가들이 출현하게 되는 것이다.

하지만 이러한 정신적 상태를 창출해 내는 조건으로, 예술적 기교와 유연성 있는 수단의 소유 그리고 자유롭게 발휘되는 명확한 정신이 신진 예술가가 자신의 대담성과 참신성에 스스로 놀라며 도취되고야 마는 시도를 몇 번 감행해 보고 난 뒤에 상상하게 되는 것과 같이 실제적으로 반드시 보장되어야 하는 것은 아니다. 그가 미의 창출에 요구되는 한두 가지의 비밀을 자신의 있음직한 천재성으로부터 캐낼 수 있는 감각을 경험하기 위해서는 그것들에 대해 어렴풋이 알고 있거나 필수적인 대담성을 스스로 느끼는 것만으로도 거의 충분하다.

*

내가 이 주제를 깊이 연구하게 된 것은 버질에 대해 내가 얘기할 수 있는 쓸모 있는 모든 것들이 그의 기교에 대한 나의 체험으로부터 추론된 것이기 때문이다. 사실, 박학다식함(나는 갖고 있지 못한)이란 엄청난 불확실성의 현실 가운데서 단지 몇 가지 전기적 사실들과 독서량, 또는 용어들에 대한 해석만을 암시할 수 있을 뿐이다. 이것은 나름의 중요성을 가지고 있긴 하지만 대개 비본질적이다. 시인이 자신의 작품 속에서 양치기들에게 부여했던 종류의 사랑을 늘 행했는지, 또는 그의 시에서 이름 붙여진 나무에 해당하는 말이 프랑스어로는 무엇인지를 아는 것은 의심의 여지없이 흥미로울 것이다. 문헌학에 의해 이런 문제들이 힘들여, 어쩌면 훌륭하게까지 숙고될 수는 있지만, 나로 말하자면 나는 아주 다른 경로들을 따라 배회할 따름이다. 내 방식이란 바로 완성된 시작품, 사실 그 명성 속에서 구체화된 시작품으로부터 그것의 최초의 상태로 되돌아가는 것이다. 그것이 순전한 상상력의 문제란 지적에 동의하기는 하지만, 그 상상력은 무엇보다 신뢰할 만한 기억들에 의해 단련된 것이다.

*

그런 연유로 젊은 시절의 버질을 생각하면 나 역시 내가 시에 입문했던 그 때를 떠올리지 않을 수 없게 된다. 형식의 유사성을 고려하여 이루어진 번역 작품은 우리로 하여금 어떤 면에서 저자가 만들어 놓은 길을 따라서 걷게 만든다. 또한 그것은 하나의 텍스트를 다른 텍스트 위로 덧붙이는 방식이 아니라, 오히려 원 텍스트로부터 그것이 형성될 당시의 가상적 순간으로, 즉 정신이 연주회가 시작되기 전 악기들이 깨어나서 서로를 부르며 하모니를 찾을 때의 오케스트라와 같은 상태에 있게 되는 상황으로 돌아가는 방식이다. 그렇게 상상력이 선명하게 발휘된 상태로부터 시인은 다른 언어로 된 작품에서 해내고자 결심한 일을 향해 나아가야만 한다.

『목가시』는 잠시 동안 나를 내 노년으로부터 끌어내더니, 내가 처음 시를 썼던 시절로 날 데려갔다. 그 시들은 내게 그때나 별반 다를 바 없어 보였다. 내가 예를 하나 제시하겠지만, 멋들어진 말의 조합과 우아한 형식이 바로 알아차릴 수 있는 어색한 표현에다 때때로 놀랍도록 진부한 문구들과 함께 어우러져 있는 텍스트에서 나는 완전함과 불완전함이 뒤섞여 있음을 볼 수 있었다. 그러한 들쭉날쭉한 시 짓기 속에서 초기의 재능을, 더욱이 시적 감흥에 있어서 매우 중요한 시기에 싹이 텄던 재능을 나는 알아보았다. 내가 스무 살 때, 우리의 시 분야는 격조 높은 창작을 이루었던 4세기를 뒤로 하고 완전히 새로운 발전을 이루고자 하는 부단한 모색으로 몸살을 앓고 있었다. 최대한의 다양성이 형식과 표현양식에서 허용되었으며, 우리의 시작기법은 제시될 수 있었던 가능한 모든 실험을 거쳤는데, 그것은 그때까지 추종하고 있던 시적 체계들을 타파하고자 하는 열망과 언어가 갖고 있는 자극적인 효과에 대한 가장 섬세한 분석들에서 나온, 가끔은 돌출적이기까지 한 새로운 시도로 시작을 풍요롭게 하고자 하는 긍정적인 생각에서 비롯된 것이었다.

난 이러한 종류의 탐구에 매혹되었다. 곧 나는 시를 쓰는데 단순히 필요하였을 것 이상으로 이것에 취미를 갖게 되었다. 창작 과정 자체에 대한 나의 열정적인 관심은 이제 원 텍스트가 되어 버린 작품들의 최초 동기로부터 날 떼어놓음으로써 결국 "생각들(ideas)"을 향한 자유의 감각, 그리고 원 텍스트를 능가하는 형식의 우월감을 느끼도록 해주었는데, 그것은 정신이 그 작용에 있어서 완전한 지배권을 행사한다는 나의 믿음을 충족시켜주었다. 난 생각(thought)이 시에 있어서 하나의 부속물에 불과하다는 것과 운문으로 된 작품에서 가장 중요한, 즉 시의 활용 그 자체로 증명되는 것은 전체임을, 즉 언어의 모든 속성들에 의해 형성된 효과로부터 나온 힘이라는 것을 인정하게 되었다.

*

　아마도 지나치게 개인적이라 할 수 있는 이러한 설명들은 내가 종사하고 있는 분야의 작품에 대해 나 자신이 정통해 있다는, 이것은 다소 어이없지만 어쩔 수 없는, 태도를 취하고 있음을 보여주기 위함이다. 나는 또한 라틴어 시가 라틴어 산문과 다른 점이 프랑스 시가 프랑스 산문과 다른 점보다 훨씬 더 크다는 것을 간파한 것도 같았는데, 프랑스 시는 일반적으로 "고전적인" 라틴어에서는 볼 수 없었던 각운의 법칙에 종속됨에도 불구하고 라틴어 시를 그 자양분으로 삼고 있을 뿐더러 그것과 너무 쉽게 조화되었던 것이다. 프랑스 시는 "신들의 언어"가 갖고 있는 음악적 특질을 반드시 나타낼 필요가 없는 구어적 요소들을 재료 삼아 만들어지는 것을 견뎌낼 것이다. 프랑스어 음절들은 지켜야 하는 어떠한 법칙 없이도 최대한 조화롭게 서로를 이어간다. 이 부분이 말레르브(Melherbe)와 부알로(Boileau)가 실수하게 된 지점인데, 그들은 부적절한 모음접속을 배척함과 동시에 그들의 기호체계에서 본질적인 부분을 망각함으로써, 그 결과 때때로 우리의 삶을 매우 어려운 것으로 만들었고 가장 필수적인 친근 화법(tutoiement) 등과 같은 매혹적인 효과들을 우리들로부터 앗아갔던 것이다. 단지 몇몇 시인들만이 대체로 희귀하며 거의 우연으로 얻어지는 연결 활음조(滑音調)를 그들의 시 속에서 구현하고자 정열을 쏟았다. 난 내가 활음조에 최고의 중요성을 부과했다는 것과 그것을 획득하기 위해 커다란 희생을 치렀다는 것을 인정한다. 나에게 있어서 신들의 언어란 가능하면 인간의 언어와 뚜렷한 차이를 가져야 하므로, 나는 그것을 차별화할 수 있는 모든 수단들은 그것들이 조화를 이끌어내는데 도움을 주는 한 유지되어야 한다고 종종 주장해왔다. 나는 어순전도의 열렬한 지지자이다.

*

이러한 감정들에 물들어 버린 까닭에, 나는 『목가시』를 번역하면서 그 시들을 나 자신은 물론이고 다른 이들이 쓴 프랑스어 시를 볼 때와 다름없는 동일한 비판적 시각으로 바라보지 않을 수 없게 되었다. 그 시들이 내 마음에 들지 않을 수도, 안타까울 수도 있고 혹은 그 시들에 내가 감탄할 수도 있다. 그것들을 나는 부러워하거나 삭제해버릴 수도 있다. 그 것들을 거부하거나 지워버리고는 다시 발견할 수도 있고, 그 발견에 확신을 갖게 된 후 그것이 더 마음에 들어 나는 그것을 채택할 수도 있는 것이다.

널리 알려진 작품이 탐구의 대상이 될 때 그것을 비유의 방식에 의해 취급하는 것은 아마도, 그리고 어쩌면 정확히 말하는 것이 될 수 있는데, 순진하면서도 주제넘게 보일 수도 있을 것이다. 나는 다만 내가 언급했던 이유들로 인해 내게는 그렇게 하는 것이 자연스러웠다고 주장할 따름이다. 더욱이 나는 지금 단순히 완성되는 것조차도 어림없는 한 작품의 여전히 유동적인 상태를 그려봄으로써 그 작품의 생명에 가장 실감나게 참여할 수 있다고 생각했는데, 그것은 작품이란 완성됨과 동시에 생명이 끝나버리는 것이기 때문이다. 시 한편이 우리로 하여금 열정을 가지고 그것을 읽게 만들 때 독자는 일시적으로 자신이 저자가 된 것처럼 느끼게 되는데, 이런 식으로 독자는 그 시가 아름답다는 것을 알게 된다. 마침내 내 상상적인 동일시는 단번에 그 지루한 교실 분위기를, 불행한 목동들과 그들의 양떼들, 그리고 목동들의 다양한 형태의 사랑에 신경 쓰는 엄격한 교과과정들과 허비된 시간에 대한 회상을 몰아내었는데, 이러한 것은 내 "고전"을 보면 생각이 나는 것들이다. 내게 한 언어의 습득이라는 것과 한 문학작품의 이해 내지는 향유라고 지칭되는 것을 혼동하는 교육 체계보다 더 야만적이고, 무의미하고, 그리고 결과적으로 어리석은 것은 없다. 시와 산문의 경이로움이 단어 하나하나와 씨름하면서 생소하다는 사실 외에는 배울 것이 없는 어휘와 통사법 안에서 갈팡질팡하는 아이들에 의해 단조롭게 읊조려지는 반면, 아이들은 그러한 강요된 노동이 아무런 쓸모가 없다는 것과 그 시간들이 지나면 그들에게 고문의 기구들로 화해버린 그 모든 위인들을 안도의 한숨과 함께 저버리리라는 것을 너무나 잘 알고 있는 것이다.

*

이제 버질의 입장에 서보고 싶은 충동을 느끼는 독자들로서 『목가시』를 직접적으로 논의해 보자. 이러한 특별한 시인이 되려면 어느 정도 용기가 필요하다. 나이로 따져서 그는 청년과 장년의 사이에 위치해 있다. 그는 시를 쓰는 기쁨에 대해 알고 있고, 이미 자신이 노래하고자 하는 것이면 무엇이든 노래할 수 있다. 즉, 그는 시를 쓰기 위한 무수한 "주제들"을 유모이자 어머니와도 같은 이탈리아의 시골에서 찾아내는 것이다. 그는 이탈리아의 자식이며, 그의 몸과 영혼은 이탈리아로 인해 살아 숨쉰다. 문학에 조예가 깊은 것 이외에도 그는 어느 누구보다도 변화무쌍한 이 땅의 사람들, 관습들 그리고 일과 일상을 잘 알고 있다. 이 땅에서는 밀과 포도가 경작되며, 들과 소택지뿐만 아니라 우거진 삼림의 산과 텅 빈 자갈밭이 있다. 각각 나름의 위용을 갖춘 느릅나무와 사이프러스도 자란다. 때때로 번개에 그슬린 채 무언가를 상징하는 듯한 전나무도 있다. 게다가 그 지역 전체는 각종 신성(神性)이 출몰하거나 서식하는 곳으로, 이들은 각각 라티움(Latium)에서 발견된 기이한 자연의 섭리 속에서 일어났던 활동과 관계가 있으며, 그것은 존재의 초자연적인 면과 현실적인 면이 특이하게 어우러진 것이었다. 이 신화적 집단이 공통적으로 행한 과업은 인간들 주변에서 발견되는 소산과 변태들, 예측할 수 없는 변화 및 법칙들, 급부와 고충 그리고 규칙성과 불규칙성들과 인간들이 맺고 있는 관계에 생명을 불어넣는 것이었다. 그 시절에 라틴 농부들에게 있어서 생명을 갖지 않은 것, 고의적이지 않는 한 무감각하고 귀먹은 존재라곤 아무것도 없었다. 그들은 연못과 숲, 그리고 동굴들에 실질적인 이름들을 지어주었고, 사물들에게 말을 걸고, 그것들에 호소하거나 간청하고, 그들 위에 맹세하는 법을 알고 있었다. 그렇게 사물들과 인간들 사이엔 우리가 지금 말한 바와 같이, 이러한 교류 체계가 가지는 완전한 가치와 심각성을 제거해 버리는 "시"를 생각하지 않고서는 그것들을 떠올릴 수가 없는 일종의 신비와 섬김의 관계가 자라났다. 하지만 우리가 시라고 부르는 그것이야말로 실제로 창작하는 방법만 알았던 시대로부터 우리에게 남겨진 유일한 것이다. 모든 시는 때 묻지 않은 창조적 인식의 시기로부터 파생하는 것이고, 생각의 힘이라는 것이 모두 허구였던 근본적이고 자연발생적인 상태에서 점진적으로 나타났다. 난 이러한 힘이 도시에서 점차 약화되지 않았나 생각하는데, 도시에서는 자연이 잘못 이해되거나 형편없는 취급을 당한다. 도시에서 분수들은 시장에게 복종하고 요정들은 죄악 단속반에 시달리며, 호색가는 미심쩍은 눈초리를 받으며, 계절들은 훼방을 받게 된다. 나중에 시골 역시, 그 매혹적이고 무시무시한 유령들 뿐 아니라 순진하고 공상적인 사람들이 줄어들게 되었다. 농부는 '농업가'가 되어버렸다.

하지만, 기원전 40년경의 버질에게로 돌아가려면, 사티로스, 드라이어드, 실레누스, 프리아포스에 대해 시를 짓는 사람은 누구라도 그것들의 존재 자체보다도 완성된 시의 매력과 정교하게 형성된 말의 비유를 더 신뢰해야만 그것들을 더욱 우아하게 그려낼 수 있다는 사실을 우리가 인정해야만 한다.

*

버질, 조그만 땅을 소유하고 있었던 그는 땀과 노역을 현금으로 교환하는 것만 일삼고 들판 가장자리에 서있는 멋진 나무의 장엄함을 보존하는 것이 그들의 고결한 경제활동에 대한 범죄행위라도 되는 양 그것을 베어내 버리는 오늘날의 지주들과는 매우 달랐다. 버질, 그는 그 주변의 시골을 바라보는 다양한 방식들 사이에서 스스로가 분열되어 있는 것을 느꼈으며, 버질, 그의 관점은 이중적이었는데, 그는 때때로 토지를 소유하고 있으며 생계를 제공해 주는 그 토지를 돌보는 것에 종종 집착하는 인간의 안도감과 두려움 그리고 희망 같은 것을 시골에 부여했었다. 한편 다른 때에는 다른 생각이 그를 엄습했는데, 그의 야망은 시골풍이기를 멈추었다. 즉, 그는 더 이상 소박한 인물이 아니었다. 일종의 세련된 정신이 그에게 나타났으니, 그것은 그리스적인 정교함에 정통하며 소박한 목동들의 노랫소리보다 고상한 문장들에 더 이끌리는 그러한 정신이었다. 그는 열한 번째의 목가를 써낼 수도 있었을 것이다. 하지만 그때 그는 내전과 그 내전의 야만적인 결과들이 야기했던 혼란스러운 삶의 희생자가 막 되어 버렸던 것이다.

결론적으로, 갈망과 기교가 나타나고 있었고, 전답의 소유자였지만 토지 몰수의 위협에 놓여 있었으며, 실제로는 전승 병사들의 수탈에 의해 몰락한 한 시인이 대낮의 권력에 호소하고 후원자들을 위해 일하는 신세로 전락하게 되었던 바로 이것이 『목가시』의 저자가 처해 있던 세 겹의 양상이었다. 버질의 시인으로서의 전 생애는 정치적 힘들이 충돌하는 장에서, 라틴어와 라틴어의 음악적이고 유연한 수단이 일련의 작품들 속에서 다양한 구실과 배경들, 사건들과 인물들을 그에게 제공해 주는 수양어머니이자 역사와 전설을 간직한 곳, 그리고 이미지들의 보고인 고향 땅과 더불어 가장 품위 있는 발전을 이룰 운명이었던 것이다.

*

이쯤에서 시인이 권력자들과 유지했던 관계를 일견해 보는 것이 좋겠다. 그것은 굉장한 주제임과 동시에 영원한 의문사항이다. 만약 내가 그렇게 자주 역사를 집적대지 않았다면 「시와 다양한 체제들과 정부들 사이의 관계에 대하여」 같은 논문 정도는 하나 써야 할 것이다. 누구나 라 퐁텐 식의 「구두 수선공과 자본가」와 비슷한 「시인과 국가」 같은 것을 상상해보거나, 아니면 "시저의 것은 시저에게 바쳐라"와도 같은 복음서의 유명한 구절에 주해를 붙이는 계획을 품을 수도 있는 것 아니겠는가.

이런 문제는 각 개인의 기분이나 상태, 또는 정황이 제시하는 것만큼이나 많은 해답들의 여지가 있다. 우선 경제적인 해답이 있겠는데, 사람이란 일단 살고 봐야 하기 때문이다. 다른 것들은 도리와 관계가 있으며, 어떤 것은 순전히 감정과 관계가 있다. 하나의 정권은 필수적인 기예를 통해 혹은 그 체제의 영광과 승리를 이용하여 사람들을 유인한다. 어떤 지도자는 그의 천재성을 가지고, 다른 지도자는 그의 관대함으로, 때로는 그저 한 번의 미소만으로 사람을 끌어당긴다. 다른 경우들에서는 공적 업무가 처해있는 사태로 인해 저항이 유발되기도 한다. 지성인은 다소 공개적으로 저항하거나 혹은 자신의 감수성에 대해 일종의 지적 절연물을 분비하는 작품 속에 틀어박힌다. 사실 모든 유형이 관찰될 수 있다. 라신(Racine)은 그의 왕을 숭배했고, 셰니에(Chénier)는 그의 폭군들을 저주하였다. 위고(Hugo)는 유배되었고, 코르네유(Corneille)는 당당하게 호소했다. 괴테는 혼란보다는 불의를 택했다. 위엄은 눈부시며 권력은 감명을 준다. 자유는 사람들을 도취시키며, 무질서는 공포를 조성한다. 개인적 이익은 내면의 강력한 목소리와 이야기를 나눈다. 우리는 두 가지 사실을 잊어서는 안 될 것인데, 하나는 두드러진 재능을 소유한 사람이라면 누구나 마음속으로 스스로를 일종의 특권계층에 속한 것으로 간주한다는 사실이다. 그가 그것을 바라던 바라지 않던 간에 그는 대중들과 섞일 수 없으며, 그 피할 수 없는 느낌은 매우 다양한 결과를 가져온다. 평등주의의 본질을 지닌 민주주의는 시인을 먹여 살릴 수 없다는 것을 그는 알아차리는 것이다. 그렇지 않으면, 그는 권력을 가진 자들과 그들에 의해 지배받는 인간들 모두를 비판하면서 양쪽 모두를 경멸하지만 자신이 직접 정치에 뛰어들어 국정에 참여하고픈 충동을 느끼기도 한다는 것이다. 이러한 충동은 서정시인들 사이에서 결코 드물지 않다. 인간이 업으로 삼고 있는 것 가운데서 가장 순수하다고 할 수 있는, 오르페우스가 그러했듯이 시를 지어 인간을 가르치고 고양시키는 그런 일이 직업들 중에서도 가장 불순한 것에 대한 욕망의 형태로 심심찮게 귀착되다니 놀라울 따름이다. 어떻게 생각해야 할 것인가? 우린 지금 역사에 대해 이야기하고 있는 것이니, 어떤 일의 무슨 예라도 발견될 수 있는 것이겠지만....

*

버질은 무질서와 강제징수를 참지 못했다. 그는 수탈과 강제적인 퇴거 조치를 눈뜨고 지켜보았고, 정치적 편의를 위한 대책에 의해 그의 생존의 수단을 빼앗겼다. 그는 오롯이 혼자가 되어 자신이 꿈꾸는 것이 될 수 있는 여유 시간에 가해지는 위협을 깨닫는다. 한가할 때 그는 자유시간의 보배라 할 수 있는 갈고 닦은 생각, 자신이 풍부하게 열매 맺을 수 있다고 확신하는, 그러나 아직은 숨어 있는 상태인, 그러한 아름다움을 꿈꿀 수 있는 것이다. 그는 이제 더 이상 깨닫지 않게 된 것이다. 그가 독재자의 호의를 환영하지 않으리라고, 그에게 평화로운 나날들을 보장해주고 존재의 이유를 회복시켜 주는 이에 대해 시를 짓지 않으리라고 누가 예측할 수 있겠는가?

Ludere quae vellem calamo permisit agresti
(Me play what tunes I like upon my country flute)
난 내 시골 피리로 내가 좋아하는 곡조를 연주하네

버질은 공민으로서의 자주와 시 창작자로서의 그것 사이에서 주저하지 않았다. 아마도 그는 카이사르를 찬양하거나 심지어 그를 신처럼 받드는 시늉을 함으로써 자신이 무언가를 희생하고 있다는 것은 생각조차

해보지 않았을 것이다.

Erit ille semper dens...
(he will always be a god to me)
그분은 내게 언제나 신이 될 것이라...

현대적 사상을 가진 사람으로서 판단했거나 혹은 감정과 상황과의 상
대성을 고려했던 것에 준하여, 그와 같은 태도의 옹호나 반대를 위해 써
질 수 있는 모든 문장들을 떠올려 보라. 그 당시는 아직 인권 문제가 대
두되지 않던 때였다.

해결 불가능하긴 해도 여기 소개될 수도 있는 양심의 문제는 이것이
가치의 문제로 전환될 때 특히 흥미로워진다. 독재자에 대한 복종과 그
의 호의에 대한 수용, 찬양과 감사의 표현들로 전락하거나 이미 전락했
음을 드러내는 이러한 것들이 일류 작품의 창작에 필요한 조건이라면 우
린 이것을 어떻게 결론짓고, 해결하고, 생각해야 하는가? 그 문제는 제기
되자마자 끝없는 논쟁거리로 화할 것이 분명하다. 난 그런 일이 일어나
지 않도록 신중을 기할 것이다.

13.

번역의 난관: 영어판 『오네긴』

■블라디미르 나보코프(Vladimir Nabokov)

시 번역에 대한 논평들에서 내가 항상 발견하게 되는 다음과 같은 종류의 평은 나를 주체할 수 없는 격분의 발작 상태 속에 빠뜨린다. "아무개 씨(또는 양)의 번역물은 물 흐르듯 읽힌다." 다른 말로 하면, 특별히 연구한 바 없이 원문에 대한 어떠한 지식도 가지고 있지 않거나 혹은 그러한 지식을 가질 수도 없는 그 "번역"의 논평자는 단지 판에 박은 일을 하는 사람 혹은 삼류시인이 놀랍도록 얽혀 있는 원문을 만만한 상투어로 대체해 버린 것만 보고 하나의 모작을 "쉽게 읽힌다"고 칭찬하는 것이다. "읽기 쉽다"니, 세상에! 고대의 대작에 대해 저지른 한 학생의 서투른 실수가 차라리 그 대작을 상업적으로 해석하거나 시로 읊어대는 것보다 비웃음을 덜 살 것이다. 호머의 작품이나 『햄릿』에 운을 달 때 "운율"

(rhyme)은 "범죄"(Crime)와 압운을 이루게 된다. "자유번역"이라는 말에는 부정행위와 횡포의 냄새가 난다. 번역가가 그가 다루는 저자의 명예를 실추시키게 되는 것은 그가 저자의 "정신" ─ 원문의 의미가 아니라 ─을 번역하는 것에 착수할 때이다. 가장 모양 없는 축자번역이 가장 매끄러운 의역보다 천 배 더 유용한 법이다.

지난 5년가량의 기간 동안 나는 간헐적으로 푸슈킨의 『오네긴』(*Onegin*)을 번역하고 주석을 다는 작업을 해왔다. 이 작업 과정에서 나는 어떤 사실들과 특정한 결론에 이르게 되었는데, 먼저 그 사실들이다.

이 소설은 세 젊은이들 ─ 신랄하고 야윈 멋쟁이 오네긴, 신경질적인 이류시인 렌스키, 그리고 그들의 친구인 푸슈킨 ─ 과 세 명의 젊은 여인들 ─ 타티아나, 올가, 그리고 푸슈킨의 뮤즈 ─ 이 겪는 고통과 사랑, 운명을 다루고 있다. 작중 사건들은 1819년 말에서 1825년 봄 사이에 일어난다. 배경은 수도로부터 시골(오포치카와 모스크바의 중간지점)로 옮겨가며, 거기서 모스크바를 거쳐 페테스부르크로 돌아간다. 거기엔 한 젊은 난봉꾼이 보낸 도시에서의 하루, 전원 풍경과 시골풍의 서재, 꿈과 결투, 시골과 도시에서의 다양한 축제들, 그리고 주제에서 벗어나는 낭만적이고 풍자적이며 도서 목록과도 같은 이야기들이 다양하게 펼쳐지는데 그러한 것들이 사물에 환상적인 깊이와 색채를 부여하고 있다.

오네긴 자체로는 물론 문학상의 특이한 인물일 뿐 어떤 지역 사람이거나 역사적인 존재가 아니다. 바이런의 「로망」(Romaunt, 1812)의 주인공, "광기 어린 충동에 청춘의 초반기를 허비"하고 "우울증적인 변덕"을 지닌, "자신이 만나는 모든 사람에게서 풍기는 권태 때문에 자신의 현재 상태를 혐오할 수밖에 없는 해롤드 귀공자는 실은 오네긴과 비교되는 인물이지, 그 직접적인 원형은 아닌 것이다. 오네긴은 '해롤드의 망토를 두른 모스크바 사람'이라기보다는 오히려 "깊은 권태감"을 통해서만 스스로의 존재를 자각할 뿐인, 샤토브리앙의 『르네』(René)에 나오는 많은 공상가적 프랑스인들의 후예에 가깝다. 푸슈킨은 오네긴의 우울 혹은 "근심"[영어의 "hypo"와 러시아어의 "chondria" 혹은 "handra"는 두 나라의 깔끔한 언어적 분업의 노력을 보여주는 것이다]을 "원인을 알 수 없는 질병"이라고 말한다. 이 분야의 연구에, 러시아 비평가들은 그들 스스로 가상스러운 열정을 쏟았고, 지난 130년간 문명인이라면 이미 알고 있는 가장 지루하기 짝이 없는 일반 대중의 의견들 중 하나를 축적했다. 심지어 오네긴의 "질병"을 일컫는 특별한 단어가 생겨났으며(Oneginstvo), 수천 장 분량의 기록이 이런 저런 "유형"으로 그를 설명하는 데 할애되었다. 100년 전 벨린스키(Belinski)와 헤르젠(Herzen) 그리고 그 밖의 다수가 내세웠던 이론에 근거하여 근대 비평가들은 오네긴의 질병을 "차르 폭정"의 산물로 진단했다. 그리하여 다른 책들로부터 차용하였지만 삶과 독서가 하나였던 위대한 시인의 재기에 의해 탈바꿈하여, 훌륭하게 재구성된 환경 속에서 감상적인 변신, 천재의 광대 짓, 문학적 패러디, 스타일을 갖춘 서간체의 자리를 차지한 한 인물이 러시아 평자들에 의해 알렉산더 1세 체제에 전형적이던 한 사회학적이자 역사적인 인물로 취급되는 것이다. 독창적인 천재의 진기한 상상력을 일반화시키고 속물화시키는 이러한 경향의 옹호자들 역시 이 나라에 존재하고 있다니 통탄할 노릇이 아닐 수 없다.

실제로 심기증, 염세주의, 권태, 우울증, 감상적 비관주의(Weltschmerz) 등이 특별히 지역적이라거나 혹은 시대적인 특징이었던 적은 한 번도 없었다. 1820년까지 권태란 푸슈킨이 인물의 묘사 시 장난삼아 써볼 수도 있었던 익숙한 상투적 문학양식이었다. 18세기의 프랑스 소설은 우울을 겪는 젊은 주인공들로 가득하다. 자신의 주인공을 계속 돌아다니게 하는 것은 편리한 장치였다. 바이런은 그것에 새로운 전율을 가함으로써, 르네, 아돌프, 그리고 그들과 고통을 같이 하던 사람들이 악마의 피를 수혈 받았던 것이다.

*

『예프게니 오네긴』은 운문으로 된 러시아 소설이다. 푸슈킨은 이 작품을 두고 1823년 5월부터 1831년 10월까지 작업했다. 최초의 완본은 1833년 봄 상페테스부르크에서 선을 보였는데, 이 초판의 견본쇄는 현재 하바드 대학 호튼 도서관에 잘 보관되어 있다. 『오네긴』은 총 여덟 개의 장에 5,551개의 행으로 이루어져 있으며, 강약 3보격으로 된 18행의 무운가 부분을 제외하면 모두 약강 4보격의 율격을 가지고 있다. 두 개의 무운 서신들 외에, 그 작품의 주요부는 총 366개의 연으로 되어있고, 14행으로 된 각 연은 일정한 운율 패턴을 가진다(모음은 여성형 압운을, 자음은 남성형 압운을 가리킨다). 『오네긴』과 소네트와의 유사성은 명백하다. 『오네긴』의 8행시는 애가 형식의 4행시와 두 개의 2행 연구들로, 마지막 6행은 닫힌 4행시와 2행 연구 하나로 이루어져 있다. 이 극북풍의 일탈은 이탈리아의 페트라르칸 양식과는 한참 동떨어져 있지만, 말레르브와 서리(Surrey)의 변이형과의 연관성은 의심할 바 없다.

　그 4보격의 또는 "아나크레온식의" 소네트는 프랑스에서 1579년에 세볼드 생트-마르트(Scevole de Sainte-Marthe)에 의해 도입되었으며, 셰익스피어에 의해 한때 시도되었던 적도 있다(소네트 145번, "Those lips that Love's own hand did make,(사랑의 손이 직접 빚어낸 그 입술들)" 역시 "makehate-sake, state-come-sweet-doom-greet, end-day-fiend-away, Threw-you"의 압운 형식을 갖추고 있다. 그 두 번째 4행시가 닫힌 형식 혹은 교대 형식 대신에 두 개의 2행 연구들로 이루어지지 않았더라면『오네긴』의 연은 기교면에서 영국식 아나크레온 소네트가 되었을 것이다. 푸슈킨의 변종 소네트가 주는 새로움이란 그것의 첫 12행에 세 개의 4행시 틀 속에서 가능한 최대의 변이가 압운에 연속적으로 포함되어 있다는 것이다. 교대로, 쌍으로, 닫힌 형식으로 하지만 푸슈킨이 이러한 새로운 종류의 연에 대한 생각을 이끌어낸 것은 프랑스로부터지, 영국으로부터가 아니었다. 그는 말레르브에 대해서 잘 알고 있었다. 말레르브는 몇몇 4보격 소네트들을(예를 들면, "A Rabel, peintre, sur un livre de fleurs," 1630) 8행시와 비대칭적 4행시들(첫 번째는 교대형 압운, 두 번째는 폐쇄형)에 4개의 압운을 부여하는 방식으로 지었지만, 말레르브의 6행시는 물론 고전적 양식이었으며, 결코 영국풍의 2행 연구와 부합하지 않았다. 푸슈킨의 세 번째 4행시와 경구적인 2행 연구에 대해 알아보기 위해선 다른 곳으로, 즉 17, 18세기의 프랑스 경묘시로 눈을 돌려야 한다. 그레세의『서간시』(*Epîtres*)("예수회 수사 부줴엉(Au Père Bougeant, jésuite)") 중 하나에서, 다음과 같은 행들은 정확히 오네긴 식의 6행시 형식을 나타내고 있다.

Mais pourquoi donner au mystère,
Pourquoi reprocher au hazard
De ce prompt et triste départ
La cause trop involontaire?
Oui, vous seriez encore à nous
Si vous étiez vous-même à vous.

(하지만 왜 비밀에 부치는 겁니까,
왜 그 위험에 대해 비난하는 겁니까
이 갑작스럽고 슬픈 이별,
결코 의도하지 않았던 그 사유에 관하여?
그래요, 당신은 여전히 우리와 함께 있었을 겁니다
당신이 제정신이었다면 말입니다.)

　이론적으로 말하자면, 완전한『오네긴』형식의 한 연이 그 가발 쓴 따분한 법률가들의 끝없는 "서신들" 어딘가의 사이에 끼어 발견될 수 있다는 것이 불가능하지는 않다. 그러한 압운의 연쇄가 라퐁텐의『소화시』(예를 들어 "니케즈," 48-61)나 푸슈킨 자신이 젊은 시절에 썼던 무운시「루슬란과 류드밀라」(Ruslan i Lyudmila)에서도 나타나듯이(제 3장의 마지막 부분, Za otdalyonniminigodani에서 skazal mne vazbno Chernomor에 이르는 부분을 보라). 이 푸슈킨의 유사소네트에서 번갈아 나타나는 멋진 압운들의 첫 4행시와 경구적 성격의 마지막 2행 연구는 중간부분들보다 더 뚜렷한데, 그것은 마치 처음에 고정된 구체가 한쪽 면의 무늬를 보여주면서 돌기 시작하면 색채가 흐릿해지다가 이윽고 정지하면서 그 반대쪽에 있는 더 작은 무늬를 다시 뚜렷하게 드러내는 것과도 같다고 하겠다.
　앞서 언급했던 것처럼,『오네긴』에서는 이러한 종류의 연들이 300개 이상 있다. 푸슈킨이 삭제했던 두 개의 챕터와 셀 수 없이 많은 연이 더 있으며, 그것들 중의 몇몇은 그가 칸토스 출판 시 제외했던 것들보다 독창성과 아름다움이 더욱 빛난다. 푸슈킨 자신의 논평과 이문(異文)들, 그리고 제사(題辭) 및 헌정사 등을 포함하여 이 모든 것들은 부록과 주석들의 형식으로 역시 번역되어야 한다.

II

러시아 시는 그 언어와 운율체계에 있어 다음의 여섯 가지 특성들의 영향을 받는다.

1. 압운은 수적인 면에서 남성형이든 여성형이든 (다시 말해서 단운이든 이중 압운이든) 영시와는 비교할 수 없을 정도로 많으며, 그것이 곧 진귀하고도 풍부한 율격의 유행을 이끌게 되는 것이다. 프랑스 시에서와 같이 *삽입자음*(consonne d'appui)은 남성형 압운에서는 꼭 지켜져야 하는 것이며 여성형에서는 미학적으로 평가되는 요소이다. 이것은 돋보이려고 애쓰는 뽐내는 가난뱅이처럼, 그 의도가 운율이 맞지 않는 광시의 번쩍거림으로 끝나버리는 영시의 압운과는 현격한 차이가 있다. 왜냐하면 러시아어와 프랑스어의 여성형 압운은 매력적인 여자 친구인데 반해, 영시의 압운은 늙은 노처녀거나 혹은 리메릭의 술에 쩐 계집 같은 것이기 때문이다.

2. 길이에 상관없이 러시아어 단어는 단 하나의 강세만을 가진다. 영어, 특히 미국 영어에서처럼 두 번째 강세나 두 개의 강세들이 나타나는 경우는 결코 없다.

3. 다음절 단어들이 영어에서보다 훨씬 더 빈번하게 나타난다.

4. 모든 음절들은 완전히 발음된다. 영시에서처럼 연음이나 흐리는 발음은 존재하지 않는다.

5. 전도, 더 정확히는 강약격의 약약격화-영시 약강형들에서 매우 빈번하게 나타나는(특히 -er이나 -ing로 끝나는 2음절 단어들의 경우에서)-는 러시아어 시에서 매우 드물다. 단지 몇몇 2음절 전치사들이나 복합단어의 강약격 구성물들에서만 그러한 강세의 이동이 나타난다.

6. 약강 4보격으로 지어진 러시아 시들은 규칙적인 행들보다 변조된 행들이 더 많은 반면, 영시에서는 반대의 현상을 보인다.

여기서 '규칙적인 행'이란 다음처럼 운율의 박자가 각 음보에서 단어 본래의 강세와 일치하는 것을 의미한다. *Of cloudless chimes and starry skies* (바이런). 그리고 '변조된 행'은 적어도 한 개의 운율적 강세가 다음절 단어의 강세 없는 음절("reasonable"에서의 세 번째 음절처럼)이나 실제 말할 때 강세가 붙지 않는 단음절 단어("of," "the," "and" 등) 위에 떨어지는 것을 의미한다. 러시아 운율 체계에서 그러한 변조들은 "반-강세"라 불리며, 러시아시와 영시 모두에서 약강 4보격 행은 이와 같은 반-강세 하나를 처음과 두 번째, 또는 세 번째 음보에 놓거나 또는 두 개의 반-강세를 처음과 세 번째, 또는 그 앞뒤 음보에 위치시킬 수 있다. 몇 개의 예를 보자(로마자 숫자는 반-강세가 일어나는 음보를 가리킨다).

I	Make the delighted spirit glow (Shelley);
	My apprehensions come in crowds (Wordsworth);
II	Of forests and enchantments drear (Milton);
	Beyond participation lie (Wordsworth);
III	Do paint the meadows with delight (Shakespeare);
	I know a reasonable woman (Pope);
I+II	And on that unforgotten shore (Bottomly);
II+III	When icicles hang by the wall (Shakespeare);
I+III	Or in the chambers of the sea (Blake);
	An incommunicable sleep (Wordsworth).

세 번째 특성과 함께 주목해야 할 점은 러시아 약강 4보격 시에서 세

번째 음보의 반-강세가 영시와 비교하여 3배 내지 4배 더 빈번하게 나타난다는 것과, 규칙적인 행은 그 나타나는 빈도가 2배 이상 드물다는 점이다. 예를 들어 우리가 만약 바이런의 『마제파』(*Mazeppa*), 스콧의 『호반의 아가씨』(*The Lady of the Lake*), 키츠의 『성 마르코 전야』(*The Eve of Saint Mark*), 그리고 테니슨의 『인메모리엄』(*In Memoriam*)을 본다면, 규칙적인 행들의 비율은 65% 정도가 발견되는데 이것은 불과 25%가 발견되는 『오네긴』과 비교되는 수치이다. 하지만 수량과 다양성에 있어서 푸슈킨에는 미치지 못한다 해도 최소한 풍부함에는 근접한 한 영국시인이 있으니, 바로 앤드류 마블(Andrew Marvell)이다. 바이런의 가위질한 듯한 아래의 단조들을

> One shade the more one ray the less
> Had half impaired the nameless grace
> Which waves in every raven trees
> Or softly lightens o'er her face
>
> (그늘이 번져갈수록 햇빛은 잦아들어
> 그 이름 모를 우아함을 반쯤 앗아갔다네
> 모든 칠흙 같은 나무들 위로 넘실거리고
> 그녀의 얼굴 위로 부드럽게 드리우던 그 우아함)

- 마블의 "그의 수줍은 애인에게"(To His Coy Mistress)에 나타난 다음의 행들과 비교해보는 것은 유익할 것이다.

> And you should if you please refuse,
> Till the conversion of the Jews

My vegetable love should grow
Vaster than empires and more slow,

(그러니 제발 좀 거절해주세요,
유태인들의 개종 때까지
내 화초 같은 사랑은 자라서
여러 왕국들을 덮고도 더욱 천천히 자라날 수 있으니,)

이 4행에서는 단 하나의 반-강세를 가지는 바이런의 작품과 대조적으로 6개의 반-강세가 나타난다.

이러한 곡조들이야말로 푸슈킨의 시를 번역할 때 우리가 추구해야 하는 모델인 것이다.

III

이제 나는 러시아 애국주의자들의 분노를 충분히 촉발시킬 만한 진술을 하나 하겠다. 그것은 러시아의 국민 시인인 알렉산드르 세그레예비치 푸슈킨(1799-1837)이 러시아 문화의 산물이었던 만큼이나 프랑스 문학의 산물이기도 했다는 것이다. 게다가 이 혼합물에 우연히 첨가되었던 것은 러시아적이지도 프랑스적이지도 않은, 보편적이고 성스러운 개별적 천재성이었다. 러시아적 영향에 있어선 주코프스키(Zhukovski)와 바튜슈코프(Batyushkov)가 푸슈킨의 직접적인 선배들이었다. 푸슈킨이 소년기에 지은 시들이 비록 이 젊은 선생들의 소년시절 작품들보다 더 생생하고 힘차다고는 해도 조화와 정확성, 이것은 바로 푸슈킨이 이 두 사람으로부터 배운 것이었다. 그의 프랑스어는 당시 높은 학식을 갖춘 그 어느 신사에 뒤지지 않을 정도로 유창했다. 다양한 방면에서 융합된 프랑스어 특유의 어법은 록키 산맥의 산길 위로 뻗어 나와 있는 자주개자리와 민들레와도 같은 유쾌한 대담성으로 그의 시에 자리잡았다. *Coeur flétri, essaim de désirs, transports, alarmes, attraits, attendrissement, fol amour, amer regret*같은 것들은 몇몇 예들에 불과하다— 그의 선배들과 동시대인들뿐만 아니라 푸슈킨 자신이 프랑스어로부터 듣기 좋은 러시아어로 바꾸어놓은 표현들이 내가 모은 것만 약 90개에 달한다. 특히 중요한 것은 *bizarre, bizarrerie*로서 푸슈킨은 오네긴의 기이한 성격을 언급할 때 그것들을 *strannïy, strannost'*로 옮겼다. 프랑스 애가들에 등장하는 *douces chimères*는 그것들이 18세기 영국 시인들이 "delicious reverie"(향기로운 몽상)와 "sweet delusions"(달콤한 환상)을 즐겨 썼던 만큼이나 푸슈킨의 *sladkie mechtï*와 *sladostnïe mechtaniya*에 가깝다. *Sombres bocages*는 푸슈킨의 *sumrachnïe dubrovï*와 포프의 "darksome groves(어스레한 숲)"에 해당한다. 영어 번역자는 또한 푸슈킨의 어휘에서 계속적으로 등장하는 *toska*(angoisse), *tomnost'*(langueur) 그리고 *nega*(mollesse)와 같은 명사들과 그 파생어들을 어떻게 번역할 것인지에 대해 결정해야 한다. 나는 *toska*를 키츠의 "wakeful anguish(잠을 설치게 하는 번민)"의 의미에서 "heart-ache(마음의 고통)"나 "anguish(고뇌)"로 번역한다. *Tomnost'*와 그 형용사형 *tomnïy*는 푸슈킨이 가장 좋아하는 단어들 중의 하나이다. 좋은 번역가는 "languish(괴로움)"가 엘리자베스 조 시인들에 의해 명사로 사용됐다는 것을 기억할 것이고(한 예로 사무엘 다니엘의 "relieve my languish(내 괴로움을 덜어주소서)"), 이런 의미에서 그것이 "anguish(고뇌)"에 대해 갖는 관계는 "pale(창백함)"이 "dark(어두움)"에 대해 가지는 관계와 같다는 것을 기억할 것이다. 블레이크의 "her languished head(그녀의 초췌한 머리)"는 그 형용사형에 신경을 쓴 것이고, 키츠의 "languid moon(음울한 달)"은 푸슈킨의 *tomnaya luna*와 멋진 한 쌍을 이룬다. 어떤 부분에서는, *tomnost*(languor)가 *nega*(molle langueur), 즉 감미로운 의식의 쾌락, 나른한 부드러움으로 점차 변화한다. 푸슈킨이 영국 시인들을 알게 된 것은 오직 그들의 프랑스 양식 혹은 프랑스어 번역판들을 통해서였다. 『오네긴』의 영어 번역자는 포프와 바이런의 프랑스식 어법이나 키츠의 낭만적인 어휘들 속에서 하나의 표현을 찾는 한편, 프랑스 시인들을 계속 참조해야만 한다.

  젊은 날 푸슈킨의 문학적 취향은 라마르틴(Alphonse de Lamartine)과 스탕달을 키웠던 동일한 작가들과 동일한 *문학강좌*(Cours de Littérature) 에 의해 형성되었다. 이들이 보았던 입문서는 쟝 프랑수아 라하프(Jean Françoir Laharpe)가 1799년부터 1805년까지 총 16권으로 쓴 『고대와 현대의 문학 학교 또는 수업』(*Lycée ou Cours de Littérature, ancienne et moderne*) 이었다. 푸슈킨이 죽는 날까지 가장 좋아했던 작가들은 부알로(Boileau), 보쉬에(Bossuet), 코르네유(Corneille), 페늘롱(Fénelon), 라퐁텐(Lafontaine), 몰리에르(Molière), 파스칼(Pascal), 라신(Racine), 그리고 볼테르(Voltaire) 였다. 푸슈킨은 동시대 작가들 중 라마르틴에 대해서는 음악적이었으나 단조로웠던 것으로, 위고는 재능이 있었지만 전반적으로 보았을 때 2류 라고 판단했다. 젊은 뮈세(Musset)의 외설적인 시는 환영했고, 베랑제 (Béranger)는 경멸받아 마땅했던 작가로 보았다. 『오네긴』에서 우리는 다음과 같은 다양한 작가들이 반향하고 있음을 보게 된다. 즉, 볼테르의 『르몽댕』(*Le Mondain*)(제 1장에 나오는 다양한 구절들)이나 밀르브와 (Millevoye)의 『애가들』(*Élégies*)(특히 렌스키와 관련된 구절들에서)뿐 아니라 파르니(Parny)의 『연애시들』(Poésies Erotiques) 그레세의 『베르베르』 (*vert-vert*), 셰니에의 구슬픈 곡조들, 그리고 한 떼의 프랑스 소장 시인들

(petits poètes français), 즉 바이프(Baïf), 장틸 베르나르(Gentil Bernard), 베르니스(Bernis), 베르탱(Bertin), 솔리에(Chaulieu), 콜라르도(Colardeau), 들레비뉴(Delavigne), 델리유(Delille), 데보르드-발모르(Desbordes-Valmore), 데포르트(Desportes), 도라(Dorat), 뒤시스(Ducis), 질베르(Gilbert), 라테냥(Lattaignant), 르브룅(Lebrun), 르 브룅(Le Brun), 르구베(Legouvé), 레미에르(Lemierre), 레오나르(Léonard), 말필라트르(Malfilâtre), 피롱(Piron), 장-밥티스트 루소(Jean-Baptiste Rousseau) 등의 작가들이 그들이다.

　독일이나 영국 작가들의 영향은 거의 없었다. 1821년 개인적인 소장 목적으로 바이런을 교양 있는 프랑스어로 번역하면서 그는 "the wave that rolls below the Athenian's grave(그 아테네인의 무덤 아래로 흐르는 물결)"(『이단자(*Giaour*)』의 첫 부분)를 "ce flot qui roule sur la grève d'Athène."로 표현했다. 그는 셰익스피어는 레뚜네 판(Paris, 1821)을 기조(Guizot)와 아메데 피쇼(Amedée Pichot)가 고친 것으로 읽었고, 바이런은 피쇼와 유세브 데 살(Eusèbe de Salle)의 번역판(Paris, 1819-21)으로 읽었다. 특히 바이런이 능숙하게 구사하는 상투어는 러시아 시인들에게 밑거름이 된 크고 작은 프랑스 시의 메아리로서 그들에게는 특히 친근했다.

　만약 『오네긴』의 언어적 짜임이 퇴색한 비단 위의 무늬들로 변형되었다면 그것은 사실 시시하고 단조로운 작업이었을 것이다. 그런데 기적이 일어났다. 약 150년 전, 러시아의 문학 언어가 프랑스어의 막대한 영향을 겪으면서, 러시아 시인들은 사람을 끌어당기는 특유의 방식으로 영감을 주는 특정한 작품들을 선택하여 새로운 것과 오래된 것을 조화시켰던 것이다. 프랑스어의 무한한 형용어구들은 러시아어로 탈바꿈하여 새롭게 숨 쉬고 꽃피게 되었는데, 푸슈킨은 그것들을 참으로 세심하게 다루었던바, 그는 그것들을 두 언어를 의미 있게 조화시키는 전략적인 묘미로 활용할 수 있었던 것이다. 덧붙이자면, 이것으로 우리의 작업이 덜어지는 것은 아니다.

IV

결출한 문학작품을 다른 언어로 옮기고자 하는 사람은 지켜야할 단 하나의 의무가 있으니, 그것은 원문 전체를, 그리고 그 텍스트만을 절대적인 정확성으로 재현하는 것이다. 직역을 제외하면 그 어떤 것도 진정한 번역이 아니라, 모방, 각색 혹은 패러디에 불과하므로 "직역"(literal translation)이라는 용어는 같은 말을 반복하는 것이 된다.

그렇다면 문제는 압운과 합리성 사이에서의 선택에 있다. 절대적인 충실성으로 원문을 아니 원문만을 번역하면서 원문의 형식, 즉 리듬과 압운까지 유지하는 것이 가능한가? 한 언어, 자신의 언어 한계 내에서 작업하면서 언어의 내용과 방식이 하나임을 확신해온 작가에게는, 하나의 예술 작품이 자칭 번역가에게 형식과 내용의 형태로 분리되어 나타날 수 있다는 것, 그리고 둘 중 하나의 번역이라는 문제가 제기될 수도 있다는 것은 충격으로 다가온다. 실제로 일어나는 것은 그럼에도 불구하고 일원론자의 기쁨이다. 제일 중요한 언어적 실재를 빼앗긴 원문은 두 번 다시 날아올라 노래할 수 없을 것이다. 하지만 그것은 아주 솜씨 좋게 해부되고 실험대 위에 올려 져서 유기적인 세부사항의 모든 부분이 과학적으로 연구될 수는 있다. 그리하여 여기 그 소네트와 그 소네트 작가의 열렬한 찬미자가 있게 된 바, 그는 어떤 독창력의 기적을 발휘하여 원문의 모든 음영과 광휘를 옮김으로써, 다른 언어 속에서 그 소네트의 특별한 양식을 지켜낼 수 있으리라 희망하는 것이다.

바로 말하자면 보격에 있어서는 그렇게 어려움이 없다. 약강 선율은 흥미롭게도 축자적인 정확성과 완벽하게 조화되는 까닭에 영어 산문은 매우 자연스럽게 약강 리듬으로 흡수된다.

스티븐슨은 한 유쾌한 에세이에서 누군가의 산문을 퇴고와 가지치기를 통해 무운시로 옮기는 것의 위험성을 학생들에게 경고한다. 정말 멋진 것은 운율의 덫과 함정들에 대한 스티븐슨의 논의 자체가 너무나 정확하고 간결하게 순전히 약강격 운율로 표현되어 있는 까닭에 독자들, 적어도 좀 더 단순한 독자들은 그 교훈적인 트릭을 알아차리지 못한다는 것이다.

신문들은 마치 주르댕 씨(Monsieur Jourdain)가 산문을 쓰듯 흔하게 무운시 스타일을 사용한다. 앞에 펼쳐진 신문 한 장에 막 손을 뻗어 눈 가는 대로 읽어보니 다음과 같은 구절들이 눈에 띈다.

Debate on European Army interrupted: the Assembly's
Foreign Affairs Committee by a vote
Of twenty-four to twenty has decided
To recommend when the Assembly
Convenes this afternoon
That it adopt the resolution
To put off the debate indefinitely.
This, in effect, would kill the treaty.

유럽연합군의 개입에 대한 논쟁: 총회의
외무부 위원회는 투표를 거쳐
24대 20의 결과로
오늘 오후 총회가 개최되면

결의안을 채택하여
그 논쟁을 무기한 연기할 것을 권고하기로 결정했다.
실제로 그것은 조약을 파기시키겠다는 것과 다름없다.

The New York Yankees aren't conceding
The American League flag to Cleveland
But the first seed of doubt
Is growing in the minds of the defending champions.

뉴욕 양키즈는 결코
아메리칸 리그 우승기를 클리블랜드에게 넘겨주지 않으려 하겠지만
처음으로 의심의 씨앗이
디펜딩 챔피언의 마음속에서 피어나고 있다.

Nebraska city proud of jail:
Stromsburg, Nebraska (Associated Press).
They're mighty proud here of the city jail,
A building that provides both for incarceration
And entertainment. The brick structure houses
The police station and the jail. The second story
Has open sides and is used as a band stand.

수감시설에 대한 자부심을 가지는 네브래스카 시:
네브래스카 스트롬스부르크 (연합통신).
그들의 시 구치소에 대해 큰 자부심을 가지고 있으며,
그 건물은 감금과 오락을 동시에 제공할 수 있다.
그 벽돌 구조물은 경찰서와 교도소를 겸하고 있으며,
특히 2층은 측면을 개방하여
밴드 음악단으로 활용하고 있다.

V

　『오네긴』은 그동안 많은 언어로 오역되어 왔다. 내가 확인했던 것은 단지 프랑스어와 영어판 그리고 운을 갖춘 독일어 번역 몇 편이었다. 그중에서 최악은 순전히 날조에 가까운 세 개의 독일어 번역판들로서, 이중 타티아나(Tatiana)를 요한나(Johanna)로 바꾸어놓은 리페르트(Lippert) 번역판(1840)과 막스와 모리츠(Max-und-Moritz) 느낌을 주는 조이베르트(Seubert)(1873) 번역은 경멸할 가치도 없는 것들이다. 그런데 경계가 모호한 보덴슈테트(Bodenstedt)의 번역(1854)은 독일 비평가들에 의해 너무나 극찬을 받아왔기 때문에, 이 번역 역시 작품을 이해시키려는 노력이 더 많았음에도 불구하고 표현이랄 수 없는 믿기지 않는 실수들과 터무니없는 가필로 빼곡하다는 것을 독자들은 꼭 알아야만 할 것이다. 이쯤에서 덧붙이자면, 푸슈킨의 걸작에 퍼부어졌던 최대의 오욕 두 가지가 러시아인 자신들에게 책임이 있다는 사실을 짚고 넘어가야 한다는 것이다. 그 오욕은 타락한 차이코프스키(Chaykovski(Tschaykowsky))의 오페라와 그에 버금갈 정도로 졸렬한 레핀(Repin)의 삽화들로서, 이것들은 『오네긴』의 번역판 대부분을 장식하고 있다.

　『오네긴』의 프랑스어 번역은 사정이 좀 나았다. 즉 투르게네프(Turgenev)와 비아르도(Viardot)가 상당히 정확하게 옮긴 산문식 번역(in *La Revue Nationale*, Paris 1863)이 그것이다. 푸슈킨이 프랑스 시의 무한한 형용어구에 해당하는 러시아어에 얼마나 의존했었는지를 비아르도가 알았더라면 그리하여 그에 맞추어 번역했더라면 그 번역은 정말 훌륭했을 것이다. 실제로는 듀퐁(Dupont)의 산문식 번역(1847)이 텍스트의 특징과 관련한 오역들로 그득하기는 하지만, 좀 더 구어적이다.

불행히도 대학생들이 접할 수 있는 네 개의 영문 완역판이 있다. 스팔딩 중령(Liet.-Col. Spalding) 번역의 『유진 오네긴』(*Eugene Oneguine*)(Macmillan, London, 1881), 아브라함 야르몰린스키(Abraham Yarmolinski)가 선집과 편집을 맡았고 바베트 도이치(Babette Deutsch)가 번역한 『알렉산드르 푸슈킨 작품전집』(*The Works of Alexander Pushkin*)(Random House, New York, 1936)에 수록된 『유진 오네긴』(*Eugene Onegin*), 올리버 엘튼(Oliver Elton) 번역의 『예프게니 오네긴』(*Eugeny Onegin*)(*The Slavonic Revue*, London, January 1936 to January 1938, and The Pushkin Press, London, 1937), 마지막으로 도로시 프롤 라딘(Dorothea Prall Radin)과 조지 Z. 패트릭(George Z. Patrick)이 번역한 『유진 오네긴』(*Eugene Onegin*)(University of California Press, Berkeley, 1937)이다.

네 편의 번역은 모두 운율과 압운을 갖추고 있다. 네 편 모두 진지한 노력과 엄청난 양의 정신적 노동의 결과이며, 여기저기에 작은 독창성의 보석들을 품고 있다. 한편 이들은 모두 끔찍한 운문으로 옮겨진 오역으로 넘쳐나는 원작의 기괴한 모방작들이다. 무뚝뚝하고 무미건조한 중령의 번역이 그나마 제일 낫다. 최악의 케이스는 엘튼(Elton) 교수의 번역으로, 무책임할 정도의 언어적 기교에다 넘쳐나는 최고의 천박함과 기묘하기 짝이 없는 오역들이 함께 섞여 있다.

자칭 번역가들이 겪는 주요한 문제들 중의 하나는 바로 그들의 무지함이다. 그들이 *derevnya*를 'countryseat'대신에 'village'로, *skakat'*를 'to drive'대신에 'to gallop'으로 줄기차게 번역하는 것에 대해 설명해 줄 수 있는 것이라곤 1820년대의 러시아인의 삶에 대해 그들이 아무 것도 모른다는 사실뿐이다. 오네긴을 번역하고자 시도하길 원하는 이는 누구나 그와 연관된 주제들, 즉 크릴로프의 우화, 바이런의 작품들, 18세기 프랑스 시인들, 루소의 『신 엘로이즈』(*La Nouvelle Héloïse*), 푸슈킨의 일대기, 카드 도박, 예언과 관련한 러시아 노래들, 서유럽과 미국의 군대 계급에 상응하는 당시의 러시아 계급체계, 크랜베리와 덩굴월귤의 차이, 러시아식의 영국 권총 결투의 규칙들, 그리고 러시아어 등과 같이 관련된 많은 관련 주제에 대하여 정확한 지식을 소유하고 있어야 한다.

VI

푸슈킨을 번역하는 사람들이 숙지하고 있어야 할 특별히 미묘한 차이점 몇 가지를 보여주기 위해 4장의 39번째 연 첫 4행시를 분석해보고자 한다. 그것은 오네긴이 1820년 여름 모스크바 서쪽 약 300 마일 떨어진 곳에 있는 그의 시골집에서 보낸 시간을 묘사한 부분이다.

> Progúlki, chtén'e, son glubókoy,
> Lesnáya ten', zhurchán'e struy,
> Poróy belyánki cherno-ókoy
> Mladóy I svézhiy potzelúy...

첫 번째 행,

> progulki, chten'e, son glubokoy

[투르게네프-비아르도(Turgenev-Viardot)가 "la promenade, la lecture, un sommeil profond et salutaire(걷기, 독서, 건강에 유익한 숙면)"라고 정확히 번역했던]에서, *progulki*는 단순히 "걷기"로 번역될 수가 없는데, 왜냐

하면 그 러시아어에는 운동이나 취미 삼아 하는 승마라는 부가적인 의미가 포함되어 있기 때문이다. 우리는 걷기도 하지만 말 위에 앉아 주위를 어슬렁거릴 수도 있다. 따라서 나는 "promenades"가 마음에 들지 않았고, "rambles"를 받아들였다. 다음 단어는 "독서(reading)"를 의미하며, 이제 그 다음 단어가 좀 까다롭다. *glubokoy son*은 "깊은 잠(deep sleep)"뿐 아니라 "숙면(sound sleep)"을 의미하기도 하며(그래서 프랑스어 번역에서는 이중 형용사어구를 사용했다) 당연히 "밤잠(sleep by night)"을 암시한다. 누구나 원문의 또 하나의 중요한 요소인 두운법에 멋지게 상응될 수 있는 "선잠(slumber)"을 선택하고 싶겠지만(*progulki-glubokoy*, ramble-slumber) 번역가는 이러한 우아한 말에 흔들리지 않도록 조심해야 한다. 이 행을 가장 축자적으로 옮기면 아마 다음과 같을 것이다.

rambles, and reading, and sound sleep...[42]

다음 행

lesnaya ten', zhurchan'e struy...

에서, *lesnaya ten*은 "숲의 그늘(the forest's shade)" 또는 좀 더 어울리게 "삼림의 그늘"(the sylvan shade)이 된다(바이런의) "숲의 그늘"(the umbrage of the wood)을 가지고 내가 집적댔음을 고백한다). 그리고 이제는 또 다른 난관이다. 내가 결론적으로 "시냇물에 이는 거품(the bubbling

---

42) 포프의 "고독"에 나오는 "sound sleep by night, study and ease" 또는 제임스 톰슨의 "사계: 봄"에 나오는 "retirement, rural quiet, friendship, books"와 비교해 보라.

of the streams)"으로 번역한 *struhan'e strny*의 함정은 *strui*(주격 복수형)가 두 가지 의미를 가지고 있다는 것이다. 그것의 일상적인 의미가 물의 동체가 아니라 물의 가지들, 강의 흐르는 줄기들을 가리키는 영어 "시냇물(streams)"의 고어적 의미에 해당하는 것인데 반해[예를 들어 「코넬리아」(Cornelia)에서 키드(Kyd)가 사용했던 구절, "O beautious Tyber with thine easie streams that glide...,(오 잔잔한 물결들이 미끄러지듯 흘러가는 아름다운 티버 강이여...,)" 또는 앤 브래드스트릿의 「명상」("Contemplations") 에 나오는 "a [River] where gliding streams(물결들이 흐르는 곳[강])" 등], 푸슈킨 자신이 의도했던 또 다른 의미는 프랑스어의 *ondes*, 유수(waters)를 표현하기 위함이었다. 왜냐하면 푸슈킨 번역자에게 그 행

> the sylvan shade, the bubbling of the streams...
> (숲이 드리운 그늘, 거품을 일으키는 물결들...)

(또는 옛 영국 삼류시인이 번역하듯 "the green-wood shade, the purling rillets")가 의도적으로 전원시인들의 목가적인 이상을 반영하고 있다는 것은 명백할 것이기 때문이다. 숲과 강, "les ruisseaux et les bois,"는 18세기 프랑스와 영국 시인들이 이론적으로 선호했던 "자연으로의 은둔(green retreats)"을 찬양하는 셀 수 없이 많은 "전원예찬(éloges de la campagne)" 속에 함께 나타난다. 앙뜨완느 베르탱(Antoine Bertin)의 "le silence des bois, le murmure de l'onde(숲의 침묵, 물결의 속삭임)"(*Elegie* 22)나 에비리스트 파르니의 "dans l'épaisseur du bois, au doux bruit des ruisseaux(짙은 녹음 속 부드러운 시냇물 소리)"(*Fragment d'Alcée*)는 모두 이러한 종류의 전형적인 대목들이다.

이런 프랑스 소장시인들의 도움에 힘입어 우리는 이제 그 연의 첫 두 문장을 번역했다. 그 첫 4행의 전체 부분은 이러하다.

Rambles, and reading, and sound sleep,
the sylvan shade, the bubbling of the streams;
sometimes a white-skinned dark-eyed girl's
young and fresh kiss.

산책, 독서, 그리고 숙면,
숲이 드리운 그늘, 거품을 일으키는 물결들,
때때로 새하얀 피부에 검은 눈을 한 소녀가 다가와
부드럽고도 상쾌하게 입맞춤하네.

Poroy belyanki cherno-okoy
Mladoy i svezhiy potzeluy

번역가는 여기서 무언가 아주 특별한 것에 직면하게 된다. 푸슈킨은 자전적인 사건 하나를 앙드레 셰니에(André Chénier)의 시의 직역으로 위장시키고 있지만, 주석 어디에서도 셰니어에 대하여 언급되어 있는 부분은 없다. 문학 작품들을 논함에 있어 인간적인 측면을 부각하는 것에 대해 나는 찬성하지 않으며, 그와 같은 강조는 스타일이 뛰어난 데다 환상적인 푸슈킨의 소설에는 특히 어울리지 않는다. 게다가 푸슈킨이 주요 등장인물들 중 한사람이 아닌가.

하지만 푸슈킨이 1825년이 문학적 연대기 상 독특한 해였다는 구실을 이용하여 자신의 경험을 상기의 연 속에 숨겨놓았다는 것에는 의심의 여지가 없다. 그의 경험이란 그 해 여름 푸슈코프 지방에 있는 그의 사유지에서 순박하고 연약해 보이는 하녀 올가 칼라슈니코프(Olga Kalashnikov)에게 품었던 호기심으로서, 푸슈킨은 그녀를 임신시키고는 결국 그녀를 다른 지방에 있는 자신의 두 번째 사유지로 보내버렸다. 이제 앙드레 셰니에에게로 눈을 돌려보면, 1789년이라고 적힌, 라뚜쉬(Latouche)에 의해 "Epitre VII, à de Pange ainé"(5행-8행)라는 제목으로 출판되었던 단장(斷章) 속에서 우리는 그것을 발견하게 된다.

> ...Il a dans sa paisible et sainte solitude,
> Du loisir, due sommeil, et les bois, et l'étude,
> Le banquet des amis, et quelquefois, les soirs,
> Le baiser jeune et frais d'une blanche aux yeux noirs.

> (그 평화롭고도 성스러운 고독 속에,
> 휴식과 숙면, 그들의 유흥과 학문이 있고,
> 우정의 연회가 있으며, 그리고, 때때로 저녁이면,
> 검은 눈에 흰 얼굴을 한 처녀의 상쾌한 입맞춤이 있다.

영국인, 독일인, 프랑스인들을 막론하고 푸슈킨을 번역했던 그 누구도 러시아 학생 몇 명이 개별적으로 발견했던 사실[사브첸코(Savchenko)에 의해 처음 출판되었던 것으로 생각되는 발견, *Pushkin v mirovoy literature*, (레닌그라드, 1926)의 362 페이지의 주석, "Elegiya Lenskogo i frantzuskaya elegiya,"]을 알아차리지 못했는데, 그것은 39연의 첫 두 행은 셰니에의 행들의 의역이며, 다음 두 행은 그것들의 직역이라는 사실이다. 여성의 새하얀 피부에 대한 셰니에의 묘한 집착(그 예로『엘레지』(*Elégie*) 22를 보라)과 자신의 여린 젊은 하녀에 대한 푸슈킨의 상상력은 용화되어 개인적인 감정을 은폐하는 기적적인 가면을 만들어낸다. 왜냐하면, 일반적으로 자신이 사용하는 출처들을 밝히는 데 있어 신중한 우리의 작가가 마치 그 행들의 문학적 전거를 언급하는 것이 자기 자신의 비밀스러운 연애사건을 침해할 수도 있다는 듯이 그 직접적인 차용을 어디에서도 밝히고 있지 않음을 알아차릴 수 있기 때문이다.

이 연과 관련하여 내가 지금껏 언급한 모든 함축과 미묘함을 전혀 알지 못했던 영국 번역가들은 그로 인해 상당한 어려움을 겪었다. 스팔딩은 다음과 같이 그 장면의 위생적인 측면에 애쓰고 있고,

> the uncontaminated kiss
> of a young dark-eyed country maid;
> (검은 눈을 가진 어린 시골 처녀의
> 청결한 입맞춤)

라딘 양은 황공한 구절을 지어낸다.

> a kiss at times from some fair maiden
> dark-eyed, with bright and youthful looks;
> (밝고 활기찬 모습에
> 검은 눈의 아름다운 처녀가 이따금씩 키스하네)

푸슈킨이 오네긴과 그의 하녀들 사이의 육체적인 관계들에 대해 언급하고 있다는 것을 알아차리지 못한 도이치 양(Miss Deutsch)은 다음과 같이 극히 수줍은 대목을 갖고 나온다.

and if a black-eyed girl permitted
sometimes a kiss as fresh as she;
(또한 그녀만큼이나 생기 넘치는 입맞춤을
검은 눈의 소녀가 이따금 허락한다면)

그리고, 이럴 경우 우스꽝스러울 정도의 케케묵은 표현과 부정확한 문법에 있어서 언제나 우리의 기대를 저버리지 않는 엘튼 교수는 그 장면을 전환시켜 그 정부를 금발로 표백시켜버린다.

at times a fresh young kiss bestowing
upon some blond and dark-eyed maid.
(이따금 산뜻하고 부드러운 입맞춤이
금발에 검은 눈을 한 젊은 하녀에게 바쳐진다네.)

  말하자면, 푸슈킨의 시행은 내가 말하는 "직역주의, 직역, 직해"가 무엇을 의미하는가에 대한 탁월한 예시이다. 내게 직역주의란 곧 "절대적인 정확성"을 의미하는 것이다. 만약 그러한 정확성이 때때로 "문자가 정신을 죽여 버렸다"는 문구에서 연상되는 이상한 비유로 끝나게 된다면 거기서 상상할 수 있는 핑계거리란 하나밖에 없다. 즉, 원문 아니면 원문의 정신에 무언가 잘못된 것이 분명히 있으며, 이것은 사실 번역가의 소관은 아닌 것이다. 푸슈킨은 셰니에의 *une blanche*를 문자적으로(즉, 절대적인 정확성으로) *belyanka*로 옮겨놓았으며 영어 번역자는 이 부분에서 푸슈킨과 셰니에 둘 다를 환생시켜야 한다. *belyanka(une blanche)*를 "하얀 누군가(a white one)" 또는 더욱 나쁜 예로 "하얀 여성(a white female)"으로 번역하는 것은 잘못된 직역주의이며, "fair-faced"(하얀 얼굴의/ 아름다운

얼굴의)로 옮긴다면 두 가지 뜻으로 해석될 수 있을 것이다. 정확한 의미
는 "흰 피부의 여성(a white-skinned female)"으로, 물론 "젊기(young)" 때
문에, 검은 눈동자에다 아마 머리카락까지도 까매서 핏기 없는 피부의
흰 살결의 광채가 더욱 도드라졌을 "하얀 피부의 소녀(a white-skinned
girl)"인 것이다.

특히 "번역될 수 없는" 연으로서 또 하나의 좋은 예는 1장의 33번째
연이다.

> I recollect the sea before a storm:
> O how I envied
> the waves that ran in turbulent succession
> to lie down at her feet with love!

> (폭풍우가 일렁이던 그 바다를 떠올려본다
> 아 얼마나 부러웠던지
> 쉼 없이 밀려왔던 노도는
> 그녀의 발치에 사랑으로 잦아들었으니!)

> Ya pómnyu móre pred grozóyu:
> kak ya zavídoval volnám
> begúshchim búrnoy cheredóyu
> s lyukóv'yu lech k eyó nogám!

러시아 독자들은 이 원문에서 두 쌍의 아름다운 의성어적 두운법을 알아
볼 수 있는데, 거칠게 밀려들어오는 파도를 표현하는 *begushchim burnoy . .
.* 와 파도가 사랑하는 여인의 발치에서 살랑거리며 잦아드는 모습을 나

타낸 *s lyubov'yu lech*이 그것이다. 기억에 떠오른 그 발이 누구의 것이든[타간로크 만 근처에서 물장난을 치는 13살짜리 마리 라에프스키(Marie Raevski), 혹은 그녀의 아버지의 대녀인 타타르 출신의 *젊은 사교계 귀부인*(dame de compagnie), 아니면 좀 더 유력한-마리 자신의 회고록에야 어떻게 쓰였든-오데사에서 푸슈킨의 정부였던 엘리제 보론조프(Elise Vorontzov) 백작부인, 혹은 가장 그럴싸한 것으로, 떠오르는 모든 여인들의 조합], 여기서 실제적으로 중요한 유일한 사실은 이 파도들이 라퐁텐으로부터 와서 보그다노비치(Bogdanovich)를 지난다는 것이다. 내가 여기서 말하는 것은 "L'onde pour toucher...[Vénus] à longs flots s'entrepousse et d'une égale ardeur chaque flot à son tour s'en vient baiser les pieds de la mère d'Amour([비너스]를 탐하는 파도...서로 넘실대며 밀치는 커다란 물결, 그리고 자신의 차례가 올 때마다 한 마음으로 사랑하는 어머니의 발에 입맞춤하기 위해 밀려 내려오는 물줄기)"(Jean de la Fontaine, 「*Les Amours de Psiche et de Cupidon*」, 1669)와 이폴리트 보그다노비치(Ippolit Bogdanovich)가 이것을 그의 「Sweet Psyche」(『*Dushen'ka*』, 1783-1799)에서 상세하게 의역한 대목으로서, 후자는 영어로 읽으면 "the waves that pursue her jostle jealously to fall humbly at her feet(그녀를 향해 넘실대던 파도가 시샘하듯 밀쳐대며 그 발 앞에 다가와 겸손히 무릎 꿇는다)"가 된다.

많은 수정을 거치지 않고 푸슈킨의 4행을 교대형 압운구조의 4보격 4행시로 만들어 낼 도리는 없다. 남성 형 압운만 사용한다 할지라도, *collect, sea, storm, envied, waves, ran, turbulent, succession, lie, feet, love*가 핵심 단어들인데, 이 열한 개 단어들에 단 하나의 첨가물만 끼어 들어가도 원문을 저버리게 되는 것이다. 예를 들어, 우리가 다음과 같이 첫 행을 "before"로 끝내고 — *I recollect the sea before*[조잡한 구(句) 걸침이 이어진다 — 그것과 압운을 이루는 "shore"를 셋째 행 끝에 붙여보려 한다면 (the *something* waves that storm the shore), 이 한 번의 용인에 수많은 다른 수정들이 수반됨으로써 원문의 의미와 그것의 모든 문학적인 함축은 완전히 파괴되고야 말 것이다. 다시 말하면 번역가는 텍스트의 본 양식뿐 아니라 그 양식과 얽혀있는 빌려온 양식들까지도 항상 염두에 두어야 한다. 압운이나 보격을 구실로 그 어떤 것이 첨가되어서도 안 된다. 여기서 우리는 단지 특정한 말들만 사용될 수 있다는 조항처럼, 경기의 구성에 특별한 제한적 규칙들이 적용되는 체스 토너먼트의 어려움들을 떠올리게 된다. 『오네긴』의 연의 멋진 유기적 구조에는, 사용가능한 말들도 마찬가지로 그 개수와 종류가 엄격히 제한되어 있다. 번역가는 그 말들을 이리저리 옮겨볼 수는 있겠지만, 유일한 표현으로서의 효과를 약화시키는 군말 넣기나 여백 메우기를 위해 어떠한 추가적인 말도 사용될 수는 없을 것이다.

VII

『오네긴』의 한 연을 번역한다는 것은 14개의 행을 교대형 강음에다 leasure-love-leisure-dove로 시작되는 듣기 좋은 7개의 압운을 덧붙이는 것이 아니다. 가령 압운이 찾아진다고 치면, 그것들은 『오네긴』과 조화되는 수준으로 고양되어야 한다. 그러나 만약 남성형 압운이 어떻게 자체적으로 만들어질 수 있다고 한다면, 여성형 압운은 어떻게 할 것인가? 푸슈킨이 devi(maidens)에다 gde vï(where are you?)로 맞춘 운은 환기적이며 아름다운 조음을 이루지만, 바이런이 "maidens"에다 "gay dens"로 맞춘 운은 해학적인 느낌이 난다. 귀공자 해롤드(Childe Harold)나

"ice"(*Garol'-dom-so-l'dom*)에서 보이는 것과 같은 『오네긴』의 끊어서 맞춘 압운조차도 그들의 시적 억음(抑音)을 지키고 있으며, "new skin"과 "Pouskin"과 같은 [가문의 이명법의 한 갈래인 뮤신-푸슈킨 백작(Count Musin-Pushkin)이라는 억지스러운 이름] 바이런의 시에서 보이는 괴이함 과는 아무런 공통점도 갖고 있지 않다.

이로써 내가 도달한 세 가지의 결론은 다음과 같다. (1) 『오네긴』을 압 운을 갖추어 번역하는 것은 불가능하다. (2) 텍스트의 모든 함축과 기타 특성들과 마찬가지로 억양법과 압운들도 일련의 각주들을 통해 묘사하 는 것은 가능하다. (3) 합리적인 정확성을 갖춘다면, 『오네긴』을 4보격의 14행으로 이루어진 각 연을 약강 2보격에서 약강 5보격까지의 다양한 길 이를 가지는 무운 14행으로 옮기는 것은 가능하다.

이러한 결론들은 일반화될 수 있다. 나는 자세한 각주가 달린 번역을 하고 싶다. 이 주석들은 마치 마천루처럼 이런 저런 페이지의 꼭대기까 지 닿아서, 행 하나의 번득임만이 주석과 불멸 사이에 남게 될 것이다. 난 골자를 빼버리거나 군말을 붙이는 어떠한 행위도 가미되어 있지 않은, 그와 같은 각주들과 절대적인 축자적 의미를 원한다. 즉, 운율 때문에 손 상되고 약화됨으로써 "시적인" 번역판에서 한층 시들어버리는 다른 언어 로 된 모든 시들에서 이와 같은 의미와 각주를 사용하고 싶은 것이다. 그 리고 내가 『오네긴』 번역판을 낼 각오라면 그것은 나의 관점에 정확하 게 부합하든지 아니면 아예 세상에 나오지 않든지 할 것이다.

14.

번역의 언어학적 측면들에 관하여

■로만 야콥슨(Roman Jakobson)

러셀은 "치즈(cheese)에 대한 언어외적 지식을 가지고 있지 않는 한, 치즈라는 단어를 이해할 수 있는 사람은 아무도 없다"고 했다.[43) 그러나 만약 우리가 러셀의 근본 원칙과 생각을 따라 "전통철학의 문제들에 나타나는 언어학적 측면을 강조한다면," 영어의 어휘적 코드 안에서 이 단어에 지정된 의미를 알고 있지 않을 경우 어떤 사람도 치즈라는 단어를 이해할 수 없게 된다. 치즈를 사용하지 않는 음식 문화권에서 온 사람은 누구나, 영어의 치즈가 "응결시킨 우유로 만든 식품"(food made of pressed curds)을 뜻한다는 것을 앎과 동시에 최소한 응결된 우유(curd)에

---

43) Bertrand Russell, "Logical Positivism," *Revenue Internationale de Philosophie* 4 (1950): 18; cf. p. 3.

대한 언어적 지식을 가지고 있다면 치즈라는 영어단어를 이해할 수 있을 것이다. 우리는 "엠브로시아"(ambrosia: 신들의 음식)나 "넥타"(nectar: 신의 술)를 결코 맛본 적이 없고, 단지 신화를 쓴 사람들이 붙여놓은 이름인 "엠브로시아," "넥타," "제신"(gods)이라는 단어의 언어적 지식만을 가지고 있을 뿐이지만 이러한 단어들을 이해하며, 각각의 단어가 어떠한 상황에서 쓰이게 되는지를 안다.

"Cheese,"(치즈) "apple,"(사과) "nectar,"(넥타) "acquaintance,"(면식) "but,"(그러나) "mere"(단순히)라는 단어들의 의미, 그리고 무슨 단어나 구절이든, 그것의 의미는 명백히 언어적 사실, 즉 더 정확하고 세부적으로 얘기하자면 기호적 사실이다. 기호가 아니라 사물 자체에 의미(*signatum*)를 부여하는 사람들에 반대하는 가장 단순하고도 충실한 논증은, 그 누구도 "치즈"나 "사과"가 갖고 있는 의미를 맛보거나 냄새 맡아 본 적이 없다는 사실일 것이다. 기호(*signum*) 없이는 의미(*signatum*)가 있을 수 없다. "치즈"라는 단어의 의미는 언어적 코드의 도움 없이 체다(cheddar)나 까망베르(camembert)라는 비언어적인 지식으로부터는 추론될 수 없는 것이다. 언어 기호의 배열은 친숙하지 않은 단어를 소개하는 데 필요하다. 단순히 가리키는 것만 가지고는 "치즈"가 특정한 표본의 이름인지, 아니면 까망베르가 든 어떤 상자의 이름인지, 혹은 일반적인 까망베르 혹은 어떤 치즈, 어떤 유제품, 어떤 음식, 어떤 다과의 이름인지, 아니면 혹시 내용과 무관한 어떤 상자의 이름인지 알 수 없다. 마지막으로, 단어는 단순히 해당사물을 명명하는 역할만을 담당하는가, 아니면 제공, 판매, 금지, 악담 등과 같은 의미 또한 부여하는가? (가리키는 것은 사실 악담을 의미할 수 있는데, 특정 지역 특히 아프리카 문화권에서는 이것이 불길한 의사 표시로 간주된다.)

언어학자이자 통상적인 언어 사용자인 우리에게 있어서 어떤 언어적 기호의 의미는 특히 기호의 본질에 대해 매우 심오한 연구를 진행한 퍼어스가 끊임없이 주장했듯이[44], 그 기호를 좀 더 심층적인 다른 기호로 번역한 것으로서, 즉 "그 속에서 의미가 더욱 충분히 발전된" 하나의 기호로 번역된 것이다. "총각"(bachelor)이라는 단어는 좀 더 명시적이어야 할 경우에는 언제든지 좀 더 명확한 의미인 "결혼하지 않은 남성" (unmarried man)으로 전환될 수 있다. 언어 기호 해석은 3가지 방법으로 구분될 수 있는데, 즉 동일한 언어 안에서 다른 기호로 번역될 수 있는 것과, 다른 언어로 번역될 수 있는 것, 그리고 비언어적 상징체계로 번역될 수 있는 것 등이다.

1) 언어 내적 번역 혹은 *바꾸어 말하기*(rewording)란 같은 언어 안에서 언어기호를 다른 언어기호로 해석하는 것이다.

2) 언어 간 번역 혹은 *본연의 번역*(translation proper)이란 한 언어기호를 다른 언어로 해석하는 것이다.

3) 기호간 번역 혹은 *기호 변경*(transmutation)이란 언어기호를 비언어적 기호체계로 해석하는 것이다.

단어의 언어 내적 번역은 주로 동의어를 이루는 다른 단어를 사용하거나 혹은 에둘러 말하는 수단에 의존한다. 그러나 대체로 동의어는 완전한 등치를 이루지는 않는다. 예를 들면 "독신주의자(celibate: 독신 서약을 한 사람)"는 모두 총각(bachelor)이지만 총각(bachelor)이라고 모두 독신주의자(celibate)는 아니다. 단어나 관용어(최고 층위의 코드 - 결합체)는 코드 - 결합체의 등치 결합, 즉 이 코드 - 결합체를 가리키는 메시지에 의

---

44) Cf. John Dewey, "Peirce's Theory of Linguistic Signs, Thought, and Meaning," *The Journal of Philosophy* 43 (1946): 91.

해서만 완전히 해석될 수 있을 것이다. "모든 총각은 결혼하지 않은 남자이며, 결혼하지 않은 남자는 모두 총각이다" 또는 "모든 독신주의자는 결혼하지 않겠다고 결심한 사람이며, 결혼하지 않겠다고 결심한 사람은 모두 독신주의자이다."의 경우처럼.

마찬가지로, 언어 간 번역에서도 메시지는 타언어로 된 코드-결합체나 메시지의 적절한 해석의 역할을 해낼 수 있는 반면, 코드-결합체 사이에서는 통상적으로 완전한 등치란 결코 존재하지 않는다. 치즈(cheese)라는 영어 단어는 이에 해당하는 표준 러시아말 "сыр"와 완전히 동일한 것이 될 수 없는데, 왜냐하면 코티지치즈는 치즈이기는 해도 сыр는 아니기 때문이다. 러시아인들은 принеси сыру и творогу["치즈(cheese)와 코티지치즈(cottage cheese)를 갖다 줘요"]라고 말한다. 표준 러시아어에서, 응결시킨 우유로 만든 식품은 효소가 사용된 경우에 한해만 сыр라는 단어로 불리는 것이다.

하지만, 대체로 한 언어에서 다른 언어로의 번역은 한 언어로 된 메시지를 타 언어로 된 각각의 코드 - 결합체로 대체하는 것이 아니라 완전한 메시지로 대체한다. 이러한 번역이 간접발화이다. 즉, 번역가는 재부호화를 통해서 다른데서 받은 메시지를 전달하게 된다. 그러므로 번역은 동일한 두 개의 메시지를 두 개의 상이한 코드에 연관시키는 것이다.

불완전 등치는 언어의 근본적인 문제이자 언어학의 중추적인 관심사이다. 언어 메시지의 여느 수신자처럼 언어학자도 메시지의 해석자로서의 직무를 다한다. 어떤 언어적 표본도 동일한 체계의 다른 기호로 또는 다른 체계의 기호로 번역되지 않고는 언어학에 의해서 해석될 수 없을 것이다. 두 언어 간 비교는 그들의 상호 번역 가능성의 시험을 의미한다고 할 수 있기에, 언어 간 소통의 광범위한 실행, 특히 번역 활동은 언어학에 의한 끊임없는 검토 아래 진행되어야 하는 것이다. 두 언어의 해당 결합체들을 그 외연과 내포에 있어서 신중히 비교 정의해 놓은 2개 국어 병용 사전들에 대한 절박한 필요성과 그러한 사전들의 이론적이며 실용적인 중요성은 아무리 강조해도 지나치지 않다. 마찬가지로 서로 다른 두 언어의 문법은 문법 개념의 한계와 선택에 있어 서로 무엇이 다르며 무엇이 일치하는지 명시해야 한다.

번역의 이론과 실제는 실로 복잡 미묘하여, 때로는 번역 불가능성의 교의를 선포함으로써 고르디오스(Gordian)의 매듭을 끊어버리려는 시도들이 나타난다. 워프가 상상 속에 설정한 "선천적인 논리학자 Mr. Everyman"이 추론한 바에 따르면, "사실들은 자신의 언어배경이 그것들에 대한 다른 공식화를 제공한 화자에게는 각기 다르게 나타난다."[45] 러시아 혁명 초기 소비에트에는, 전통언어에 대한 급진적인 수정의 목적으로, 특히 "일출"(sunrise)이나 "일몰"(sunset)과 같은 오도된 표현을 근절하는 수단이 되었던 소비에트의 간행물을 통해서 논쟁을 벌였던 광신적인 사변가들이 있었다. 하지만 우리는 여전히 코페르니쿠스의 지동설을 거부하겠다는 의도 없이도 프톨레마이오스의 천동설을 사용하여 해의 뜨고 짐에 대한 관습적인 표현을 지구의 회전에 대한 묘사로 쉽사리 변형시킬 수 있으며, 그 이유는 단지 모든 기호가 우리에게 더 충분하게 설명되면서 정확하게 보이는 기호로 번역될 수 있기 때문인 것이다.

특정 언어를 말할 수 있는 능력은 그 언어에 대해 말할 수 있는 능력을 함축하고 있는 것이다. 이와 같은 "메타언어"의 작용은 사용된 단어의 수정과 재 정의를 허용한다. 닐스 보어(Niels Bohr)에 의하면 대상 언

---

45) Benjamin Lee Whorf, *Language, Thought, and Reality* (Cambridge, Mass., 1956), p. 235.

어와 메타언어는 상보관계에 있는데, 즉 잘 정의된 모든 실험 증거는 보통 언어로 표현되어야 하며, "그 속에서 모든 단어의 실제적인 용법은 그 단어들에 엄밀한 정의를 내리려는 시도들과 상보적인 관계에 놓이게 된다[46].

모든 인지적 경험과 이들의 분류는 현존하는 어떤 언어 안에서도 전달 가능하다. 그래서 부족하면 언제든지 술어(術語)는 차용어, 차용 번역, 신조어, 의미 변화 및 최종적 수단인 우회적 표현 등에 의해 수식되거나 부연될 수 있다. 예를 들어 동북 시베리아의 척치족(Chukchees)의 새로운 문학 언어에서 "나사"(screw)는 "회전 못"(rotating nail)으로, "강철"(steel)은 "단단한 쇠"(hard iron)로, "양철"(tin)은 "얇은 쇠"(thin iron)로, "분필"(chalk)은 "필기용 비누"(writing soap)로, "시계"(watch)는 "두들겨대는 심장"(hammering heart)으로 각각 번역되고 있음이 그것이다. 그리고 외관상 모순되지만 우회하여 말하는 법도 의사소통에 도움을 준다. 예를 들어, 말이 끌지 않는 전차에 대한 최초의 러시아말 "전기 마차"(electrical horsecar:Электрическая конка)나, 비행기를 일컫는 코랴크말 (Koryak) "비행 증기선"(flying steamship: jena paragot)은 단순히 전력으로 움직이는 마차와 비행하는 증기선에 대한 동류어를 가리키면서도 의사소통을 방해하지는 않는다. 이것은 "찬 쇠·돼지고기 핫도그"(cold beef-and-pork hot dog)라는 이중 모순어법에서 어떠한 의미적 "소음"과 장애도 찾아볼 수 없는 것과 마찬가지이다.

번역되는 언어에 문법 장치가 결여되었다고 해서 원문이 포함하고 있는 전체적인 개념적 지식을 직역하는 것이 불가능해 지는 일은 결코 없

---

46) Niels Bohr, "On the Notions of Causality and Complementarity," *Dialectica* 1 (1948): 317f.

다. 전통적인 접속사인 "그리고"(and)나 "혹은"(or)은 현재 『연방 정부 문서-워싱턴 안에서 그리고/ 또는 워싱턴을 위한 저술 방법』(*Federal Prose-How to Write in and/or for Washington*)[47]이라는 재기 넘치는 책에서 몇 년 전 논의된 바 있는 새로운 접속어 "그리고/ 또는"(and/or)에 의해 보완되었다. 이들 세 가지 접속어 가운데 "그리고/ 또는"만 사모예드어 (Samoyed) 중 하나에서 나타나고 있다.[48] 접속어들 가운데서 볼 수 있는 이러한 차이점에도 불구하고, "연방 정부 문서"(federal prose)에서 관찰된 메시지에 나타난 세 가지 종류는 모두 전통 영어와 사모예드말로 명백하게 번역될 수 있다. 연방 문서: (1) 존과 피터(John and Peter), (2) 존 또는 피터(John or Peter), (3) 존과 피터가 오거나 존 또는 피터가 올 것이다.(John and/or Peter will come.) 전통영어: (3) 존과 피터가 오거나 둘 중 한 사람이 올 것이다.(John and Peter or one of them will come.) 사모예드어: 존 또는 피터가 오거나 두 사람 모두 올 것이다.(John and/or Peter both will come,) (2) 존이나 피터, 두 사람 중 한 사람이 올 것이다.(John and/or Peter, one of them will come.)

만약 주어진 언어가 어떤 문법 범주를 결여하고 있다면, 이것의 의미는 어휘적 수단에 의해 같은 언어로 번역될 수 있다. 예를 들어 고대 러시아말 брата와 같은 양수(兩數) 형은 수사(numeral)를 이용하여 "두 형제"(two brothers)로 번역된다. 특정한 문법 범주가 결여된 언어로부터 그러한 문법을 갖추고 있는 언어로 번역할 때는 원문에 대한 충실함을 유

---

47) James R. Masterson and Wendell Brooks Philips, *Federal Prose* (Chapel Hill, N.C., 1948), p. 40f.

48) Cf. Knut Bergsland, "Finsk-ugrisk og almen språkvitenskap," *Norsk Tidsskrift for Sprogvidenskap* 15 (1949): 374f.

지하기가 더욱 어렵게 된다. "그녀에게는 남 형제들이 있다"(she has brothers)라는 영어문장을 양수와 복수의 구분이 있는 어떤 언어로 번역할 때, 우리는 "그녀는 남 형제가 두 명 있다"(she has two brothers)나 "그녀는 남 형제가 두 명 이상 있다"(she has more than two brothers) 라는 두 문장 중에서 선택하거나, 혹은 청자에게 결정권을 맡겨 "그녀는 남 형제가 두 명 있거나 혹은 두 명 이상 있다"(she has either two or more than two brothers)라고 말할 수밖에 없게 된다. 다시 말하여 문법적인 수 관념이 없는 언어에서 영어로 번역할 때에는 위에서 보는 것처럼 "남 형제"(brother)나 "남 형제들"(brothers)의 두 가능성 가운데 어느 하나를 선택하거나 "그녀에게 남형제가 한 명 혹은 한 명 이상 있다"(she has either one or more than one brother)처럼 청자가 양자택일하도록 해야 한다.

보아스(Boas)가 적절히 관찰한 것처럼, 한 언어의 문법적 유형(그 언어의 어족과 대조되는 것으로서)은 그 언어에 표현되어야만 하는 각각의 경험의 양상들을 결정한다. 즉 "우리는 이러한 양상들 중에서 선택해야 하고, 어느 것 하나는 반드시 선택되어야 한다."[49] "나는 일꾼을 한 명 고용했다"(I hired a worker)라는 영어문장을 정확하게 번역하기 위해서 러시아어는 보충 정보가 필요하다. 왜냐하면 이 행위가 완료되었느냐 아니냐에 따라 완료 혹은 비완료를 나타내는 동사인 нанял 혹은 нанимал 가운데 하나를 선택해야 하고, 일꾼이 남자인지 여자인지에 따라 남성형 명사와 여성형 명사인 работника와 работницу 가운데 선택해야 하기 때문이다. 영어 문장에서는 발화자에게 일꾼의 성별을 묻는다면 적절치 못하거나 분별 없는 처사로 간주될 수 있지만, 같은 문장을

---

49) Franz Boas, "Language," *General Anthropology* (Boston, 1938), p. 132f.

러시아어로 옮길 때라면 이것은 필수적이다. 한편, 그 영어 메시지를 번역하기 위해 어떤 러시아어 문법 형태들을 동원하던지 간에 번역에서는 여전히 내가 그 일꾼을 "고용했는지"(hired) 아니면 고용을 완료했는지 ("have hired"), 혹은 그/그녀가 "막연한"(indefinite) 한 명의 일꾼인지 "분명히 한정된"(definite) 일꾼인지["한"(a) 혹은 "그"(the) 일꾼]에 대한 답을 알 수 없을 것이다. 왜냐하면 영어와 러시아어의 문법적 유형에서 요구되는 정보가 상이하므로 우리는 언제나 일군의 각기 다른 양자택일적 상황들에 직면하기 때문이다. 그래서 우리는 같은 문장을 영어에서 러시아말로, 또는 그 반대로 번역할 때에, 최초 문장의 뜻을 거의 살리지 못하게 된다. 언어학자 카르세프스키(S. Karcevski)는 이와 같은 점진적인 손실을 적자 통화 거래의 연속적 순환에 비교했다. 하지만 메시지 내용이 풍부할수록 정보의 손실이 적다는 것은 분명하다.

한편 언어는 그들이 무엇을 전달할 수 있는가가 아니라 무엇을 전달해야 하는가라는 점에서 본질적인 차이가 있다. 특정 언어에서 각 동사는 꼭 예나 아니오로 대답해야 하는 일련의 구체적인 질문들을 제기한다. 이를테면, 서술된 사건은 그 사건의 완료를 담지하고 있는가 아닌가? 서술된 사건이 발화의 행위 이전에 제시되었는가 아닌가? 같은 것이다. 당연히 모국어 화자와 청자의 관심은 그들의 언어적 코드에 있어 필수적이라 할 수 있는 이와 같은 항목들에 집중될 것이다.

언어의 인지 기능에 있어, 언어는 문법 모형에 최소한으로 의존한다. 왜냐하면 경험에 대한 정의는 메타언어적 작용들에 대해 상보적 관계에 놓여 있기 때문이다— 언어의 인지적 층위는 재 코드화하는 해석, 즉 번역을 허용할 뿐만 아니라 직접적으로 요구한다. 말할 수도 없고 번역할 수도 없는 인지정보를 가정하는 것은 자체가 모순이다. 그러나 농담이나 꿈 혹은 마술, 즉 우리가 일상생활에서 말에 대해 갖고 있는 그릇된 믿음이라고 부를 수 있는 것들 속에서, 그리고 무엇보다도 시 속에서 문법의 범주는 고도의 어의적 의미를 지닌다. 이러한 상황에서 번역의 문제는 훨씬 더 복잡해지며 논의의 여지를 만들어낸다.

종종 형식적인 것에 지나지 않는 것으로 예를 드는 문법적인 성의 범주조차 한 언어 공동체의 신화적 태도 형성에 큰 역할을 담당한다. 러시아어에서 여성형(어휘)은 남성을 지칭할 수 없고, 남성형 또한 여성을 지정할 수 없다. 무생물 명사를 의인화하거나 혹은 은유적으로 해석하는 방식들은 그 명사의 문법적인 성에 의한 결과이다. 모스크바 심리연구소 (Moscow Psychological Institute)의 한 실험(1915)은 다음과 같은 사실을 보여주었다. 즉, 요일을 의인화하는 경향이 있는 러시아인들은 월, 화, 목요일을 남성으로 수, 금, 토요일을 여성으로 항상 표현하는데, 이들은 이것이 요일에 들어 있는 세 이름들(понедельник, вторник, четверг)은 남성형 어휘이고 다른 세 개(среда, пятница, суббота)는 여성형 어휘이기 때문이라는 사실은 인식하지 못하고 있다는 것이다. 금요일이라는 단어가 어떤 슬라브어에서는 남성형이지만 다른 슬라브어에서는 여성형이라는 사실은 유사한 민족들의 서로 다른 민속적 전통 속에 나타나게 되는데, 그들은 상이한 금요일의 관습을 갖고 있는 것이다. 나이프가 떨어지면 남자 손님이, 포크가 떨어지면 여자 손님이 올 징조라는 널리 알려진 러시아 미신은 "나이프"(knife)에 해당하는 러시아어 нож의 남성형과 "포크"(fork)에 해당하는 러시아어 вилка의 여성형을 가지고 설명될 수 있다. "낮"(day)이 남성형이고 "밤"(night)이 여성형인 슬라브어와 여타 언어들에서, 낮은 많은 시인들에 의해 밤의 연인으로 표현된다. 러시아 화가 레핀(Repin)은 독일 화가들이 죄를 여인으로 표현한 것에 대해 당혹스러워 했는데, 그는 "죄"(sin)라는 단어가 러시아어에서는 남성형(грех)일지라도 독일어에서는 여성형(*die Sünde*)이라는 사실을 인식하지 못했던 것이다. 마찬가지로 러시아 아동은 독일 동화책들의 번역본을 읽을 때 여성인 줄로만 알았던 죽음이(러시아어로 смерть, 여성형.) 늙은 남자로 표현되는 것(독일어로 *der Tod*, 남성형.)을 보고는 깜짝 놀란다. 보리스 파스테르나크(Boris Pasternak)의 시집의 제목인 『내 누이의 삶』(*My Sister Life*)은 "삶"(life)이 여성형인 러시아어로는(жизнь) 아주 자연스럽지만 이것을 번역하려 했던 체코 시인 요셉 호라(Josef Hora)를 절망 속에 밀어 넣기에는 충분했으니, 그것은 그 명사가 체코어에서는 남성형(*život*)이기 때문이다.

슬라브 문학에 대한 번역 작업 초창기에 제기되었던 최초의 질문은 무엇이었는가? 흥미롭게도 그것은 바로 성(genders)에 대한 기호체계를 보전하는데 있어서의 번역가의 어려움과 이 어려움이 가지는 인지적 무관함이었다. 이는 슬라브어로 된 가장 초기의 저작이라고 할 수 있는, 『복음집』(*Evangeliarium*)의 최초 번역본의 서문의 주제를 이루는 듯한데, 『복음집』의 슬라브어 번역은 860년대 초기, 슬라브 문자와 예배문을 처음 만든 철학자 콘스탄틴(Constantine)에 의해 씌어졌던 것으로서, 최근 A. 바이앙(A. Vaillant)에 의해 복구 및 해석이 이루어졌다.[50] "그리스어는 다른 언어로 번역될 때, 항상 동일하게 재생될 수 있는 것이 아니며, 이러한 문제는 번역할 때 각 언어에서 발생한다'고 콘스탄틴은 진술하고 있다. "그리스어의 ποταμός "강"(river)이나 αστηρ "별"(star)과 같은 남성형 명사는 슬라브어의 рѣка, звѣзда처럼 다른 언어에서는 여성

---

50) André Vaillant, "Le Préface de L'Évangeliaire vieux-slave," *Revue des Études Slaves* 24 (1948): 5f.

형이다." 바이앙의 진술에 따르면, 이러한 차이 때문에 마태복음에 나오는 두 구절(7장 25절과 2장 9절)에 대한 슬라브어 번역에서, 강과 악마 그리고 별과 천사 사이의 상징적 동일성이 무색해진다. 이러한 시적인 장애물에 대해 콘스탄틴은 아레오파고스[51]의 재판관(Areopagite)인 디오니시우스의 권고에 단호하게 반대하는데, 디오니시우스는 단어 자체로서가 아니라 인지적 가치(силъ разуму)에 대해 관심을 집중할 것을 요구했던 것이다.

시에 있어서 언어적 등식은 텍스트의 구성 원칙이 된다. 통사적이며 형태적인 범주들과 어근, 접사 및 음소들, 그리고 이들의 변별적인 특성을 이루는 구성요소들, 즉 언어적 코드를 이루는 모든 성분들은 유사와 대조의 원리에 따라 서로 대조되고 병치되며 인접하는 관계를 형성함과 동시에 그들이 갖고 있는 자체적인 의미를 전달한다. 음소적 유사성은 의미적 관련성으로 이해된다. 말장난(pun), 즉 좀 더 학식 있는 말이자 아마 좀 더 정확한 용어를 쓰자면, 재담(paronomasia)이 될 터인데 이것이 시학을 지배하며, 그 지배가 절대적이든 제한적이든 시는 정의상 번역될 수 없는 것이다. 단지 창조적인 치환만이 가능하다. 즉 어떤 시적 형태로부터 다른 것으로의 내적 치환, 또는 한 언어에서 다른 언어로의 언어 간 치환, 그리고 마지막으로 언어 예술에서 음악, 춤, 영화, 그림 등으로와 같이, 한 기호 체계에서 다른 기호 체계로의 기호간 치환 같은 것이 될 것이다.

만약 전통적인 공식이라 할 수 있는 *Traduttore, traditore*(번역자는 반역자)를 영어로 옮길 때 "the translator is a betrayer"(번역자는 배반자)라고

---

51) 아레오파고스 ≪아테네의 언덕≫;(고대 아테네의) 최고 재판소 ≪아레오파고스 언덕에 있었음≫; ≪일반적으로≫ 상급 재판소

번역한다면, 운을 갖춘 이탈리아어의 경구는 재담이 가진 모든 가치를 잃고 만다. 따라서 인지적 태도로서 이 경구를 더욱 명백한 진술로 바꾸게 되면 우리는 다음과 같은 질문에 답해야만 할 것이다: 어떤 메시지의 번역가를 말하는가? 어떤 가치의 배반자를 의미하는가?

15.

번역: 문학과 문필

■옥타비오 파스(Octavio Paz)

　우리가 말을 배운다는 것은 번역하기를 배우는 것이다. 아이가 어머니에게 어떤 단어의 뜻을 묻는다면 그 아이는 실제로 어떤 이질적인 단어를 그가 이미 알고 있는 쉬운 말로 번역해달라고 요청하고 있는 것이다. 이런 의미에서 같은 언어 내의 번역은 본질적으로 언어 간 번역과 다르지 않으며, 지구상 모든 민족들의 역사들 또한 이 아이의 경험과 유사하다. 가장 소외되어있는 부족일지라도 언젠가는 다른 언어를 사용하는 다른 민족들과 만나게 된다. 우리가 알지 못하는 언어가 내는 소리는 우리에게서 경악, 성가심, 분개 혹은 흥미 어린 당혹감 등의 반응을 유발시킬 수 있으나, 우리 자신의 언어에 대한 불확실성이 곧 이러한 기분을 대체한다. 우리는 언어가 보편적이지 않음을 알아차리게 된다. 오히려 이 세상에는 서로 이질적이고 이해하기 어려운 수많은 언어가 존재한다는 사실을 깨닫는 것이다. 과거에는 번역에 불확실성이 없었다. 비록 보편적이지는 않다 하더라도 언어는 몇 가지 어려움이 극복되는 즉시 민족 모두가 서로 소통하고 이해할 수 있게 되는 보편적 사회의 부분을 구성한다. 또한 그들이 그렇게 할 수 있는 것은 어떤 언어에서든 인간들은 항상 같은 것에 대해 얘기하기 때문이다. 정신의 보편성은 바벨탑의 혼란에 대한 대답이었다. 언어는 많지만, 본질은 하나다. 파스칼이 기독교의 진리에 대해 확신할 수 있었던 것이 다양한 종교들의 존재를 통해서였듯이, 번역은 언어의 다양성에 대해 보편적 이해가능성의 개념으로 반응했다. 그러므로 번역은 정신적 유대에 대한 확인일 뿐 아니라 보증이기도 했던 것이다.

근대에는 그러한 확신이 파괴되었다. 인간은 무한히 다양한 기질들과 감정들을 재발견함에 따라, 즉 엄청나게 많은 관습들과 집단들을 목도하게 됨에 따라, 다른 이들 속에서 스스로를 인식하는 일이 어렵다고 느끼기 시작했다. 그때까지 이교도는 개종 아니면 죽음, 세례 아니면 살육에 의해 핍박받는 변질자였으나, 18세기 상류사회의 살롱에 등장한 이방인은 비록 주인의 언어를 완벽히 구사하고 있었을지언정 엄연한 외래성이 부여되어 있던 낯선 존재였다. 그는 개종에 굴복하지는 않았으나 논쟁과 비판의 대상이 되었다. 그의 독창적인 관점과 소박한 관습들, 심지어 그의 격한 감정까지도 세례와 개종이 부조리하고 헛되다는 것을 — 말하자면 불명예까지는 아니더라도 — 입증하였다. 새로운 방식을 보여주었던 것이다. 정신적 보편성을 향한 종교적 순례는 똑같이 보편적인 차이점들을 밝히고자 열을 올리는 지적 호기심으로 대체되었다. 낯섦은 더 이상 예외가 아닌 표준이 되었던 것이다. 이러한 인식 변화는 역설적인 동시에 시사적이다. 미개는 문명인의 아련한 추억이자 또 다른 자아, 그의 잃어버린 반쪽을 상징했다. 번역 또한 이러한 변화를 반영했다. 즉, 번역은 더 이상 인간들의 궁극적인 동일함을 묘사하려는 노력이 아니라, 인간들 각자의 개성을 드러내는 수단이 되었던 것이다. 번역은 한때 차이보다 유사성의 우월을 드러내는 역할을 했으나, 이 순간 이후부터 번역은 비문명인의 외래성에서 나온 것이든 혹은 동포의 외래성에서 나온 것이든 서로 일치할 수 없는 차이들을 묘사하는데 소용이 되게 된 것이다.

존슨 박사는 여행을 다니던 중에 이러한 새로운 입장을 매우 적절히 표현해주는 발언을 한 적이 있다. "잎사귀는 어딜 가나 똑같은 잎사귀이다. 이 나라든 다른 나라든....남녀는 모두 나의 연구 대상이다. 어디 보자, 이들은 우리가 떠나온 곳의 사람들과 얼마나 다른지." 존슨 박사의 말은 두 종류의 생각을 전달하고 있으며, 또한 그 두 가지는 근대가 밟아나가게 될 두 갈래의 길을 예견하고 있다. 첫 번째는 대결과 충돌로 변질되는 인간과 자연의 분리를 가리킨다. 인간의 사명은 더 이상 자기 자신의 구원이 아니라 자연에 대한 지배가 되었다. 두 번째는 인간과 인간의 분리를 가리킨다. 세계는 더 이상 완전한 개체로서의 세계가 아니다. 자연과 문명 사이에는 균열이 나타나는데, 이 균열은 개별적인 문화로 한층 더 세분됨에 따라 심화되었다. 다수의 언어와 다수의 사회들이 존재한다. 각 언어는 하나의 세계관이며, 각 문명은 하나의 세상이다. 아즈텍 문명의 시에서 찬미되는 태양과 이집트의 찬가에 나오는 태양은 비록 둘 다 같은 별에 대해 이야기하고 있지만 같지 않다. 2세기가 넘는 기간에 걸쳐 철학자들과 역사학자들, 그리고 더 최근에는 인류학자들과 언어학자들도 역시 개인들과 사회들, 시대들 사이에 존재하는 극복 불가능한 차이점들의 실례들을 축적해 오는 중이다. 자연과 문화 사이의 것과 조금도 다르지 않는 크나큰 분열이 원시인들과 문명인들을 떼어놓음에 따라 가지각색의 다양한 문명들에서 세분화가 발생한다. 각 문명 안에서는 더 많은 차이가 나타난다. 우리가 서로 소통할 수 있도록 해 주는 언어는 또한 소리와 의미의 보이지 않는 그물망에 우리를 가두어 버림으로써, 각 나라는 자국의 언어, 즉 역사적 시대와 사회 계급 그리고 세대적 차이에 의해 더욱 파편화되어 버린 언어에 의해 구속되고 만다. 같은 공동체에 속한 개인들 간의 의사소통을 보자면, 개별 화자는 스스로의 이기적 관심에 의해 구속되어 버린다.

이 모든 상황을 고려해 볼 때, 누구나 번역가들이 실패를 받아들일 것이라고 기대했겠지만, 실제로는 그렇지 않았다. 오히려 더 많이 번역하려는 모순적이고도 보완적인 경향을 보여주었다. 이것이 역설적인 이유는, 번역이 언어들 사이의 차이들을 극복해내는 한편 그 차이들을 제대로 더 드러내기 때문이다. 번역 덕분에 우리는 다른 나라 사람들이 우리처럼 말하고 생각하지 않는다는 사실을 인식하게 된다. 한편, 세계는 우리에게 유사성들의 더미처럼 보인다. 반면에, 점점 늘어나는 텍스트들의 더미처럼 보이는데, 각 텍스트는 이전의 것과는 약간 다르다. 즉 번역들의 번역들의 번역들인 것이다. 각각의 텍스트는 독특하지만, 동시에 다른 텍스트의 번역이다. 어떤 텍스트도 완전히 독창적일 수 없는 것은 언어 자체가 바로 그 본질에 있어서 이미 하나의 번역이기 때문이다— 처음에는 비언어적 세계로부터, 그 다음엔 각 기호와 어구가 다른 기호와 어구로부터의 번역이기 때문이다. 하지만 이러한 논리의 역도 역시 충분히 성립한다. 모든 텍스트가 원문으로 간주되는 것은 각 번역이 자체적으로 변별적인 성격을 띠고 있기 때문이다. 어느 정도까지 각 번역은 하나의 창작물이므로 독창적인 하나의 텍스트를 구성하는 것이다.

인류학과 언어학의 발견들로 인해, 번역은 그 자체가 아니라 번역의 한 순진한 관념에 대해서 비난받게 되는데, 그것은 스페인어로 "servil(노예적인)"이라는 암시적인 의미로 지칭되는 직역의 관념이다. 내가 말하고자 하는 것은 직역이 불가능하다는 것이 아니라 직역은 번역이 아니라는 것이다. 직역은 원천언어로 된 텍스트를 읽을 수 있게 해 주는 일련의 단어들로서 하나의 작동원리이다. 직역은 번역이라기보다 오히려 용어집이고, 번역은 언제나 문학행위이다. 예외 없이, 과학 텍스트의 경우처럼 번역가의 유일한 의도가 단지 의미를 전달하는 데 있을 때조차도 번역은 원문의 변형을 수반한다. 그 변형이 언제나 문학적이고 또한 문학적일 수밖에 없는 이유는, 모든 문학적 과정은 환유와 은유로 환원된다는 로만 야콥슨의 말대로, 모든 번역은 상기 두 가지 표현 양식을 이용하게 되기 때문이다. 원문은 새로운 언어로는 결코 다시 등장하지 않지만(이것은 불가능할 것이다), 그 속에 항상 존재한다. 왜냐하면 번역은 원문을 직접적으로 말하지 않아도 그것을 계속 표현하거나, 아니면, 비록 동일하지는 않지만 환유와 은유라는 원문을 재현하는 언어적 대상으로 바뀌어 지기 때문이다. 설명적 번역이나 의역과는 달리, 환유와 은유는 정확성을 따르지 않을 수 없는 엄밀한 형식이다. 환유는 간접적인 묘사이고, 은유는 언어적 등치이다.

번역의 실현가능성에 대한 최대의 비관론은 시에 집중되어 왔는데, 각종 서양 언어로 된 결작 시들의 다수가 번역이고 그 번역시들의 다수는 또한 위대한 시인들에 의해 씌어졌다는 것을 생각해 보면 희한한 태도가 아닐 수 없다. 몇 년 전, 비평가이자 언어학자인 조르주 무냉(Georges Mounin)은 번역에 관한 책을 한 권 썼다. 그는 텍스트의 명시적 의미가 번역될 수 있다는 것에 대해서는, 선뜻은 아니라고 하지만 그래도 보편적으로 인정되고 있으나, 텍스트의 함축적 의미가 번역될 수 없다는 것에 대한 동의는 거의 만장일치에 가깝다고 지적했다. 울림과 반향, 그리고 의미를 지닌 소리의 상호작용으로 짜여진 시는 함축으로 이루어진 조직이므로 결론적으로 번역 불가능하다는 것이다. 나는 이러한 견해가 불쾌한 것임을 고백해야만 하겠는데, 그것은 이 견해가 시는 보편적이라는 나의 개인적 확신에 배치될 뿐만 아니라 번역이 무엇인가 하는 것에 대한 잘못된 개념에 바탕을 두고 있기 때문이다. 물론 모든 이들이 나의 관점에 동의하는 것은 아니며, 많은 현대 시인들 역시 시가 번역 불가능하다고 주장한다. 아마도 그러한 의견은 언어적 요소에 대한 그들의 지나친 집착에서 나왔거나 아니면 그들이 주관성의 덫에 빠져버렸기 때문일 것이다. 그 덫은 케베도(Quevedo)가 경고했던 것과 같은 치명적인 덫이다. "그 심연의 바다/거기서 난 자기애에 빠지게 되었네." 우나무노(Unamuno)는 그의 분출하는 애국심을 담은 서정시 한편을 통해 이러한 언어적 홀림에 대한 하나의 예를 제공한다.

Avila, Málaga, Cáceres,
Játiva, Mérida, Córdoba,
Cuidad Rodrigo, Sepúlveda,
Ubeda, Arévalo, Frómista,
Zumárraga, Salamanca,
Turéngano, Zaragoza,
Lérida, Zamarramala,
you are the names that stand tall,
free, untarnished, an honor roll,
the untranslatable marrow

of our Spanish tongue.

(아빌라, 말라가, 카세레스
하티바, 메리다, 코르도바,
쿠이다드 로드리고, 세풀베다,
우베다, 아레발로, 프로미스타,
주마라가, 살라망카,
투렌가노, 사라고사,
레리다, 사마라말라,
그대들은 우뚝 선, 자유롭고
더럽혀지지 않은 이름들이자 명예로운 명부,
우리 스페인어의
번역 불가능한 정수이다.)

"The untranslatable marrow/ of our Spanish tongue"는 엉뚱한 은유이기
는 해도(marrow and tongue? 골수와 모국어?) 그 이미지가 보편적이기 때
문에 완벽하게 번역 가능한 구절이다. 다른 언어들에서 많은 시인들은
우나무노 특유의 스타일을 활용해왔는데, 나열된 단어들은 다르지만 맥
락과 감정, 의미는 유사했다. 번역 불가능한 스페인의 정수가 일련의 라
틴어, 아라비아어, 켈티베리아어, 바스크어 이름들로 이루어져 있다는 사
실은 주목할 만하다. 우나무노가 카탈로니아 도시 예이다(Lleida)를 카스
티아의 레리다(Lérida)로 번역해놓았다는 것 역시 두드러지는 점이다. 게
다가 그중에서도 아마 가장 놀라운 것은 빅토르 위고가 쓴 다음의 시행
들을 자신의 시의 제사(題辭)로 인용했다는 점으로, 그렇게 하는 것이 이
름들은 번역 불가능하다는 스스로의 확신과 상충하고 있다는 것을 우나
무노는 인식하지 못하고 있음이 명백하다.

Et tout tremble, Irun, Coïmbre,
Santander, Almodovar,
sitôt qu'on entend le timbre
des cymbals de Bivar.

And everything trembles, Irún, Coímbra,
Santander, Almodóvar,
once we hear the timbre
of the cymbals of Bivar.

(그리고 모든 것이 진동한다. 이룬, 코임브라,
산탄데르, 알모도바르,
우리가 그 소리를 듣는 순간
비바르에서 들려오는 심벌즈 소리를.)

　의미들과 감정은 스페인어에서나 프랑스어에서나 동일하다. 엄밀하게
말해서 고유명사들은 번역될 수 없기 때문에 위고는 그것들을 프랑스어
로 옮기려고 하지 않은 채 스페인어로 읊고 있을 뿐이다. 그 암송이 효과
적인 것은 정확한 의미가 벗겨지고 언어적 캐스터네츠이자 진심 어린 진
언으로 바뀐 단어들이 스페인어에서보다 프랑스어 텍스트를 통해서 더
욱 이국적으로 울리고 있기 때문이다....번역은 매우 어렵다. 이른바 원문
을 창조하는 것과 진배없지만 그렇다고 해서 불가능한 것은 아니다. 위
고와 우나무노의 시들은 만약 시인인 번역가가 함축적 의미들이 탑재된
언어적 상황과 시적 맥락을 성공적으로 재현한다면 그것들을 보존할 수
있다는 것을 보여준다. 월러스 스티븐슨은 한 세련된 구절을 통해 그것
에 대한 일종의 모범적인 이미지를 제공했다.

...the hard hidalgo
Lives in the mountainous character of his speech;

And in that mountainous mirror Spain acquires
The knowledge of Spain and of the hidalgo's hat-

A seeming of the Spaniard, a style of life,
The invention of a nation in a phrase....

(...그 강인한 이달고는
그의 말이 지니는 거대함 속에 살아간다.

그리고 그 거대한 거울 속에서 스페인이 얻는 것은
이달고의 모자와 스스로를 아는 것이다-

그 스페인사람의 생김새, 한 생활양식,
한 구절로 하나의 민족을 만들어내는 것....)

　여기서 언어는 하나의 풍경이 되었고, 그 풍경은 차례로 하나의 창조물이 되는데, 그것은 한 민족 또는 한 개인에 대한 은유로서, 온전히 소통하고 번역되는 하나의 언어적 지형도이다. 구절들은 일련의 산들을 형성하고, 또한 그 산들은 문자를, 한 문명의 표의기호들을 형성한다. 하지만 울림과 단어들 사이의 상호작용이 불가항력적인 것만은 아니다. 그것은 피할 수 없는 위협을 품고 있다. 사방에 단어들로 둘러싸인 채, 우리가 사물이 아니라 이름들에 둘러싸여 살아가야 하는 당혹감, 심지어 이름을 가지고 있다는 애처로운 당혹감에 의해 위협을 느끼는 날이 다가오고 있는 것이다.

Amid the reeds and the late afternoon,
how strange that I am named Federico!
(갈대밭 속에서의 늦은 오후,
내가 페데리코라고 불리다니 얼마나 이상한가!)

이 경우에서도 체험은 역시 보편적이다. 가르시아 로르카(García Lorca) 역시 그가 톰, 쟝 또는 장자(Chuang Tzu)로 불렸다면 똑같은 불편함을 느꼈을 것이다. 이름을 잃는다는 것은 그림자를 잃는 것과 같고, 단지 이름뿐인 존재가 되는 것은 그림자뿐인 존재로 격하되는 것이다. 사물과 이름 사이에 어떤 상응관계도 없다면 이중으로 견딜 수 없는 일이다. 의미가 증발해버리거나 혹은 사물들이 사라지게 된다. 순수 의미만 존재하는 세계란 의미를 결여한, 즉 이름이 없는 사물들의 세계만큼이나 황량한 것이다. 세상을 살만한 곳으로 만드는 것은 바로 언어이다. 페데리코 혹은 소지(Sô Ji)라고 불리는 의외성의 혼란스러운 순간이 지나면 다른 이름, 즉 페데리코의 번역에 해당하는 이름이 즉각적으로 뒤따르게 되는데, 이것이 바로 말하지 않고 말하는 은유 혹은 환유의 장치인 것이다.

최근 몇 년간, 아마 증대하는 언어학의 중요성 때문이겠지만, 번역이 갖고 있는 이 확실한 문학적 특성을 약화시키고자 하는 경향이 있어 왔다. 번역이 비록 과학적으로 연구될 수 있고 또한 과학적으로 연구되어야 한다 하더라도, 과학으로서의 번역이라는 것은 존재하지도 않을 뿐더러 존재할 수도 없다. 문학이 언어의 특성화된 한 기능이듯이 번역 역시 문학의 특성화된 한 기능이다. 그렇다면 번역하는 기계들은 무엇인가라고 물을 수 있다. 만약 그 기계들이 진정으로 번역이라는 것을 한다면 그것들은 문학적인 작업을 수행할 것이며, 그것들은 번역가들이 지금 하고 있는 것, 즉 문학을 생산해 낼 것이다. 번역은 하나의 실행으로서, 번역자가 인간에 의해 프로그래밍된 기계든 아니면 사전들에 둘러싸인 살아있는 인간이든 간에, 번역에 있어서 결정적인 것은 필수적인 언어적 능력을 부여받은 번역가의 독창성인 것이다. 아서 웨일리(Arthur Waley)가 이것을 잘 표현해 놓았다.

최근에 한 프랑스 학자가 번역가들에 대해서 다음과 같이 썼다. "번역가들은 텍스트 뒤에 숨은 채 밖으로 드러나는 일이 없어야 한다. 만약 텍스트가 완전히 이해된다면 텍스트가 번역가를 대변해 줄 것이다(*Qu'ils s'effacent derrière les textes et ceux-ci, s'ils ont été vraiment compris, parleront d'eux-mêmes*). "고양이가 쥐를 쫓아간다(The cat chases the mouse)"와 같은 명백하게 구체적인 진술의 다소 드문 경우를 제외하면, 다른 언어로 정확히 단어 대 단어의 등가물로 번역될 수 있는 문장은 거의 없다. 다양한 근사치들 가운데서 선택하는 문제가 되는 것이다....내가 언제나 알아차린 것은 말하는 역할을 해야 했던 것은 텍스트가 아니라 나였다는 사실이었다.

이 말에 대해 더 깊이 논의하기란 쉽지 않을 것이다.

이론적으로는 시인들만이 시를 번역할 수 있다고 하지만 실제에 있어서 시인들이 좋은 번역가가 되는 경우는 매우 드물다. 그들은 거의 예외 없이 외국 시를 자신들의 시를 짓기 위한 출발점으로 삼는다. 좋은 번역가는 정확히 그 반대로 행동한다. 그가 추구하는 목적은 비록 원문과 동일하지는 않지만 원문과 유사한 시를 만들어내는 것이다. 그는 원문을 더욱 엄밀하게 재현하기 위해서 그것을 떠날 뿐이다. 좋은 시 번역가는 아서 웨일리처럼 시인으로서의 번역가이거나 또는 『파우스트』를 처음 번역했을 때의 네르발(Gérard de Nerval)처럼 좋은 번역가로서의 시인이라고 할 수 있다. 네르발은 또한 괴테, 쟝 폴(Jean Paul), 그리고 여타 독일 시인들에 대한 훌륭하고도 아주 독창적인 모작들을 몇 편 썼다. "모방"이란 번역의 쌍둥이 여동생으로서, 그것들은 서로 유사하지만 서로를 혼동해서는 안 된다. 그것들은 마치 사드의 소설에 등장하는 두 자매 주스틴, 줄리엣과도 같다....많은 시인들이 시를 번역하지 못하는 것은 비록 자기본위적인 사고가 한 몫 하는 구석은 있지만 심리적인 요인이 아니라 순전히 기능적인 이유 때문이다. 시 번역은 내가 논증하고자 하듯이, 시 창작과 유사한 과정이지만 반대 방향에서 펼쳐진다.

모든 단어는 어느 정도의 함축적인 의미들을 보유한다. 한 단어가 다른 단어들과 결합하여 구를 형성할 때 단어가 가진 의미 중의 하나가 활성화되고 두드러지게 된다. 산문에서는 단어가 단일한 의미를 띠는 경향이 있는 반면, 종종 강조되어 왔듯이 시의 특성들 중 하나는, 이것이 아마 다른 것과 구별되는 특성일 터인데, 다수의 의미를 보유한다는 것이다. 우리가 여기서 보고 있는 것은 사실 언어의 일반적 속성이다. 단어가 가진 의미의 복합성은 시에서 강조되지만, 그것은 적게는 일반적인 담화와 심지어는 산문에서도 나타나고 있다. (이러한 상황에서 확인할 수 있는 것은 산문은 그 용어의 가장 엄격한 의미에서 보았을 때 실제로 존재하지 않는다는 점이다. 그것은 지성에 의해 요구된 하나의 개념에 불과한 것이다.) 비평가들은 시의 이러한 혼란스러운 특성에 대해 많은 관심을 보여 오면서도 이와 같은 의미의 이동성과 모호성에 부합하는 똑같이 매혹적인 특성은 무시해왔는데, 그것은 바로 기호의 부동성이라는 것이다. 시는 언어를 급진적으로 변형시키고, 그 변형은 산문과는 반대 방향으로 이루어진다. 한편으로는 문자들의 이동성이 하나의 의미를 확정짓는데 공헌하지만 다른 한편으로는 의미의 다수성에 의해 문자들이 고정되기도 한다. 언어는 물론 어느 정도 움직이는 기호들의 체계로 상호교환 가능한 것이다. 즉, 한 단어는 다른 단어로 대체될 수 있고 각 구절은 다른 구절로 표현될 (번역될) 수 있다. 퍼스(Peirce)의 말을 다시 옮기자면, 한 단어의 의미는 언제나 다른 단어라고 말할 수 있는 것이다. 우리가 "이 구절이 의미하는 바는 무엇인가?"라고 물을 때마다 그 답은 다른 구절이 된다. 하지만 일단 시의 영역으로 들어오면 우리는 단어들이 이동성과 상호교환가능성을 잃어버렸다는 것을 알게 된다. 시의 의미는 다양하며 가변적이지만 그 시의 단어들은 독특하고 대체 불가능하다. 단어들을 바꾸는 것은 시를 파괴하는 것이다. 시는 언어로 표현되지만 언어를 초월한다.

언어의 운동에 몰두한 시인은 언어에 끊임없이 정신을 빼앗긴 채 몇몇 단어들을 선택하거나 혹은 자신이 단어들에 의해 선택을 받는다. 시인은 단어들을 결합하면서 자신의 시를 짓는다. 즉 그 시는 대체 불가능하면서 부동적인 문자들로 이루어진 언어적 객체이다. 번역가의 출발점은 시인에게 원료가 되는 이동하는 언어가 아니라 시작품 속의 고정된 언어이다. 동결되었지만 살아있는 언어인 것이다. 그의 작업은 시인의 것과 정반대이다. 번역가는 이동성을 가진 문자들로부터 불변의 텍스트를 만들어내는 대신에 텍스트의 요소들을 분해하여 기호들을 자유로이 순환하게끔 만든 다음 그것들을 언어로 되돌린다. 처음 단계에서 번역가의 작업은 독자나 비평가의 그것과 다르지 않다. 각 독서는 하나의 번역과 같으며, 각 비평작업은 하나의 해석이거나 혹은 해석으로 시작된다. 그러나 독서는 같은 언어 내의 번역이며, 비평은 시의 자유 번역 또는 더욱 정확히는 전위(transposition)에 해당한다. 비평가에게 있어 시는 다른 텍스트, 즉 자신의 텍스트로 향하는 출발점인 반면 다른 언어, 상이한 문자들에 속한 번역가는 원문과 유사한 시를 지어야만 하는 것이다. 번역가의 작업의 두 번째 국면은 시인의 작업과 비슷하지만 다음과 같은 본질적인 차이점을 가진다. 시인은 시를 쓸 때 자신의 시가 어떻게 만들어질지 알지 못하지만, 번역가는 자신의 노고가 종결되면 자신의 앞에 놓인 시가 재현되어야 한다는 사실을 알고 있다. 그러므로 번역의 두 가지 국면은 시 창작의 평행하는 역전 현상이다. 그 결과물은 원래의 시를 다른 시로 재현해놓은 것으로서 이것은 앞서 언급했듯이 복사물이라기보다는 변환(transmutation)에 가깝다. 발레리(Valéry)가 멋지게 정의하였다시피, 이상적인 시 번역은 상이한 도구로 유사한 효과를 만들어내는 데 있다.

번역과 창작은 닮은꼴의 과정들이다. 어떻게 보면, 번역은 보들레르와 파운드의 작품들이 증명해 보였듯이 종종 창작과 구별 불가능한 작업이다. 다른 한편으로는 둘 사이에 지속적으로 서로를 살찌우는 상호 작용이 존재한다. 프로방스 시대부터 오늘날에 이르기까지 서양시의 가장 창조적이었던 시기들은 상이한 시적 전통들 사이의 이종교배에 의해 앞서거나 혹은 때를 같이하였다. 때때로 이런 이종교배들은 모방의 형태를 취했고, 다른 경우에는 번역의 형태를 취하기도 했다. 이런 점에서 유럽 시의 역사는 프로방스 시에 담겨있는 아랍 전통이나 근대시에 나타나는 하이쿠나 중국 시 전통은 차치하고서라도 서구문학이라고 알려진 것을 구성하는 다양한 전통들의 수렴점들로 이루어진 일대기로 볼 수 있을 것이다. 비평가들은 "영향들"에 대해서 연구하지만 그 용어는 정확하지 않다. 차라리 서구문학을 영시, 프랑스 시, 포르투갈 시, 독일시 등의 국가적 전통이 아닌 스타일과 경향이 그 주인공이 되는 하나의 완전한 전체로 간주하는 것이 더 적절할 것이다. 어떤 경향, 어떤 스타일도 결코 국가적이거나 소위 예술적 민족주의였던 적조차도 없었다. 스타일은 언제나 초언어적(translinguistic)이었다. 던(Donne)은 워즈워스(Wordsworth)보다 케베도(Quevedo)에 더 가깝다. 공고라(Góngora)와 마리노(Marino) 사이에는 유사성이 두드러지는 반면, 공고라를 히타(Hita)의 대주교, 가끔 초서(Chaucer)를 연상시키는 후안 루이스(Juan Ruiz)와 결합시켜주는 것은 같은 언어를 쓴다는 것을 제외하면 아무 것도 없다. 스타일은 유착적(coalescent)이면서 한 언어에서 다른 언어로 전달된다. 제각기 스스로의 언어 토양 속에 뿌리박고 있는 작품들은 독특하다....독특하다고는 하지만 소외되어 있는 것은 아니다. 각 작품은 상이한 언어들로 만들어진 다른 작품들과의 관계 속에서 태어나고 명맥을 유지한다. 그러므로 언어들의 다수성과 작품들의 특이성은 문자 그대로 잡다하거나 무질서한 상태를 만들어내는 것이 아니라 오히려 정반대이다. 즉 모순과 조화, 연합과 탈선들로 이루어진 상호관계성의 세계를 만들어 내는 것이다.

시대를 거쳐 오면서 유럽의 시인들 — 그리고 현재 북·남미 양 대륙의 시인들을 포함해서 — 은 같은 시작품을 다른 언어들로 써왔다. 그것들 하나하나는 독창적이고도 훌륭한 작품이다. 그 동시성(synchronization)이 완벽하지 않다는 것은 맞는 말이지만 한 걸음 뒤로 물러나 보면 우리가 콘서트를 듣고 있고, 각기 다른 악기들을 연주하면서 지휘자도 악보도 따르지 않는 음악가들이 하나의 교향곡을 공동으로 작곡하고 있는 중이라는 것을 이해하게 되는데, 그 속에서 즉흥시는 번역과 분리될 수 없고 창작은 모방과 구별 불가능하다. 때때로 그들 중 하나가 영감에 찬 독주를 펼치기도 할 것이다. 그러면 곧 다른 이들이 그것을 포착하여 원래의 모티프를 식별 불가능하게 만들 각자 나름대로의 변주들을 도입하게 된다. 지난 세기말, 보들레르(Baudelaire)에서 시작되어 말라르메(Malarmé)에서 종결된 독주와 함께 프랑스 시는 유럽을 놀라게 함과 동시에 한바탕 뒤집어 놓았다. 히스패닉-아메리칸 "모더니스트" 시인들은 이러한 새로운 곡조에 그들의 감수성을 발달시켰던 최초의 인물들이었다. 새로운 곡조를 모방하면서, 그들은 그것을 자신들의 것으로 만들고 변화시켜 스페인으로 보냈고 거기서 그 곡조는 다시 한 번 재창조되었다. 그로부터 얼마 후 영어를 쓰는 시인들은 상이한 장단과 박자로 다른 악기들을 가지고 뭔가 비슷한 것을 연주했다. 보다 절제되고 엄밀한 양식으로서, 그것의 중심에는 베를렌(Verlaine)이 아니라 라포르그(Laforgue)가 자리 잡고 있다. 라포르그의 특별한 지위는 상징주의자이면서 동시에 반-상징주의자의 경향인 앵글로-아메리칸 모더니즘의 성격을 잘 설명해준다. 파운드(Pound)와 엘리엇(Eliot)은 라포르그의 뒤를 이어 파운드 스스로가 "기묘한 상징주의자 가두기"라고 칭했던 것을 조롱하며 상징주의 비판을 상징주의 자체 속에 도입했다. 이 비판적 인식은 그들의 글쓰기를 위한 기틀을 형성하였고, 얼마 후 그들은 모더니즘적이지 않으면서 모던한 시를 쓰게 됨으로써, 월러스 스티븐슨(Wallace Stevenson), 윌리엄 카를로스 윌리엄스(William Carlos Williams) 및 여타 인물들과 함께 새로운 독주를 시작했다— 현대 앵글로-아메리칸 시의 독주를.

영시와 스페인 시에 남겨진 라포르그의 유산은 창작과 모방, 번역과 원문 사이의 상호의존성에 대한 주요한 실례이다. 엘리엇과 파운드에 미친 라포르그의 영향은 누구나 알고 있지만, 자주 간과되고 있는 것은 히스패닉-아메리칸 시인들에 대한 그의 영향이다. 1905년, 받아야 마땅한 비평적 주목을 끌어내지 못했던 아르헨티나의 대 시인 레오폴드 루고네스(Leopoldo Lugones)는 『뜰의 황혼』(*Los crepúsculos del jardín*)이라는 제목의 시집 한 권을 출판했는데, 그 속에 스페인 시로서는 처음이라고 할 수 있는 라포르그적 특성들이 드러났다. 아이러니, 문학 언어와 구어체의 충돌, 도시적 부조리를 그로테스크한 중년부인으로 묘사된 자연과 병치시킨 폭력적인 이미지들이 그것이다. 그의 시 중 몇 편은 그 무한한 존재를 떨쳐버린 일요일(*dimanches bannis de l'Infini*), 히스패닉-아메리칸 부르주아의 퇴폐적인 일요일에 대해서 써놓은 것처럼 보였다. 1909년, 루고네스는 『감정의 달력』(*Lunario sentimental*)을 출판했다. 비록 라포르그를 모방하기는 했지만 그 책은 그 시대의 가장 창조적인 시집들 중 하나였으며 심지어 오늘날에도 경탄과 환희의 감정으로 읽히고 있다. 『감정의 달력』은 히스패닉-아메리칸 시인들에게 막대한 영향을 끼쳤지만, 그 중에서도 멕시코 시인 로페스 벨라르데(López Velarde)에게 특히 유익하면서 고무적이었다. 1919년, 로페스 벨라르데는 히스패닉-아메리칸 "포스트모더니즘," 즉 우리식의 반상징주의자적 상징주의의 주저로 꼽히는 시집 『조조브라』(*Zozobra*)를 출판했다. 그보다 2년 일찍 엘리엇은 『프루프록과 그밖의 관찰』(*Prufrock and Other Observations*)을 출판했었다. 보스턴에서는 신교도 라포르그가 하버드 대학교에 출현했고, 자카테카스에서는 천주교도 라포르그가 신학교에서 사라졌다. 관능성, 신성모독, 유머는 바로 로페스 벨라르데가 "마음속으로부터의 반동적 슬픔"이라고 불렀던 것들이다. 그 멕시코 시인은 그로부터 얼마 지나지 않은 1921년 33살의 나이로 죽었다. 벨라르데의 저작이 끝난 지점에서 엘리엇의 시 세계가 시작되었다. 보스턴과 자카테카스 이 두 이름을 결부시켜 생각하면, 마치 그것이 라포르그가 그렇게도 즐겼던 어울리지 않는 연상들 중 하나이기라도 한 듯 미소가 피어난다. 서로의 존재에 대해 전혀 짐작하지 못한 채 각기 다른 언어로 시를 썼던 그 두 시인은 그보다 몇 년 전에 또 다른 언어로 시를 썼던 제3의 시인의 시작품의 스타일은 다르지만 독창성은 동일한 이형작을 거의 동시에 산출했던 것이다.

16.

불변성의 시: 파울 첼란(Paul Celan)의
셰익스피어 소네트 105 번역

■피터 존디(Peter Szondi)

셰익스피어의 소네트 105번은 저자의 젊은 친구가 지닌 덕목에 관한 시이자, 동시에 이 덕목을 찬양하는 시적 글쓰기에 관한 시로서, 다음 "2행 연구"(couplet)로 끝난다.

미, 선, 진은 종종 홀로 존재해 왔고,
지금까지 이 셋은 한 자리에 있어 본 적 없었소

Fair, kind, and true, have often lived alone,
Which three till now, never kept seat in one.

이 소네트를 독역한 첼란의 번역에서는 다음 행들로 끝난다.

"Schön, gut und treu" so oft getrennt, geschieden.
In Einem will ich drei zusammenschmieden.[52]

미, 선, 진은 시인이 선행하는 "4행 연구들"(quatrains)에서 그의 친구에게 돌리는 세 가지 덕목이며, 시인은 자신의 글쓰기와 실제로 그 글쓰기의 어휘까지도 바로 그 표현에 한정시키려 한다. 셰익스피어는 위에서 언급한 "절"(strophes)에서 자신의 친구뿐만 아니라 자신의 사랑(애인)과 노래들을 말하는 반면, 마지막 2행 연구에서는 전적으로 의인화 기법을 통해서 독자적인 생명력을 얻은 위의 세 가지 덕목에 집중한다. 하지만 이 독자적인 생명력을 미, 선, 진에 부여하는 유일한 이유는 이전에는 규칙이었던 이들의 분리를 앞으로 극복한다는 점을 확실히 하기 위해서다. "미, 선, 진"을 분산하는 "이제 까지"(till now)는 대다수의 셰익스피어 소네트로 격찬 받는 W.H.가 등장하기 전까지는 인간성의 역사이다. 첼란의 번역 중 마지막 두 행은 무언가 다른 것을 나타낸다. 그들은 위 세 "덕목들"의 오랜 분산과 이들 모두가 마침내 함께 하는 지점을 대비하지 않고 있다. 미, 선, 진"("Schon, Gut und treu")을 결합한 이유는 그 친구의 등장 때문이 아니라, 문학작품, 즉 이 셋을 "모조하여" "함께"(zusammenschmieden will) 만들려는 시인의 향후 작품 때문이다. 만약 셰익스피어의 마지막 행들에서 친구에 대한 언급이 전혀 없다면, 이는 오직 "절대아님"(never)의 부정을 통해서, 또한 무엇보다도 이 소네트에서 눈에 띄지 않는 마지막 시어 "one"을 통해 훨씬 더 강하게 친구를 불러내기 위해서다. 여기서 "one"은 "미, 선, 진"이 공통의 소재지를 점유한 친구에 대한 "에둘러 말

---

52) William shakespeare, *Einundzwanzig Sonett*, trans. Paul Celan (Frankfurt am Main, 1967), p. 35. (이 책은 Insel-Bücherei 총서 898호이다.)

하기"(circumlocution)이다. 대조적으로, "미, 선, 진을 함께 모사하려" ("*Schön, gut und treu' Zusammenschmieden will*)고 하는 첼란의 *in Einem*("in one")은 시인이 찬양하는 "한 사람"(der Eine)이 아니라, 십중팔구는 시인이 친구를 묘사하는 하나의 이미지인 "하나의 사물"(das Eine)이다. 만약 실로 *in Einem*이 시의 제재를 완전히 흡수하는 시의 통일성이 아니라면 틀림없이 그러하다. 물론, 이 셰익스피어 소네트의 세 4행 연구에서 시인은 그의 작업에 대해 아주 명확하게 말하고 있기 때문에("내 노래와 찬양", "나의 운문", "내 창작물" ─ 각 4 연구의 세 번째 에서), 마지막 2 연구에서 강조된 침묵에도 불구하고 우리는 "지금"(now) ─ 그 전에는 "미", "선", "진"이 분리되어 있었다 ─ 을 셰익스피어가 작시하던 지금과 동시에 있는 것으로 해석 할 수 있다. 미, 선, 진이 결합하는 지점이 친구에 대한 시가 될 수 있을 뿐만 아니라 그 친구일 수도 있다는 사실이 그 친구와 소네트 "연작"(cycle)에서 여타 시들에 의해 발생된 시간의 관계에서 나온 하나의 독창적인 다의성이다. 이와 반대로 우리는 첼란의 번역에서 드러나는 명백함과 "페이소스"(pathos)를 알아차릴 수 있을 것이다. 여기에서 시인은 "함께 모조하기"라는 이미지를 통해 셰익스피어가 기술하는 형식으로 표현하는 것 ─ 그리고 기술된 "실재"(reality)이기에 이것이 기술되는 위에 관련된 것 ─ 은 오직 자신의 산물, 즉 오직 자신의 시적 활동에 의한 결과물이라고 주장한다.

첼란의 마지막 두 행 번역을 특징짓는 이 동일한 접근법은 셰익스피어 소네트 105번의 전체 번역의 결정적인 요소이다.

(한역)

나의 사랑을 우상 숭배라 부르지 말라,
또 나의 애인이 우상화되었다고 여기지 말라
모든 나의 노래와 찬사가 언제나 한결같이
단 하나에게 바치는 단 하나에 관한 것이라 하여,

나의 애인은 오늘도 정답고 내일도 정답고
경탄할 이만큼 한결같아라.
그러므로 나의 시는 불변의 법칙에 매여
하나만을 표현하고 다른 것은 버리노라.

미, 선, 진은 내 주체의 전부니라,
미, 선, 진을 말을 바꾸어 노해할 뿐.
이런 변화에서만 나의 상상이 소비되도다.
하나 속에서 세 주제, 이는 놀랄 만한 영역이라.

미, 선, 진 하나하나가 혼자 있는 때는 가끔 있었으나
셋이서 자리를 함께한 적은 이제껏 없어라.

(영어원문)
Let mot my love be called idolatry,
Nor my beloved as an idol show,
Since all alike my songs and praise be
To one, of one, still such, and ever so.

Kind is my love to-day, to-morrow kind,
Still constant in a wondrous excellence,
Therefore my verse to constancy confined,
One thing expressing, leaves our difference.

Fair, kind, and true, is all mu argument,

Fair, kind, and true, varying to other words,

And in this change is my invention spent,

Three themes in one, which wondrous scope affords.

Fair, kind, and true, have often lived alone,

Which three till now, never kept seat in one.[53]

(독역)

Ihr solt, den ich da lieb, nicht Abgott heissen,

nicht Götzendienst, was ich da treib und trieb.

All dieses Singen hier, all dieses Preisen:

von ihm, an ihn und immer ihm zulieb.

Gut ist mein Freund, ists heute und ists morgen,

Und keiner ist beständiger als er.

In der Beständigkeit, da bleibt mein Vers geborgen,umher.

spricht von dem Einen, schweift mir nicht umher.

"schön, gut und treu," das singe ich und singe.

"schön, gut und treu" - stets anders und stets das.

Ich find, erfind - um sie in eins zu bringen,

sie einzubringen ohne Unterlass.

"schön, gut und treu" so oft getrennt, geschieden.

In Einem will ich drei zusammenschmieden.

---

53) William Shakespeare, The Sonnets, ed. John Dover Wilson (Cambridge, 1966), p. 55.

(165 마지막 단락) 첫 번째 4행 연구에서 비록 첼란의 독역 역시 친구만을 염두 해 둔 것처럼 보이지만 첼란은 능동태를 사용해 시인 자신의 활동을 제재로 도입한다. (*Singen*, "singing", and Preisen "praising, extolling") 동사들의 명사부정형(the substantival infinitive forms)이 이에 상응하는 명사("my songs and praises")를 대체한다. 원문에서는 수동형 "be called"가 나타나지만 첼란의 번역에서는 시인은 자신이 하고 있는 것에 대해 말한다(1행과 2행을 연속으로 이어가기는 반대). 또한 이러한 인상은 *zuliebe*("for the love of")에 붙인 압운에 의해서 뿐만 아니라, 반복에 의해, 특히 어휘의 동일성(treibe/trieb, "do/did")을 보존하고 형태학상의 차이(현재시제, 미완료시제)와 공존함으로써 강화된다.

두 번째 4행 연구에서는 작가의 활동성이 부각되는데, 이는 번역가가 자신이 의도한 효과를 노리기 위해 통사론과 의미론을 사용해서 셰익스피어 원문에서 이미 의인화된 행에 더 능동적인 기능을 부과하기 때문이다. 첼란은 또한 이러한 방식으로 자신의 번역시에 의인화를 강하며, 이를 통해 점진적으로 셰익스피어가 칭송한 그 친구를 대체한다. 첼란은 *my verse to constancy cofined*를 *Da bleit mein Vers geborge*("there lies my verse sheltered")으로, *leave out difference*를 schweift mir nicht umher("does not wander round about")로 번역했다.

마지막으로 세 번째 4행 연구에서는 더 능동적인 시인의 역할, 즉 시인 자신의 행위를 언급하는 동사(*Ich find, erfind* - "I discover, invent" for "is my invention spent"와 *zu bringen, einzubringen* - "to bring, to harvest")들을 특수하게 모은 결과를 의미론적으로 훨씬 더 심도 있게 상술해서 보충한다. 이를 통해 번역은 원문에서 수사적으로 표준 어구인 "is all my argument"대신 *das singe ich und singe*("that [is what] I sing and sing")를 제시해 독자로 하여금 11행과 12행에 나올 반복을 예상할 수 있게 한다.

*

여기에 관련된 주안점은 찬양 받는 사람에서 찬양이나 작시의 행동으로 강조점이 전치된 것에 있는 듯하다. 하지만 실제로 우리가 여기서 다루는 점은 단순히 원문에서 이미 제시된 "아름다운 친구"(fair friend)[54]와 그에 대한 시인의 사랑에 전적으로 국한된 주제를 "좀 더 과감하게 전시" (횔더린(Hölderlin)이 그가 번역한 소포클레스(Sophocles)[55]와 연계시켜 이를 이미 설명했듯이))하는 것만은 아니다. 첼란의 번역본과 원문과의 관계는 주제적인 관심이나 문체상의 변화로서도, 전통적인 번역이론의 신조에 따른 번역의 진실성과 성공을 판단하는데 들어맞는 일종의 변화로서도 적절히 설명 할 수 없다. 오히려 원문에서 번역본으로 이동은 발터 벤야민(Walter Benjamin)의 논문, 「번역가의 과업」(The Task of the Translator)에서 "언어를 향한 의도"(intention toward language)(*intention auf die Sprache*)[56]라고 부른 변화이다. 번역본이 원문과 다를 수도 있고,

---

54) Sonnet 104, v. 1.
55) Letter of 2 April 1804 to Friedrich Wilmans.
56) Charles Baudelaire, *Tableaux Parisiens*, Ger. trans. with a preface on "The Task of the Translator" ("Die Aufgabe des Übersetzers") by Alter Bebjamin (heidelberd, 1923), pp. xi ff. Repr. in Charles Baudelaire, *Ausgewählte Gedichte*, Ger. trans. by Walter Bebjamin (Frankfurt am Main, 1970), pp. 14ff. [An English tanslation of this preface is included in this volume. — Eds.]
벤야민의 논문에서 "intention"(*Intention*)은 "purpose"(*Absicht*)가 아니다. 벤야민이 의미하는 것은 Fritze mauthner에서 나온 다음 문구에서 가장 잘 이해될 수 있을 것

또한 달라야 하는 지점은 그 번역의 "의미작용"(mode of signification)(*Art des Meines*)[57])에 있다. "Significaio" 개념이란 언어의 구조와 그것의 두 구성요소 사이의 관계와 연관되어 있지만, 고정된 이름들을 부여해서는 안된다. 왜냐 하면 이런 이름들은 이 둘 간의 특수한 관계, 즉 언어상에서 의미 구조의 정확한 개념을 항상 함축하고 있기 때문이다. 미셸 푸코(Michel Foucault)는 이러한 관계의 두 구성 요소들을 간단하게 그의 책 제목이기도 한 상투적인 문구인 *Words and Things*로 불렀다. 푸코가 이 책에서 설명하는 점은 이러한 관계에서의 역사적인 변화이다. 여기서 변화란 인식론적인 가능성의 조건들에서의 변화가 다양한 "인문과학"[58])이 가정한 특수한 역사적 형식을 통제하는 것이다. 일반화가 덜 된 개념으로는 의미의 적절한 형식을 찾을 수 없을 것이며, 이로 인해 심각한 손실을 낳을 것이다. 왜냐하면 이러한 의미작용이 항상 특정언어 집단의 역사성을 구성하고, 그렇게 함으로써 또한 문헌학적 이해라는 목적을 달성하기 때문이다.[59]) 따라서 번역은 우선적으로 언어의 역사적 상태를 가리

이다. 중세시대 (동안) 내내 *inteintio*의 개념은 의지에 적용되지 않고, 오히려 지식에 관련된 에너지나 긴장에 적용되었다. 스콜라철학자들의 라틴어는 형편이 없었지만, *intentio*에서 그들은 팽팽한 활의 은유와 화살의 목표라는 원문의 의미를 여전히 감지할 수 있었다. 그래서 그들에게 *intentio*는 지각하거나 지각 가능한 사물로 관심을 이끌거나 의식하도록 하는 것이다."(*F. Mauthner, Wörterbuch der philosophe: Neur Beiträge zu einer Kritik der Sprache*[Munich, 1910], vol. 1, pp. 584-85). 다음 논의에서는 "intention toward language"의 개념은 언어에 대한 벤야민적 관점의 이론적인 배경에서 분리되며 오늘날의 언어학에서 나온 생각을 담고 있는 한에서, 엄격히 벤야민의 의미에서 사용된 것은 아니다. 현대는 "intention toward language"을 언어를 향한 의식을 이끄는 것, 즉 모든 말 이전의 언어적 개념으로 정의 가능하다. 다시 말해 그것은 언어적 사용법을 유린하는 의미작용으로 볼 수 있는 것이다.

57) Ibid.
58) *Les mots et les choses*(paris, 1966);Eng.trans.as *The Order of Things*(New York, 1973).

키는 것이 아니라(실제로 번역은 원래 역사적 상태에 대해 전혀 언급하지 않는다), 오히려 언어의 사용에 대한 증거를 제공한다. 이러한 번역이 겨냥하는 점은 언어의 명확한 상태라기보다는 언어의 명확한 개념이다. 그래서 벤야민은 번역의 적합성, 즉 번역의 참된 필요성이 원문과 (그것의) 번역본이 나타내는 언어를 향한 의도와 의미작용의 차이에 있다고 보았다. 더 나아가 바로 이러한 차이로 인해 번역 상에서 원문에 대한 충실성 대 자율성에 대한 문제에 관한 논쟁 뒤에 숨어 있는 전제들이 무효화된다.

*

첼란과 셰익스피어의 의미작용 방식의 차이는 소네트 105번의 원문과 번역에서 있는 마지막 2행 연구를 비교하면 얻을 수 있다.

> 미, 선, 진 하나하나가 혼자 있는 때는 가끔 있었으나
> 셋이서 자리를 함께한 적은 이제껏 없어라.

> Fair, kind, and true, have often lived alone.
> Which three till now, never kept seat in one.

> "schon, gut und true" so oft getrennt, geschieden.
> In Einem will ich drei zusammenschmienden.

---

59) [See the essay "On Textual Understanding," in p. Szondi, on Textual Understanding and other Essays, trans. Harvey Mendelsohn. Theory and History of Literature, vol. 15 (Minneapolis, 1986). - Eds.]

원문과 번역본의 주제는 세 가지 "덕목"의 분리와 단일화이며, 이 둘의 상태는 위 2행연구의 대구 구조에서 대비된다. 첼란의 번역과 셰익스피어의 원문에서 작용하는 언어를 향한 의도에서의 차이는 (첼란이) 덕목의 분산을 표현하는 방식에서, 그리고 이 분산과 그에 이은 단일화 간의 대조에서도 유추 가능하다. "have often lived alone"을 *so oft getrennt, geschieden* ("so often separated, divided"으로 번역할 때, 그는 또 다른 시적 에너지로 논증(discursiveness)을 압도함으로써 표현의 논증적인 양식을 풍성하게 했다. 전통적인 문체 비평이 강조를 하기 위해 사용한 다양한 반복 — getrennt, geschieden — 으로 여길만한 것이 여기서는 단순한 어휘적 양식을 벗어나, "Schön, gut und treu" 간의 "중간휴지"(caesurae)를 표현하는 역할을 한다. 현대 언어학은 getrennt, geschieden과 같은 어구에서 초기 독자가 받은 인상을 분석할 때 그들이 받았을 수도 있었던 점을 개념화하였다. 이는 실제적으로 문제가 되고 있는 이 같은 어구 전환과 언어를 향한 의도가 적어도 현대 문학이 도래하기 이전에 나타났다는 점을 조건으로 한다. 언어에 대한 해석이 주로 구별하고, "변별적 특징들"을 직역한 것으로 되어 있다면, 공통된 접두사 ge에 비록 동일한 어휘소를 가지지만, 서로 상이한 trennt와 schieden를 결합한 ge-trennt, ge-schieden으로 큰 소리로 발음될 때에, 어구 getrennt, geschieden은 그 자체로 다양한 반복의 예는 아니다. "차이"(distinction)에 따라서 해석은 "분리"(separating)와 "구분"(dividing)이라는 문자적 의미라기보다는 중간휴지에서 의도된 의미를 발견한다. 이 중간휴지에 의해 geschieden라는 시어는 두 부분으로 구별되는데, 한편으로는 접두사의 동일성에 의해, 다른 한편으로는 schieden과 그것의 압운 시어인 schmieden의 음운 체계적인 유사-동일성(동음이의어를 쓰는 말재롱(paronomasia))에 의해 이루어진다. 이러한 ge와 shciede의 분리는 "Schon, gut und treu"의 분리를 메타 논증적인 재현으로 한 것으로(분리에 대한 메타논증적인 재현으로) 여겨 질 수 있다.

(169 두 번째 단락) 영역과 독역의 마지막 압운들에서 비슷한 현상이 나타난다. "live alone / kept seat in one"에서와 마찬가지로 원문에서 나타나는 대립은 물론 번역본에서도 한편으로는 분리와 구분의 대립으로, 다른 한편으로는 "함께 모조하기"(forging together)로 재생(산)된다. 그럼에도 불구하고 독역에서 대립하는 것이 어휘적 의미를 통해서 뿐만 아니라, schieden("divided")와 schmieden("forged") 간에 차이를 통해서도 전달된다는 것은 명백하다. 마치 차이를 잘 감지한 해석에 의해 getrennt 뒤에 오는 geschieden을 ge-schieden으로 지각하듯이, 또한 이 해석은 압운 음절인 schieden과 schmieden에 자음 변화를 최소한 해, getrennt와 zusammenschmieden간의 차이를 직역한다. 압운시어의 규범적인 동일성은 독역에서는 마지막에 강조한 모음(-ieden)에서 시작해 sch- 소리로 보강된다. 그러나 이러한 동일성은 schmieden(sch-소리와 운율음절인 [-ieden] 사이에 삽입되고 분리 가능한 접두사 zusammen에 의해 예상 가능한)에 있는 m-소리 때문에 발생하는 변화로 인해 방해를 받는다. 따라서 이 세 가지 덕목의 분리와 단일화 모두를 메타논증적으로 실현하는 것은 이 최소한의 변화, 즉 schieden과 schmieden의 근접-동일성에 있다. 다시 말해서, 이 대립은 자체로 정반대인 "동음이의로 쓰는 말재롱"(paronomasia)의해서 표현된다. 마지막 2행 연구의 압운에 사용된 이러한 기법은 시적 언어를 의미의 차원을 넘어, 대립을 표현하는 대신 그것을 말하게끔 한다(이것이 문자 그대로의 의미에 의존하는 것을 재현할 것이다). 그리고 시의 문맥(zusammen, "together")에 대한 차이를 제외하고,

동음이의어로 쓰인 말재롱과 전체 동음이의어(homonymy) 간의 유일한 차이점은 자음에 있기 때문에, 이 기법은 이러한 효과를 한층 더 하게 한다.

여기에 상술되고 있으며, 첼란의 번역 전반에 나타나는 의미작용은 셰익스피어 원문에서 발견되는 양식과 대립 될 수도 있는데, 이 점도 마찬가지로 비록 다른 방식에서이지만 운율이 주는 가능성을 이용한다. 하지만 셰익스피어 원문에서 나타나는 대립은 근접-동일성이 아니라 바로 ("all one"에서 유추된) "alone"과 "one" 간의 관계에 의해서 이미 강조된다. 첼란의 번역본과는 달리 이 대립 기법은 어휘와 어원의 영역에 한정되어 논증(discursiveness), 즉 직역의 의미에 의존하는 것을 명확하게 부정할 수 없다. 하지만 이보다 더 중요한 사실은 "alone"과 "one" 간의 어원적 관계는 논증적인 차원에서 시가 전달하려 하고 실제로 표현하는 대비의 외부에 남는다. 그렇기 때문에 이 관계는 독특한 기원을 가진 추상적인 관점이다. 이와 같은 관점을 통해 다음의 역설을 좀 더 타당한 이유로 말할 수 있을 것이다. 분리는 원래 결합("one")을 표현하는 말을 보완하는 바로 그 말("alone")에 의해 환기된다. 이러한 말들은 비평60)이기보다는 단지 대다수의 전통적 작시법의 기본적인 전제로서 여겨질 수 있는 특정 의미작용을 지칭하는 것이다. 언어를 향한 의도가 말라르메(Mallamé) 이후로 바뀌어 왔던 것처럼, 시에 사용된 작시법의 규칙들 또한 그 이후로 전통적인 작시법의 규칙들과 다르다. 데리다(Derrida)61)와

---

60) 셰익스피어 소네트의 합당한 분석은 그 고유의 독특한 특징에서 시작되지만, 이 분석은 우리를 현 에세이(시론)의 한계 저편으로 인도할 것이다.

61) Jacques Derrida, "La double séance," *Tel Quel* 41 (spring 1970)and 42(summer 1970); repr. in *La dissémination*(paris, 1972) 참조

Deguy[62] 같은 몇 안 되는 작가들이 발견한 이러한 사실은 셰익스피어 소네트 105의 원문과 클렌의 번역을 비교할 때 뚜렷이 드러난다. 전통적 작시법의 관점에서는 소네트의 가장 독창적인 구절은 의심할 바 없이 5번째이다.

> 나의 애인은 오늘도 정답고 내일도 정답고
> Kind is my love to-day, to-morrow kind.

위행은 "교차 배열법"(chiasmus)의 형식으로 구성되어 있다. 거울 대칭구조로 인해 중심축 주변으로 "to-day"와 "to-morrow"가 직접적으로 대비되며, 그럼으로써 "현재-미래의 대구"(present-future antithesis)를 강조한다.[63] 그러나 교차 배열의 문장 구조는 어휘적인 차원에서 보면 그 행의 시작과 끝에 결국 "kind"라는 동일한 말로 놓이기 때문에, 이 행은 시제적인 대비에 의해 영향을 받을 수 없는 영속성(constancy)을 강조할 수 있다. 그래서 셰익스피어 원문에서 이 행의 교차배열법은 단순한 장식이 분명 아니다. 하지만 동시에 이것은 이 행에 대한 첼란의 번역에서 발견되는 언어와 내용의 특정 관계에 전적으로 반하여 진행된다.

> Gut is mein Freund, ists heute und ists morgen

이 행을 번역한 스테판 죠오지(Stefan George)가 선보였듯이, 독일어에서도 교차 배열법이 나타난다.

---

62) Michel Deguy, "vers une théorie de la figure généralisée," *Critique 269*(October 1969) 참조
63) Cf. henrich Lausberg, *Handbuch der literatischen Rhetorik* (Munich, 1960), p. 361.

불변성의 시: 파울 첼란(Paul Celan)의 셰익스피어 소네트 105 번역   271

Gut is heut meine liebe-morgen gut.[64]

(171 두 번째 단락) 만약 첼란이 교차 배열법을 포기한다면 이는 오직 문장 자체가 교차배열법으로 단지 추상적으로만, 또는 반사를 매개로 표현할 수 있는 영속성을 직접적으로 전달하게 하기 위해서다. 첼란의 행은 원활히 계속 흘러, 대구로 된 행을 대신하는데, 이 행만이 종합된 것을 소급하여 언뜻 보는 가운데서 그것의 끝에 이르러 영속성을 표현할 수 있다.[65] 이는 마치 첼란의 시가 부주의하게 시간의 진행을 따르며, 그 속에서 친구의 선함이 한번 등장한 시어, ists가 다른 것 다음에 이어지는 것처럼 불변하게, 내일(morgen)이 오늘(heute) 다음에 오는 것처럼 명확하게 지속되는 것과도 같다. 만약 반복으로 교차배열법을 대체한 것으로 단순히 지각한다면 첼란의 독역본과 원문과의 차이를 잘 이해한 것이 아니다. 이 점은 첼란이 독역한 다음 행에서 쉽게 볼 수 있다.

Und keener ist beständiger als er.

이 행은 셰익스피어 원문에서 다음과 같다.

Still constant in wondrous excellence.

하지만 첼란이 위 행에 있는 *keiner ist beständige*을 *Gust is menin Freund*에 이었을 때, 분명히 그가 교차 배열법을 반복하길 원한 것처럼 보인다. 그

---

64) Stefan George, *Werke*(Munich, 1958), vol 2, p. 203.
65) Cf. Theodor W. Adorno, Nedative Dialektik (Frankfurt am Main, 1966), pp. 156ff.

러나 그의 교차배열법은 두 행에만 분포되어 있는 데다, 그 두 행에도 부
분적으로만 영향을 주기 때문에 오직 의도된 의미의 기호, 즉 영속성의
기호로 되는 대구로는 부족하다. 이제, "kind"라는 말을 반복함으로써 교
차배열법이 대구의 자격을 얻기에는 역부족임이 드러난다. 첼란의 번역
에서는 첫 행을 격언적인 말투("kind is my love to-day, tomorrow kind")
로 마무리하는 대신에, 이 교차배열법은 첫 행과 둘째 행을 서로 통합한
것임을 확인할 수 있으며, 이를 통해 규칙적으로 앞으로 흐르는 움직이
는 인상을 도입시어 "und(and)"를 사용하고 ist란 시어를 반복함으로써
유지한다.

그러므로 첼란의 번역과 원문의 차이는 전통적인 작시 기법의 특징을
이탈한 점이 아니라, 차라리 기본적인 전제들의 변화이다. 다시 말해서
그의 번역본은 상이한 의미 작용을 보여주며, 이 작용이 보편적이든, 보
다 더 특수하든, 수사학적인 특징과의 관계에서 그의 언어사용의 기초가
된다. 하지만 이런 점은 "수행"(performance), 즉 텍스트 그 자체를 고려
함으로써만 발견될 수 있다. 결과적으로 이런 전제들을 알고자하는 유형
의 텍스트 분석 역시도 더 이상 문체 비평을 전적으로 의존하지 않듯이
문체 비평을 완전히 배제하지도 않을 것이다.

*

이러한 점에서 반복은 첼란의 번역본에서 가장 일관되게 사용되는 문
체 기법으로 나타난다. 당연히 첼란이 그의 시에서 자주 시어와 문장들
을 반복해서 사용했다는 사실은, 그가 셰익스피어의 원작을 자신의 언어
로 번역했다는 논제에 무게를 실어준다. 다시 말해서 첼란의 번역본은

그의 시 인 것이다. 이와 같은 설명이 반드시 거짓이 아닌 기꺼이 받아들일 수 있을 정도로 있음직 하지만 이러한 접근법은 언어를 사용하는데 있어 가능한 차이를 불분명하게 하기 쉽다. 즉 벤야민의 번역이론에 따르면 이는 언어를 향한 의도에서 원문과 번역본간의 차이를 구성하는 것이다.66) 따라서 첼란이 원문 (영어로 된 소네트) 번역시 그가 사용한 언어를 특징짓는 특수한 의미작용을 증명하기 위해서, 한층 더 두 시를 비교할 필요가 있다.

셰익스피어 원문에는 상당히 많은 반복이 있는데, 첼란이 아무리 다른 점들에서는 자유로이 글을 썼다 하라도 그 역시 이 점을 항상 가지고 있다. 그래서 두 도입 구절에서 첼란은 쌍으로 대응되는 표현인 "love-beloved"와 "idolatry-idol"로 번역한다. 비록 1행에서 lieb에 대응하는 Zulieb가 첫 4행 연구의 마지막 부분에서야 나타나지만, 이 점은 lieb의 압운에 맞춘 시어인 trieb에 의해 미리 예상된다. 대응관계에서 이 두 도입구절의 일탈은 2행(was ich da treib und trieb ─ "what there I do and did")에서 있을 다양한 반복을 위한 것인데, 형식과 강조하는 언어를 향한 의도 모두에서 이 점은 5행(Git ist mein Fresund, ist heute und ists morge ─ "kind is my fried, [he] is it today and [he] is it tomorrow"을 연상시킨다. 이와 같이 첼란은 9행, 10행, 13행에서 미, 선, 진을 엄격하게 반복할 뿐만 아니라 6행과 7행("constant-constancy" bestandiger-Bestandkeit)에서는 조금 변형된 반복을 계속한다(유지한다). 원문에서의 마지막 반복은 첼란의 번역본에서 훨씬 더 강조된다. 즉 이 점은 첫 4행 연구 마지막 행에서 볼 수 있다.

---

66) Benjamin, "Die Aufgage des Übersetzers."

To one, of one, still such, and ever so

이 번역은 "fair friend"를 세 번을 가리킨다(추상적 표현이지만).

von ihm, an ihn und immer ihm zulieb
("about him, to him, and always for love of him")

그 다음 행에서도 마찬가지지만, 이러한 종류의 반복은 셰익스피어 원문에서 볼 수 있는 것과는 질적으로 다르며, 그 기능도 다르다. 셰익스피어가 그 행의 후반부에 "still"과 "ever"라는 시어로 분리시켜 표현한 것을 첼란은 (시어, immer--"ever"를 제외한) 행으로 나타낸다. 셰익스피어의 4행("To one, of one / still such, and ever so")과는 달리, 첼란의 4행은 두 부분으로 분리되지 않고, 오히려 모음의 주기성(o-i-a-i-u-e-i-u-i) 뿐만 아니라 어휘의 주기성(ihm-ihn-ihm)으로 인해 계속적으로 이어진다. 그러므로 5행에서와 마찬가지로 영속성은 단지 의도된 의미가 아니고 그 행 자체의 특징을 지워 주는 것이다. 지금까지 첼란의 언어는 무언가를 말하는 것이 아니고 언어 자체를 말하는 것이다. 그의 언어는 "말하기"(speaking)라는 바로 그 방식을 통해서 사물과 언어에 대해 말한다.

  그러므로 첼란의 번역본에서 영속성 주제를 통합적으로 실현하는 반복은 주제가 명확히 영속성인 행들에만 국한되지 않고 소네트 전반에 나타난다. 원문에서 영속성이란 주제를 단지 간접적으로만 언급하는 많은 표현들 이면에서 첼란은 이와 같은 영속성을 식별해 내어 그에 알맞게 자신의 언어를 제한한다. 이 점은 원문의 첫 행에 있는 *my love*를 번역하는 방식에서 명백히 드러난다.

Let not my love be called idolatry

여기서 그는 "my love"에 함축된 영속성이 2행의 어휘소 treib의 동일성을 통해 발화되도록 하고 있다.

nicht Gotzendienst, was ich da treib und treib
("not idolatry what I do and did")

게다가, 첼란은 "songs"와 "praise"를 함께 묶어주는 논증적인 "all alike"를 없애고 대신 이 두 시어를 같은 구로 나타낸다.

All dieses Singen hier, all dieses Preisen
("All this singing here, all this praising")

첼란의 언어를 향한 의도는 세 번째 4행 연구에서 분명해진다. 도입부 두 행의 동일한 첫 부분 뒤에, 그는 매번 두 번째 부분에 있는 한 시어를 반복해 그 문장의 구조도 5행(Gut ist mein Freund, ists heute und ists morgen)에서와 같이 이 시어에 달려있게 한다(첼란의 언어를 향한 의도가 또한 분명해지는 것은 ~할 때이다).

Fair, kind, and true, is all my argument,
Fair, kind, and true, varying to other words.

"schon, gut und treu," das singe ich und singe.
"schon, gut und treu,"-- stets anders und stets das.

첼란은 자체로 논리적이면서 합리적 언어인 "argument"란 시어와 이 시어의 논증적인 수식어와 마찬가진 "all" 대신에 자신만의 행위를 완강히 반복한다. ads singe ich(영어 어구 "is all my argument"의 내용을 완전히 무시한 세 시어) 뒤에 und singe라는 시어를 놓음으로써 그는 원문에서 "all"이란 시어가 표현한 것을 단순히 전하지 않는 반복을 만들어 낸 것이다. 게다가 주어와 목적어를 생략해서 das singe ich를 singe로 축약함으로써 그는 말하자면 시인의 행위를 실체화했다. 이것이 시의 제재가 되는 것 대신에 마치 셰익스피어가 그랬던 것처럼 시 자체와 일치하는 행위가 되는 것이다.

한층 더 독특한 점은 첼란이 "varying to other words"라는 어구를 stets anders und stets das("always different and always that')로 번역한데 있다. "varying" 의미는 "변화를 주어 다양화하기"(diversifying by change)[67]와 "다른 말로 재 진술하기"(restating in different words)[68]이다. 수사적 용어인 이 표현이 가정하는 점은 말과 의미가 서로 다르다는 것이며, 그렇기 때문에 구별 가능하다는 것이다. 이 이유만으로도 말을 달리해서 같은 사물을 명시할 수 있으며, 의도된 의미에서 출발하지 않고서도 그 말을 다양화할 수 있다. 반대로 첼란의 언어를 향한 의도는 이러한 이론상의 언어적 전제를 명확히 부정하는 것으로 여겨질 수 있다. 전통적인 작시법에서 이용되는 문체 기법이었지만 그것을 사용하는 조건을 모르면서 작가들이 당연히 사용해 온 것을 첼란은 여기서 모순으로 인식했으며, 그 모순을 stets anders und stets das라는 행에 사용한 것이다. 여기서 영

---

67) Alesander Schmidt, *Shakespeare-Lexikon*, 5th ed. (Berlin, 1962), vol. 2, p. 131.
68) Gerald Willen and Victor B. Reed, eds., *A Casebook on Shakespeare's Sonnets*(new York, 1964), p. 107.

속성(continuity인데..)은 단순히 stets라는 시어 자체만으로 전달되는 것이 아니라, 오히려 이 시어를 반복함으로써 한층 더 전달되는 반면에, 그 차이는 anders("other") 다음에 das("that", 즉 that same thing)가 오는 사실로 표현된다. 모순 자체는 두 가지 방식으로 계속된다. 첫째, 한편으로 stets 사이의 모순과 다른 한편으로 ander와 das 간의 모순이 해결되지 않은 상태에 있다. 둘째, 마찬가지로 중요하게도 anders als was?(무엇과 다른가?)라는 있을 만한 질문에 대한 해답을 예상하는 지점에서 인상적이게도 das라는 시어가 나타난다는 점이다. 여기서 das는 같은 시어인 stets에 의해 도입되지만 anders와는 일치하지 않는다.

첼란이 번역한 다음 행은 기표가 달라도 동일한 기의를 가진다는 전통적인 언어 개념을 마찬가지로 거부하고 있음을 밝히고 있다. 사실 우리는 기표와 기의 간의 차이를 완전히 없애려는 욕망을 느낄 수 있다. 이 행에서 셰익스피어는 전체가 명확하게 이러한 전통적인 언어 개념인 "바꾸기"(*Change*)(예를 들어 의도한 의미는 그대로 둔 채, 한 단어를 또 다른 단어로 교체하기)를 분명히 말하는 것이다.

And in this change is my invention spent

첼란은 자신이 시인의 활동과 능력을 명시하기 위해 친숙한 수사적 용어인 *inventio*에서 파생된 말을 사용하는 것을 성공적으로 피한 것처럼, 이러한 방식으로 말이 교환 될 수도 있다는 점을 인정하지 않는다. *Ich find, erfind*에서처럼 "지시"(designation)는 "말하기"(speaking)로 대체된다. 언어학적 용어에서, 이것은 첼란의 번역본 중에서 바로 다음에 오는 한 구절을 제외하면 가장 대담한 구절 중에 하나이다. 여기에서 동사의 반복, 즉 행위에 사용되는 말의 반복은 행위의 영속성(이는 Gut ist menin freund, ist heute und ists morgen and das singe ich und singe라는 표현의 경우에만 적용되는 기능이었음) 이상의 것을 전달한다. 게다가, Ich find, erfind 라는 구절을 이해하기 위해, 반복 속에서 find를 확장한 (erfind)를 나중에 번역된 "창안물"(invention)로 이해하는 것은 적절하지 않다. 뿐만 아니라 erfind를 첼란이 명확하게 언급하거나, 다양성을 표현하는 가능 수단으로 받아들이는 것조차 거부한 "바꾸기"(change)의 차원에서 나온 대용물로 봐서도 안 된다. 확실히 이게 전부다. 하지만 동시에 *Ich find, erfind*라는 구절로 첼란은 언어적 수행의 표면, 즉 빠롤(parole(speech))의 표면을 꿰뚫어 언어적 체계, 다시 말해 랑그(langue(language))의 내적인 기능을 힐끗 보여준다. (첼란은 비록 상대적으로 덜 대담한 방법이었지만 이미 2행:was ich da treib und trieb에서 이렇게 했다). 이렇게 해서 나타난 점이 동사변화체계의 부분들로, 한번은 시제(*was ich da treib und tribe*), 또 한번은 인칭: ich find, erfind(=erfind)과 관련된다. 명백히 이러한 해석은 첫 번째의 경우(위에서 본 바와 같이 어휘의 영속성을 수반한 시제 변화는 그 자체의 기능을 가지고 있다)에는 설득력이 없다. 하지만 첫 번째의 경우와 두 번째(Ich find, erfind)의 경우를 함께 고려하면 설득력이 있다. 두 번째 경우를 해석할 때에는 이 지점에서 접두어 er이 인칭대명사 er(he)를 함축해야 함을 전제한다. 실제로 그런 전제를 한다는 점은 아마도 의문의 여지를 남길 수 있다. 그러므로 우리는 두 가지 사항에 주의를 기울여야 한다. 첫째로 *Ich find, erfind*의 연속 잇기에서(13행: *getrennt, geschieden*의 경우처럼) 무엇보다도 "변별적인 특성"을 염두 해둔 해석은 접두사 er을 강조하기 위해 일반적인 발음(*erfind*)에서 출발할 것이며, 이 때문에 두 번째 의미(즉 인칭 대명사로의 er)를 지킬 수 있을 것이다. 둘 째, 첼란의 시에서도 랑그의 전형적인 파편이 실제로 빠롤과 섞여 있는 구절들이 있다는 점이 연상될 것이다. 이는 「아무도안의 장미」(*Die Niemandsrose*)이라는 제목의 모음시집에 있는 서두의 시에서도 마찬가지다.

> I dig, you dig, and the worm, it digs too,
> And that singing over there says : They dig.
>
> Ich grabe, du grabst, und es grabt auch der Wurm
> Und das Singende dort sagt : Sie graben.[69]

이렇게 의문시되는 빠롤의 의미가 비실현화 되거나 부분적으로 실현된 언어의 미완성적인 면들(faits bruts of langue)을 도입함을 통해 — 가장 최근에 소위 "유형 시"(concrete poetry)의 본질적인 요소가 되는 기법 — 명백해지는 순간은 첼란의 언어를 향한 특수한 의도 뒤에 숨어 있는 동기를 인지하는 그 때이다. 분석된 예에서 이 점은 명확하게 나타난다. 이 목적을 염두에 두고 다양한 반복의 마지막 예를 분석해 보자. 세 번째 4행 연구의 시작부분에서 셰익스피어는 오로지 다양한 시어를 사용함으로써 그의 작시에서 유일한 주제인 미, 선, 진이란 주제를 표현하려고 했다고 말한다. 그는 계속 해서 기술하기를,

> And in this change is my invention spent,
> Three themes in one, which wondrous scope affords.

---

69) Paul Celan, *Die Niemandsrose* (Frankfurt am Main, 1963), p. 9 [영역본. *Paul Celan: Poems*, Micheal Hamburger 번역 (New York, 1980), p. 131. 이 내용은 그 번역을 수정한 것임.]

첼란은 위의 행들을 다음과 같이 번역했다.

Ich find, erfindum sie in eins zu bringen,
Sie einzubringez ohne Unterlass.

*sie I eins au bringen, / sie einzubringen*라는 구절은 아마도 첼란의 번역 방법이 가장 크게 비난을 받고 있는 부분이며, 그가 가장 마음대로 바꾼 부분일 것이다. 여기서 우리는 첼란이 번역한 셰익스피어의 소네트 독역본에서 가장 쉽게 이 번역이 시종일관 강조한 언어를 향한 특수한 의도를 알 수 있다. 위에서 이미 보았듯이 첼란은 시인이 자신의 독창적인 재능에 대해 말하지 못하게 하며, 이와 유사하게 시인이 그의 작시법에 대한 식견을 언급하거나 그것을 "놀랍다고"(wondrous) 부르지 못하게 한다. 이 시어들은 두 개의 반 구절, *um sie eins zu bringen*와 *sie einzubringen*로 대체된다. 각각의 시어는 특수한 내용물을 가지고 있으며, 이들은 다른 시어들로 표현될 수 있다. 첫 번째 bringing-into-one(Three themes in one으로 번역되는)은 Schoin, gut und treu'의 결합으로, 즉 친구에 구현된 결합의 시적 모방으로 이해해야 한다. "세 개의 주제"(three themes)가 "하나"(one thing)인 것이다(8행). 분명히 첼란이 언급하는 점은 단지 단일성, 즉 단일화하는 것이지, 셰익스피어 원문에서 당연시했던 분명한 "실재"(reality)의 세 가지 속성은 아니다. 또한 그가 사용한 sie(they)는 "*schon, gut un treu*"라는 시어 그룹을 가리키는 것이며, 그것은 (원문 비평 연구판과 대조적으로) 첼란의 번역본[70]과 함께 인쇄된 영문 원문에서는 카마

---

70) Insel-bücherei 권에 실린 이 영어 텍스트는 첼란이 제안한 것이 아니며, 그는 이것을 출판사에 넘기지도 않았다. 하지만 그는 이 텍스트를 검토하고 승인했다. (이 정보는

(comma)로 바뀌어 매번 나온다. 그 결과 번역본에서는 이러한 시어 그룹은 "실재의 어떤 것"(something real)이 아닌 인용부호로, 즉 언어의 "실체"(entity)로 제시되어 있다. 따라서 덕목들을 무리 짓는 것이 셰익스피어 원문에서 아무리 가공되고 허구적인 방식으로 시인이 활동하는 출발점 역할을 할지라도, 첼란의 번역본에서는 두 가지 (관)점에서 사라진다. 즉 그것은 (그것의) 세 가지 속성과 실재하는 어떤 것으로서의 (그것의) 존재를 잃는다.

두 번째 반행인 sie einzubringen("to bring them in", 즉 추수하는 것)은 원문의 특정 부분을 번역한 것으로 볼 수 없다. 다시 한 번 더, (여기서) 의도된 것은 시인의 작시 행위이다. 은유로, 위의 행은 추수 또는 포도 수확의 심상과 연관되어야 할 것이다. "거둬들이기"(bringing in)나 추수를 함축하고 있는 "whither"에 상응하는 용어가 시 자체라고 가정한다면, 이 은유의 해답은 [즉 예술작품에 있는 어떤 것 중에=Ins Werk Wetzen] "실행하는 것"(putting in practice)에서 찾을 수 있다. 그러나 재번역에 의존한 이와 같은 분석적 해석은 sie in einsbringen / sei einzubringe(to bring them into one / to bring them in)의 동음이의어를 쓰는 말재롱에서 일어나는 파장에 의해 전복된다. 마지막 2행 연구에서 압운 쌍인 (schieden / schmieden)의 경우와 달리, 여기서 동음이의어를 쓰는 말재롱은 한 시어의 일부분에만 국한되지 않고 연쇄체(syntagma) 전체를 포괄한다. 연속 잇기, sie in eins zu bringen / sie einzubringen 역시 마지막 압운 위치에 있지 않다는 점에서 다른 (동음이의어를 쓰는) 말재롱과 차이가 있다. 따라서 소리의 일치는 어떤 도식에서 생기는 것이 아니기에 미리

고맙게도 klaus Reichert가 본인에게 준 것이다.)

예상하지 못한 독자들을 당황시킨다. 그러나 이러한 차이는 단지 아주 명확한 차이에 대한 전제 조건이며, 이 명확한 차이에 의해서만 그 어구의 특수한 성격을 이해할 수 있고, 그럼으로써 첼란의 언어를 향한 특수한 의도, 즉 그의 번역본 전체에 명확히 드러나는 동기를 이해할 수 있다.

Zusammenschmeiden과 geschieden의 압운을 맞춤으로 첼란은 서로 다를 뿐만 아니라 상반된 기의("separate"/"join")를 가지는 두 개의 기표를 한자리에 둔다. 그는 의미적인 대립을 통해서 보다는 음성적인 근접-동일성, 즉 동음이의어를 쓰는 말의 유희를 통해 훨씬 더 강력하게 대립을 표현한다. 이러한 방식으로 첼란은 모든 경우에 있어서 기의와 기표가 일치한다는 규범적 개념을 전복하여 기표가 기의의 다양성을 반영하는 것을 가정한다(다의성이 시학의 본질적인 실제인 것 같이 다의성은 기호학에서 논란의 대상이 된다. 이제, 마지막 압운의 동음이의어를 쓰는 말재롱과는 대조적으로 두 연쇄체, sie in eins zu bringen과 sie einzubringen의 동음이의어를 쓰는 말재롱은 기표 eins("one")와 ein(=hinein, "in") 간의 단순하고 부분적인 차이에 의해서 뿐만 아니라 기의의 동일성을 통해서 결정된다. 이는 말라르메[71] 이후로 현대시의 특징(차이)인 것과 동일하게 보이는 첼란의 언어사용 맥락에서 소쉬르(Saussure)의 구분이 의미 있고 적절하다는 가정 하에서다. Ineinsbringen("bringing into one" 바꾸어 말하면, 단일화)와 Einbringen("bringing in")은 보통 동일한 의미가 아니며 단지 "합치는 것"(joining)과 "실행하는 것"(putting in practice)일 뿐이다. 하지만 첼란에게 예술작품상에서 실행하는 것은 통합하는 것이다. 논의 중에 있는 이 구절의 동음이의어를 쓰는 말재롱은 이러한 점을 보여주며,

---

71) 데리다의 "La double seance,"와 함께 그의 "Sémiologie et grammatologie,"은 *Information sur les sciences sociales 7*, no. 3 (1968) (Recherches Sémiotirues)를 참조.

소네트 105번의 독역본을 전체로 읽음(reading)으로, 이와 동일한 점이 제시된다. 여기에서 우리는 첼란이 언어를 향한 의도와 그의 번역본의 시론을 명백히 알 수 있다. 그러한 과정(program)은 셰익스피어 원본을 전달하는 다음 행에서 체계적으로 나타난다.

Therefore my verse to constancy confined by

In der Bestandigkeit, da bleit mein Vers geborgen.

셰익스피어 소네트의 주제인 영속성은 첼란에게 자신의 시(verse)가 거주하는 매개이자, 그의 시72)의 흐름을 방해하면서도 동시에 그 시에 영속성을 부여하는 그것이 된다. 영속성은 원문에서는 다양한 표현 수단으로 노래되고 묘사되는 것과 대조적으로 그의 시에서는 구성요소가 된다. 자신이 번역한 셰익스피어 소네트 105에서 첼란의 언어를 향한 의도는 시에서 영속성을 실현하는 것이었다.73)

*

우리는 이미 동일한 요소를 재현하는 수많은 예와 시간의 경과에 따라 씌어진 변화에 저항하는 유사성을 창조하는 예를 보았지만, 그 목록은 아직 완벽하지 않다. 영속성은 또한 지금까지 고려한 언어차원과는 다른 언어적 차원에서 전달된다. 예를 들면 첼란은 자신이 쓴 시에서나 그 밖

---

72) 각주 27 참조
73) 첼란 자신의 시와 그것의 발달에서 영속성의 시론이라는 이 프로그램(혹은 실험)의 기능을 검토하는 작업은 보람 있을 것이다.

의 셰익스피어 소네트 번역본(셰익스피어도 스스로 그랬듯이)에서 "구걸치기"(enjambment)를 사용하기는 했지만 이 번역본에서는 사용하지 않는다. 이러한 기법은 다음 원문에서 나타난다:

> Since all alike my songs and praises be
> To one, of one, still such and ever so.

첼란은 이 행의 범위를 표시하기 위해 콜론(colon)을 삽입한다.

> All dieses Singen hier, all dieses Preise:
> von ihm, an ihn und immer ihm zulieb.

또 다른 예로, 그는 마침표를 쉼표(혹은 대쉬)[74]로 대신해 "전방조응적으로"(anaphorically) 연결된 9행과 10행을 단순한 병치구조로 바꾼다.

> Fair, kind and true, is all my argument,
> Fair, kind and true, varying to other words,
>
> "schon, gut und treu," ds singe ich und singe.
> "schon, gut und treu"--stets anders und stets das.

원문에서 이 두 구절은 쉼표로 끝나지만 첼란은 첫 번째와 두 번째 절에서 이미 그렇게 했고 그 2행 연구에도 그럴 것처럼 이 연을 마침표로 마친다. (셰익스피어 원문에 있는 세 4행 연구들 중 어떤 것도 한 문장 이

---

74) 각주 20 참조

상으로 이루어지지 않는다). 구걸치기에 대해 말할 수 있는 곳은 방금 인용한 위 행들 다음에 오는 행들과 전체 번역본에서 가장 불안정한 구절에서 나온 행들에서이다. 이것은 말재롱의 연속 잇기인 um sie in eins zu bingen,/ sie einzubringen와 함께 나타나며, 말재롱의 효과(구걸치기의 효과)는 명백히 내부적인 반복에 의해 본질적으로 삭제되지만 이 행의 끝에서 멈추지는 않는다.

구문상의 영속성, 즉 개별문장으로 행들을 규칙적으로 재현하는 것이 여전히 한층 더해진다. 이 점은 원문에서 벗어나는 것을 의미하며 실로 원문의 언어를 형성하는 방식을 명확히 부정하는 것을 나타낸다. 원작의 구문상의 종속성, 즉 종속 구문은 사라지고, 이와 함께 논쟁적이고 논증적인 문체도 마찬가지다. 4행 연구와 2행 연구의 전환점에 셰익스피어는 접속사나 (아니면 형용사)를 둔다.

> v.3 Since all alike my songs and praises be
> v.7 Therefore my verse to constancy confined;

혹은 접속사 "and"를 연속적으로 사용한다.

> v.11 And in this change is my invention spent;

아니면 관계대명사를 사용한다.

> v.14 Which three till now, never kept seat in one.

첼란은 이러한 접속어들을 제거한다. 그의 문장은 개별문장을 언급하거나 서로 종속되지도 않는다. 첼란의 번역본은 넓은 의미에서 횔더린의 후기 시와 연관시켜 아드르노(Adorno)가 도입한 병렬 법칙과 유사할 뿐만 아니라 문자적 의미에서도 근본적으로 병렬 법칙이 두드러진다.75) 게다가, 첼란은 비록 압운 구조를 유지할 뿐만 아니라 인쇄상으로 이 4행 연구들을 (페트라르카의 문체를 모방한 소네트 형식에 따라서) 구획 지었지만 엄격하게 구분된 14행을 세 4행 연구와 하나의 2행 연구로 축소시켜 버린다.76) 이는 셰익스피어가 처리하는 것과는 대조적으로 첼란이 문장구조나 구두점을 이용해 모든 4행 연구를 중간에서 두 개로 나누기 때문이다. 결과적으로 이러한 압운 구조에도 불구하고 첼란의 4행 연구는 일련의 2행 연구에 가깝다. 반면에 그의 2행 연구는 구문적으로 두 개의 동일한 부분으로 분할됨으로써 4행 연구에 흡수된다. 원문에서 우리는 다른 단위들(세 개의 4행 연구와 하나의 2행 연구)를 발견하는데, 이들은 문장단위들을 상호 연결하는 방식으로(1절과 2절의 절반부 간의 일반적인 연결과 3연에서 연속적인 연결) 종속적으로 구성되어 있다(엄격한 의미에서, 2연과 3연에서 종속절이 전혀 없다 해도). 결과적으로 그들은 차례로 불균등을 내포하고 있다. 반면에 첼란의 변역본에서 이 행들은 단순히 번갈아 시작된다. 이 개별 행들은 하나의 단위로 독립적이지 않음에도 불구하고 원본에 대응하는 행들보다 훨씬 덜 타율적이다. 의미

---

75) 각주 15에 있는 인용문헌 참조. 명백히 홀더린에게 병렬은 개별 단어들을 격리시키는 역할을 한다. 반면에 첼란에게서 적어도 이 번역에서 병렬은 행들과 문장들의 관계에 더 관련이 있다. 첼란 자신의 시에서는 개별 단어들을 포함하는 병렬이 결정적인 역할을 한다.

76) 각주 20 참조. 인쇄 상에서 4행 연구를 분리시키는 것은 아마도 원문과 번역본의 대응되는 시행들이 이중 언어에서 서로 마주보게 하기 위함일 것이다.

적이고 음성적인 차원에서 첼란의 언어가 변화, 차이 그리고 다양성을 최소한으로 줄인 것처럼, 그의 언어는 또한 여타의 번역에서 보다 이 번역에서 문장구조의 연속을 유지하려고 애쓴다.

*

셰익스피어 소네트 105 독역본의 연구에서 밝혀진 대로 첼란이 언어를 향한 의도를 성급하게 일반화해서는 안 된다. 우리의 연구는 단 하나의 소네트만 다루었다. 그럼에도 불구하고 시에서의 영속성을 인식한 점은 우리 분석에서 주요한 결과물로 단지 이 하나의 번역에만 특유한 특징이 아니다. 사실 이 시적 영속성은 로만 야콥슨(Roman Jakobson)이 다음과 같이 정의한 시적 언어의 기능과 일치한다. "시적 언어의 기능은 등가의 원칙을 선택의 축에서 조합의 축으로 투사하는 것이다. 등가는 연속 잇기의 본질적인 기법으로 승격된다."77) 야콥슨의 정의는 시에 대한 묘사가 아니라 엄격한 의미에서 언어의 시적 사용을 제한하는 원칙을 진

---

77) Roman Jakobson, "Linguistics and poetics," in Style in Language, ed. Thomas A. Sebeok (Cambconjugation paradigmridge, Mass., 1960), p. 358. 시적 연속 잇기에서 등가는 시간의 흐름에 대응한다. 소네트가 야콥슨의 시 해석에서 가장 중요한 주제이자, 현 에세이(시론)의 주제인 것은 아마도 우연이 아닐 것이다: "le sonnet est fait pour le simultané. Quantorze vers simultanés, et fortement désignés comme tels par l'enchanînement et la conservation des rimes: type et structure d'un poème *stationnaire*" [소네트는 동시에 일어나는 것을 위해 만들어진다. 14개의 동시적인 행들, 그리고 압운을 연결하고 유지함으로써 그 자체로 힘 있게 지명됨: 정체시의 형식과 구조 — A. Warminski 역]. (Paul Valery, Tel Quel, in Oeuvres, Pleiade ed. [Paris, 1960], vol. 2, p. 676.) 야콥슨이 정의하는 "시적 기능"의 틀 속에서 구절 *was ich da treib und trieb*와 *Ich find, erfind*에 관련해서 논의 된 어형 변화표는 현대 언어학적 용어인 "계열적 관계"(paradigmatics)라는 특별한 경우로 드러난다.

술하는 것이다. 이런 원칙은 시가 동어 반복적이지 않다면, 다시 말해 적어도 시가 무엇이든 말해야 하는 것이라면 언어적 차원에서 결코 완전히 구현 될 수 없다. 첼란이 번역한 셰익스피어 소네트 105은 이전의 어떤 시보다 통합적인 연속 잇기(유형시를 제외한다면)에서 등가의 원칙을 완전히 실현하는 제한된 가치에 더 밀접하게 접근한 것이다. 이는 첼란의 시—그가 번역한 것도 시이다— 가 그나 다른 이들의 여느 시보다 더 "시적"이기 때문이 아니라(이렇게 결론을 내리면 야콥슨을 잘못 이해하는 것이다) 영속성이 그의 시, 즉 그의 번역의 주제이기 때문이다. 물론 이 영속성이 또한 셰익스피어 소네트 105번의 주제이지만 이 원문에는 앞서 말한 점들이 전혀 적용되지 않는다. 이점 때문에 우리는 마지막으로 셰익스피어의 원문과 첼란의 그 번역의 차이, 즉 언어를 향한 의도의 관점에서 셰익스피어와 첼란의 차이로 되돌아 온 것이다.

"영속성"이 실제로 (미, 선, 진) 그런 덕목을 다루는 한 셰익스피어 소네트의 주제로 여겨질 수 있다. 셰익스피어는 그의 "아름다운 친구"가 지닌 영속성을 주장하고 찬양하며, 제재가 전적으로 그의 친구가 지닌 영속성인 자신의 글쓰기와 시인이 그것을 찬양하는 것을 묘사한다. 동시에 영속성은 이러한 미덕이 칭송되어지는 수단들로 이해되고 있다.

> Therefore my verse to constancy confined,
> One thing expressing, leaves out difference.

하지만 "영속성"이 시의 제재로 부각되는 것은 시인의 작시법의 미덕으로서 이다. "미, 선, 진"의 전방위 조응적인(그래서 수사적 목적에서의 구체화된) 반복에서만 영속성은 그 시가 요구하는 언어 자체로 진입한다.

첼란의 번역본에서 우리는 아주 다른 점을 발견한다. 그의 전반적인 접근 방식과 일치되게 첼란은 셰익스피어가 자신의 시, 자신의 문체, 자신의 글쓰기의 목적을 묘사한 구절들을 번역하지 않고 둔다. 또는 그는 그 점들을 아주 "자유롭게" 번역하여 그들이 더 이상 이러한 주제를 다루지 않는 것처럼 보이게 한다.

Since all alike my songs and praises be

All dieses Singen hier, all dieses Preisen:

Therefore my verse to constancy confined,
One thing expressing, leaves out defference.

In der Bestandigket, da bleibt mein Vers geborgen,
Spricht von dem Einen, schweift mir nicht umher

Fair, kind, and true, is all my argument,
Fair, kind, and true, varing to other words,
And in this change is my invention spent
Three themes in one, which wondrous scope affords.

"schon, gut und true", das singe ich und singe.
"schon, gut und true" stets anders und stes das.
Ich find, erfindum sie in eins brigen,
Sie einzubringen ohne Unterlass

첼란의 번역본에서 시인은 그의 "주장", "독창성"과 "식견"에 대해 이야기하지 않고 대신, 그의 시는 이러한 주제와 객관적인 요구에 따라 개작되었다. 시인조차도 그 시가 차이를 배제한다는 점을 확언하지 않고 오히려 그는 차이를 단순히 생략한 언어로 말한다. 후기 말라르메주의의 태동기에 글을 썼으며 현대 언어학, 언어 철학과 미학에 주의를 기울인 관찰자인 첼란은 시가 자체로 제재이자 자체를 상징으로 불러내거나 표현한다는 시의 상징주의 관념에서 이러한 논증적인 귀결을 이끌어낸 것이다. 야콥슨에 따르면 (영속성이 본질인) "계열적인"(paradigmatic) 축에서 통합적인 축으로 투사되고, 이 통합적인 축 상에서 산문적인 점과 시적 연속 잇기를 구분하는 일종의 특수한 영속성이 존재한다. 만약 우리가 야콥슨의 관점을 인정한다면, 제재가 바로 이 영속성인 시를 번역할 때 첼란은 아마도 야콥슨의 이론을 모른 채 전통적인 상징주의 시―그 자체만을 다루고 제재가 그 자체인 시―를 스스로를 다루지는 않지만 그 자체인 시로 대체한 것이 아닌가! 그래서 그는 더 이상 시 자체를 표현하는 시가 아닌 시적 언어가 자신의 제재에 할당된 바로 그 지점에 은신한 시를 생산했다. 바로 이것이 "영속성 내에" 은신한 시 자체인 것이다.[78]

---

78) 현 에세이(시론)은 첼란의 언어를 향한 의도와 관련 있다. 이 에세이는 그가 언어를 양식화하는 방법을 분석함으로써 완성되어야 한다. 이런 분석은 표현가치와 "den ich *da* lieb," "was ich *da* trib," 그리고 "all *dieses* Singen."와 같은 어구전환 어조에 특별한 주의를 기울여야 한다. 첼란은 자신과 사랑의 대상을 향한 우울한 명상적인 거리를 표현할 뿐만 아니라―그리고 셰익스피어 소네트에서 말하는 "나"는 틀림없이 우울적이라고 말할 수 있을 것이다―스스로와 그 자신으로서의 주관적인 차원 간의 거리 또한 나타내고 있다. 첼란이 이점을 외면하는 것은 시 자체에만 관계하는 시의 객관성 때문이다. 이 객관성은 여기에서 면밀히 검토해 보았듯이 더 이상 재현기능을 하지 않는 언어로 확립되어 있다. 하지만 마지막 행에서 (In Einem will ich drei zusammenschmieden) 강한 조명은 스스로를 이 작업에 놓는 "나"를 비추는데, 이는 우울의 베일 뒤에 있는 "나", 그곳에 사는(*da*) "나" 뿐만 아니라, 그 시의 계획된 객관성에도 대립되는 것이다.

17.

시 번역

■이브 보느프와(Yves Bonnefoy)

하나의 시를 단순히 다른 것의 번역이라고 말함으로써 번역이라고 할 수도 있을 것이다. 예를 들어 블라디미르 바이들러(Wiladimir Weidlé)가 한번은 우스갯소리로 보드리야르(Baudelaire)의 시, "Je N'ai pas oublié, voisine de la ville. . . ,"은 푸슈킨(Aleksandr Sergeevich Puskin)의 인상을 준다고 했다. 이것은 푸슈킨의 명쾌함을 지니고 있으며, 그에 대한 최상의 번역이다. 그러나 하나의 시를 그것의 명쾌함으로 환원하는 일이 가능한가?

"시를 번역할 수 있는가?"라는 질문에 대한 답은 물론 아니오이다. 번역가는 스스로가 제거할 수 없는 허다한 모순들과 마주친다. 그렇기 때문에 번역가는 너무나 많은 희생을 치러야 한다.

그 예로 (나 스스로의 경험을 끌어와서) 예이츠의『비잔티움으로의 항해』(*Sailing to Byzantium*)를 들어보자면, 당장 그 제목에서 문제가 드러난다. "L'Embarquement pour Byzance"는 어떨지? 터무니없다. 바토(Watteau)라도 나서서 이의를 제기했을 것이다. 더욱이 "sailing"은 동사가 가지는 힘을 소유하고 있는 것 아닌가. 보들레르의 "A Honfleur! Le plus tôt possible avant de tomber plus bas"가 떠오른다고 해도 "A Byzance"는 비웃을 만한 것으로, 이는 그 신화가 그러한 간결성들을 배제시키기 때문이다. . . . 마지막으로, "to sail"은 떠남뿐만 아니라 건너야 하는 바다 ─ 다루기 힘들고, 흡사 열정처럼 파도가 날뛰는─ 와 먼 항구, 즉 그것의 상업, 노동, 공사, 자연에 대한 지배, 정신에 대한 의미들을 떠올리게 한다. Appareiller는 그것들 중의 어떤 것도 전달하지 못하며, faire voile는 그러한 의미의 넓이에 비한다면 약할 따름이다. 나는 체념하며 "Byzance-l'autre rive"로 결론지었다. 어떤 특정한 긴장감이 구원된 측면이 있다 하더라도 그 힘, 그 동사가 표현하는 (최소한 무의식적인) 비틀어 잡아뗌의 느낌은 그렇지 못하다. 우리가 셰익스피어의 언어로부터 말레르브가 강제한 제약들에 속박되어 있다고 볼 수 있을 프랑스어로 옮겨갈 때 종종 그러한 것처럼, 살아 있는 체험은 무시간적인 것으로, 비이성적인 것은 이해 가능한 것으로 변모된다. 다른 하나의 해결책은 그 제목에 보들레르의 어구를 억지로 갖다 붙이는 일일 것이다. 그것은 곧 개방형 번역(traductions developpées)을 가지고 실험하는 작업을 요구하게 될 것이다. 곧 우리는 마치 말라르메(Mallarmé)의『던져진 주사위』(*Coup de des*)에서와 같이 페이지 위에 널려 있는, 그 작품이 불러일으키는 생각들의 모든 연합들을 가동시키는 것이다. 하지만 예이츠는 바로 그 순간─독특하고 절박한─을 말하기 때문에, 우리는 또한 그 점에 대해 충실해야만 한다.

『비잔티움으로의 항해』에서 피할 수 없는 또 하나의 희생은 "fish, flesh, and fowl"에 해당하는 구절이다. 예이츠는 삶의 다양함을 세 개의 단어들－그것의 힘, 겉으로 드러나는 그것의 최후－에 다져 넣고 또한 그 무엇보다 두운법을 통해서 그렇게 한다. 벌써부터 상당한 문제가 제기되지만, 이것은 시작에 불과하다. 그 표현이 이미 만들어져있는 것이라는 점은 일상어가 근본적인 언어, 그토록 많은 시인들의 그것의 회복과 도래를 갈망했던 그 근원적이고 투명한 언어의 아주 작은 부분을 포함하고 있다고 믿는－그리고 그것을 암시하는 시 속에 투영시키는－우리의 소망을 설명해준다. 그러므로 "Sailing to Byzantium"은 그것이 민족의 민담적 지혜와 바로 지금 여기에 관계하는 바로 그 순간에 그것들로부터 결별하여 순수정신으로 향하는 것을 그것의 과제로 삼는다. 이러한 역설은 예이츠의 작품 속에서 심오하고도 지속적으로 나타나지만, 그에 상응하는 간결성이 불가능한 프랑스어에서는 어쩔 수 없이 상실된다. 언어의 "교묘함들"은 일치하지 않는 것이다. 나는 그것을 "tout ce qui nage, vole, s'élance,"로 번역했는데, 이것은 그 활기를 의미적으로는 보유하고 있어도 단어들의 물질성에서는 그렇지 못하다. 더욱이 그 동사 형태는 최초의 성스러운 이름들의 수여를 반복하는 것 같은 그 명사들－"fish, flesh, and fowl"－보다 의미가 약하다. 원문이 그 교묘함과 수수께끼들, 불투명함을 지니는 지점에서 번역은 마치 그것의 수수께끼들이 다른 곳에서 제기되기라도 하는 듯이 표면에 집착한다. 시를 번역하는 것은 불가능하다.

하지만 그것은 모두 잘된 일인데, 왜냐하면 하나의 전체 시보다는 개별 시 자체가 중요할 뿐 아니라 구체적인 전체 시에 속한 것을 배제시켜야만 그 효과가 시 자체를 자극시킬 수 있기 때문이다. 하나의 시란 특정한 개수의 단어들이 페이지 위에 특정한 하나의 질서 속에 배열되어있는 것으로, 그것은 하나의 형태와도 같아서 다른 것, 유한한 것 — 진실한 것 — 에 대한 모든 관계가 중단되어있다. 그리고 저자는 "그거 괜찮은데" 라며 그것을 즐길 것이다. 우리는 지속하는 것들을 고정된 존재로 이끌고 싶어 하지만, 곧 장소와 시간의 진정한 상보성을 깨뜨린 것에 대해 후회한다. 시는 하나의 수단이자 정신적 상태이지만 목적은 아니다. 출판에 의해 시험받음으로써 우리는 스스로 반성할 시간을 갖게 되지만, 그것은 그것을 확정하고 그것을 빠르고 단단하게 만들기 위해서가 아니다. 그리고 또한 최상의 독자란 그와 유사하게 시를 생각하는 사람이다. 그는 하나의 시의 존재에 신경을 쓰는 것이 아니라 그것이 언급하는 환원 불가능한 내용, 즉 그것이 전달하는 의미에 반응하는 사람이다. 쓰여 진 페이지를 숭상하지도, 더욱이 그것을 뒤집힌 우상숭배나 다름없는 우상타파적인 경멸로 바라보지도 말자. 그것의 가장 강렬한 경험에서 독서는 공감이자 공유된 존재이다. 그리고 일견 그것은 얼마나 난감한 일인지! 그 모든 원문의 풍요로움이 — 모호성들, 말장난, 다수의 의미층들 — 그것들의 글자 맞추기 퍼즐을 풀게끔 강제하는 특권을 거부했다는 것을 뜻한다. 그것들의 자리엔 어둠과 따분한 사유만이 존재한다. 난 이 말로 인해 원문을 궁핍하게 만든다고 비난받게 될 것이다.

하지만 우리가 보충의 방식으로 얻는 것은 바로 우리가 붙잡거나 소유할 수 없는 바로 그것, 즉 다른 언어들의 시 그 자체이다.

시를 가능케 할 뿐 아니라 그 속에 얽힌 채로 있는 그 행위를 자유케 하기 위해서, 그리고 그 행위의 흔적에 불과한 고정된 형태로부터 자유케 된 최초의 의도와 직관(또는 열망, 집념, 보편적인 무엇)이 다른 언어 속에서 새롭게 시도될 수 있기 위해서 실제로 우리는 시에 동기를 주는 그 무엇을 발견해야만 한다. 그러한 작업이 오늘날 더욱 진정한 것으로 되는 이유는 동일한 어려움이 나타나기 때문이다. 즉 원문에서처럼 번역의 언어(랑그) 또한 실제적이고 임시적인 발화(파롤)를 마비시킨다. 시의 어려움은 언어(랑그)가 하나의 체계인 반면 그 특정한 발화(파롤)는 현존이라는데 있다. 하지만 이것을 이해하기 위해선 우리가 번역하는 저자 자신에게로까지 돌아가야 한다. 그것은 저자를 속박하는 것과 그가 그것에 대항하여 전개하는 사유의 계략들, 그리고 그를 묶는 충실성들을 더욱 명료하게 인식하는 것이다. 단어들은 우리가 그것들이 행동하는 방식대로 행동하도록 유혹할 것이다. 일단 좋은 번역이 시작되고 나면 재빨리 그것들은 그것이 화하는 나쁜 시를 정당화하기 시작할 것이며, 또한 원문을 구축하기 위해 경험을 황폐화시킬 것이다. 번역가는 스스로 경계할 필요가 있으며 그가 만들어낸 새로운 이미지들이 원 시의 이미지들에 대해 가지는 단어 대 단어의 (그러므로 외적인) 유사성보다도 자신의 이미지들의 존재론적 필요성을 시험해볼 필요가 있다. 이 작업은 몹시 힘든 일이지만, 그 저자가 만약 예이츠, 던, 또는 셰익스피어였다면 번역가는 저자로부터 보상받았을 것이다. 또한 번역가는 이전처럼 원문의 실체와 맞서는 것이 아니라 가능성으로 넘치는 출발점, 그 근원에 서있게 되며, 동시에 이 이차적인 여정 가운데 그 스스로가 될 수 있는 권리를 가진다. 그것은 간단히 말해서 하나의 창조적인 행위이! 그의 언어의 빈틈을 가지고 장난을 치고 또한 유행하는 말로 "땜장이 노릇을 하며(bricoler)," 이제 번역가는 저자가 처음으로 마주쳤던 제약들을 그 저자가 그것들로부터 배운 점들에 주목하는 한에서 다시 경험하게 된다. 이는 무언가를 쓰기 이전에 그것을 살아내야만 한다는 말과 같다. 우린 시가 아무것도 아니며 번역은 가능하다는 사실을 인식해야 한다. 그렇다고 그것이 쉽다는 말은 아니지만. 그것은 단지 새롭게 시작된 시 자체인 것이다.

*

예이츠 시의 근본으로 돌아가기 위해 예이츠의 힘에 필적하는 창조력에 대한 권리를 주장하는 이 모든 것은 도가 지나친 게 아닌가? 하지만 주제넘게 시험한다고 해서 성공이 보장되는 것은 아니다. 시를 쓴다는 것은 예외 없이 야심 찬 작업이며, 진짜 시인에 있어서도 이 야망은 불확실성 속에서 진행된다. 불가능하지 않은 시는 아무것도 없다. 그리고 어떤 구체적인 세부사항들 때문에 실패한다는 것조차도 말하자면 최소한 통일성 또는 투명성, 그리고 운명에 다다를 수 있는 여지를 남겨둔다.

실제로 진정 번역이 주해서나 단순한 기술이 아니라 하나의 질문이자 실험이라면, 그것은 하나의 삶의 과정 속에서만 스스로를 각인시킬 수 —써넬 수— 있다. 그것은 그것의 모든 양상과 행동에 있어서 삶에 의지할 것이다. 이것은 번역가가 다른 측면들에 있어서 한 명의 "시인"이 되어야 한다는 것을 의미하지 않는다. 단지 그것이 함축하는 것은 만약 번역가 그 스스로가 작가였다면 그는 그 자신의 저작으로부터 그것의 번역을 지속적으로 분리시킬 수는 없을 것이란 점이다.

이 상호의존성에 대한 몇 가지 예들을 보기로 하자— 그것들은 개인적인 예들로서, 전혀 자랑거리들이 못된다(또는 놀랄만한 것들이 못된다. 그것들은 개별적인 파편들에 불과하며, 상징적인 가치 이외의 어떤 가치도 가지지 않는다.).

호라시오(Horatio)는 유령이 나타난 뒤 햄릿(Hamlet)에게 보초를 서는 그의 동료들에 대해 얘기한다. 그가 말하기를 그들은 "공포로 호들갑을 떠느라 증류되어 젤리로 변해버렸다(distilled almost to jelly with the act of fear). . . ." 여기서 그 의미는 명확하다. 하지만 "공포로 호들갑을 떪 (the act of fear)"은 어떤 비극적 강렬함을 도입하는데, 그러한 맥락에서 "젤라"(말 그대로 영어에서처럼 젤라틴이며 프랑스어에서는 bouillie)는 문제를 제기하는 것 같다. 어째서 그런가? 로미오와 줄리엣의 시작 부분에 나타나는 외설행위들은 번역 가능하다. 그러나 외설행위들이란 노골적인 언어적 장치로서 선명하고도 자기 충족적이지만, 여기에 나오는 "젤라"는 별 생각 없이 사용되는 일상어로서 의미를 지니고 있지 않다. 여기서 매우 프랑스적이라고 볼 수 있는 나의 성향이 드러난다. 결국 슬프고도 전형적이라고 볼 수 있는 그러한 맥락이 주어졌을 때, 내가 추구하는 것은 한 고양된 의식과 그에 따른 의미의 경제성, 그리고 속박되지는 않았더라도 최소한 시도하고 시험해본 어휘들이다. 물론 천박함이 분명히 등장하지만 그것은 그저 단순히 천박함으로서 그렇게 하며—라블레(Ravelais) 랭보(Rimbaud)를 떠올려 보라— 여기서 내 입장은 다시금 라신(Racine)이나 네르발(Nerval), 그리고 고양된 또는 문학적 언어라고 불리는, 하지만 가장 엄격하고도 최고도로 진지한 언어에 해당하는 그것과 매한가지다. 영국인들(머큐쇼(Mercutio)를 보라)은 언어로부터 그렇게 많은 것을 기대하지 않는다. 그들은 언어의 영웅적인 재건축보다는 직접적인 관찰과 명쾌한 심리학(간단히 말해 그 병사의 상황에서 나왔던 "젤라"라는 말)을 추구하기 때문이다.

그리고 난 그들이 옳다고 시인한다. 하지만 그렇게 우유부단한 상태에서 별다른 일없이 도전을 받아들인 채 la bouillie 또는 심지어 l'eau de boudin을 말해야 하는가? 그것은 원문에 충실해야 한다는 점에 대해 어떤 것도 요구받지 않는 격이 된다. 하지만 그것을 받아들이면서도 내가 조금이라도 라신의 제자로 남아 있는 것이 사실이라면, 정확한 표현이 기묘함을 낳을 것이라는 점 또한 사실이다. 이것은 낭만주의 번역의 악덕으로서-그 이전의 수사학으로부터 거칠게 잘려 나온-그것은 언제나 그 문제를 해결하지 않고 회피하는 것처럼 보인다. 듀시스(Duçis)[79]라도 그것보다는 나을 것이다! 또한 차라리 나 스스로 쓰는 모든 글에서 단지 그를 반영하는 것이 아니라 그 자신을 발견할 수 있을 때까지 셰익스피어에만 집중하며 사는 게 더 나을 것이다. 그리고 다른 한편으로 그 상황에 대한 온전한 지식을 바탕으로(주석을 첨부하겠다) "젤리"를 다른 일군의 연합들로부터 나온 내 단어 cendre("ash")로 번역하기.... 지엽적으로는 번역은 실패할 수밖에 없다. 하지만 번역의 행위 자체는 이제 바로 여기에서 막 시작되었고 이후에 다른 곳에서 완결될 것이다

그리고 이제 예이츠로 다시 돌아가서, 그가 "붉고 애절한 입술"을 가진 소녀에 대해 "그녀는 오디세우스와 난항중인 배들처럼 운명 지워졌다."고 말하는 "The Sorrow of Love"를 보자. "난항중인"이라는 단어는 길고 어려운 도해와 배가 넘실대는 모습뿐만 아니라 감정적인 괴로움과 슬픔 또한 떠올리게 만든다-"분만 중"이라는 표현, 즉 분만과정의 의미는 차치한다는 이야기이다. 노동자에 대한 고대적 의미-즉 실제로 ensemencer("씨 뿌리는")에 해당하는- 가 여전히 통용되고 있다는 것조차도 차치하고서. 그 모든 의미들이 여기서 무게를 지니는데, 이제 무엇을 할 것인가? 하지만 이때 난 심지어 스스로 질문을 제기해볼 수도 없었

---

79) Jean-François Duçis (1733-1816)는 셰익스피어의 5대 비극을 프랑스 무대용으로 각색한 희곡작가였다. *Oxford Companion to French Literature*에 따르면 그 각색물들은 "미약" 했다. "프랑스인들의 취향에 맞추기 위해 그는 친구들을 전통적인 방식으로 소개하고 『오델로』(*Othello*)에 오델로가 자신의 실수를 제때에 깨달아 데즈데모나(Desdemona)를 살인하지 않는 대체 결말을 내린다."

다. 난 어쩔 수 없이 "난항중인"을 qui boitent / au loin으로 번역함으로써 이미 그러한 의미들 중의 몇몇을 배제시켜버렸다. 그리고 나는 그러한 단어들을 동일하게 정당화할 수도, 비난할 수도 있을 것이다. 오디세우스가 아니라 프리암의 자녀들이 도망친 것이라는－또 다른 트로이를 찾아서－점과 그 다음 행에 프리암의 죽음이 등장한다는 점을 들면서. 하지만 그것은 여기서 중요하지 않다. 그러한 단어들은 사람들이 생각하는 것처럼 번역가를 통해서 텍스트로부터 번역에 도달하는 그러한 짧은 우회로를 통해서 얻어진 것이 아니다. 그것들은 나 스스로의 과거를 포함하는 더욱 긴 우회로를 통해서 내게로 왔다. 난 자주 그 배의 힘겨웠던 항해를 생각한다. . . . 심지어 한번은 1961년, 미소를 통해 그 음악과도 같은 평정심을 표현했던 낙소스의 스핑크스에 대한 추억을 마음가득 안은 채 그리스로부터 돌아오던 길에 난 그 배가－바로 그러한 방식으로 밤중에 이탈리아의 해안으로부터 떨어져 난항하던 배－스스로 도주하고 있다고, 탐색 중이라고 상상해보았다. 베를렌(Verlaine)을 마음깊이 품은 채 난 시 한편을 대충 써봤는데, 그 속에서는 끝없이 넘실대는 바다가 한 역할을 맡고 있었다－"comme du fer, dans une caisse close."("닫힌 궤 속의 쇠처럼") 난 내가 그 이후로 결코 완성하지 못했던 그 작품을 12년 뒤 나의 번역에 활기를 주기 위한 어떤 충동에서 찢어버렸다. 그때 그 장소에서의 느낌과 예이츠의 시에 대한 내 관심 사이의 관계는 가장 중요하고도 진정한 하나의 발전이 되었다. 나를 나 스스로에게 설명해주었던 이는 그 영어권 시인이었고 그것에 대한 번역을 제공해주었던 것은 나 스스로의 개인적 체험이었다. 간단히 말해 번역들이 누구도 예측할 수 없는 영속하는 결과들과 함께 펼쳐지는 것은 운명에 대한 운명의 공감에서였고, 프랑스 어구에 대한 영어 어구의 공감에서가 아니었던 것이다(그

배와 그것의 힘겨운 항해는 내 지난 책에서 언급되었다).

*

이러한 주장들의 논리에 따라 나는 이제 스스로 어떻게 내 번역물들이 내 시 속으로 반영되어왔는지, 그리고 어떻게 다른 언어들의 시가 우리 시들의 발전에 공헌해왔는지도 물어야 한다.

시간부족으로 인해 내가 할 수 있는 것이라곤 또 다른 하나의 예비적 질문을 던지는 것 외에는 없을 것 같다. 이러한 유형의 번역이 온전히 미친 짓이 되지 않는 상황들이란 어떤 것들인가? "여러분에게 친숙한 시인들을 번역하십시오." 난 그렇게 제안했던 적이 있다. 하지만 과연 어떤 시인들이 충분히 친숙해질 수 있단 말인가?

던의 반어법, 엘리엇의 빛나는 우울, 또는 보들레르적인 울화나 랭보의 mauvaiseté(또한 늘 그렇듯 그의 희망), 이것들은 모두 불가해한 세계들 아닌가? 그리고 예이츠에 대해서도― 한편으론 관념에 대한, 비잔티움에 대한 열망이 있고 다른 한편으론 "피와 진흙", 심지어 열정의 광포함까지도 포함하는 진창과 황홀경, 그리고 그리스도이자 동시에 아도니스인 존재가 있는― 그러한 주장은 공감될 수 있는가?

하지만 시에 있어서 불가피성이란 창조의 어머니이다. 작가가 시도하지 않은 것은 때때로 억압되며, 번역은 대시인이 우리에게 말할 때 검열을 비껴갈 수 있다― 이것이 내가 말했던, 번역된 작품이 발생시킬 수 있는 피드백의 일부이다. 하나의 힘이 풀려난다. 그러니 그것이 이끄는 곳으로 따라가 보자. 하지만 우리가 오직 따라야 하는 것은, 하나의 작품이 우리를 강제하지 않을 때에 그것은 번역 불가능하다는 점이다.

18.

의미론적 이론과 번역 이론

■앙리 쇽트(Henry Schogt)

의미를 다루는 의미론과 의미의 전달을 다루는 번역 간에 이론의 여지가 없이 매우 중요한 연계가 있을지라도 의미론적 이론과 번역 이론은 밀접하게 관련되어 있는 것은 아니다. 또한 종종 전문번역가들은 의미론적 이론의 법칙으로 도움을 받기보다는 오히려 방해를 받는다. 의미론과 번역 간에 긍정적인 상호작용이 거의 없는 상황을 설명할 수 있는지의 여부를 알기 위해 이 두 분야를 조사해 보는 일은 흥미로울 것이다.

의미론적 이론이 의미에 관련된 것이라고 말하는 것은 간단한 사전적인 정의에 불과하기 때문에 의미론이 연구하는 제반 주문제들을 반드시 목록화해야 한다. 다음에 언급하는 점들은 모든 것을 총망라하거나 중요한 순서에 따른 것은 아니다. (1) 언어, 사유, 그리고 외부세계 간의 관계에 있어 철학적이고 인식론적인 문제들; (2) 한 언어의 중요한 구성요소와 그 언어에서 발견되는 동일한 분석수준의 나머지 구성요소 (사이의 관계); (3) 구두상에서든 문서상에서든 동일 언어 구사자 개개인들 간의 의사소통

1. 첫 번째 문제는 비록 일반적인 특징이고 어떤 특정 언어에 구속되지 않지만 번역가에게 중대한 함축을 가지고 있다. 만약 언어, 사유, 그리고 현실(『언어, 사유, 그리고 현실』(*Language, Thought and Reality*)은 벤자민 리 워프(Benjamin Lee Whorf)[80]가 쓴 논문 선집의 제목) 사이에 연계가 있다면, 상이한 현실은 별개의 언어를 낳을 뿐만 아니라 별개의 언어가 상이한 현실을 낳기도 한다. 이 사실의 가장 극단적인 형태인 소위 워프의 가설(Sapir-Whorf hypothesis: 개인의 세계관은 모국어에 의해서 결정된다는 설)에서는 모국어가 다른 두 사람간의 의사소통이 불가능함을 당연히 여긴다. 비록 그들 중 한 명이 상대방의 언어를 배웠다 할지라도 외국어를 배웠다고 생각하는 사람들조차도 그들의 모국어가치시스템에 사로잡혀 있기 때문에 그 언어를 통달했다고 생각하는 사람들과의 진정한 의사소통도 불가능한 것이다.

이점이 이론과 실제(practice)가 충돌하는 전형적인 예이다. 이 워프의 가설을 완전히 받아들이는 사람은 아무도 없지만 사람들이 사용하는 언

---

80) B. L. Whorf, *Language, Thought and Reality: Selected writings*, edited and with an introduction by J.B Carroll (Cambridge, Mass.: MIT Press, 1956).

어는 외부세계의 구성요소에 중점을 두고 타언어가 간가하거나 개념화하지 못하는 추상적인 개념을 만들어낸다는 점을 부인하기는 어렵다. 구두시스템은 한 언어가 일시성이나 그 전/후에 비례하여 크게 강조점을 둠에 따라 다를 수도 있는 반면에 또 다른 언어는 양상의 외적 기호, 즉 일시성의 "직증적인"(deictic) 특징을 담고 있지 않은 범주를 가진다.81) 비록 첫 번째 언어가 양상을 표현할 수 있고 두 번째 언어가 일시성을 표현할 수 있을 지라도 이 범주들은 두드러진 지위가 없어, 일시성과 양상에 관한 두 언어간의 실제적인 등가는 존재하지 않는 셈이다.

2. 이는 의미론의 두 번째 문제로 이어지는데, 그것은 각각의 요소가 동일한 수준에 있는 다른 요소들에 대해서 그리고 그것들 때문에 정의되도록 만드는 내재적 분석에 대한 것이다.

언어적 요소들 각각이 가질 수 있는 물리적 속성들에 대해서 언급하기보다 이들을 조직화하고 기능적인 면에서 기술하는 원칙은 트루베츠코이(Trubetzkoj)를 시작으로 하는 프라하구조주의자들이 제시한 음운론(phonology)/음소론(phonemics)에서 가장 잘 알려져 있다.82) 의미의 단위를 음소(phonemes)와 동일한 방법으로 구조화하려는 시도들은 지금까지는 부분적으로만 성공했다.

동사인 *craindre*(두려워하다), *redouter*(몹시 무서워하다)와 그 준동사 표현인 *Avoir peur*(to be afraid)를 논할 때 소쉬르(Saussure)는 이미 이 세 단위의 개별가치는 나머지 두 단위의 존재가 결정한다고 지적했다.83) 아쉽게도 소쉬르는 어떤 점에서 이들이 다른지, 다르다면 그 차이가 지적 내용

---

81) 다음과 비교하라. CF. B. Comrie, *Aspect* (Cambridge: Cambridge University Press, 1976).

82) N.S. Trubetzkoj, *Grundzüge der Phonologie*. Travaux du Cercle Linguistique de Prague [TCLP], no. 7 (Prague, 1939).

83) F. de Saussure, *Cours de linguistique générale* (Paris: Payot, 5th ed. 1962 [1916], p. 160.

물의 요소에 속한 것인지에 관한 여부를 명시하지 않았다. 이것은 내포(connotation)와 외연(denotation)의 문제와 번역논의에서 아주 중요한 역할을 차지하는 의미의 인지적/비인지적 구성요소들을 구분해야하는 문제를 열어 놓는다.

의미론적이거나 개념적인 영역의 연구들은 소쉬르가 제시한 예보다 어휘목록에 적용되는 구조적인 방법의 가능성과 한계를 더 명확하게 설명한다. 이 영역의 발상(idea)은 열려 있고 무한한 목록에 속해있는 구성단위의 문제들에 대한 부분적인 해답으로 보일 수 있다. 각 언어마다 제한되고 폐쇄된 목록이 대부분 75개보다 훨씬 적거나 거의 넘지 않는 다수의 단위들로 된 음소론과 대조적으로, 어휘단위는 너무나 다양하다. 그래서 개별 단위가 다른 모든 단위들에 동등한 수준에서 영향을 미친다는 원칙은 전체어휘목록에서는 타당하지 않다. 혹 이 원칙을 고수하길 원한다 해도 그것은 검증 가능한 중요성과는 관계없는 일이다. 하지만 훨씬 더 작고 균일한(동질적인) 어휘영역에서는 음운론체계상에서의 주된 것과 비슷한 상황을 볼 수 있다. 그러나 그러한 비슷한 점에도 불구하고 차이점들이 있기 마련이다.

a. 음소는 분리된 단위들인데 반해, 어휘 항목의 기의(the signified)는 더 불분명하여 일반적인 법칙을 적용하기 힘들다. 특정 예들에서는 의미가 분리되는 (e.g., 유사전문용어) 반면 대부분의 경우에는 상이한 의미영역의 명백한 한계는 전혀 없으며 경계(edges)가 불분명하고 겹친다(소쉬르의 *craindre, avoir peur and redouter*는 이 범주에 속하는 것이다).

b. 한 언어 공동체 내에서 음운론체계상의 변이들은 조금밖에 없다. 이러한 변이들은 한 집단의 현상, 나이, 성, 사회적 계층, 그리고 결정적인 요인이 되는 지역적인 기원이다. 어휘영역구조는 편차를 더 폭넓게 가진

다. 한 언어공동체의 음운론체계상에서 단위 개수는 모든 변이들에도 불구하고 평균(다시 말해 최대, 평균과 최소간의 차이는 작다)에 아주 가까운 반면, 기존영역에서 어휘단위들의 개수는 개인별로 상당히 많이 변할 수 있다. 이것은 각 항목마다의 정확한 사전적인 의미에 대해 중요한 함축성을 지니고 있다. 조건이 적으면 적을수록 의미는 덜 섬세해 진다. 문법적인 범주, 즉 인칭, 수, 격, 시제, 어조, 그리고 양상은 음운론적 모델에 훨씬 가깝다는 점을 주목해야 한다.

c. 외부 현실, 사회구조, 삶의 방식은 언어 공동체마다 다르다. 의미론적 영역은 이런 차이를 반영한다(때론 당대사회에서는 더 이상 적절하지 않다).84) 하나의 단위가 상이한 언어들에서의 상이한 영역들에 속하는 일도 가능하다.

네덜란드인에게서 감자는 국수와 밥과 동일한 영역(음식을 구성하는 녹말)에 속하는 반면, 프랑스에서는 이들은 채소로 구분된다. 만약 그 영역이 속명을 부여한다면, 이 용어는 경우에 따라서는 감자의 경우와 마찬가지로 다를 것이다.

d. 주관적인 분석은 참고지식으로 보완해야 한다.

참고는 물질적인 외연(상징)을 배제한 정신적인 구성물뿐만 아니라 외부세계에서도 주어지기 때문에 개별 화자의 경험은 하나의 동일한 언어공동체내에서조차도 특이한 방식으로 그것들의 틀을 특징짓는다.

---

84) 러시아어의 혈족관계 용어는 좋은 예가 된다. 이 복잡한 체계는 지방사회에서 작용하지만 19세기에 다른 곳에서는 그 정당성을 잃었다. 『Ivan Ilič의 죽음』(*The Death of Ivan Ilič*) 3장에서 에서 톨스토이가 예기치 않게 처남(아내의 형제): šurin을 매제(누이의 남편): Zjat'로 옮긴 것은 용어상으로 혼란이 있었기 때문일 것이다. 도스토예프스키는 『악령』(*Besy*) (『포제스드』(*The Possessed*) 2편 1장 5절)에서 등장인물들이 시어머니(남편의 어머니): svekrov'와 며느리: snoxa를 혼돈하게 한다.

종종 있는 경우지만, 만약 의미론이나 어휘영역의 연구가 한 언어를 다룬다면 개별적인 변이들은 고려되지 않고 구성된 영역이 일반적인 용법을 나타내게 되어있다. 둘 이상의 언어 영역을 (둘 이상의 언어들의 각각의 영역을) 비교하는 근거는 각 언어 공동체 내의 개별 영역의 일반적 타당성을 동일하게 가정하는데 있다. 언어 기호의 추상성과 일반성이라는 원칙에 충실함으로써, 의미론적 영역의 연구는 랑그(Langue)나 능력(competence)의 영역에 남는다. 하지만 번역가는 텍스트를 다루며 빠롤(parole)이나 수행성(performance)의 차원에서 작업한다.

3. 번역가들이 화자와 청자, 전달자와 수신자, 또는 암호기와 해독기로 불리는 여부와 관계없이 의사소통 모델은 메시지를 작성하는 사람과 그 메시지를 받아서 해석하는 사람을 가정한다.

만약 양측이 동일한 문법적 규칙들을 따르고, 동일한 어휘목록을 가진다면, 메시지는 변함없이 전달되고 의사소통은 성공적일 것이다. 이러한 낙관적인 견해는 언어행위묘사와(speech act descriptions) 화용론(pragmatics)이 연구해온 모든 복잡성을 고려하지 않는다.

하나의 단순한 예로 우리가 마주칠 수 있는 문제들을 충분히 설명할 수 있다. 본인이 쓰고 있는 논문에 대한 중요한 정보가 필요할 때 본인은 도움을 청하려 한 친구에게 전화했다. 그의 세살 박이 아들이 자기 마음대로 전화를 받았다. "아빠 계시니?"라는 본인의 질문에 그는 "네"라고 말하곤 자신의 아빠를 부르지도 않은 채 전화를 끊어버렸다. 내 질문에 대한 의미론적인 해석은 정확했지만 의사소통은 실제로 실패했던 것이다.

의미론적 이론은 인지되는 의미에 초점을 맞추고 다른 원칙들에 대한 의도와 주석의 복잡성은 무시한다. 의미론에 관한 자신의 저서에서 존라이언즈(John Lyons)는 집중적으로 발화행위(illocutionary acts), 파라 언어현상(paralinguistic phenomena), 그리고 다양한 해석의 수준들에 대한 문제들을 광범위하게 다룬다는 점을 언급해야겠다.[85] 그는 "의미론"을 속명으로 사용하는 것처럼 보인다. 하지만 곧 그 동일한 기표를 인지적 의미를 다루는 분과에 대한 하위어로 사용함으로써 전통적인 용법과 같은 맥락에 놓이고 만다.

(프랑스 언어학자) 샤를르 바이이(Charles Bally), 알베르 세슈에(Albert Sechehaye), 그리고 프랑스어 통사를 쓴 네덜란드 작가, 보어(Cornelis de Boer)[86]를 주축으로 한 제네바학파는 Thème과 rhème, 또는 Thème과 propos (이론)에 관한 신구정보간의 차이를 강조한다. 이 이론은 변형 기술의 개선안으로 도입한 "전경화"(foregrounding) 개념의 전조가 된다. 비록 구성요소는 동일하지만, 언어 순서, 강조, 구조가 달라 결국 강조점의 이동이 일어나고, 이 때문에 청자/독자의 특별한 주의력에 대해 상이한 요소들을 나타낸다. 원 언어와 목표 언어가 이러한 특수(한) 효과를 만들어낼 동일한 장치가 없을 때 번역가는 혼란에 빠지게 될 것이다. 언어의 유형학(typology)에 관한 Ciaude Hagège의 연구와 같은 것들이 이 문제의 범위를 보여준다.[87]

의미론과 번역의 연관성에 관해 더 논하기 전에, 클라우스 헤거(Klaus Heger)[88]와 루이스 프리에토(Luis Plieto)[89]가 제시한 모델에 대해 몇 마

85) J. Lyons, *Semantics* (Cambridge University Press, 1977).
86) C. de Boer's *Syntaxe du français moderne* (Leiden: Universitaire Pers Leiden, 2d ed. 1954 [1946]은 이 인용에 대한 제네바학파의 관점을 잘 요약해 준다.
87) C. Hagège, *La Structure des langues* (Paris: P.U.F., 1982).
88) K. Heger, "L'Analyse Sémantique de signe linguistique," *Langage Francaise* 1, no. 4 (1969): 44-66.
89) L. Prieto, *Principles de Noologie* (The Hague: Mouton, 1964).

디 해보자. 이들은 모두 랑그/빠롤 이분법을 뛰어 넘고자 시도한다. 이 이분법은 화용론적 언어기호가 통사적인 메시지로 통합되어야 할 때 주요한 장애물이 된다는 점을 증명했다.

헤거에게서 소쉬르의 기호는 소위 Signème로서, 그는 이 용어를 선택함으로써 그 단위의 -emic 특징을 강조한다. 이것의 기의는 문제의 용어를 실제적으로 사용하는 어떤 예에서도 적용되는 모든 요소들(Heger는 sèmes와 moèmes 사이의 차이를 설명하지만, 그의 목적과는 상관이 없다)을 포함한다. 이 단어목록 중 단지 일부만이 (상황과 맥락에 따라) 실제로 사용하는 개별 예에 적용된다. 헤거는 sémème을 Signème 중 현실화된 부분이라 부른다. 그의 이론에 따라서 sémème을 sémème monosémisé의 기의라고 또한 부를 수 있을 것이다. Heger가 말하는 것은 주어진 Signème의 모든 sèmes(그리고 Nèmes)의 어휘목록을 정하는 어떠한 절차가 아니다. 그는 Bernard Pottier의 방법90)과 몇몇 다른 형태의 구성요소 분석을 염두 해 두었을 지도 모르지만 어느 방법을 쓰는지는 중요하지 않다. 모든 방법에서 문제는 공식적인 실증 수단이 전혀 없다는데 있다 (이런 관점에서 우리는 Katz와 Fodor가 한 비평과 그들의 bachelor 예를 기억하자.)91)

헤거와 마찬가지로 루이스 프리에토는 소쉬르구조주의자 전통에 서 있지만 그의 접근방법에는 차이가 있다. 그의 기호는 소쉬르가 "arbor"를 실례로 들었던 그러한 고립된 어휘 단위가 아니라, 차라리 그가 말하는

---

90) B. Pottier, *Linguistique générale* (Paris: Klincksieck, 1974).

91) J. Katz and J. Fodor, "The Structure of a Semantic Theory," Language 39: 170-216. 이 논문에 대한 논의는 H. G. Schogt, *Sémantique synchronique: Synonymie, homonymie, polysemie* (Tronto: University of Toronto Press, 1976), pp. 38-39.을 참조

완전한 메시지이다. 언어학적으로 이 메시지는 상황에 따라 구성요소들을 뺄 수 있다면 완벽한 문장이 되지 못할 수도 있다. 프리에토는 기의에서 시작하여, 다소 낙관적이지만 사람들이 말하기 전에 뭔가를 말하길 원한다고 가정한다. 그들이 전달하고픈 말을 어떻게 말할지는 많은 요소에 달려있는데, 첫 번째이자 가장 명백한 요소는 사용하는 언어이다. 나아가 맥락과 언어의 외적 환경도 고려대상이 된다. 프리에토의 독창성은 언어의 외적 환경의 개념을 해석하는 방법에 있다. 그에게는 물리적인 환경뿐만 아니라 화자의 성격, 화자의 지식평가와 대화자의 개성, 문화적 전통도 언어행위의 언어 외부적 배경이 된다. 그렇기 때문에 맥락과 언어 외적 환경(또는 북미용어로 언어와 비언어적 맥락)에 따라, 동일한 메시지가 상이한 형태를 취할 수 있고 다른 기표에 의해 표현될 수 있다. 해석에 있어서 프리테토는 동일한 방법을 따른다. 해석은 이와 동일한 요소들에 의존하며 맥락과 언어 외적 환경에 따라 변화할 것이다. 이렇게 되면 동일한 기표는 기의를 달리할 수도 있다. 그래서 프리에토는 문장과 언설(utterance)을 모두 수용할 수 있는 틀을 만든다. 그는 한 언어의 한계 내에서 진정한 소쉬르구조주의자로 활동하고 있는 것이다. 비록 유연성이 있는 환경으로 세대 차이를 편입할 수 있다 하더라도, 이 설명은 기본적으로 공시적이다.

프리에토의 출발점인 뭔가를 말하려는 욕망은 번역학교가 이전에 했던 작업과는 대조적으로 의미론적 구성요소를 심층구조에 놓은 변형 의의론(transformational semanticists)을 연상시킨다.

프리에토는 통사론과 의미론 간의 관계에 관한 자세한 부분까지는 연구하지 않는다. 그 주제에 대한 철저한 연구는 의심할 바 없이 네덜란드 언어학자이자, 슬라브어 전문가인 칼 에벨링(Carl Ebeling)[92])에 의한 것이다. 에벨링은 단어의 순서와 강세를 포함해서 의도성(intentionality)의 원칙에 충실하지만 사회언어학적이고 지역적인 무의식중의 목록들(indices)은 뺐다. 상호관계성과 추상적인 형태가 가지는 복잡한 체계는 발견 과정에 대한 200개가 넘는 법칙들을 제시했지만 에벨링의 중요한 이론을 실제적인 문제들에 적용하고자 하는 이들에게는 커다란 장애물이 되었다.[93]

*

이렇게 급하고 불완전한 연구에서 나온 사태—기호를 독단적으로 사용하는 소쉬르구조주의자들의 자의성과 그 자의성을 반대하는 이들이 제기한 반론들은 언급조차 되지 않았다— 는 다음과 같은 이유들 때문에 번역가를 위축시킨다.

1. 주관적인 분석은 개별언어에서 독특한 일련의 구성요소를 낳으며 상이한 언어들에 속하는 구성요소들 간에는 일 대 일 관계는 전혀 없다.

2. 어떤 방법도 철저한 어휘목록을 입수하는 것을 보장하지 못한다(가장 작은 의미 요소들이 반드시 공식적으로 기표에서 표현되는 것은 아니다).

3. 한 언어공동체 내에서도 체계화(formulation)뿐만 아니라 해석에서 상당한 차이가 있다(Prieto).

4. 표현적이고, 감정적인, 그리고 사회적인 요소들은 비록 의사소통과

---

92) C. L. Ebeling, *Syntax and Semantics: A Taxonomic Approach* (Leiden: E. J. Brill, 1978).
93) X. Mignot's review of Ebeling's book in *Bulletin de la Societe de linguistique de Paris* 75(2): 49-52. 참조

정에서 아주 중요하지만 의심스러운 의도성의 산물이라는 이유로 의미론적 기술에는 종종 포함되지 않는다.

5. 공시적 성격을 띠는 분석은 시대상의 어떤 시점에서만 유효할 뿐이다. 그리고 가끔은 이상화되어서(idealized) 주어진 언어공동체의 발화형식(form of speech)에 연계되면, 분석도 지리적으로 결정된다.

6. 마지막으로, 번역가에 치명타(a final blow)를 가하는 워프의 가설이 있다.

흥미로운 점은 번역가뿐만 아니라 번역이론가들이 언어간(interlanguage) 의사소통과 번역의 가능성에 대한 이런 부정적인 견해의 투성이를 어떻게 극복하고, 그들이 자신들의 작업에서 의미론적인 이론의 요소들을 어떻게 편입하면서 동시에 다른 요소들을 배제하느냐에 있다.

방금 언급된 점을 시작으로: 이미 말했듯이, 어떤 번역가도 워프의 가설을 가장 극단적인 형식으로 받아들이지 않는다. 언어간 의사소통과 번역이 수천 년 동안 계속되어 왔다는 단순한 사실만으로도 워프의 가설이 틀렸다고 하기에 충분하다. 때때로 언어의 보편성이 반론으로 제기된다. 하지만 몇몇 기본 원칙들(Andre Martinet의 이중 분절, 언어의 전통적인 특징, 모든 언어가 행위자와 행위를 표현하고 이들을 평가한다는 사실을 제외하면 대부분의 보편성들은 상대적인 형식을 가진다. 한 언어가 A를 표현한다면 B 또한 표현한다는 것도 거의 확실하다. 번역가에서 이런 종류의 보편성은 그다지 도움이 되지 않는다. 왜냐하면 그가 두 언어를 다루어야 할지도 모르는데, 이들 중 한 언어는 A와 B를 가지는 반면, 다른 언어는 단지 B만 가지거나, B와 A 모두를 전혀 가지지 않을 수도 있기 때문이다.94)

그래서 워프의 관점을 받아들이지 않을 때조차도, 번역가는 구조상의 차이와 표현수단의 차이를 다루어야 한다. 주관적인 분석에서 가치의 차이에도 불구하고 대부분의 번역 서적들은 언설의 차원에서 의미상의 등가가 실제적으로 있을 수 있다는 점을 강조한다. 달리 말해, -emic 기호(signs)의 의의소(seme)의 전체 목록이 다를 지라도 관련 의의소(Heger의 sémème du signe monosémisé)가 동일할 수 있다. 만약 몇몇 의의소가 유실되면 그들은 문장의 다른 부분들에 보충되는 방식으로 첨가될 수 있다.

원문 언어에서 선택적이고 목표 언어에서 필수적인 특징이 원문 텍스트에서 표현되지 않을 때는 특수한 문제가 일어난다. 로만 야콥슨(Roman Jakobson)은 번역자가 원문 텍스트가 제공하지 않는 정보를 추가해야 하는 경우와 관련된 문제를 지적한바 있다. 그는 필수적인 것에서 선택적인 것으로의 이행은 항상 일어나며 이 틈도 항상 정의(circumscriptions)와 신조어[95](neologisms)로 매울 수 있다고 믿는다. 이러한 해결책으로 인해 원문의 미적 가치가 손상을 입는지 아닌 지의 여부가 문학의 경우에서는 쟁점이 되고 있다. 성가신 요소를 유지할 것인지 아니면 이를 대체하거나 생략할 것인지를 판단하는 것은 변역가의 몫이다. 그의 결정은 주로 번역대상독자에 달려 있다. 원문을 해독한 다음 목표언어에서 암호화시키는 사람으로서의 그의 역할은 프리에토가 기술했던 것과 같은 상황에 놓이는데, 그 상황에서 메시지의 정확한 형태는 수용자의 가정된 지식과 배경에, 또는 덧붙이자면 몇몇 상황들에서 그의 기대들에 동화된다.

---

94) 보편적인 점의 한계에 대한 더 상세한 설명을 원하면 각주 8에 인용된 Claude Hagège를 참조.

95) R. Jakobson, "on Linguistic Aspects of Translation," in *On Translation*, ed. Reuben A. Brower (New York: Oxford University Press, 1966 [1959], pp. 232-39. 이 책에서 재인쇄됨.

(201)이 모든 논평들이 건전한 기반을 조성하는가, 아니면 적어도 번역이론에 대한 기점을 조성하는가? 언어학자들에 의한 기존 작업이 어떤 지표가 된다면, 이 질문에 대한 답은 각자가 염두해 둔 번역의 종류에 따라서 조건부로(qualified) "동의"나 "부정" 중 하나로 나타날 것이다. 인지되는 의미가 주되고 그 의미의 공식적인 표현이 다름 아닌 그 의미를 표현하는 기능을 가진 텍스트의 경우, 의미론적 이론은 도움이 되고, 또한 암호화와 해독의 이중과정을 기술하기에 적합하다. 문학텍스트에서, 의미론의 범주 바깥에 놓이는 것은 정확히 문어체(literariness)이다. 이 사실로 인해 의미론의 중요성은 감소된다. 비록 의미론이 텍스트의 외연적인 요소에 대한 자체의 중요성은 유지하는 것은 사실이지만.

그러므로, 일반적으로 적용할 수 있는 번역의 언어학적인 이론이 존재하지 않는다는 점은 당연하다. 대부분의 경우 번역에 대해 이론 언어학적 입장을 견지하는 저자들은 일반적인 이론을 제시하지 않지만, 종종 특정 번역의 유형에 관련하여 일련의 이론적인 관찰을 한다. 때때로 이러한 이론 접근이 제목에 반영되기도 한다: 『번역이론의 문제점』(*Problèmes théoriques de la traduction*)96); 『번역하다: 번역을 위한 정리』(*Traduire: Théorèmes pour la taduction*).97) 다른 예로 『번역의 언어학적 이론』(*A Linguistic Theory of Translation*)98)과 같은 경우에는, 제목으로 이 책이 다양한 문제를 함께 취급하지 않고 다소 독립된 장으로 다루고 있음을 알 수 있다. 나이다(Nida)99)와 나이다와 테이버(Taber)100)는 번역의 문제를 훨씬 더 일관되

---

96) G. Mounin, *Problèmes théoriques de la traduction* (Paris: Gallimard, 1963).
97) J.-R. Ladmiral, *Traduire: Theoremes pour la traduction* (Paris: Payot, 1979).
98) J. C. Catford, *A Linguistic Theory of Translation* (London: Oxford University Press, 1965).
99) E. Nida, *Towards a Science of Translation* (Leiden: E. J. Brill, 1964).
100) E. Nida and Ch. Taber, *The Theory and Practice of Translation* (Leiden: E. J. Brill, 1969).

고 종합적으로 분석하지만, 저자들은 한 특정 텍스트, 즉 한 예술작품이 아닌 교육과 훈계의 목적으로 써지고 확신과 개종의 목적으로 써진 성경에 스스로를 국한시킬 수 있어야만 이것이 가능하다. 그러므로 번역가가 반드시 결정해야 하는 여러 선택들은 아무런 문제가 되지 않는다. 번역가들은 앙뜨완느 베르만(Antoine Berman)이 텍스트의 어색함(*l'étrangeté du texte*)[101]이라고 부르는 점은 유지하지 않은 채 그들의 번역을 목표텍스트의 체계에 적용하며, 관용적인 표현과 은유를 어느 정도는 등가가 되는 표현이나 의미로 정의해서 대체한다. 전달하는 말의 명확성이 중요하다. 원 어구의 차원(수준)에 관계없이 말의 수준과 접근성은 이 말을 접할 독자에 맞추어야 한다.

그래서 나이다와 테이버와 함께, 우리는 이미 특정 텍스트와 청중(청자와 독자)의 영역으로 진입하고 언어학이 작용하는 일반적인 차원은 제쳐 두었다. 바로 이 점이 의미론적 이론과 문학텍스트의 번역이 공통점을 거의 공유하지 않는 이유이다. 의미론적인 설명은 일반적으로 유용하고 체계적인 점을 찾는 반면, 문학 번역은 의미론적 관점에서뿐만 아니라 텍스트에서 중요하게 여겨지는 모든 의도적이고 비의도적인 지수(개인 언어)의 분석을 요구한다. 확실하게 한 언어 이상이 관련되는 브라언 피치(Brian Fitch)의 메가타입(megatype)은 언어학적 전문용어로 설명할 수 있는 것의 바깥에 놓인다).[102] François Péraldi의 rérectil[103], 미셸 리

---

101) A. Berman, "La Taducton comme épreuve de l'étranger," *Texte: Revue de Critique dt de theories* 4 (1985). 참조.

102) Brian T. Fitch, "The Status of Self-Translation," *Texte: Revue de critique et de théorie* 4 (1985). 참조.

103) François Péraldi, "Corps du texte et corps erotique," *Texte: Revue de critique et de théorie* 4 (1985). 참조.

파테르(Michael Riffaterre)의 9월의 퓌레(purée septembrale),[104] 또는 Solange Vouvé가 지적했듯이 『피네켄 경야』를 번역하는 데 있어서의 일반적인 언어이론은 없다).[105] 물론 다른 번역이론들이 있지만 이들은 대부분 특수한 문학 텍스트 형식을 다루며 미학적이고 심리학적인 무의식을 훨씬 더 강조한다. 종종 이들은 의미론적인 번역의 외연적인 요소를 거의 당연하게 받아들인다.

의미론을 다루는 언어학자가 문학 분석가와 문학텍스트 번역가로 동일한 선취에 있지 않다는 점은 인정해야 한다. 하지만 이점이 언어학자와 문학자들이 서로의 관점을 귀 기울이거나 이해하려 시도하는 것이 무의미하거나 중요하지 않다는 말은 더더욱 아니다.

---

104) 이 책에 있는 Michael Riffaterre, "Transposing Presuppositions: On the semiotics of Literary Translation,"을 참조.

105) Solange Vouvé, "Aux limites du langage, aux limites de la traduction: *Finnegans Wake*," *Texte: Revue de critique et de théorie* 4 (1985). 참조.

19.

문학 번역의 기호학에 대한 전제를 전치하기

■미셸 리파테르(Michel Riffaterre)

문학 번역은 문학이 언어의 비문학적인 사용법들과 차이가 있다는 동일한 이유에서 일반번역과는 다르다. 문학이 그것들과 구분되는 첫 번째 이유는 광범위한 특징들을 기호화(semioticization)하는데 있다(예를 들어 어휘 선택은 의미론적인 방식과 더불어, 또는 의미론적인 방식보다는 오히려 형태음소론적(morphophonemically)인 방식으로 만들어진다). 둘째는 모방을 기호현상으로 대체하는데 있다(이것은 문어체 바뀌는 주축인 의미의 에두름(indirection)의 결과를 포함한다). 그리고 세 번째로 의미론적인 언어 연쇄(verbal sequence)의 구성성분(1차원의 해독이 가능한 것) - 이론적으로 개방적 연쇄(open-ended sequence) - 을 하나의 폐쇄되고 한정된 기호의 시스템으로 통합하는 텍스트성(textuality)에 있으며, 이러한 시스템의 존재는 독자들이 텍스트와 상호텍스트(intertext) 간의 관련성을 인식하고 나서야만 명백하다. 바로 그때 그러한 상호텍스트의 견지에서, 텍스트를 구성하고 있는 단어들, 구들, 문장들의 개별 의미들이 텍스트의 일반적인 도식 속에서 새로운 기능을 시작한다. 이러한 개별적인 의미들이 상호텍스트의 함축 또는 정반대로부터 생긴 전체적인 의미에 수긍하게 되는 때도 바로 이 순간이다.

문학 번역은 반드시 이런 차이점들을 반영하거나 모방해야 한다. 첫 번째로 문학번역은 형식과 소리를 원문처럼 기호화해야 한다. 이점은 비록 다른 시스템 안에 있더라도 사실이다(이것은 쉽다. 예를 들어 동등한 두운법(alliteration)은 단지 소리의 반복을 요구하지 반드시 원문에서와 같은 소리를 요구하지는 않는다). 이 점은 여기서 다루지 않는다. 두 번째로 문학 번역은 반드시 일반적 의미(meaning)와 함축의미(significance) 둘 다 전달해야 한다. 문학 텍스트는 체계적인 구조와 그것이 구성하는 요소들의 수준에서 이중의 해독을 요한다. 이러한 해독 역시 번역을 접하는 독자가 마찬가지로 이중의 해독을 하게끔 유도하는 방식으로 번역되어야 한다. 독자가 원문 상에서 그러한 해독을 하도록 안내하는 신호들은 번역 상에서 재생산되어야 하는 것이다.

문학 번역은 그것의 생산에 의해 남겨진 흔적들인 원문의 특징들도 또한 재생산해야 한다. 즉 이 번역은 원문과 꼭 동일하지는 않지만 그것과 같은 방식으로 번역 작업을 결정지었던 형식적인 혹은 의미론적인 기정사실(given)에서 명백하게 유도될 수 있어야 한다. 경험적으로 문어체의 기호들(signs)이라고 감지하고 있는 다른 형식들 역시도 번역되어야 한다. 비록 그 형식들이 의미를 직접적으로 혹은 본래 지니고 있지 않더라도 그러하다. 텍스트가 속한 장르를 지시하는 기호, 텍스트가 단순한 실재

(reality)의 재현이라기보다는 인공물(artifact)이라는 것을 명백하게 밝히는 기호들이 그 예라고 볼 수 있다.

이러한 문제들을 고쳐 말하고(rephrase) 그것들의 제약(constraints)을 정의하는 단순한 방법은 텍스트의 함축적이며 필수적인 조건인 전제에 의하여 그들을 표현하는 것이다. 번역은 원문을 전제한다. 원문 내에서 원문의 문학상의 특징들은 또한 전제하고, 이 특징들은 그들이 전제로 한 것 때문에 기능한다. 텍스트의 기교(artifice), 즉 텍스트가 인공의 산물이라는 것은 작가를 전제로 한다. 함축되었든 재현되었든 간에, 이 작가는 번역 가능하다. 만약 함축되었다면 문체(style)로서, 재현되었다면 모방으로서 그렇다. 문체와 주제는 하나의 장르를 전제한다. 의미의 에두름 (단어와 문장의 의미가 텍스트상의 의미에 종속되는 것과 문자성(literality)의 그것이 비유와 상징에 종속되는 것)은 사회 방언(sociolect)과 상호텍스트를 전제하는데, 첫 번째 이유는 그것이 규칙과 위반된 규범적 에두름을 담고 있기 때문이고, 두 번째 이유로는 그것이 사회 방언의 권위를 위반하기 위해 쓰인 수단에 의해 전제된 대리 권위(substitute authority)를 나타내기 때문이다.

그러므로 어떠한 문학 번역도 이러한 문어체를 유도하는 전제들에 대한 등가를 찾지 못한다면 성공적일 수가 없다. 그러나 일부 상당어구들은 원문 언어와 동일한 수준을 가진 목표 언어에서 발견되지 않을 수도 있다. 원문의 어휘 특징에 대응되는 상당어구는 번역을 수행할 때 구문론적인 수준에서 발견되어야 할지도 모르고 그 반대 상황 또한 맞다.

본인이 관심을 갖는 부분은 이 점들이다. 또한 용어 대 용어(term for term)로 번역된 단어들이 원문 상에서와 동일한 전제들을 좀처럼 표출하지 않는다는 사실을 감안하기 위해, 본인은 번역가는 반드시 전제들을 전치해야 한다는 관점을 제시할 것이다.

번역가는 직접적으로 전제들을 다루거나 전제하기에 대한 부담을 텍스트의 다른 부분에 전가시킴으로써 전제들을 전치할 것이다. 첫 번째 예시에서 전제를 수행중인 단어보다는 전제된 단어가 번역된다. 이것은 확실히 성공한 번역가들의 습관이다.

밀턴(Milton)이 번역한 호레이쇼(Horace, Odes I, V)에서 어느 것이 더 완벽한 가는 상상하기 어려우나, 원문에서 그가 번역한 두 줄은 그 점을 예시한다:

> Quis multa gracilis te puer in rosa
> perfusus liquidis urget odoribus
>> grato, Pyrrha, sub antro?
>> cui flauam religas comam,
>
> simplex munditiis? heu quotiens fidem
> mutatosque deos flebit et aspera
>> nigris aequora uentis
>> emirabitur insolents,
>
> qui nuc te fruitur credulus aurea,
> qui semper uacuam, semper amabilem
>> sperat [...]

> What slender Youth bedew'd with liquid odours
> Courts thee on Roses in some pleasant Cave,
>> Pyrrha for whom bind'st thou,
>> In wreaths thy golden Hair,

Plain in thy neatness; O how oft shall he

On Faith and changed Gods complain: and Seas

Rough with black winds and storms

Unwonted shall admire:

Who now enjoys thee credulous, all gold,

Who always vacant, always amiable

Hopes thee [...]

밀턴은 *flavam* "금발의"(1.4)와 *aurea*(1.9)에 대해서 "금빛의(golden)"를 사용하는데, "금빛의"는 전자에게는 머리카락을 의미하고, 후자에게는 소녀를 의미한다. 이 단어가 두 가지 다른 말로 번역되는 것은 의미적으로 중층결정 된 압박에 기인한 것이다. 우리는 하나의 물리적이고 도덕적인 표현(representation)을 가지고 있지만, 의미는 후자를 상징하는 전자로부터 유래한다. 물론 밀턴은 피라(*Pyrrha*)가 "빨간 머리, 타는 듯한 머리를 소유한 그녀(she)"를 의미하는 것임을 알고 있기에 여자 주인공은 사람이라기보다는 현혹시키는 쾌활한 외모의 화신이다. "속기 쉬운 (credulous)"과 "모든 금(all Gold)"이 함께 결부되어야 한다는 가능성은 결코 우연이 아니다─ 큐피드(Cupid)의 배반은 우리에게 반짝인다고 해서 모두가 금은 아니라는 사실을 가르쳐준다.

두 번째의 출발은 "향기에 목욕하다(bathed in scents)" 대신에 "적시다(bedew'd)"이다. 분명히 그것은 냄새(*odours*)에 의해 전제된 꽃의 특징을 연인으로 전치하여, 향기에 흠뻑 빠져든다는 것이 영국인들에게 암시될 것이라는 희미한 함축을 목표 언어에서 피한다. 함축의 힘(억압된 *flower* 의 잠재)은 너무나 대단해서 현대의 번역가는 눈에 띄는 실수를 한다. 그는 유동적인 냄새(*liquid odours*) 대신에 변하기 쉬운 꽃들(*liquid flowers*)을 쓴다.

전제들을 전치한다는 것은 함축적인 것을 명백하게 하거나 "측면으로 바꿔놓기"(lateral displacement)를 의미할 것이고, 그래서 기호적 우회 (detour) ─ 예를 들어 어구(phrase)의 비유적인 전환 ─ 는 우회를 막고 있는 재현의 환유에 의해서 대체될 것이다. 번역을 "바꾸어 말하기 (paraphrase")기로 대체해야 한다고 본인이 제안하는 것은 아니다. 왜냐하면 바꾸어 말하기는 여전히 선형적(linear)이기 때문이다. 선형적 읽기를 의미의 상호텍스트적인 해독과 분리시키고, 텍스트 상에서 전자(그 자체로 비문학적인)를 유지하고 후자(문어체의 정수)를 각주로 처리하는 것을 의미하는 논평을 제안하고 있는 것도 아니다. 완곡어법(periphrasis)이 변형체가 되는 모체 언어(matrix word) 주위에 만들어진 제한된 완곡어법을 제안하고 있는 것이다.

일반적인 완곡어법은 어휘소(lexeme) ─ 하나의 지시 대상으로서, 독자가 따라야 할 우회적인 방법(ambages)의 잠재적인 모체로서 독자의 마음에 남아있는 ─ 를 하나의 통합체(syntagm)로 변형시킴으로써 억누르는 반면에, 번역가의 완곡어법은 어휘소의 문자적인 의미를 보유할 것이고, 의미 ─ 다시 말해 전제된 것의 함축 ─ 를 통합적인 본래의 어원(derivation) 안에서 발전시킬 것이다.

전제들에 의해 수행된 역할의 가장 좋은 예는 구체적이며 세부적인 문학적 묘사의 경우에서이다. 그 기능은 구체적인 한, 실재(reality)라는 환영을 창출하는 데서부터 받아들일 수 없는 재현을 창출하기까지 모든 범위에 이른다. 전자의 경우에 그러한 묘사는 사실성(verisimilitude)에 기여한다. 후자의 경우에 전복된 모방은 재현 외에도 (아무리 비정상적이라도) 텍스트의 의미에 가시적이고 독특한 형태를 제시하는 개인어(idiolect)를 발생시킨다. 두 경우가 아무리 서로 반대된다할 지라도, 묘사할 때와 이름을 지을 때 정확성은 원문의 모든 적절하고 의미 있는 점이 유래되어 나오는 소여를 확립하는데 똑같이 필수적이다. 여기서 번역가들은 목표 언어에서 텍스트 생산을 모방하거나 복제해야하는 독특한 어려움에 직면한다. 파생된, 다시 말해서 일련의 변종들의 소여로부터 생긴 원문의 그 부분을 번역하는 것 – 앞에서 지적했듯이 비록 한 언어 내에서 이루어지긴 하지만 이것들은 문자 그대로 동의어를 동의어로 번역하는 것 – 은 반드시 원문에서처럼 파생적이어야 한다. 그렇지 않다면 텍스트의 통일성, 다시 말해 변형의 기호론적 대리(agent) 그리고 의미의 한 단위로서의 텍스트의 기능은 상실될 것이다. 어려운 점은 번역가가 원문의 생산량과 필적하는 그것을 가진 발전기(generator)를 반드시 찾아야한다는 것뿐만 아니라, 그가 원문에서 작용하고 있는 것이 무엇이고 모체 언어의 어떤 기호들(semes)이 활성화되고 있는 가를 정확하게 정의해야 한다는 것이다. 요지는 가시적이고, 명백한 모체의 특징이 아니라 그것의 전제조건들이 모체를 기능적이게 만들고, 그것을 텍스트 생산의 동력, 즉 수사학적 확대(amplification)의 기점으로 만든다는 것이다. 텍스트의 미래 발전에 대해 이 전제들이 가져다주는 압력은 그것들을 가리키는 단어를 명명하는 행위(act)에 의해서 억압받고 있고, 그래서 그것들을 상상하는 부담을 독자에게 지우는데서 생겨난다. 이 기점으로부터의 파생(derivation)은 모체의 명백한 특징들이 수반하는 파생에 의해서 구성될 것이지만, 이렇게 수반되는 것들은 다름 아닌 억압된 전제들의 어휘적이며 구문론적인 표면화인 것이다.

그러므로 라틴어 시의 유명한 회화적인 묘사가 생겨난다: 아킬레우스

(Achilles)의 부모인 『펠레우스와 테티스의 축혼시』(*Epithalamion of Peleus and Thetis*)인 다카툴루스(Catullus)의 시 64번의 도입 장면에서 대양의 요정들(Ocean nymphs). 서사시 전체의 거대한 흐름은 테티스의 가슴으로부터 상징적으로 진행되고, 그 시가 꿰뚫는 것이 시초의 이야기 되는 것은 의심할 여지없으며, 호머(Homer), 『오레스테이아』(*Oresteia*)와 버질(Virgil)의 일종의 화려한 사후서문이 된다. 이로 인해 모든 세부이야기는 독자가 소급하여 그것과 연관 지을 수 있는 신화의 세계를 상징화한 표현으로 가득 차 있다.

이러한 이미지의 흐름은 바로 첫 장면, 즉 황금 양털(Golden Fleece) 원정을 위해 항해하는 아르고스호의 선원들(the Argonauts)을 요정들인 네레이스(Nereids)들이 목격하는 장면에서 일어난다. 한 요정이 펠레우스를 알아보고, 그와 사랑에 빠지고 아킬레우스가 태어난다.

주제 자체는 이중의 위반을 포함한다. 첫 번째는 상징적이며 극적인 한 경계의 횡단이다. 여신이 인간과 결혼을 한다. 그렇다면 바다의 피조물인 그녀는 또 다른 장벽을 뛰어 넘어야 하고, 이 장벽은 해저세계를 인간세계로부터, 환상의 세계를 자연의 세계로부터 분리시킨다. 이러한 기적의 힘(에로스가 모든 것을 정복한다는 증거)은 현대 이야기들 속에서 확인될 수 있다. 왜냐하면 한스 크리스챤 안데르센(Hans Christian Andersen)의 인어이야기로부터 슈퍼맨(Superman)에서 사이렌과 같은 요부인 로이스 레마리스(Lois Lemaris), 1984년의 영화 스플래쉬(Splash)의 수륙 양쪽에 속하는 처녀에 이르기까지 그 힘은 여전히 지속되기 때문이다. 그러므로 심연으로부터 네레이스가 출현하고 그들 가운데 테시스가 있다. "배의 숫양(ram)은 바람 부는 광야(plains)를 도저히 헤치고 나가지 못했고, 노를 저어서 갈라진 파도는 거품이 생기며 하얗게 변하고 있었을 때 네레이스가 격동하는 심연으로부터 출현하여 이 배를 보고 놀랐다." 그리고 이제야 나머지를 낳는 상세한 내용이 나온다.

hac, illa atqae alia uiderunt luce marinas
　　　mortales oculis nudato corpore Nymphas
　　　nutricum tenus extantis e gurgite cano(16-8)

[그날, 그 다음날과 다시 한 번, 인간의 눈이 바다의 요정들을 볼 수가 있었고, 그들은 가슴까지 드러낸 채로 백색의 심연으로부터 뚜렷이 눈에 띄었다[106]

어느 선원도 그렇게 대담한 유혹에 저항할 수 없었다. "그때에 펠레우스는 테티스와 사랑에 푹 빠졌고, 테티스는 인간과의 혼례를 수치스럽게 생각하지 않았다고 전해진다." 이것은 코니쉬(F.W. Cornish)의 번역이다(Loeb Classical Library). 그 번역의 고상한 어조는 노출증(exhibitionism) 장면들을 더 생생하게 묘사하고, 많은 재난들을 야기 시킨 노골적인 섹스(raw sex)의 힘을 한눈에 들여다보게 한다. 기꺼이 겁탈 당한 헬렌(Helen), 트로이의 몰락, 클리템네스트라(Clytemnestra)의 도끼에 쓰러진 아가멤논(Agamemnon), 폭발한 복수의 여신들(Eumenides), 유혹 당한 디도(Dido), 그리고 로마(Rome)의 발생과 카르타고(Carthage)의 멸망 등이 그 예가 된다. 이러한 모든 것은 궁극적으로 번역가들이 타협하기 거부하는 한 가지 사항으로부터 유래한다. 즉 요정들이 가슴까지 몸을 드러낸 채로 파도 위에 솟아있다는 것이다― "*nutricum tenus*".

---

106) 지금부터의 번역은 다른 명시가 없으면 본인이 한 것이다.

본인이 여태껏 보아왔던 모든 번역은 아무리 명확히 하려고 한 것이라도 부정확하다. 르페브르(Lefevere)는 "유두까지"라고 했다가 재고해서 "가슴까지"로 원번역을 약간 벗어나게 수정했다.[107] 버튼(Burton)은 그의 시선을 돌려 사라진 브래지어에 집중하여, "옷을 걸치지 않은 채 가슴까지 드러난 몸"으로 해석한다. 하트 데이비스(Hart-Davies)는 묘사(ekphrasis)의 중립적인 평범한 말에 의존해 "하얀 젖가슴이 반짝이는 매력적으로 벗은 몸"으로 번역한다. 시손(Sisson)은 정반대로 더 예리하고 냉소적으로, 요정들을 쿡 선장(Captain Cook)의 선원들을 찾아낸 여자 원주민들로 간주하고, "물 밖으로 불쑥 나와(sticking out) 유두(tits)를 드러낸 벗은 바다 요정들"로 솔직하게 번역한다. "불쑥 나옴" 혹은 "유두"와 같은 상스러움 때문에 시손의 여성 노출광(flasher)들은 서로가 맹렬하게 추적(hot pursuit)하는 광란을 정확하게 암시한다. 여기에서 펠레우스의 욕정이 그의 미래 신부의 것과 일치한다. 그러나 시손의 솔직함과 다른 이들의 에두름은 테티스의 표출, 즉 "nutricum tenus"의 또 다른 함축적 의미들을 동일하게 놓치고 있다. 왜냐하면 전체 장면에 그 표출의 의미를 부여하는 것이 이 구절이기 때문이다.

이러한 문맥상에서 전치사 up to 혹은 down to로 쓰인 Tenus는 성적인 의미의 메커니즘이다. 옷 벗기기가 상체나 혹은 허리아래, 단추 풀린 블라우스 혹은 들려진 치마로부터 시작되는지는 중요하지 않다. 어떠한 성욕을 자극하는 텍스트에서도 신체의 노출한계를 시사하는 것은 더 노출시킬 것임을 전제하는 것이다. 이것은 스트립 쇼 그 자체의 긴장감, 관

---

107) 앙드레 르페브르(Andre Lefevere)의 시 번역하기(Transporting Poetry)(Assen : Van Gorcum, 1975)는 편리하게 여기서 토의된 영어 버전을 열거한다(cf pp. 40, 109, 115-16)

음증(voyeurism)의 첫 단계, 그리고 욕망의 예상이라 할 수 있다. 더욱이, 신체의 기호학적 체계에서 유두가 눈에 띄지 않는다면 여성의 가슴은 노출된 것이 아니며 성욕을 자극할 정도도 아니다. 그러한 논점을 좌우하는 것은 그 젖가슴 골이 그 아무리 탐스럽게 보인다한들 하나의 *데콜테차림*(décolleté)에 불과한 것과 저돌적인 욕망 사이의 차이이다.

그러나 당신이 이해하는 것은 무엇인가? 카툴루스가 탐스러운 젖가슴, 에로틱한 상징물을 가리키기 위해 사용한 그 단어는 최소한도로 말해도 좀 이상한 구석이 있다. 너무 특이해서 단 한 명의 번역가도 그것에 주의를 기울이지 않는다. 50줄 아래에 똑같이 격한 구절(테세우스(Theseus)를 향한 아리아드네(Ariadne)의 열망)에서 가슴 혹은 유두를 말하는 대신에, 카툴루스는 nutrices와 nutrix를 강조해서 사용하고 갓난아기에게 젖을 먹이는 여자를 유모(a nurse)라고 부르는데, 이는 nurse에 대한 제유법 (synecdoche)도 아니고, 모유로 차있는 가슴도 아닌 그 사람 전체를 가리키는 것이다. 이 인어들은 보모 정도로 노출되어 있다. 적어도 대부분의 서양사회 방언들에 있어서 이보다 더한 실망을 찾기란 힘들 것이다. 왜냐하면 그 사회 방언들은 성(sex)과 모성(motherhood)을 구분하는 경향이 있기 때문이다. 그러므로 대부분의 독자들은 그들의 환상 속에서 이들을 따로 떼어 둔다. 이는 아마도 카툴루스의 당대 사람들에게서도, 이것은 단지 유일하게 표현된 대담성으로 보였기 때문에, 또한 그 단어를 비유적이든 문학적이든 간에 문학적으로 다르게 사용해도 그 단어는 완전한 유모, 그것도 전문적인 유모를 가리키기 때문일 것이다. 번역가들은 nutrices를 환유로 인정함으로써, 글자 그대로의 번역이 기괴(grotesque)하다는 이유로 서슴없이 이 단어를 무시하고, 환유에 의해 간접적으로 지시되는 포괄적인 단어인 가슴(breast)으로 이 단어를 자의적으로 대체한 것으로 생각하는 듯하다. 문제는 우회(indirection)가 정확하게 전제를 가리킨다는 것이다. 우회가 더 강력하게 전제를 가리키는 이유는 nutrix가 아주 눈에 띄게 같은 어원을 가진 낱말(cognates)들의 방대한 서술 시스템(descriptive system)으로부터 분리될 수 없기 때문이다("먹이다"(to feed)를 의미하는 nutrio의 복합어 패러다임 하에서 nutricatus, nutricicum는 모유 양육과 또한 유모의 사례를 의미하고 nutricula는 작은 엄마를 의미한다). 그래서 어떤 것도 이 모순 어법(oxymoron)을 약화시킬 수 없고 우리가 이 이미지의 대담함(audacity)에 익숙해지도록 할 수도 없다.

　전제의 전체적인 중요성은 이러한 정욕적인(lusting) 바다의 여신이 영웅의 아내 – 신화에서 다만 일화에 지나지 않는 전개 – 가 될 뿐만 아니라 어머니가 된다는 점이다. 그러므로 그녀는 신화에서 중요한 영웅들의 그러한 계보들 중 한 계보에 적합한 근원이 될 것이다. 이 계보들은 이야기(narrative)라기보다는 기호적(semiotic)이다. 왜냐하면 그것들이 어떤 점에 있어서는 신화창조(mythopoesis)에서 모범적인 인물들을 증가시키기 위한 충동(impulse)에 해당되기 때문이다. 그것들은 운명(Fate)이라는 계속된 작인을 드러내는 수단이 된다. 테티스는 그녀들의 성적 관심(sexuality)이 세계의 방향을 바꾸고 세대 간에 걸쳐서 제국을 파괴시킬 한 계통의 위협적인 여신들, 반여신들(demi-goddesses), 품행이 바르지 않는 걸출한 여자들을 만들 것이다. 축혼시(epithalamium)의 끝부분을 향하면서, 결혼식 첫날밤을 치른 다음날 아침에 신부가 더 이상 처녀가 아니라는 사실을 확인하는 일이 그녀의 유모에게 맡겨져야 하는 것은 우연일 수 없다(같은 단어인 nutrix가 여기서는 문자 그대로 다시 사용된다). 그리고 대체적으로 쾌활하고 흥겨운 이 시가 로마 제국이 그것을 더럽혔을 때 비관적인 인간의 장면으로 끝나야하는 것도 뜻밖이 아니다. 클라우술라(clausula) 부분에서, 돌연, 표면적으로 보기에 근거 없이 우리가 근친상간의 죄를 범한 어머니 "master substernens se impia gnato"의 이미지를 가져야하는 것은 결코 우연히 아니다. 이것보다 더 생생할 수 없을 것이다. – 자신의 태에서 나온 아들의 몸 아래 반듯이 누워 있는 어머니.

트롤로프(Trollope)에 한 구절이 있다(The Duke's Children, chap 72). 이 구절에는 유사한 염려들이 명백히 나타난다. 한 가지 이유는 분명히 이야기(narrative)가 항상 시가 뜻하는 것을 활용하기(deploy) 때문이고, 또 다른 이유는 소설이 좋아하는 심리학적인 분석이 인물의 마음속 깊은 곳의 두려움을 드러내기 때문이다. 이 구절은 본인이 카툴루스의 두 단어에 대해 지나친 해석을 하지 않고 있음을 암시한다.

But this girl, this American girl, was to be the mother and grandmother of future Dukes of Omnium — the ancestress it was to be hoped, of all future Dukes of Omnium! By what she might be, by what she might have in her of mental fibre, of high or low quality, of true or untrue womanliness, were to be fashioned those who in days to come might be amongst the strongest and most faithful bulwarks of the constitution.

그러나 이 소녀, 이 미국인 소녀는 어머니이자 미래의 옴니엄 공(Dukes of Omnium)의 할머니가 될 예정이었다. – 그녀는 미래의 옴니엄 공의 조상으로 기대된 것이다! 무엇으로 그녀가 될 것인가, 내적 기질, 고품격 혹은 저품격, 진정한 혹은 거짓된 여자다움에 있어서 무엇으로 그녀가 내면을 겸비하느냐에 따라서 다가올 시대에 그 기질의 가장 강력하고 가장 충실한 보루가 될 사람들이 만들어질 것이었다.

그러므로 전제는 시 전체를 조직하고, 모든 것에 퍼져 있으며 그것의 끝부분에 클라우술라를 지시하고 텍스트성을 확언하는 하나의 어원을 규제한다. 본인이 보기에 어떠한 정확한 번역도 그것을 무시할 수 없으며 번역가들이 그러한 총체적인 경험으로부터 물러났어야 했다는 것이 의미심장하다. 정확하게 텍스트 상에서 독창성의 근원, 다시 말해 모든 시적인 힘의 근원이 다른 경우라면 단지 에필리온(소서사시, epyllion), 문학 장르에 대한 적절한 연습이었을 것이다. 시는 그것 이상이다. 왜냐하면 전제가 사회 방언이 성별의 환유로서 제시한 유일한 것을 대신했기 때문이다- 궁극적인 비문법성은 기호 작용(semiosis)을 촉발시킨다. 당연히 문학 번역이 여기서 두 배로 견디기 어렵게 된다. 첫 번째로 이미지가 우스꽝스럽기도 하고, 두 번째로는 그러한 조롱에 무감각해지는 유일한 방법이 그것을 더 문제 있는 기호 작용에 종속시키기 때문이다- 즉 성이 운명의 세습적인 형태이다. 당연하다. 그러나 그런 번역이 시도되어야 하는 것은 필수적이다. 본인이 가정하기에 유일한 방법은 이러한 쑥 튀어나온 가슴이 또한 영웅들을 얻는 약속 또는 위협임을 암시하는 완곡어법(periphrasis)이 될 것이라는 점이다.

일부 사람들은 여전히 완곡어법을 번역가의 구실, 다시 말해 어려움에서 벗어나는 손쉬운 방법으로 간주할지도 모른다. 틀림없이 더 고상한 해답은 원문이 전제된 것을 잘 가리키는 점과 조화를 이루는 함축을 목표 언어에서 유지해야 한다는 것이다. 그러나 전제된 것이 상호텍스트적인 경우에 그러한 노력은 헛된 것임에 틀림이 없고, 실제로 원문이 함축하는 것을 상실하고 만다. 이러한 경우에, 번역가는 텍스트 상에서 상호텍스트를 함축적으로 참조함으로써 단지 원문이 암시하는 것의 명시적인 상당어구를 제공할 수밖에 없다. 대부분의 경우 문학정전이 원문이 관계된 정정과 완전히 다른 목표언어에서 유사한 상호텍스트를 발견하는 것은 불가능하다.

모리스 퐁뵈르(Maurice Fombeure)의 "Présence des Automnes"("가을
(Fall) 시즌의 존재," 혹은 더 좋게 "가을들(Autumns)의 존재")라는 시에
서 아래의 시구/절들을 보시오 여기에서 복수(plural)는 순환, 즉 가을에
우리가 다른 가을들을 기억하면서 가을날의 우울함을 다시 경험하도록
하는 자연의 주기를 말한다.

> Le brouillard noie les cathedrales
> [...]
> Je songe aux brumes septembrales
> Dessus les vignes de chez nous.
>
> 안개가 성당을 적시고 있네.
> [...]
> 본인은 포도수확기의 안개를 꿈꾸지
> 우리 마을의 포도원 위로

누군가는 왜 본인이 단순히 "9월의 안개"라고 말하지 않는지 그리고
왜 본인이 "집 뒤에 있는 포도원" 대신에 마을을 지어냈는지 궁금해할지
도 모른다. 실제로, 본인이 더 소극적이었다면, 본인이 대안으로 제시했
던 더 명백한 버전은 여전히 텍스트의 표면 혹은 선형성을 정확하게 번
역했을 것이다. 그러나 문학 텍스트는 그것의 상호텍스트와 상호텍스트
적인 읽기에서 문학적인 독해로부터 삭제될 수가 없다. 상호텍스트적인
중층결정이 임무를 부여받고, 형용사인 septembre가 단지 9월(September)
만을 가리킬 가능성과 *chez nous*가 단지 집(home)만을 나타내는 가능성,

또는 단순한 참조(plain referentiality)가 정당한(defensible) 해석일 가능성을 제외한다. 상호텍스트적인 중층결정은 가족적인 가치관인 두 가지 표현을 함께 연결한다: *chez nous*("집에서(at home)" 혹은 "집으로 되돌아가서(back home)" (여기서 "집으로 되돌아가서"가 더 선호되는데, 왜냐하면 첫 번째 절과 중간 소설은 화자가 파리에 있고 그러므로 고향, 즉 향수적인 토파스(topos)로 되돌아가고자 하는 것을 명백하게 나타내기 때문이다). 그래서 *chez nous*는 전치사 dessus, "위에(upon)"와 똑같다. 독자는 sur를 예상한다.

"예상하는(expects)" 혹은 오히려 "예상된(expected)"이 더 정확하다. 왜냐하면 텍스트가 독자에게 그가 회상할 때 다르게 혹은 더 자연스럽게 표현할 수 있었던 단계의 전환을 제시한 이후, 독자는 어긋난 예상을 "귀납적으로(a posteriori)"로 발견하기 때문이다. 더 정확하게 독자가 멈춰서 숙고하지 않을 것 같으므로 일어본인은 점은 그가 dessus의 비문법성, 즉 전치사가 있어야 할 자리에 쓰인 부사의 상대적인 비문법성을 인지하는 것이며, 그러므로 독자는 그것을 누구나가 자연스럽게 말하는 sur(sur les vignes)의 등가로 지각한다. 독자는 직관적으로 자신의 고유한 언어로 이 번역을 수행한다(이러한 "번역"은 문체 지시어(stylistic register), 비유적인 담화 그리고 일반적으로 텍스트상의 개인 언어(textual idiolects)에 대한 우리의 인식 모드이다). 독자는 또한 해석을 수행하는데, 왜냐하면 전치사로 사용된 dessus는 고어(archaism), 즉 민요로부터 독자에게 알려진 것이기 때문이다. Dessus와 chez nous는 전통적이고, 예스러운 가치들, 즉 대도시의 부패한 영향으로부터 보호된 시골에서의 삶의 가치들을 함축한다. 번역을 위한 적절한 전략은 고어로 된 전치사의 친근하며 편안한 함축을 "집으로 되돌아가서(back home)"로 이동시키고 "집으로 되돌아가서(back home)"를 우리의 순수함의 마을, 즉 프루스트(Prust)의 콩브레(Combray)처럼 조부모들이 도시에 자란 어린 손자손녀들이 순수함의 목욕(a bath of purity)로 돌아오기를 기다리는 곳(등등)으로 만드는 것이다. 그러므로 본인은 사라진 문법적인 연결어(connective)의 전제를 사람의 젊음 혹은 근원을 상징하는 장소로 바꾸어놓았다. 효과적인 과거로 되돌아가는 것은 다음 연에서 망토를 두른 목동의 출현에서 확인된다 — 전원의 소박함을 상징하는 인물로 그의 망토 혹은 위대한 염소의 이름 때문에, houppelande는 또 다른 고어이자 실질적으로 민속학(folklore) 장면에서만 사용되는 것이다. 그것은 전원적인 인물을 환유로 가리키는 것으로 지각되는데, 그의 실루엣은 우호적이고 지극히 칭찬할만한 과거의 사고를 하나의 인간 코드로 단순히 옮긴다.

Septembrale은 어떠한가? 이 형용사는 명사 septembre와 일치하는 단순한 형용사는 아니다. 우선 어떤 다른 달의 이름도 프랑스어에서는 형용사로 쓰인 적이 없다. 그래서 septembral은 예외, 다시 말해 그것의 결말이 강조하는 것으로서 나타난다. 어떤 프랑스 독자도 그것을 눈치 채지 않고 지나가는 법이 없을 것이다. 대부분은 그것이 무엇을 의미하는지, 즉 그 단어를 만들어낸 라블레(Rabelais)에게서 가져온 인용임을 알아챌 것이다. 그러므로 그것은 순수하게 관습적인 기호(conventional sign), 즉 한 해의 한 철을 가리키는 단어라기보다는 문학성의 구성요소로서의 인위성(artificiality)을 가리키는 지표이다. 이것이 전부가 아니다. 라블레는 그것을 퓌레(puree), 즉 "갈아 으깨 놓은 것(a mash)": puree septembrale와 관련하여서 단 한번 사용하고 있다. 두 단어는 너무나 분리하기 힘들어서 하나의 재미있는 복합어, 즉 포도주에 대한 웃긴 완곡어법으로 기능한다 (그렇다면 퓌레(puree)는 으깨지고 압축된 원료(stuff)이자, 퓌레가 발효된 이후에 생산할 포도주에 대한 제유법(synecdoche)이다). 완곡어법은 더 잘 알려져 있다. 왜냐하면 그것은 우회적 표현(euphomism)이자 라블레의 사치스러운(high-living) 수도승 가운데 한사람이 주정뱅이에 관하여 말을 할 때 사용한 우스꽝스러운 완곡어법이며, 그는 예절(proprietey)에 대해 존경심을 가진 체하면서 단어들을 삼가서 말한 것처럼 보인다. 그는 술을 너무 많이 마셔서 취한 것이 아니라 그가 특정한 맛있는 퓌레(puree)의 향을 코로 들어 마셨기 때문이다. 인용의 풍요로움은 거대하다. 그 이유는 어떤 사회에서라도 탐닉(overindulgence)은 완곡어법에 대한 경우이기 때문이다.

요약하면, 퐁뵈르는 가을을 이야기하기 위하여 포도주 수확의 코드를 이용하고 있는 것인데, 이것은 키츠(Keats)가 산들바람에 날리는 그의 우화적인 가을(Autumn)의 머리카락을 묘사하기 위해 키질하기(winnowing)라는 코드를 사용한 것과 마찬가지이다.

번역가로서 포도주 수확을 설명하고, 그것을 형용사로부터 끌어내려는 결심을 할 때, 본인은 여전히 라블레의 신조어(coinage)에 대해서 지나치게 해석하는 것 같다. 왜 퐁뵈르는 설정된 독특한 형용사를 차용하여 그것을 포도주 양조장에 대한 함축에서 제거해, 새롭고 진지한 목적에 맞추지 않은 것일까? 그렇다면 이러한 임시어(nonce-word)는 단지 문학적인 단어가 될 것이고, 주제인 문학적으로 모범이 되는 가을을 모든 사람에게 다가올 한 철이라기보다는 그것이 수반하는 정확한 imagistic 의미와 그것의 명확한 우울한 분위기를 전제하고 있는가? 왜 본인은 septembrale와 그것의 *purée*에서 분리하는 작가의 선택을 받아들이지 못하는가?

본인의 첫 번째 답변은 9월의 안개가 포도원 위로 퍼져있다는 것이다. 그러나 이것으로는 충분하지 않고, 텍스트는 우리가 참견하려 들지 않는 최종적이고, 완전히 동기화된 형태를 생산해내기 위해서 강한 연상 (association)을 필요로 했다. 중층결정은 계략(trick)을 사용하고, 이것은 여기서 또 다른 말 재담(verbal joke)에서 나오는 반향에 의해서 제공된다. 이 연은 안개(fog)와 연무(mist)의 가을을 불러일으킨다. 그것은 우선적으로 묘사의 기능을 하는데 왜냐하면 le ciel fumeux "마치 연기가 자욱한 하늘(a sky as if smoky)"과 더불어 다음 연에서 지속되는 증기와 같은 (vaporous) 패러다임을 펼치기 때문이다. 그리고 두꺼운 안개를 장난스럽게 지칭하는 한 단어, 즉 구어체 영어 완두콩 수프(pea-souper)부터의 차용, 즉 상호텍스트적이면서 라블레로부터 인용한 것만큼이나 눈에 띄는 차용이 존재한다. 이 단어는 puree de pois "완두콩 수프"에서 퓌레(puree) 이다. brouillard뿐만 아니라 Septembrale은 같은 명사, 상대적으로 희귀한 단어 퓌레(puree)를 전제로 한다― 즉 문학에서 인용과 유머러스한 장치로 사용되지 않는다면 흔하지 않다. 퓌레―조용하고 억압된 연결(link) ―는 프랑스 사람의(Gallic) 전통에서 향수적인 가을의 이미지에 빠지게 한다. "안개"와 "포도주 수확" "프랑스사람의 재치(Gallic wit)"와 딱 들어맞는 퓌레는 지금 하나의 전제뿐만 아니라 해석을 나타내고 있고, 그것은 환유인 안개, 포도나무, 시골을 가을이라는 제목의 중심 단어와 연결하고 있다. 이는 말에 의거하여 사물들을 언급하는 것을 그 자체가 기호 시스템(a system of signs)인 대상의 전제로 대체하는 해석이다. 키츠에게서처럼 여기서 다시 한 번 그 계절은 그것의 분위상의 특성들과 일과를 통해 나타난다.)

이 모든 것들이 대상 언어에서 가능하지 않는 상호텍스트성의 비틀기 (twist)를 통해서 이루어졌기 때문에, 유일한 해답은 전제한 장면을 명백하고 완전하게 만드는 것으로, 이것이 바로 본인이 수행한 것이다.

퐁뷔르의 다음 연은 이 해석을 뒷받침한다. 그것은 가을의 환유 패러다임을 전개시켜 나감으로써 가을을 계속해서 나타낸다. 이번에 환유는 철새의 남쪽으로의 비행이다. 거위들은 떠나고 있다. 여기서 다시 텍스트는 상호텍스트를 통해서 간접적으로 이미지를 제시하지만, 하나의 구조에 의해서 조직된 이미지는 너무도 일반적으로 알려져 있고, 그것의 변형들은 서양 문화에서 너무 광범위하게 존재해 있어서 번역가는 상당 어구를 찾는데 어렵지 않을 것이다.

Dans le ciel fumeux et leger
Crient les migrateurs isoceles.

[희미한 연기같은 하늘을 통해서 이등변의 철새가 소란스럽게 가네
또는, 연기 자욱한 하늘의 빛을 통해서 이등변 철새의 소리가 들리네]

유감스럽지만 나의 변형(variation)이 "이등변(isoceles)"을 부자연스럽게 들리게 할 것이다. 그러나 본인은 이것을 피할 수 없고 피해서도 안 된다. 비록 그것이 삼각형을 이루며 날고 있는 거위라는 친근한 주제를 중심으로 우회적으로 표현하고 있지만 용어 오용(catachresis)의 힘을 지니고 있다. 겨우 마지막 시구(lines)에서야 이미지가 일상적인 버전으로 재해석된다─반복되긴 하지만 반복의 장치가 우아하게 클라우술라의 기능을 하는 변화를 가진다. 클라우술라는 전체 시가 다른 어느 곳인가를 향한 향수에 중점을 둔다는 것을 분명히 하고 있다. 이것이 바로 전체 컬렉션(collection)의 주제로서 클라우술라는 그것의 제목(A dos d'oiseau: 새 등에 올라타기Riding on bird-back)을 참조했다.

이 점에서, 퐁뵈르의 기하학적 기술의 선택은 전원적이고 구어체이며 세련되지 않은 문맥과 현저하게 조화를 이루지 못한 상태에서, 흡인력 (compelling)이 있어 보인다. 왜냐하면 2등변은 두 가지 전제들과 동일시 되고 있기 때문이고, 이 두 전제들은 너무도 널리 예시되어서 쉽게 언어 학적 경계를 초월한다. 여기서 이미지가 전제하는 것은 우선 세속적인 관찰자들이 철새와 삼각형의 형태의 비행(가을의 전통적인 장면을 차례 로 포함하거나 완성시키는 광경)을 구별할 수 있다는 것이다. 두 번째로 비행 형태 그 자체는 미학적이며 윤리적인 자연의 관점을 전제로 한다. 이런 관점에서 일상적이고 자연스러운 광경은 특별하고, 자연의 경이로 움으로서 인지되고 찬미된다. 전제는 이런 새들이 본능적으로 이상적인 항해 시스템을 가지고 있다는 것이다. 그러므로 철새들의 자연적 솜씨에 대한 인간중심적인 칭찬이 나온다. 즉 철새들은 인간의 특권이 되어야 할 규칙성을 지키는 한 찬미될 것이다. 이 새들은 문학적 주제로서 두 번 자격을 얻는다. 왜냐하면 그것들이 향수를 상징하기 때문이고, 또한 그것 들이 인간의 방식으로 행동하기 때문이다. 이것은 구조적인 변화를 일으 켜 인간과 동등한 동물이라는 주제가 인간보다 우월한 동물로서 해석되 도록 한다. 우리는 이 변화를 더 일반적으로 적절한 구조─역설적인 방 정식(natural is preternatural)이며 교훈적인 시에 기본이 되는 것─를 보 조하는 것으로 인식한다.

이것은 상상력의 근본적인 구조로 존재하기 때문에, 번역은 어렵지 않 을 것이다. 확실히 "이등변의 철새(isosceles migrators)"는 영어에서는 항 상 인위적으로 보일 수도 있지만, (그렇다고 하더라도) 프랑스어 원문의 기교(artifice)에 대해서는 충실하다. 그러나 두 언어에서, 이 기교는 균형 잡혀있고, 교정되고, 공중의 새들에 대한 기하학적인 용어가 우연히 공간적인 기하, 즉 geometrie dans l'espace에 대한 변형이 된다는 사실에 의해서 도착된 타당성을 얻는다.

독자가 불명료한 혹은 별난 이미지를 자신의 고유한 언어 내에서 해석하도록 하고(즉 단순하고, 더 받아들여질 어법(phraseology)으로 해석하는 것), 기이한 메타포 안에서 합법성을 찾도록 하는 텍스트의 중층결정은 번역가가 가장 확신하는 안내서이다. 어렵고, 거의 해석하기 어려운 구절은 주석(gloss)을 달 필요를 제시한다. 나보코프의(Nabokovian)의 각주 a la Pnin는 주석이 아니라 우회적인 표현이다. 거의 번역이 될 수 없는 내용은 우리가 어휘소 대 어휘소(lexeme-for-lexeme substitution) 대체를 통합체 대 어휘소 대체(syntagm-for-lexeme substitution)로 대신할 것을 요구한다.

전제는 이 전략에 물론 적합하다. 왜냐하면 전제하기는 통합체(syntagm)를 어쨌든 요구하기 때문이다. 기술적인 시스템은 그러한 통합체들을 제공할 준비를 하고 있다. 이미 기점 언어(source language)와 더불어, 전제는 텍스트 상에서와 마찬가지로 독자의 마음속에서 자연스럽게 실현되고, 유사한 전개는 기술적인 시스템의 공통 모델에 의해서 가능해졌다. 그러므로 번역가의 해결책은 한 시스템의 관련 있는 부분들을 현실화해야 하는 것이 되어야 한다.

아마도 문학과 비문학 번역 사이의 차이점을 진술하는 가장 단순한 방법은 후자가 텍스트 상에 있는 것을 번역하는 반면에 전자는 반드시 텍스트가 단지 함축하는 것만을 번역해야 한다고 말하는 것이다.

20.

바벨탑으로부터

■자크 데리다(Jacques Derrida)

"바벨"이라는 말이 무엇보다도 고유명사라고 함은 물론 맞는 말이다. 하지만 오늘날 "바벨"이라고 말할 때, 무엇을 명명하는지 아는가? 누구를 명명하는지 아는가? 만약 우리가 하나의 유산인 텍스트, 즉 바벨탑과 관련된 이야기나 신화의 잔존물(sur-vival)을 고려한다면, 그것은 여타의 표상들 가운데 단지 하나의 표상만으로 이루어져 있지 않다. 적어도 언어 간의 부적합성, 전문사전 내에서의 장소간의 부적합성, 언어 자체에 대한 부적합성과 의미에 대한 부적합성 등에 대해 말하면서 그것은 또한 형상화에 대한, 신화에 대한, 비유에 대한, 곡절에 대한, 다양성이 우리에게 거부한 것을 보상해주기에 부적합한 번역의 필요성에 대해 말한다.

그러한 의미에서 그것은 신화의 기원에 대한 신화가 될 것이며, 은유에 대한 은유가 될 것이며, 이야기에 대한 이야기, 번역에 대한 번역 등등이 될 것이다. 그것이 그렇게 그 스스로를 비워내는 유일한 구조는 아니겠지만, 그것은 그 자신의 방식으로 스스로를 비워내며 (고유명사처럼 거의 번역 불가능한 그 자신을) 그리고 그것의 특색은 보존되어야 할 것이다.

"바벨탑"은 언어들의 환원 불가능한 다양성만을 형상화하는 것이 아니다. 그것은 계발과 건축적 구성과 체계와 지식 체계론적 질서 위에 무엇인가를 완성하고, 충만케 하고, 이행하는 것의 불완전함과 불가능성을 보여준다. 언어 특징들의 다양성이 실제로 제한하는 것은 "진정한" 번역, 투명하고 적절한 상호-표현만이 아니라 하나의 구조적 질서, 건축물의 일관성이기도 하다. 그렇다면 (번역해보건대) 형식화에 대한 일종의 내적인 한계, 대구조적 불완전함 같은 무엇이 있는 것이다. 여기서 해체 중에 있는 하나의 체계에 대한 번역을 목도하는 것은 쉬운 일일뿐만 아니라 어떤 점에서 정당한 일일 것이다.

우린 그 속에서 언어에 대한 의문이 제기되고 또한 그 곳으로 번역에 대한 담론이 번역되는 언어에 대한 의문을 결코 묵과해서는 안 된다.

첫 번째로, 바벨탑을 건축하고 해체시킨 언어는 무엇인가? 그것은 바벨이라는 고유명사 자체가 또한 혼돈에 의해 "혼돈"으로 번역될 수 있는, 그러한 번역이다. 바벨이라는 고유명사는 하나의 고유명사로서 번역 불가능하게 남겠지만 하나의 독특한 언어가 가능하게 만든 일종의 결합적인 혼란에 의해 우리는 그것이 우리가 혼란이라고 번역하는 것을 의미하는 하나의 보통명사에 의해 바로 그 언어 속에서 번역된 것이라고 생각했다. 볼테르(Voltaire)는 『철학사전』(*Dictionaire philosophique*) 속의 바벨에 대한 글에서 그의 놀라움을 표현했다.

나는 왜 창세기에서 바벨이 혼돈으로 언급되는지 모르겠다. 왜냐하면 바(Ba)는 동양언어에서 '아버지'를 의미하는 것이고 벨(Bel)은 신을 의미하기 때문이다. 바벨은 신의 도시, 거룩한 도시를 의미하는 것이다. 고대인들은 그들의 모든 수도마다 이런 이름을 붙여놓았다. 하지만 바벨이 혼돈을 뜻한다는 사실을 부정할 수 없는 이유는, 건축가들이 유대 단위로 8만 1천 피트까지 그들의 건축물을 쌓아올린 이후 혼란에 빠졌기 때문이며 또한 그때 언어들이 혼란에 빠졌기 때문이다. 그리고 그때부터 독일 사람들이 더 이상 중국 사람들의 말을 이해하지 못했다는 것은 명백한데, 왜냐하면 보샤르(Bochart)에 따르면 중국어가 고지 독일어(High German)라는 것이 분명하기 때문이다.

볼테르의 차분한 반어법은 바벨이 그것이 하나의 고유명사, 즉 단 하나의 존재에 대한 하나의 순수기표가 가지는 관계―이 때문에 번역 불가능한―일 뿐만 아니라 의미의 일반성에 연관된 하나의 보통명사라는 사실을 의미한다는 것이다. 이 보통 명사는 그 스스로 의미하고, 비록 "혼돈"이라는 말 자체가 최소한 볼테르가 인식했던 두 가지 의미를 지니기도 하지만 또한 그것은 혼돈, 즉 언어들의 혼돈만을 의미하는 것이 아니라 건축가들의 건축을 중단시킨 혼란 상태를 의미하기도 하기 때문에 이미 어떤 하나의 혼돈이 그 "혼돈"이라는 말의 두 가지 의미들에 영향을 미치기 시작한 것이다. "혼돈"의 의미는 최소한 두 배는 더 혼돈에 빠졌다. 하지만 볼테르는 또 다른 것을 제안한다. 바벨은 그 단어의 이중적인 면에서 혼돈을 의미하는 것뿐만 아니라 아버지의 이름, 더욱 정확하고 일반적으로 아버지의 이름으로서 신의 이름을 의미한다. 그 도시는 아버지로서의 신과 혼돈이라 명명된 도시의 아버지의 이름을 내포하게 될 것이다. 신 즉 그 신은 아버지의 이름을 딴 한 공동체, 즉 이미 해석하기 불가능한 그 도시로 표시했을 것이다. 그리고 해석은 단지 고유명사가 있는 때와 또한 더 이상 고유명이 없을 때에도 이미 불가능하다. 신이 임의로 자신의 이름과 모든 이름을 명명하실 때 그 아버지는 언어의 기원이 될 것이었고 그 힘은 권리상으로 아버지인 신에 속할 것이었다. 그리고 신인 아버지의 이름은 언어의 기원인 그 이름이 될 것이었다. 하지만 진노하여 (뵈메(Böhme)나 헤겔의 신처럼 스스로를 남기는 그는 자신을 유한성 내에서 한계를 정함으로써 역사를 낳는다) 언어란 선물을 말소하거나 적어도 이것을 혼돈시켜 그의 아들들에게 혼돈의 씨앗을 뿌리고 이 선물(Gift-gift)을 오염시킨 이는 바로 신 자신이기도 하다. 그것은 또한 언어, 관용표현의 다양성, 다시 말해 보통 모국어라 불리는 것의 기원이다. 이러한 이유 때문에 전체 역사는 분파(filiations), 세대, 계보(genealogies)를 전개한다. 모든 셈어. 바벨의 해체 이전에 거대한 셈족은 그들이 보편적이 되길 원했던 제국과 그들이 전 세계에 부여하고자 시도했던 그들의 언어를 확립했다. 이러한 계획의 순간은 즉시 바벨탑의 해체로 이어졌다. 본인은 두 개의 불어 번역본을 인용한다. 첫 번째 번역가는 사람들이 말하는 "글자 그대로의 해석" 다시 말해, "언어"에 대한 히브리인의 수사적인 표현을 사용하지 않는 반면, 두 번째 번역가는 '글자 그대로의 해석'(은유적이거나 다소 환유적인)에 더 충실해 히브리어로 "입술"은 소위, 또 다른 환유로, "언어"를 지시하기 때문에 "입술"이라 말한다. 우리는 바벨론인들의 혼돈을 명명하기 위해 언어의 다양성이 아닌 입술들의 다양성을 말해야 할 것이다. 그러므로 첫 번역가이자 1910년에 발행된 스공성경의 저자인 루이 스공(Louis Segond)은 다음과 같이 쓰고 있다:

이들은 가계, 언어와 나라에 따른 셈의 후손이라. 이들은 그들의 세대와 나라에 의한 노아의 아들들의 가계라. 그리고 이들로부터 홍수 이후 전 세계로 흩어진 국가들이 나타났다. 모든 땅이 하나의 언어와 동일한 언어를 가졌다. 이들이 본토를 떠났으므로, 이들은 그 나라에 있는 시날(Schinear) 평야를 발견하고 그곳에 머물렀다. 이들은 서로에게 말했다: 오라! 우리가 벽돌을 만들어서 불에 굽자. 그리고 이들에게 벽돌은 돌이었고 타르는 시멘트였다. 이들이 다시 말하길: 오라 우리가 끝이 하늘에 닿는 도시와 탑을 만들어 이름을 날리어 온 땅에 흩어지지 말자.

필자는 물질을, 즉 벽돌을 돌로, 타르를 모타로 치환 또는 변용하는 것에 대한 암시를 어떻게 해석해야할지 모른다. 이것은 이미 번역의 번역과 유사하다. 하지만 이것을 이대로 두고 두 번째 번역을 첫 번째의 것으로 대체해 보자. 이것은 슈라키(Chouragui)의 번역이다. 이 번역은 최근 것인데다 거의 말대 말의 수준으로까지 직역을 고집했는데, 키케로(Cicero)는 그의 *Libellus de OPimo Orantonum*에서 나오는 번역가를 위한 첫 권고들 중의 하나로서 그런 번역을 금지시킨 바 있다. 다음이 그것에 해당된다.

셈의 아들들이라.
그들의 씨족대로, 그들의 언어대로
그들의 땅에 민족별로
업적에 따른 노아의 아들들의 씨족이라
그들의 민족에서:
후자로부터 땅의 민족이 분리된다, 홍수 후.

그리고 이것이 땅의 모든 것이라: 하나의 입술, 하나의 언어

그리고 이것은 동양에서부터 시작되었다. 그들은 협곡을 찾음,
시내산지역의 땅에서
그들이 정착하다.
그들은 그들이 좋을 대로:
"자, 벽돌을 만들자.

불어 이들을 굽자."
벽돌은 그들에게 돌, 타르, 모타가 된다.
그들이 말하길:
"자, 우리를 위한 도시와 탑을 만들자.
이것의 머리는: 하늘에 있고
우리의 이름을 부여하자,
전 세계에 흩어지지 않게

이들에게 무슨 일이 일어났나? 다시 말해, 무엇 때문에 신은 그의 이름을
명명하는데 있어서, 또는 그 이름을 그 무엇에도 그 누구에게도 부여되
는 것이 아니기에 그이 이름, 즉 그의 표식과 그의 인장이 될 "혼돈"이라
는 고유명사를 단지 선포함에 있어서 그들을 벌하셨나? 신은 인간들이
탑을 하늘높이만큼 짓기를 원해서 벌하셨을까? 가장 높이, 가장 최고의
자리에 가길 원했기 때문일까? 아마 의심할 바 없이 그 이유도 있겠지만
명백한 이유는 그렇게 해서 스스로의 힘으로 자기의 이름을 지어 스스로
에게 그 이름을 부여하고, 자신들을 위해 그리고 자신들의 힘으로 그들
소유의 이름을 만들어 언어와 탑이 동시에 있는 단일화된 장소에서 탑뿐
만 아니라 언어 즉, 탑으로서의 언어로 스스로 그곳에 ("우리가 더 이상
흩어지지 않게") 모이길 원했기 때문일 것이다. 그러므로 신이 인간들을
벌하는 것은 자신들의 힘으로 단일하고 보편적인 혈통을 스스로가 보장

하려 했기 때문이다. 창세기 텍스트는 모두가 동일한 설계로 된 문제인 것처럼 즉시 진행된다. 탑을 세우기, 도시 건축, 관용표현으로도 되는 공통어로 스스로 이름 짓기와 한 분파로 모이기.

이들이 말하다.
자, 우리를 위한 도사와 탑을 만들자
꼭대기는 하늘에 있고
우리를 위해 이름을 만들자
모든 땅에서 흩어지지 않기 위해

하나님이 이 도시와 탑을 보기 위해 내려오신다
인간들의 후손이 지은
하나님이 말씀하시기를:
"그래! 단일 민족에, 단일 언어:
이것이 그들이 시작한 일이야. . .
자! 내려가자! 그들의 언어를 우리가 혼돈시키자,
인간들이 더 이상 이웃의 언어를 이해하지 못하게."

그 후 신은 셈의 후손을 흩으셨다, 그리고 여기서 "흩기"는 해체이다.

하나님이 인간들을 여기서 온 세계에 흩으셨다.
그들은 도시 건축을 멈추고
그것을 통해 그는 당신의 이름을 선포하셨다. 바벨, 혼돈
이는 이곳에서 하나님이 모든 세계의 언어를 혼동시켰기 때문에,
그리고 그곳에서 하나님은 인간들을 전 세계로 흩으셨다.

그렇다면 우리가 이를 신의 질투라고 말할 순 없을까? 인간들의 그러한

단일한 이름과 언어에 진노하여 신은 아버지의 이름이란 당신의 이름을 부과한다. 그리고 이러한 폭력적인 부과로 만국 공통어로서의 바벨탑을 해체하기 시작하고 또한 계보적인 분파를 흩는다. 그가 계통을 부순 것이다. 그는 동시에 번역을 강요하면서도 금지시킨다. 그는 번역을 강요하면서도 금지시키며, 또한 그의 이름, 그 도시에 부여한 그의 이름을 부여받을 그의 자녀들을 억압하면서도 마치 그것에 실패한 것처럼 그렇게 한다. 언어들이 그 흩어짐으로 인해 가장 강력하게 될 그 유일한 이름에 의해서, 승리할 그 유일한 말에 의해서 봉인된 채로 남을 한 세대의 후손에 따라서 흩어지고 혼돈에 빠지고 다양화되는 것은 신으로부터 온, 신으로부터 또는 아버지로부터 내려온 신의 고유한 이름으로부터 오는 것이고 또한 그에 의해서 이루어지는 것이다(또한 실제로 말로 표현할 수 없는 이름인 여호와가 바벨탑으로 내려온다고 함). 이제, 이 관용표현은 자체 내에서 혼돈의 흔적(mark)을 낳기 때문에 이것은 바벨이 혼돈이라는 부적절함을 부적절하게 의미하는 것이다. 그렇다면 번역은 마치 절대적으로 정당한 두 이름 간의 간격에서 필요하기도 금지되기도 한 그 이름의 정당성을 향해 투쟁하는 노력처럼 필요하지만 불가능한 것이다. 그리고 신의 고유한 이름(신에 의해 주어진)은 그 언어 속에서 이미 충분히 분열되어 또는 혼란스러운 방식으로 "혼란"을 의미하게 된다. 또한 그가 선포하는 전쟁은 분열되고, 양분되고, 양면적이고, 다의적인 그의 이름 속에서 맨 처음 촉발되었다. 『피네켄경야』(*Finnegans Wake*)에서 우리가 "그리고 그가 전쟁하다(And he war)"을 읽을 때 우리는 셈(shem)과 숀(Shaun)의 측면에서 전체 이야기를 이해할 수 있었다. 여기서 "그가 전쟁하다"는 직접적인 맥락에서와 이 바벨론 책을 통해 헤아릴 수 없는 음성적(phonic)이고 의미론적인 망을 단지 함께 연결하는 것만은 아니다. 이것은 나는 스스로 있는 자이며 그러므로 (전쟁)이었던 자라고 말하는 유일자의 전쟁선포(영어로)를 말한다. "그가 전쟁하다"는 그것의 자체 수행성, 즉 적어도 영어와 독일어에서, 한 번에 한 언어 이상으로 선포된다는 최소한 이 사실에서 스스로 번역 불가능하다. 만약 하나의 무한한 번역이 그것의 의미론적 토대를 소진해 버렸다고 해도 그것은 여전히 하나의 언어로 번역하며 또한 "그가 전쟁하다"의 다양성을 상실하게 될 것이다. 이 "그가 전쟁하다"에 대한 보다 덜 성급하게 중단된 독서는 다름 기회로 미루고 번역이론들에 나타나는 한계들 중의 하나에 주목하도록 하자. 너무 자주 번역이론들은 언어 간의 소통을 다루지만 하나의 텍스트 내에서 언어가 둘 이상으로 함축되어 있는 가능성을 충분히 고려하지 않는다. 동시에 여러 언어로 쓰인 텍스트가 어떻게 해석가능한가? 복수효과가 어떻게 "부여"되는가? 여러 언어로 동시에 번역된 것 중 어떤 것이 번역이라 불릴 수 있는가?

바벨, 우리는 오늘날 바벨을 그것을 고유명사로 여긴다. 실로 하지만 무엇과 누구에 대한 고유명인 것인가? 때때로 그것은 하나의 이야기(신화적, 상징적, 알레고리적, 그리고 그 순간의 것은 문제가 되지 않는)를 회상하는 한 서사의 고유명사로서, 그 이야기 속에서는 더 이상 그 서사의 제목이 될 수 없는 그 고유명사가 하나의 탑이나 도시, 여호와가 "그의 이름을 선포하는" 동안 이루어진 사건으로부터 그것의 이름을 부여받은 탑이나 도시를 명명한다. 이제 이미 최소한 세 번은 그것도 각기 다는 것들을 명명할 이 고유명사는 또한 고유명사로서 보통명사의 기능을 갖는데, 이것은 그것의 가장 전체적인 핵심이다. 이 이야기는 다른 어떤 것보다도 언어가 혼돈된 기원과 환원 불가한 관용표현의 다양성, 필요하지만 불가능한 번역작업, 불가능으로서의 번역의 필요성을 자세히 다룬다.

그런데 일반적으로 사람들은 이 사실에 주의를 기울이지 않는다. 우리가 가장 많이 이 이야기를 읽는 번역에서 그러하다. 그리고 이 번역에서 고유명사는 보이기에 고유명사로 번역되지 않았기 때문에 단일한 운명을 담고 있다. 이제 그러한 하나의 고유명사는 영원히 번역 불가능한 것으로 남고, 그러한 사실은 우리로 하여금 그것이 다른 말들과 동일한 이유로 번역되는 언어이든 번역하는 언어이든, 그러한 언어와 그것의 체계에 엄격하게 속하지 않는다고 결론 짓게 만들 것이다. 그러면서도 하나의 단일한 언어 속에서의 사건으로서의 "바벨", 그 속에서 스스로 하나의 "텍스트"를 형성하기 위해 나타나는 그것은 또한 하나의 공통된 의미와 하나의 개념적 일반성을 가진다. 그것이 일종의 말장난을 통해서 가능한지 또는 어떤 혼동된 연상을 통해서 가능한지는 중요치 않다. "바벨"은 하나의 언어 속에서 "혼돈"을 의미하는 것으로 이해될 수 있다. 그리고 바벨이 동시에 고유명사와 보통명사가 되는 것처럼 그때부터 혼돈 또한 하나의 고유명사가 보통명사, 하나가 다른 것의 동음이의어와 유의어가 되지만 그것들의 가치를 혼동하는 일은 있을 수 없기 때문에 등가가 될 수 없는 그러한 존재가 된다. 번역가에게 만족스런 해법은 없다. 동격과 대문자 사용에 의지하는 것은 (이를 통해 신은 당신의 이름을 바벨과 "혼돈"으로 선포한다) 언어 간의 번역이 아니다. 이것은 해석하고, 설명하며 바꾸어 말하는 것이지 번역하는 것은 아니다. 기껏해야 그것은 대략적으로 또한 그러한 등가를 그러한 두 개의 단어들로 분열시킴으로써 재생산을 수행하는데, 그러한 두 개의 단어들이 있는 그곳에는 혼돈이 그 잠재적인 상태, 그 모든 잠재적인 상태 속에서 말하자면 소위 본래적 언어 속에서 그 단어를 나누는 내적인 번역 속에 모여 있다. 원 이야기의 바로 그 언어 속에 그것이 스스로 고유명사로 가질 수 없는 그 고유명의 의미론적 등가를 (약간의 혼란으로) 당장 부여하는 번역, 일종의 전이가 있다. 실제로 언어내적번역(intralinguistic translation)은 즉시 작용한다. 하지만 엄격한 의미에서 그것은 작용도 아니다. 그럼에도 불구하고 창세기 언어를 말하는 사람들은 (*Pierre*[peter]에 감금된 *pierre*처럼, 그리고 이 둘의 가치와 기능이 완전히 이질적인 것처럼) 개념적인 등가를 지울 때 그 고유명사의 영향에 유의할 수가 있었다. 그렇다면 사람들은 첫째로 고유한 의미에서 고유명사는 그 언어에 고유하게 속하지 않는다고 말하려 들 것이다; 그것은 그 자리에 없다, 비록 고유명사 부르기가 그 언어를 가능하게 할지라도 또는 고유명사 부르기가 언어를 가능하게 하기 때문이라도 그렇다(고유명사 부르기의 가능성이 없이 어떻게 언어가 존재 가능한가?). 결론적으로 고유명사가 스스로를 타당하게 언어에 기입할 수 있는 것은 언어 내에서 자체가 번역, 즉 그것의 의미적 등가에 의해 번역되도록 둠으로써만 가능하다: 이 순간부터 고유명사는 더 이상 고유명사로 받아들여 질 수 없다. pierre란 명사는 프랑스어에 속하기에 이것을 외국어로 번역할 시에는 원칙적으로 그것의 의미를 전달해야 한다. 이것은 *Pierre*의 경우와는 다른데, 그것이 프랑스어에서 내포하고 있는 것은 확실히 말할 수 없고 어떠한 경우에라도 동일한 유형의 것이 아니기 때문이다. 이런 의미에서 "Peter"가 Pierre의 번역이 아닌 것은 Londres가 "London"의 번역이 아닌 것과 같다. 두 번째로, 창세기어가 소위 모국어인 사람은 실로 바벨을 "혼돈"으로 이해할 수 있다; 그때 그 사람은 다른 말이 필요 없이 그것의 공통된 등가로 혼돈된 고유명사의 번역에 영향을 미친다. 이것은 두 말, 즉 두 동음이의어가 그곳에 있는 것과 같은데, 하나는 고유명사의 가치를, 다른 하나는 보통명사의 가치를 소유하고 있다. 그리고 그 사이에 우리가 매우 다양하게 평가할 수 있는 하나의 번역이 놓인다. 이것이 야콥슨이 말하는 일종의 언어내적 번역이나 바꾸어 말하기인가? 본인은 그렇게 생각하지 않는다. "바꾸어 말하기"는 보통명사와 일반어구(ordinary phrases)간의 변형의 관계에 관여한다. *On Translation*이라는 논문은 세 가지 종류의 번역을 다룬다. *언어내적*(intralingual) 번역은 언어의 기호를 동일한 언어의 다른 기호를 수단으로 해석한다. 이것은 명백히 가정하는 것은 우리가 마지막 분석에서 언어의 단일성과 정체성을 엄밀히 구분하는 방법과 그것의 한계들을 결정할 수 있는 형태를 아는 것이다. 그렇다면 거기엔 야콥슨이 솜씨 좋게 "고유의" 번역, 언어내적 번역이라고 불렀던 것, 언어적 기호를 다른 언어의 도구들을 통해 해석하는 그것이 있을 것이다. ─ 이것은 언어내적 번역와 동일한 가정을 요구한다. 마지막으로 비언어적인 기호 시스템으로 언어적인 기호를 해석하는 상호의미론적 번역이나 변형(transmutation)이 있을 것이다. "고유한" 번역이 될 수 없는 이 두 가지 형태의 번역을 두고 야콥슨은 정의상의 등가와 또 다른 말을 가정한다. 첫째 그는 소위 또 다른 말로 번역한다. 언어내적(intralingual) 번역 또는 바꾸어 말하기. 세 번째는 다음과 같다. 상호의미번역 또는 변형. 이 두 경우 "번역"의 번역은 정의를 내리는 해석이다. 하지만 "고유한" 번역의 경우, 즉 일반적인 의미에서 상호언어적이고 포스터 ─ 바벨론적 번역 경우 야콥슨은 번역하지 않는다, 그는 같은 말을 반복한다. "상호언어적 번역이나 고유한 번역". 그는 같은 말은 번역할 필요가 없다고 가정한다, 모든 사람들은 그들이 그것을 경험했기 때문에 그것의 의미하는 것을 이해하고, 모두는 언어가 무엇이며 언어간의 관계, 특히 언어의 면에서 동일성과 차이를 이해하게 되어 있다. 바벨이 손상되지 않았을 것이라는 투명성만 있다면 이것이 진정한 바벨이고, 언어의 다양성에 대한 경험이자 "번역"이라는 말의 "고유한" 의미에 대한 경험이다. 이 말과 관련해, 그것이 "고유한" 번역의 문제일 때 "번역"이란 말의 또 다른 용도는 결국 마치 은유와 같이, 고유한 의미에서 번역의 비틀기와 전환과 같이 상호언어적이고 부적절한 번역의 지점에 있을 것이다. 그러므로 고유한 의미에서의 번역과 비유적인 의미에서의 번역이 있을 것이다. 동일 언어 내에서나 또는 언어간에 비유적이든 고유한 의미에서든 전자를 후자로 번역하기 위해서는 이 안심시키는 3분할 (Tripartition)이 어떻게 문제가 될 수 있는지 재빨리 드러내는 과정을 착수해야 할 것이다. 아주 빨리: "바벨"이라고 발음하는 순간 이 이름이 고유하게 그리고 간단하게 하나의 언어에 속할 수 있는지의 여부를 결정하는데서 있어 결정불가능성을 느낀다. 이 결정불가능성이 계통상의 부채의 장면에서 고유한 이름을 위해 싸울 때 활동하는 것이 문제가 된다. "스스로 이름 만들기"를 추구하고 동시에 만국 공통어와 단일 계보를 세우기 위해 노력할 때 셈족은 세상에 근거를 대려 했다. 그리고 이 근거는 동시에 식민적인 폭력(그렇게 함으로써 그들이 그들의 관용표현을 보편화시켰기 때문에)과 평화로운 인간 공동체의 투명성을 의미할 수 있다. 바꾸어 말해, 신이 당신의 이름을 강요하고 반대할 때, 그는 이성적인 투명성을 단절했을 뿐만 아니라 식민적인 폭력이나 언어적인 제국주의역시도 차단했다. 그는 그들이 번역되도록 했고 그들이 필요하든 불가능하든 번역의 법에 종속시켰다; 번역가능하기도 불가능하기도 한 당신의 이름으로 신은 보편적인 이성(이것이 더 이상 특정국가의 법 아래 있지 않음)을 제공하지만, 동시에 바로 그것의 보편성을 제한 한다: 금지된 투명성, 불가능한 일의성(univocity). 번역은 법, 의무, 그리고 부체가 되었지만 이 부채는 아무도 더 이상 갚을 수 없게 되었다. 이런 지불불능은 바벨이란 그 이름 내에 흔적으로 남아 발견 된다: 바벨은 즉시 번역하지만 스스로를 번역하지는 않고 언어에 속하지 않으면서 속하고, 스스로를 지불 불능한 부채에 있는 그 자체로, 즉 마치 타자인 것처럼 그 자체로 스스로에게 빚을 지운다. 이런 것이 바벨의 수행성일 것이다.

동시에 전형적이고 우화적인 이 단일 예는 소위 번역이론상의 모든 문제의 서두가 될 수 있다. 하지만 언어에서 만들어진 만큼 어떤 이론화도 바벨론의 수행성을 지배할 수 없을 것이다.

*

. . . 분인의 역할을 전달자나 통행자의 것으로 단지 또는 필수적으로 원치 않는다. 번역보다 더 심각한 문제는 없기에. 차라리 모든 번역가가 번역에 대해 말하는 위치에 있고 두 번째나 부차적이지 않은 위치에 있다고 강조하고프다. 이는 만약 원본의 구조가 번역될 필요성에 의해 특징지어진다면, 법에 종속되어 원문이 자체로 부채를 안을 뿐만 아니라 번역가 역시도 그러하다. 원문은 첫 번째 부채자이며, 첫 번째 항소자이다; 이는 번역에 대한 결핍과 호소로 시작된다. 이 요구는 자신들의 이름을 만들어 자체에 의해 자체를 번역하는 공통의 언어를 만들기 원했던 바벨탑의 건축가들의 면에서뿐만 아니라 이 탑의 해체주의자에게도 해당되는 것이다. 당신의 이름을 부여함에, 신은 또한 갑자기 다양화되고 혼돈된 언어 사이에서뿐만 아니라 그의 첫 이름, 즉 그가 선포하고 준 그의 이름에서도 번역의 힘에 호소했다. 그리고 그의 이름이 혼돈으로 이해되게 번역함으로써 번역하기 어렵게 이해되게 했다. 신은 셈족의 법에 그의 법을 강요하고 반대하는 순간, 신은 번역에 또한 호소했다. 신 역시 부채를 진자이다. 신은 비록 자신의 이름의 번역을 금하지만 자신의 이

름 번역에 계속적으로 호소하고 있다. 바벨은 번역불가능하기 때문이다. 신은 그의 이름에 눈물 흘린다. 그의 텍스트는 가장 신성하고 가장 시적 이고 가장 근원적인 이유는 그가 이름을 만들고 그 이름을 자신에게 부여했기 때문이다. 하지만 신은 그의 힘과 부함에서도 참으로 결핍되어 있기 때문에 번역가에게 도움을 호소한다.

21.

번역하기와 번역되기

■한스 에리히 노사크(Hans Erich Nossack)

번역엔 아마추어인 제가 작가로서 전문번역가인 여러분들에게 연설을 하게 되어 대단히 영광스럽다. 저를 주 연설자로 뽑기 위한 명목으로 이 학회담당자들이 이용한 논거는 작가들의 임무가 사실, 경험, 그리고 사상을 또 다른 현실성으로 옮기는데 있기 때문에 모든 작가는 실은 번역가란 점일 것이다 — 언어의 현실성. 좋은 논거이고, 확실히 정확하지만 여기서 우리의 관심사는 아니다. 이 학회에서 우리의 관심은 언어 대 언어 번역 또는 오히려 무대상에서 지정된 등장인물의 복장변화에 국한된다 — 그리고 이 경우에 무대는 현실성이다.

비록 영독으로 몇 권을 번역했고, 그 중 두 권에 대해서는 실제로 제가 쓴 글보다 더 큰 긍지를 느낄 만큼 자랑스럽지만 저는 스스로를 비전문 번역가라 여긴다. 하지만 이 책들은 번역가가 아닌 그들을 사랑하는 어떤 사람의 입장에서 번역했다. 다시 번역한다 해도 이유는 같을 것이다. 번역할 당시 외서 번역이 책을 직접 집필하는 것보다 더 중요하게 여겨졌다. 이 책과의 동일시가 얼마나 강했던지 이 책을 옳게 번역할 수 있는 이는 저 자신뿐이라고 느낄 정도였다. 혹은 달리 표현해 좀더 강조하면, 제가 또 다른 누군가의 목소리를 들었고 그가 행하고 말한 것을 내가 결코 말로 표현하지 못하리란 확신이 들었다ー고작 그것은 불필요한 반복을 초래했을 것이다.

이것은 또한 흥미로운 현상이며, 이런 현상에 살아가는 문학과 사회학 공이 알아야 하는 현상이다. 개별 작가에게 문학공동체의 다른 멤버들과 함께 국가적 결속감, 즉 초국가적이고 반국가적이며, 덧붙여, 역사와 무관한 공동체로서 문학 내에서 시민연대감이라고만 불리며 존재라는 것 같은 무엇인가가 있다. 특정 순간 이 결속의 감정은 강화되어 대부분 하나의 이데올로기가 지배하고 통제하는 순환하는 역사적 경향에 대한 저항으로 종종 나타난다. 이때 개별 작가는 개인으로서 문학에 기여하기보단 전체로서 문학을 대변하는 것이 더 중요하게 된다. 이런 직관적인 소속감 없이 한 작가의 단일 문장과 또는 때때로 그 작가에 대한 중요한 언급에서조차 생기는 모든 시간적이고 언어적인 장벽을 넘어 우리가 자주 받는 다음 메시지들을 어떻게 설명할 수 있겠는가. 그래, 그것이 바로 우리 중 한 명이 말하고 있는 것이야. 혹은 더 감정적으로 말해, 그것이 한 형제가 말하고 있는 바로 그것이지. 그 다음에도 여전히 번역 없이 이해할 수 있는 언어와 표현수단이 있다ー지나치게 관료적인 세상이 된 오늘날조차도ー그리고 이 속에 인간의 위대한 희망이 자리 잡고 있다.

하지만 뭔가의 열렬한 애호가가 된다는 것이 자질을 보장하지는 않는다. 이런 생각은 저속하고 겉치레뿐인 작품으로 이어지기 때문에 절대로 해서는 안 된다. 번역가가 자신들이 번역하는 번역물을 사랑하고 그들의 맘에 드는 번역물만을 다룬다면 이상적일 것이다. 번역의 대상이 되고픈 우리 작가들은 번역의 감정적이고 인간적인 면에 크게 의존한다. 이런 방식의 번역을 통해 우리는 자신과 우리 저작물들의 의도가 문헌학적으로 정확한 번역을 통해서 보다 외국독자들에게 더 잘 전달될 것이라 생각한다. 말할 것도 없이, 책을 집필하는 것은 지적인 작업일 뿐만 아니라 작가의 생물학적인 필요물과 접하고 있기 때문에, 생생한 번역에서 이 점이 분명히 드러나게 하는 것이 중요하다. 보통 어느 배우이든 자신의 특징, 즉 신체적 외모, 또는 나이에 반하는 역을 하길 바라지 않는다. 맡은 역을 암기하는 것만으로는 충분하지 않다. 관중을 매혹시키고 그 역을 신뢰하게끔 하는 것은 항상 아무 소용이 없다 하더라도 스스로를 그 역에 동화시키려 하는 시도, 다시 말해, 그 역에 완전히 몰입하여 그 역과 완전히 사랑에 빠지는 시도에서 나오는 거의 감지되지 않는 긴장감이다. 물론 최근 문학시장의 경제적인 여건을 고려하면 번역가에게 요구하는 저의 숭고한 목표는 공상적인 것일 수밖에 없을 것이다. 하지만 이상향 없이 사람이 살 수 있을까?

다시 말해 단지 문법적으로 정확한 번역 책은 이국적인 색채 속에 밑그림을 그린 마네킹에 불과하다. 생기라곤 찾아 볼 수가 없다. 프랑스고어로 번역된 최신 독일소설을 알고 있는데, 그 소설은 번역 때문에 질식되었다, 이 책은 독일고어로 쓰이지도 (그렇게) 인식되지도 않았으며, 우리 중 누구나 길거리에서 귀에 거슬리거나 가식적이지 않게 사용 가능한 깔끔한 현대독일구어체로 쓰였다고 여겨진다. 아무도 자신의 문제를 독일작가, 클라이스트의 언어로 설명하려는 현대독일인을 믿을 수 없을 것이다. 사람들은 참지 못해 "알아듣게 말씀해 주세요!"라고 하며 그의 말을 자를 것이다. 물론 우리는 프랑스어가 — 혹은 순수주의자들이 유지하고 왜곡시킨 것처럼 — 예로 영어나 독일만큼 변화지도 왜곡되지도 않았다는 점을 잘 알고 있다. 순수 실리주의에 언어가 왜곡되는 것을 막는 프랑스 전통의 힘이 부럽기만 하다. 하지만, 적어도 셀린느(Louis-Fredinand Céline) 이후에 비고전적프랑스문어가 있었기 때문에 번역가는 결코 무리하게 "프랑스어화한 영어표현"(franglais)이나 군대의 슬랭을 구분하려 들지 않는다.

위에서 언급한 책에서 그러한 고전적인 복장에로의 변형이 어떻게 일어났을까? 독일어를 연구하는 한 명예교수는 그 번역을 하기 위해 고용되었다. 그의 독일어 실력은 분명 보통 독일인들보다 유창했지만 또한 아주 교과서적인 독일어였다. 그 교수는 언어의 리듬이나 분위기에 대한 특정한 직감, 무엇보다도 언어의 현행적 맥락(current pulse)에 대한 직감이 부족했다. 현실성 혹은 이를테면 진리라는 것은 오늘날 더 이상 삶 속에서나 소설 속에서 직접적으로 표현되지 않는다; 수치감과 자기보존의 본능이 그것을 상상력이 없고 애매한 문장들로 몰아넣고, 단지 문법만으론 검토할 수 없는 영역으로 몰아넣었다. 안타깝게도 비평가들은 500페이지의 책에서 세 개나 네 개의 실수를 찾으면 종종 야단법석을 떨어, 결국 일반 독자들에게 전체 번역이 바로 실패한 것으로 보이게 한다. 이는 엄청나게 부당한 조치이고, 더 노골적으로 말하면, 그들 자신의 언어의 유창함에 관해서는 꼴사납게 거드름을 피우는 것이다. 오류는 어떤 식으로든 변명될 수 없지만 종종 번역에서 오류라고 불리는 것들은 몇 년씩 논쟁거리가 될 수 있는 해석상의 문제라는 점이다. 특이한 은유번역에서, 거의 항상 일어나는 경우이다. 솔직히 독자로서 나는 중요하지 않은 두세 가지 오류는 넘어가는 편이다. 이런 오류들은 책 전체의 분위기를 망치느니 가능하다면 알아채지 않으려고 하지만 단지 그 책이 맥이 빠진 허접 쓰레기여서 나를 지루하게 하는 이유만으로도 발견하지 않을 수 없는 것들이다. 그러므로 나는 예로 이제—햄릿을 처음 읽은 지 15년 후 문헌학자에 의해 깨달았기 때문에—영어 텍스트에서 "nunner"라는 단어의 원의미가 셰익스피어 시대에조차도 더 이상 사용되지 않았다는 점과 "Ophelia, get thee to a nunnery"라는 명구절이 독일어로 정확히 번역하면 "Ophelia, geh in ein Bordell"["Ophelia, get thee to a boredello"]로 읽어야 한다는 점을 알고 있다. 이런 학술정보에도 불구하고 지난 150년 동안 독일 대중들에게 햄릿을 살아 있는 인물로 만든 Schlegel의 번역은 살아남았다. 문헌정보학을 반대하는 것은 아니지만, 또 다른 생명을 위해 모은 자신의 연구물을 버릴 준비가 되어 있지 않은 문헌정보학자는 관련 법안을 엄격히 따랐으므로 그의 결혼이 완벽하다고 여기는 변호사와 같다.

무엇보다도 내가 어렸을 때는 어느 누구도 번역이 자신의 모국어를 말하고 쓸 수 있는 능력을 요구한다는 점을 말해 주지 않았다. 분명히, 이 말은 당연한 말 같지만 이런 가정은 부적당하고, 모두가 알다시피 오해를 불러일으키는 말이다. 되풀이해서, 우리는 20, 30년을 외국에 살면서 일했기에 외국어의 뉘앙스(nuances)를 다 알고 그 언어를 모국어처럼 유창하게 말할 수 있다는 점을 실제로 입증할 수 있는 언어 전문가가 번역을 했다는 이유만으로 그 번역은 믿을 만하다고 생각하는 경우를 만난다. 하지만, 한 외국어를 입증된 동시통역가 수준으로 통달했다고 해서 모국어를 사용하듯 정확하게 그 언어를 사용하는 능력이 있다는 의미는 아니다. 우리는 외국어로 된 예술작품을 하나 이상의 번역오류보다도 어색하고 부정확한 영어로— 또는 다른 목표텍스트언어가 옳을지라도— 더 훨씬 결정적으로 망칠 수 있다. 번역작업은 독자들의 손에 읽을 만한 책을 안기는 것이지, 아마추어적으로 대충 틀만 잡힌 초고를 안기는 것은 아니다. 이런 초고는 특정한 문단과 기타 통사적으로 비슷한 구조에서 영어 특유의 어법, 독일풍의 어법, 그리고 기타 "로망스 언어(Romance Language)"에서 나온 "이즘(isms)"을 접할 때마다 번역가가 실수를 하게끔 할 것이다. 때때로 번역이 너무 엉망이라 읽는 동안 독자는 더 근접한 의미를 얻기 위해 마지못해 번역된 구절을 원어로 돌아가 재번역해야 하는 고충을 겪는다. 이에 관한 사소하지만 말이 안 되는 예를 들자면: 영어에서 독일어로 번역한 대사— 탐정소설에서뿐만 아니라— 계속해서 "I guess"를 "ich schätse"구절을 사용해 번역된다. 독일인이면 누구도 그런 대화에서 "ich schätze"라고 말하지 않을 것이다. 그렇게 하면 그만 아주 이상한 사람이 될 것이기 때문이다. 독일인이라면 대화의 속도에 따라 "ich nehme an" 또는 "vermtich"라고 말할 것이다. 특정 탐정소설들은 속도가 너무 빨라 다루기 힘든 관용구를 써 그 속도를 깨지 않는 점이 특히 중요하다. 그러나 사전에서 우리는 "ich schatze"를 "I guess"로 쓰는 것을 발견할 수 있기에 기술적으로 이 표현이 틀린 것은 아니다. 하지만 유감스럽게도, 역동적인 상황을 전달하려 할 때 사전과 어휘 목록(lexicons)만으론 불충분하다.

내가 번역한 번역물에서 몇 가지 값진 통찰력을 얻었는데, 이것을 젊은 작가들에게 전달하려 항상 노력한다. 그들에게 충고하자면— 대부분 쓸모없이 충고에 신경을 쓰지 않을 수도 있겠지만?— 전문번역가가 되겠다는 의도는 버리고 적어도 한번은 번역이 요구하는 규칙에 따라 번역을 해봐야 한다는 것이다. 외국어를 반드시 더 알게 되지는 않겠지만 자신의 모국어 사용법을 더 정확히 배우게 될 것이다. 이질적인 은유에 대한 등가를 자신의 모국어에서 찾기 위해서 또는 이질적인 언어 행위에 상응하는 표현을 전달하게 위해 보통 어휘에는 속하지 않는 단어를 번역가는 억지로라도 사용해야 한다. 이 번역가의 운용어휘는 그의 개인 어휘를 두 배 이상 넘게 된다. 이런 면에서 본다면, 번역은 모든 작가들에게 이용할 수 있는 자료를 사용하게 하는 실제적인 훈련이 되며, 자국어의 풍부함을 인식하게 되고 그 언어의 유동성을 활용할 수 있는 방법을 배우게 한다. 이전에도 말했지만 글쓰기 자체는 결국 이미 번역이다.

하지만 말할 필요도 없이 여러분들은 이러한 점들은 다 알고 있을 것이다. 나는 단지 이 학회에서 나에게 주어진 강연 제목인, "번역하기와 번역되기(Translating and Being Translated)"에 충실해 연설을 하고 있다. 번역의 화려함과 비참함에 대한 수많은 관련 논평이 나왔고, 그리고 번역에 대해 언급해야 하는 말이 무엇이든 간에 ─ 번역기술을 퇴화시키지 않기 위해 ─ 이런 연설에 해당되는 것이 아니라 전문위원회나 위원회들에 해당된다. 그럼에도 불구하고, 나는 상대적으로 최근의 형세인, 번역의 비참함에 관해 극히 이의를 제기할 여지가 있는 관행에 여러분들이 관심을 가졌으면 한다. 즉, 너무나 경솔한 번역서라고 주장하며 원어에서 막 베스트셀러가 된 책의 성공을 이용하려는 외국출판사의 경향이다. 최근 몇 년 간 번역이 지나치게 잘못된 몇몇 경우 때문에 원작 작가들이 자신들의 작품들을 어설프게 번역한 번역서들의 제 2판 발행을 막는 법적인 소송을 제기해야만 했다. 문학을 전체적으로 불신하게 하는 이러한 관행들은 좌시하지 말아야 한다. 우리 모두가 돈을 벌고 싶은 만큼 문학은 소비자 대상물을 생산하기 위해 실행되어서는 안 된다는 점을 유념해야 한다. 돈을 벌 것이면 슬프지만 군대를 포함한 더 이윤이 남는 산업들이 있다.

하지만 이런 주제도 결국 위탁한 범위 내에서 정해진다. 이제 『번역하기와 번역되기』라는 내가 직접 번역한 번역 책을 소개하려 한다. 이는 주제를 전문적인 번역차원에서 훨씬 더 중요한 차원인, 번역이 도덕적 행위라는, 혹은 이 "도덕적"이란 말이 의심스러울 경우, 번역이 문학의 좁은 영역 바깥까지 폭넓게 영향을 미치는 인간행위라는 지점으로 옮기기 위함이다.

독일인들의 번역 양은 대단해 다른 민족들보다 그 양이 훨씬 많다고들 한다. 정확한 통계치는 모르지만, 내가 어렸을 때 받은 교육은 저의 모국문학보다 번역된 외국문학이 더 많았다는 점에 비춰보면 이 주장은 옳을 것이다. 이 사실은 장점으로도 단점으로도 보일 수 있을 것이다. 외국문학에 대한 관심은 열린 마음을 의미하며, 자국문학에 대한 끊임없는 개선으로 이어져 "자아도취"(self-complacent)된 국수주의나 침체시키는 지역이기주의에 빠지는 것을 막아준다는 점에서는 이득이 된다. 외국문학에 대한 편협되고 속물적인 동경은 불안정한 사회와 억압적이고 열등의식에 의한 지나친 보상심리라는 태생적인 약점을 나타낸다는 점에서는 단점이 된다. 거울에 비친 이미지가 불만족스럽다고 해서 외국 모양새로 꾸며 뽐내는 사람들이 있다. 결과적으로, 예를 들어 독일의 최근 서적들을 논하는 장에서 "까뮈(Camus)보다 못해" 또는 "헉슬리(Huxley)가 그 점에 대해 더 잘 말했어" 또는 "이 작가는 포크너(Faulkner)처럼 살지 못해"라는 현학적인 판단을 종종 접할 수 있다. 참으로 말도 안 되는 기준이 아닌가! 그 작가는 포크너만큼 살 의도가 전혀 없었을지도 모른다. 게다가, 이런 말은 단지 값싸게 이름을 떨어뜨리는 것이다. 독서대중은 그 비평가가 얼마나 폭넓게 읽혀지는지 알뿐이지, 의심의 여지도 없이, 그 책과, 그 책의 작가, 그 작가의 의도, 이 요소들이 어느 정도로 이해되었는지 여부는 전혀 알지 못한다. 보르도(Bordeaux)에 사는 한 프랑스 변호사가 우리가 유럽과 드골(de Gaulle)에 대해 의견을 나누고 있을 때, "독일인들이 항상 막시스트나 미국인으로 이해되는 이유는 뭡니까?" 그리고 "왜 당신들은 독일인 자체 일수는 없죠?"라고 물었다. 우리의 역사적인 양의성을 건드리는 너무도 민감하고 뼈저린 질문이었다. 하지만 이는 순전히 독일의 문제일 수 있기에 우리 스스로가 극복해야 하는 것이다. 독일인으로 존재한다는 것은 항상 쉽지만은 않으며, 권유하는 정도가 아니고 전부라고 할 정도로 우리에게는 중요한 것이다.

그렇지만, 여기서 중요한 것은 오늘날 세계에서, 번역행위는 한 임무—기존의 의사소통 매체가 비생산적이라고 잘못 인식하고, 뻔뻔스러운 정치 세계가 탐탁지 않은 것으로 검열하거나 완전히 억압하기조차 하는 —를 수행한다는 것이다. 아마도 이것은 정치적이거나 경제적인 필요 외에 다른 필요가 있을 수 있을 것이라고 여기는 것조차도 불가능하게 하는 무익한 행위일 것이다. 이런 이유 때문에 번역은 한 인간과 다른 인간 간의 소식을 교환하는 수단을 대표하며, 전파방해신호가 더 강력해, 들릴 희망마저 거의 없으면서도 그들의 존재가 위기에 처한 소식을 전하기 위해 전 세계로 한 무리의 인간이 사용하는 일종의 지하 라디오방송국이다. 한 무리의 인간의 삶으로 후퇴하는 것은 정치적인 행동이 아니다—그것은 그 상황을 표면적으로만 보는 것일 것이다. 아주 솔직하게 말하면, 정치는 오랜 시간이 지난 지금도 인간의 주된 적이 아니었다. 정치적이고 이데올로기적인 차이들이 훨씬 위험한 의도를 감춘 상호 교환 가능한 요구들이다. 오늘날, 인간의 주된 적은 전 세계에서 전적으로 소모적인 추상적인 관념으로 이것은 체제라 불리는 것이 생산한 어떤 것이다. 이 체제는 정치적인 제휴와는 독립적으로 그 자체 목적의 수단이고, 인간을 잠에서 깨어나는 순간마다 그 체제의 능률적인 톱니바퀴의 이로 축소시킨다. 한때 사회질서나 독재에 맞서 혁명을 일으키는 것이 가능했고 비록 그 혁명이 실패하더라도 여전히 의미는 있었다. 이런 역사적인 의미에서 혁명은 그 체제의 독재에 반하는 것이 불가능하지만, 이들은 체제의 한 부분으로 심겨져, 단지 다루기 쉬운 크기의 시위로 전환되었다. 조직에서 조직적이고 의도된 변화는 이루어졌지만 체제는 여전히 체제로 남아 있다. 최근에 와서야 더 지나치게 절대적으로 비인간적이 된 비인간적인 상황에서, 자신들의 정신력을 지키고 조직의 손길을 피할 수 있기를 원한다면 인간들이 할 수 있는 것은 하나, 즉 체제에 순응하는 복장을 입는 것뿐이다. 말하자면, 겉으로는 각 상황에서 체제가 미리 정한 행동을 따르면서 안으로는 침묵의 출구로 퇴행하는 것이다. 단지 체제를 만족시키고 체제가 원하는 것을 준다면 모두가 당신을 괴롭히지 않을 것이다. 전 세계 사람들은 본능적으로 이 원칙대로 행동하며 인간과 체제를 전적으로 분리시킴으로써, 조직 자체가 무(nothingness)임을 알게 하며, 체제가 헛됨을 부각시켜 약간은 터무니없는 방법으로 체제 자체를 붕괴시킬 것이다. 대단히 위험하지만 인간에게 위험이 없었던 적이 있었는가?

이 침묵을 인식 가능하게 하는 이 작업은 작가이든 번역가든 문학을 창조하려고 시도하는 모든 이들의 작업이다. 잠시 다른 나라, 다른 언어, 또는 다른 시대에조차 쓰인 책이 우리의 주목을 끄는 이유가 정확히 무엇인지 생각해보자. 민속이나 이국적인 요소 때문은 아니다. 이들은 기껏 해야 모두 흥미를 끄는 것들이고, 흥미를 주는 모든 것과 마찬가지로 잡지들이나 여행사들은 당장 이들을 통해 이익을 내려 들 것이다. 우리가 단순히 관습처럼 받아들이는 것은 외국식으로 옷을 입는 것, 우리와 다른 생활 습관, 외국종교, 외국 이데올로기, 그리고 외국 제도가 아니다. 이미 언급했듯이, 이는 비교연구를 위한 지극히 재미있고 유익한 도구이다. 하지만 단순히 재미있는 모든 것과 같이 이것은 유형을 타는 경향이 있고 상당히 일시적이다. 그렇지만 독자로서 우리는 즉시 이런 표면적인 것 너머의 무언가를 이해한다. 진부한 표현이지만, 우리는 일어나는 일들이 다른 어느 곳도 다르지 않음을 깨닫게 된다. 그리고 이른 앎이 순간적이나마 개별인간으로서의 고독감을 완화시켜준다. 아무리 우리 제도의 외양이 완벽하든, 이상하든 인간의 갈등은 어디서나 동일하다는 점도 깨닫게 된다. 우리가 군중 속에서 튀지 않기 위해 고분고분 듣는 확성기에서 나오는 품위 있는 상투어 뒤에는 또 다른 의사소통의 수단, 즉 체제의 "사실주의(realism)"보다 더 현실적인 것이 있다는 점을 알아차리게 된다. 다시 말해, 공식적인 "특수용어(jargon)"의 언어 너머에 또 다른 언어, 즉 순전히 인간적인 언어가 존재한다. 오늘날의 번역가가 이런 언어를 번역하여 인간을 초국가적이고 초이념적으로 강화시키는 점은 그들에게 대단한 기회이다.

이런 열정적인 호소를 더 구체적으로 하기 위해 내가 두 가지 짧고 구체적인 예를 들어 전달하려는 바를 설명하겠다. 근거를 타당하게 하기 위해 예는 항상 가능한 간단해야 한다. 이전에 전쟁포로들이 그들의 인질범들과 편지왕래하며 소위 이런 적들이 초대를 주고받고 서로를 방문할 뿐만 아니라 상대방 아이들의 후견인이 되는 여러 사례(다행히, 실제

수는 상관없음)가 있었다. 그들은 자신들이 포로로 잡혀 있던 나라나, 그들에게 헤아릴 수 없는 고통을 준 국민이나 국가에 단지 방문하는 것이 아니라 대신 당시 환경 때문에 적이 된 한 사람, 즉 한 인간을 방문하다. 하지만 여전히 그들은 상대를 자동적으로 정확하게 그들과 동일한 실존적 욕망을 가진 한 인간으로 인정한다. 그리고 이 모든 것들이 상대방 언어의 이해조차 없이, 단지 인간의 하나의 몸짓을 통해 일어났다는 점을 지적하는 것은 중요하다. 정치판에서는 이를 포착할 수도 없을 것이다. 생각건대, 우리가 재판기록문에 의지한다면, 포로수용소에서 히틀러의 친위대원들(SS guards)이 간수 앞에 담배를 무의식적으로 떨어뜨리는 여러 경우들조차 있었다. 이 예를 들어 잔악한 행위를 축소시키거나 감성화하려는 의도는 없다. 하지만 비인간적인 상황에서 인간의 반응인, 이런 형적들은 침묵 언어의 중요성이 얼마나 대단한지 보여준다. 왜냐하면 이런 활동은 번역 없이도 이해할 수 있고 저항이 없는 곳, 즉 체제의 "말씨"(Phraseology)가 그 체제 안에서 유용한 것이 아닌 곳이 존재한다는 희망을 우리에게 주기 때문이다.

두 번째 예는 일본의사 나가이(Nagai)가 쓴 책과 관련이 있다. 독일어로 이 책 제목은 *Wir waren dabei in Nagasaki*[We Were There in Nagasaki]이다. 원폭투하와 같은 큰 재앙이 일어났을 때, 실제 이 일이 일어난 곳과는 먼 세계 곳곳에서 일간지를 통해 이에 대한 기사를 읽게 되고, 우리는 깜짝 놀라 충격을 받게 된다. 주위 사람이나 동료에게 "―에 대해 들어 보았어요?"라고 묻지만 그의 반응은 기껏해야 자신의 충격을 감추기 위해 관련 없는 말만 중얼거린다. 말로 전달할 수 없는 뭔가가 일어난 것이다. 며칠 뒤, 우리는 그 파괴의 정도를 보고하는 뉴스를 보게 된다― 악몽과 같다. 사망자를 헤아리고 부상자가 몇인지 듣게 된다. 통계자료는 그들의 정확도를 자랑하며 부풀리고 그들의 냉정함에 대한 우리의 체념이 우리 자신의 무기력함을 더 하게 한다. 의사의 보고서가 나와, 방사물이 가져온 새로운 살생법에 대해 이야기하고 미래에 있을 수도 있는 닥칠 유전적 피해를 경고한다. 이 모든 것은 단지 우리에게 현실로 다가올 수 없지만 우리의 상상력과 경험을 지불하고 나온 것이다. 그 수치는 너무 방대하고 유전학에 대해 우리가 듣는 것도 지나치게 추상적이기만 하다. 이 재앙에서 목숨을 잃은 이를 아는 단 한사람의 실제적인 경험이 통계자료와 전문가의 의견보다 우리에게 무슨 일이 일어났는지 더 잘 이해시킬 것이다.

위의 내용은 일본 의사가 쓴 책의 기능이다. 그는 소위 사실이라 불리는 일련의 점보단 개인적인 경험에서 보고하고 있다. 그는 친척 중 열 명 ─ 단순히 우연히 그 큰 재앙에서 살아남은 자들 ─ 에게 그들의 이야기를 하게 한다. 그들 중에는 자신의 5살 된 딸도 있다. 그 아이의 이야기는 "갑자기 귀뚜라미가 울음을 멈췄어요"로 시작하고 "오후에 귀뚜라미가 다시 울기 시작했어요"라는 구절로 마친다. 이런 순수한 관찰만큼 감동적인 것은 거의 없을 것이다. 이것은 문학도, 감성을 자극하는 보고서도 아닌, 힘없는 한 인간의 메시지이다. 이 열 명의 특징이나, 그들이 공유하고 있는 점은 그들에겐 그 사실을 묘사할 언어가 없다는데 있다. 그리고 그들은 살아남기 위해 뭘 해야 하는지 알지 못해, 단순히 이 상황에 있는 자신들만 나무란다. 그들의 이야기들은 금이 간 도자기로 된 컵과 같아 두드려도 더 이상 울림이 없다. 완전 초토화된 한 도시를 본 우리 개개인은 ─ 마치 현재 우리가 그곳에 방문한 그 사람처럼 ─ 즉시 이런 유형의 단조로운 언어를 이해한다. 절대 무기력함과 실패했다는 죄책감은 이해하지만, 이런 것은 진부한 방식으론 위안을 줄 수 없다. 그 경험은 사상

자수와 도시의 파괴로 이루어지지 않고, 즉 초를 다투는 입장에서, 전체적인 우리의 습성과 안전은 이 경험을 살리기에는 증거가 불충분하다는 완전히 새로운 사실로 이루어져 있다. 정부나 경찰은 말할 것도 없이, 어떤 종교, 어떤 이데올로기, 지금까지 있는 이전의 어떤 진리도, 절대 파괴적인 자살경험에 처한 사람을 도울 수 없고, 만약 그 모든 경우에도 불구하고 그런 일이 일어난다면 십중팔구는 일종의 조심스러운 몽류병 때문일 것이다. 그리고 어떤 재구성도 경험의 현실성을 완전히 의미 없는 것으로 지워버릴 수는 없다. 세계 도처에 인간은 부정적인 현실에 맞선 새로운 저항의 형태를 개발해온 것 같이 보인다. 인간성 존중을 위해 문학은 회의적인 현실에 대해 침묵해야 하지만 간접적으로 이 침묵을 인지할 수 있게 전달할 수 있어야 한다.

하지만 이 책이 번역되지 않았다면 내가 어떻게 이 일본 책에 대해 알았겠는가? 내가 스트린드베리(Strindberg), 스탕달(Stendhal), 그리고 물론 내 생의 전반에 영향을 미친 도스토예브스키(Dstoyevsky)와 더불어 번역문학 속에서 자랐다는 점은 익히 말한 바 있다. 이 거장들은 나에게 영향을 줄 때 이들은 죽은 지 이미 오래 되었기에 개인적으로 그들에게 고마움을 전할 수 없었다. 하지만 내가 자랄 때 여전히 살아 있었던 자신들의 번역자들을 통해 그들이 나에게 생생하게 영향을 미칠 수 있었다는 점에 빚을 지고 있다. 아직 그들에게도 인사를 못했다. 너무 어렸기에 책은 번역된다고 나는 당연히 여겼다.

이제야 번역이 단순한 생계수단 이상인 것과 번역이 어려운 직업이지만 복잡하게 뒤얽힌 체제 속에서 길 잃은 사람들을 도울 수 있다는 점을 알았다. 무엇보다도 번역은 그 당시 나만큼 어렸던 사람들이 자신들의 길을 찾는데 도움을 주었다.

오늘에서야 이전에 공식적으로 감사를 표하지 못했던 모든 번역자들에게 고마움을 전한다.